皇帝的刺刀

拿破仑战争条令中的连、营、旅级战术

【美】乔治·纳夫齐格（George Nafziger） 著　　吴畋 译

U0643728

吉林文史出版社
JILINWENSHICHUBANSHE

IMPERIAL BAYONETS: TACTICS OF THE NAPOLEONIC BATTERY, BATTALION AND BRIGADE AS
FOUND IN CONTEMPORARY REGULATIONS (NEW EDITION) by GEORGE NAFZIGER
Copyright: TEXT © GEORGE NAFZIGER 2009, ORIGINAL FIGURES, TABLES AND GRAPHS ©
GEORGE NAFZIGER 2009
This edition arranged with Helion & Company
through BIG APPLE AGENCY, INC., LABUAN, MALAYSIA.
Simplified Chinese edition copyright:
2019 ChongQing Zven Culture communication Co., Ltd
All rights reserved.

图书在版编目（ＣＩＰ）数据

皇帝的刺刀：拿破仑战争条令中的连、营、旅级战
术 /（美）乔治·纳夫齐格著；吴畋译 . -- 长春：吉
林文史出版社，2019.3
　　ISBN 978-7-5472-6070-8

Ⅰ.①皇… Ⅱ.①乔… ②吴… Ⅲ.①拿破仑战争－
战术－研究 Ⅳ.① E83

中国版本图书馆 CIP 数据核字 (2019) 第 057856 号

中文简体字版权专有权属吉林文史出版社所有

吉林省版权局著作权登记图字：07-2019-0003

HUANGDI DE CIDAO：

NAPOLUN ZHANZHENG TIAOLING ZHONG DE LIAN、YING、LÜ JI ZHANSHU

皇帝的刺刀：拿破仑战争条令中的连、营、旅级战术

著 /【美】乔治·纳夫齐格　　　　　　　译 / 吴畋

责任编辑 / 吴枫　　　　　　　　　　　特约编辑 / 王晓兰

装帧设计 / 王涛

策划制作 / 指文图书　　　　　　　　　出版发行 / 吉林文史出版社

地址 / 长春市福祉大路出版集团 A 座　　邮编 / 130117

电话 / 0431-86037503　　　　　　　　传真 / 0431-86037589

印刷 / 重庆共创印务有限公司

版次 / 2019 年 4 月第 1 版　　　　　　2019 年 4 月第 1 次印刷

开本 / 787mm × 1092mm　　1/16

印张 / 24　字数 / 400 千

书号 / ISBN 978-7-5472-6070-8

定价 / 109.80 元

中文版序言

——致中国读者

一位退役海军军官竟会对拿破仑时代的陆战细节有如此浓厚的兴趣，其原因何在？这是一个颇为有趣的问题。我只能假设它源于我的童年时代，那时，我父亲的职业让我们前往法国生活了两年。我们在1963年抵达巴黎，那时距离巴士底日已经没有几天了。夏季结束后，我进入了巴黎美国学校（American School of Paris）并开始学习法语。罗伯特·扬努泽利（Robert Iannuzzelli）先生成了我的历史老师，这也令我倍感荣幸。之所以说"荣幸"，是因为他让历史变得鲜活。他提到了源自法国历史的一个又一个故事，让它们鲜活地来到我面前，在我心中培育起对历史的真诚热爱。尽管他的课程并没有延伸到拿破仑身上，这座学校却坐落在巴里夫人（Madame du Berry）阁里，而她在恐怖时期遭到了处决。

我居住在圣克卢（Saint Cloud），拿破仑曾在此地拥有过一座宫殿。当我们一家人前往巴黎时，我们时常经过曾树起断头台的协和广场（Place de la Concord）。我们参观过卢浮宫，目睹了雅克-路易·大卫（Jacque-Louis David）声名远扬的画作《拿破仑翻越阿尔卑斯山》（Napoleon Crossing the Alps），还看到了他家族中其他成员的著名肖像。我们游览了法国陆军博物馆所在的荣军院，看到了身着拿破仑时代制服的人体模型和枪炮，甚至还去过一次马尔迈松（Malmaison），拿破仑曾和约瑟芬居住在那里。

要是想既游览巴黎却又不经常碰上拿破仑的遗迹，那就会困难到不可思议的地步。凯旋门是真正的城市中心，它上面刻有拿破仑麾下全部将领的姓名，还有无数条街道也用同一批将领来命名。后来那些年里，我还会发现图书馆中充斥着成百上千本有关拿破仑时代乃至一切与拿破仑相关事物的著作。事实证明，我所知道的与拿破仑相关的事情有很大一部分来自那些书店。

在游览法国期间，我们还参观了诸多战场，滑铁卢战场也在其中，不过，要到30年后，当我成为研究这位伟大将领的学者时，我才会前去马伦戈、吕岑、德累斯顿、莱比锡以及他的其他诸多著名会战战场。

我对拿破仑的兴趣是通过模型战棋（miniature wargaming）媒介才真正生发出来的。在推动锡兵通过桌上的模拟战场后，我贪婪地阅读所能找到的有关拿破仑战争的一切，但这方面的英文文献并不尽如人意。我会说流利的法语，还会一些西班牙语和德语，于是下定决心，认为自己有必要读到更多的材料。因此，我于1978年前往欧洲，进行了一趟购书之旅，从此开始建立有关这一主题的庞大个人图书馆。由于对战争进程颇感兴趣，我买下了难以计数的拿破仑时代训练条令，所以，我能够了解拿破仑的士兵和他的敌人以何种方式真正参与战斗。在我看来，许多战棋规则不切实际，而且只是建立在非常有限的信息基础上。为了回应某套骇人听闻的战棋规则，我才决心展开研究，而研究成果就是这本书。

所以，这本书的内容是什么？它是在分析拿破仑时代的军队如何运作。通过研究部队使用的训练手册，它审视了步兵营、骑兵中队、团和炮兵连如何在战场上行动，从而分析了作战的基础。它观察了武器的使用效力，甚至深入研究了散兵的作战进程，随后又转移到旅级机动层面。它是对拿破仑时代战术的研究，但并不涉及将领们运用的战略。

在这本作品首度出版后，当我正在卖力售书时，我有幸与一位曾读过它的绅士交谈。我告诉他，鉴于这部书太过专业化，我觉得它就像40英里的撒哈拉沙漠表土一样干涩。可我震惊地听到了回复，他一口气将它通读完毕！若是你们像他一样发觉这本书饶有趣味且富有启迪，那我也将同样地倍感荣幸。

乔治·纳夫齐格

2018 年 7 月 14 日

序　言

要了解拿破仑战争的战术，就有必要既知晓拿破仑时代之前运用的战术，也理解步兵、骑兵、炮兵这三大兵种的内部结构和兵种间的互动关系。

拿破仑式战术的演进历史实际上始于15世纪，当时长枪与火枪初次崭露头角。在中世纪，重装骑兵作为占据主导地位的战斗兵种，肆无忌惮地从农民组成的民兵身上踏过，就像风吹谷壳一样把他们驱散。然而，当瑞士人创立了手持长枪、训练有素的步兵部队后，骑兵就发现那长满刺的步兵刺猬是啃不动的。

早期的火器尽管相当笨重，却由于诸多原因依然优于此前的弓弩。长弓手要经过多年训练才能掌握使用长弓的技艺。而且，使用弓箭所需的体力也会因漫长战役中的艰辛而严重受损。尽管弩并不像长弓那样要求使用者必须具备相当的体力，但它仍然需要可观的训练。火绳钩枪及其后继者火绳枪[1]需要的不过是携带枪支的体力，任何接受过训练的人都能以武器本身容许的准度射击一整天。

当长枪阵和火枪阵共同出现时，两者必然会结合起来。火绳钩枪手可以躲到长枪阵的保护性尖刺下获得庇护，也能够击倒鲁莽地进入射程的骑兵。

若是将长枪手作为火绳钩枪手使用，就可能拥有更高的作战效能，因此有一点逐渐变得显而易见：密集的长枪阵是一种对人力资源的浪费。此外，火炮在战场上得到战术应用也促成了密集阵形的消亡，对火炮而言，长枪密集阵成了不可抗拒的诱人目标。

起初的比例是数名长枪手对应一名火绳钩枪手——后来则是火绳枪手，随着火器的用场越来越大，长枪手数量降低到几乎消失的地步。长枪消亡的最后一步是插入式刺刀投入使用。这种刺刀可以把火枪转化成一柄短矛。这最终将导致长枪彻底消亡，因为火枪手此时在与骑兵交战时已具备自卫能力。

然而，插入式刺刀存在一个缺点，它须要插入枪口，这就导致火枪不能作为火器使用。取代了插入式刺刀的套筒式刺刀让火枪能够在上刺刀后继续射击。这种刺刀通过枪口附近的套环固定在火枪上，让枪膛中不存在异物，可以在必要时开火。

随着武器的演进，步兵阵形密度也持续下降。长枪阵原来是十分密集的阵形，其厚度通常要大于宽度。长枪阵的战术理论在于，后列人员既能让阵形变得厚重，也能在长枪阵卷入推枪战期间替代前列的伤亡人员。推枪战是能够决定谁赢得交战的推挤交锋，阵形分量在其中极为重要。随着长枪的消失，推枪战已不在战术考虑范围内。

主要的考虑因素在于：

1. 队形密度应足以击退骑兵攻击；

2. 步兵能够安全射击的最大密度；

3. 列阵步兵使用的开火方式。

火枪兵的队形在发展之初有 6 列厚。前三列人员射击——第一列跪姿，第二、三列立姿，第四、五、六列装填，当前三列射击完毕后，后三列轮换上前，进入射击位置。较早的战术思想认为厚重的阵形是抵御骑兵的理想阵形，这种六列队形正是源于那样的旧思想。

当人们发现要是后列士兵不用穿过前三列上前，射击速率就能有所提高后，阵形厚度就从六列降到三列了。与此同时，前三列人员也收紧到队列中站立的士兵手肘碰手肘的地步，这就增加了队形正面每英尺长度上的火枪射击数量。

这种密度变迁并没有立刻影响到某些正在使用的队形。方阵是一种用来抵御骑兵的队形，许多国家一直将军队排成六列厚的方阵，这么厚的方阵甚至在拿破仑战争中还持续存在了一段时间。

骑兵自身也在经历转变。它先是放弃了 l'arme blanche 或 "冷兵器"。刀剑与头盔的撞击也已基本消亡。手枪骑兵（reiters）[2] 取代了重骑兵，他们的主要兵器是转轮或火绳手枪，战术是回转射击（carricole），在回转射击当中，骑兵团要走到被选定为目标的敌军阵形附近。每列骑兵依次骑马上前，一列骑兵用手枪朝敌军步兵或骑兵密集队列射击、转身离开、装填，下一列骑兵继续上前开火。

这种战术体系导致剑几乎被彻底废弃，直到古斯塔夫·阿道夫（Gustavus Adolphus/Gustav Adolf）才让剑得以复兴，他也展现出重骑兵冲破其他骑兵的效力。[3] 然而，这两种战术体系面对长枪密集阵都收效甚微。

除此之外，骑兵并未经历什么重大发展。在法国大革命来临前，几乎所有欧洲骑兵都既装备刀剑，也配备各类火器。半回转射击业已消失，但骑兵使用火枪射击仍在一定程度上存在，不过，骑兵在会战战场上的主要战术又一次变成了冲击。胸背甲的使用几已消失，以法军为例，在它超过 20 个重骑兵团里，只有一个团——

胸甲骑兵团——仍在装备胸背甲。英军已经完全放弃了胸背甲，欧洲其他军队也都存在类似的趋势。然而，这种趋势随后就被逆转了，等到拿破仑战争结束时，几乎所有欧洲大国的军队里都有了胸甲骑兵。

炮兵战术的发展与技术的进步密切相关。早期火炮相当沉重，相对难以机动而且射速非常慢，起先仅仅被当作攻城和守城武器使用，但这种状况已经改变。冶金学提高了炮膛强度，也减轻了炮管重量，这让火炮拥有了更高的射击速率和更长的射程。改进的炮架设计加上减轻的炮管重量让火炮变得更易机动。

当火炮能够以较快的速度执行战地机动并在一天内射击多次后，人们发现长枪手和骑兵的密集阵形成了炮兵的理想目标。即便在长枪阵消失后，炮兵也依靠射击速率的提高和机动性的改善得以继续留在战场上。自从炮兵进入战场后，它的战术用途就没怎么变过，时至今日，它的用途仍是消灭射程内的任何敌军部队。

译注：

[1] 此处火绳枪对应的原词为 musket，该词源于法语词 mousquet，原意为"雀鹰"，指一种使用叉架的重型火绳枪（早期枪炮多以猛禽或怪兽命名）。随着武器的进化和语言的变化，musket 一词在长达数个世纪的使用时间中、在不同的语境下，其词义也往往存在差异。如在与火绳钩枪（arquebus）相对时，musket 指的是重型火绳枪，后也泛指步兵、龙骑兵使用的各类火绳枪，在与马枪（carbine）相对时，musket 指的是步枪，在与线膛枪（rifle）相对时，musket 指的是滑膛枪，译者将根据具体语境选择不同译名。参见 Weekley E. An Etymological Dictionary of Modern English. London: John Murray, 1921, p. 966。

[2] reiter 一词本义为骑马者、骑兵，字面意思中并不包含手枪，但自 16 世纪起往往特指以手枪作为主要兵器的骑兵。出于区分目的，此处遵循国内旧例译作手枪骑兵。参见 Delbrück H. History of the Art of War. Lincoln and London: University of Nebraska Press, 1990, vol. 4, p. 139-140。

[3] 关于冲击的兴衰和古斯塔夫在变革中起到的作用，至今仍然存在极大争议，较有说服力的一种看法是手枪骑兵并未丧失冲击能力，也没有废弃剑。参见 Brzezinski R. The Army of Gustavus Adolphus 2 Cavalry. Oxford: Osprey, 1993, p. 22-33。

目　录

插图目录

表格目录

图表目录

拿破仑时代的
步兵基础知识

第一章

步兵在 1792 年存在两种基本类型：战列步兵和轻步兵。"重步兵"术语并不适用于这一时期，而且这种用法也消失很久了。[1] 步兵单位拥有多个不同名称，其具体名称取决于组建单位的国家，但一般而言，战列步兵包括任何被称作战列步兵（infanterie de ligne）的单位——"步兵、火枪兵、掷弹兵或近卫军"。轻步兵包括任何被称作 chasseurs（猎兵）、jägers（猎兵）、freiwilliger jägers（志愿猎兵）、pandors（潘都尔兵）[2]、schützen（射击兵）、infanterie légère（轻步兵）或 "light infantry"（"轻步兵"）的单位。不幸的是，"燧发枪兵"（"fusilier"）这个术语可能是两者中的任何一个。

还存在一些例外：英军燧发枪兵团并不是轻步兵，而许多国家的近卫部队里都有一部分是轻步兵。应当清楚地认识到，不管什么人为这个时代确立什么规则，这规则几乎都存在例外。

战列步兵与轻步兵的区别之处在于轻步兵接受了以散开队形作战的训练，战列步兵则接受了站在"战列线"中作战的训练。

散开队形是一条松散的步兵战线，步兵在散兵线中所受的控制相对而言没那么严格。他们成对行动，各对之间相隔数步。散兵在作战时隐藏在石块和树丛之后，他们惯于骚扰敌方战列步兵，也习惯掩护己方步兵。轻步兵可以在必要情况下作为战列步兵行动，由于各个国家存在差异，轻步兵充当战列步兵的频率也有高有低。

战列步兵在行动时须要遵守非常严格的纪律。他们肘碰肘地站立在一起，根据鼓声的调子迈步行军，展开受到控制的齐射，还要使用后文将会谈到的种种机动和队形。战列步兵与自由的散兵形成了鲜明对比，前者时常遭到军官和军士的殴打，在他们的控制下保持队形。

在有些国家的军队里，轻步兵和战列步兵之间存在微小的装备差异。他们的制服时常存在差别，对精锐轻步兵而言，绿色是最为普遍的制服色。许多军队给轻步兵分发了线膛枪，但很少有一整个轻步兵营完全装备线膛枪。

英国是少数几个这么做的国家之一，第 60 步兵团第 5 营和第 95 线膛枪团自组建后就装备线膛枪，随着战争的发展，英王德意志军团的轻步兵营逐步增加了部队中的线膛枪数量，直至人人都配备一支线膛枪为止。然而，英军轻步兵团很少配备线膛枪。许多德意志邦国只能给三分之一的轻步兵装备线膛枪，法军中只有轻步兵营腾跃兵连的军士配备线膛枪。有些德意志邦国也会给战列步兵团的轻步兵连士兵配发线膛枪。那些没有分到线膛枪的士兵通常会配备和战列步兵一样的滑膛枪。

如果某位轻步兵配有一支线膛枪，他可能还拥有一把形制不同的刺刀，或者没有刺刀。除了制服、武器和刺刀方面的这些细微差别外，轻步兵基本上就是接受过成散开队形作战训练的战列步兵。

战列步兵

为了充分了解战列步兵及其行动，有必要对其基本构成、机动方式、射击方法等重要特征进行考察。战列步兵综合了上述特征，如果不能充分理解它们，就不可能弄明白事情为何会这样发生。

第一件事是观察步兵的基本队形。它会提供关于步兵为何会如此行动的若干洞见。

当步兵排成密集队形时，普遍的做法是让他们排成三列横队。后文将讨论英军的二列横队，这是个例外，以及法军的一种例外，但应当注意到的是，这两支军队都在 1815 年的条令中明确规定其应为三列队形。在所有军队当中，个头最高的士兵都会被安排到第一列。大部分军队都按照身高从右到左排布，但英军则让士兵按身高从两翼向中间排布。[3] 身高仅次于第一列的士兵会被安排到第三列，最矮的士兵则在中列或第二列。

这看起来或许有些不合逻辑，因为这种情况下矮个士兵就要在高个士兵头顶上射击，可事实并非如此。这一时期，士兵戴着非常高的军帽，后面两列士兵是在前列士兵中间射击的，并不是在头顶上射击。把较矮的士兵放在第一列人员后方，这样第二列人员的步枪才可以尽可能地远离个头较高的第一列人员的耳朵。一想到有支步枪在耳朵旁边轰鸣，这就足够让士兵因将要到来的痛苦而畏缩，所以，逻辑表明要是各列士兵不想伤到耳朵，想要听到自己军官的命令，他们就必须尽量让耳朵远离开火的噪声。

在英军中，每名士兵可以分到 22 英寸（1 英寸 =2.54 厘米）的横向宽度，法军则是 26 英寸 [4]。步兵总是靠拢在一起，让每个人的肘部都触碰到身边人的肘部。理论上，分配给每名士兵的空间宽度和各列之间的间距都有严格规定，实际上，还得根据队列中人员身高选择具体宽度，只要每个人的肘部都触及下一个人就可以了。表 1.1 提供了此类理论间距中某些数值的速览表。

表 1.1 各列中每人能够分配到的空间和各列间的距离

	人均宽度	各列前后间距
奥军	未知	2 步（49.8 英寸）
英军	22 英寸	1 步（29.9 英寸）
法军	26 英寸	13 英寸
普军	未知	26 英寸
俄军	27 英寸 [5]	14 英寸

对列间距的定义一直不算很清楚。只有法国的《1791 年条令》明确阐述了间距是从前一列的后背或背包外侧到后一列人员前胸的距离。笔者并不知道是否存在关于列间距的固有定义，笔者所见的其他所有条令都没有特地规定队形的列间距。[6] 图 1.1 的 a、b、c、d 部分提供了关于步兵如何列队的图解，也展示了表 1.1 中提供的量度。

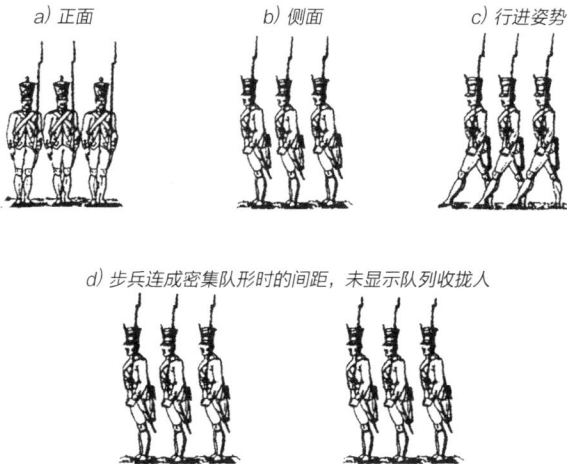

a) 正面　　　　b) 侧面　　　　c) 行进姿势

d) 步兵连成密集队形时的间距，未显示队列收拢人

图 1.1 队列姿势。

连是营内部的行政单位。营里的主要战术组成部分是"分营"（"division"）。分营可以分成较小的机动单位。连则是最小的行政单位。由于所属国家不同，作为行政单位的"连"和作为战术单位的"分营"并不会拥有完全一致的属性，理解这一点是

至关重要的。由于营组织结构的差异，分营可以是相当于一个连的战术单位（普鲁士和俄罗斯），也可以相当于两个连（欧洲其他国家）。

现在，行政连与"分营"或行政连与作战连（peloton）间的差异已经消失了，可这种差异在1792—1815年间却是至关重要的。因此，在讨论战术时，本书将使用"作战连"或"分营"这样的术语。尽管它们的称呼在各支军队中都会有所变化，将分营进一步分割成较小单位的做法却是普遍的。最小的单位是伍（file），它包括3个人，一个来自第一列，一个来自第二列，一个来自第三列。相对较大的机动单位以伍的数目来区分大小，在控制步兵使用的各种队列的正面时，也须要用到伍的数目。

表 1.2 满员分营的解析

奥军	1 分营 =2 连 =4 半连 =8 排
拜恩军	1 分营 =2 连（或半分营）=4 排 =8 班 =16 半班
英军	1 分营 =2 连 =4 分连 =8 排
法军	1 分营 =2 连 =4 排
普军	1 分营（连）=2 分连 =4 排 =32 班[7]
俄军	1 分营（连）=2 排 =4 半排 =12 班
萨克森军	1 分营 =2 半分营（连）=4 排 =8 班

要得出每个分营包括多少个伍并不容易，因为在1792—1815年间，各个分营的额定兵力一再发生变化。每一次重组都会导致伍的数量出现增减，汇总、编纂这类关系已经超出了本书的范畴。

分连、排等单位的规模也是很重要的。同一类单位必须大小相当，因为如果存在差异，队形就会凹凸不平，也可能无法如预想一般维持运作。

所有的条令都规定了各个机动单位包括的伍数目的上限和下限。当出现伤亡时，就要从第三列抽调士兵补充到第二列，以维持对机动单位"至关重要的"正面宽度，将其维持在最低限度以上。

要是伤亡足够高，第三列就会彻底消失。有些条令甚至允许用尽第二列人员来补充第一列。此外，要是一个连遭受了惨重伤亡，就可以从其他连里抽调人员充实该连，维持条令中规定的正面宽度。

要是伤亡足够高，分营就可以撤销下属的某个较大机动单位，用该单位的士兵充实其余单位。分营此后会以较小的正面参与作战，但下属各单位的伍数目还能保持相对稳定。《1804 年英军连训练手册》表示："当营列成战地机动队形时，各连在任何时候都要保持人数均等，而且，如果同一条战线上的各个营也能保持人数均等，那就能获得最大的优势。"这段话甚至暗示各个营可以交换人员以保持人数相当，不过这种做法似乎是不大可能出现的。

英军采用二列横队射击方式，但其他欧洲军队则没有接受这种做法，从上文提到的交换人员做法出发，笔者对其具体缘由做了一番有趣的分析，将在第二章中阐述这种现象的成因。

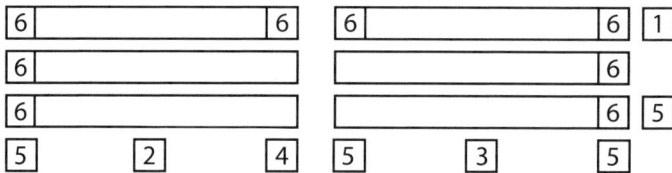

1= 上尉 2= 中尉 3= 少尉 4= 上士 5= 中士 6= 下士

图 1.2 法军步兵连，1791 年。

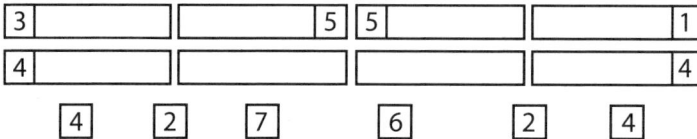

1= 上尉 2= 中尉 3= 少尉 4= 中士 5= 下士 6= 鼓手 7= 工兵

图 1.3 检阅中的英军步兵连。

图 1.2 和图 1.3 中显示的队形是 1791—1815 年间各国步兵连的典型队形。尽管各个国家的军队会存在若干不同之处，连却都一成不变地由步兵的三列横队组成，一些军官和军士会散布在队列内部，还有一列军官和军士位于横队后方，他们被称作"队列收拢人"或"额外人员"。这一列与第三列之间的间距多种多样，在法军和 1809 年之后的普军中，间距是 2 步，在英军中是 3 步，在 1792 年的普军中则是4 步。

队列收拢人或额外人员是指挥、控制架构的一部分。他们的职能是维持部队纪律。以确保连中无人脱离队列、无人穿过队列朝后跑的方式完成这一点，以抽打士兵——先是用手杖和戟，这两种工具被废弃后改用剑面和步枪——的手段做到这一点。

在大部分军队中，这一职能可以残酷到射杀任何打算脱离队列的人员的地步。在法国军队中，特别是在军官和军士由军人普选产生的大革命时期，惩戒措施就没有那么残酷了。事实上，在联盟军（fédérés）——一支声名狼藉的革命军部队——中，任何一位军官或军士如果鲁莽到过于激烈地行使权力，他都很有可能会被自己的士兵私刑处死。

然而，当军队进行了拿破仑式改革后，选举就被废止了，众所周知，新兵是在剑面的驱赶下返回部队的。这基本上是队列收拢人那一列的职责。

位于连内部的军官和军士会被部署在各个机动单位两端作为基准兵。军士或军官作为基准兵时，其职能在于给步兵横队提供可以用于"整队"的参考点。这意味着基准兵就像站在一条线上，这条线垂直于基准兵面对的方向，机动单位中的其余人也会排成一行，都站在这条线上并保持同样的方向。这就确保了线性队形的齐平或平直。因为维持前列平直十分重要，安排在这一列的军士通常要多于第二列和第三列。

众所周知，在弗里德里希大王时代有这样一种做法：派出测量员检查横队，以确保排列整齐，无人脱离队列。

机动方法

要讨论机动方法，就必须从行军的根本谈起，那便是步法。在整个欧洲有三种基本步法。

1. 慢速

2. 中速

3. 快速

有的国家只使用两种步速，但在系统讨论时最好还是将其分成三类基本步速。表1.3就列出了各国的步法。

表 1.3 行军步法对比

	步 / 分钟	英尺 / 分钟
奥军步法		
常步	90—95	188—198
快步	105	219
倍步	120	250
法军步法		
常步	76	165
行路步法	85—90	184—195
快步	100	217
机动步法	120	260
冲锋步法	120	260
跑步	250	542
普军步法		
常步	75	156
快步	108	225
英军步法		
常步	75	188
快步	108	270
俄军步法 [8]		
慢步	60—70	150—175
快步	100—110	250—275
倍步	140—160	350—400

　　每分钟 75—80 步的慢速步法最早用于战场，但最终被废弃。普军每分钟 75 步的步法被称为"萨尔德恩 [9] 摇摆"，慢步有着许多像这样的有趣外号。中速则是每分钟 100—120 步，在 1792—1815 年间得到了普遍应用。它们拥有 Geschwindschritt 或 Quick pace（均意为快步）这样的名字，这往往会暴露其最初的来源，显示人们起初认为这种步法非常快。中速也是普遍用于战地机动的步法。

　　快速步法一如其名，就是快速行进。其中有些甚至快到步兵近乎奔跑的地步，对于那些须要在行军时把军鼓挂在双腿间的鼓手来说，这必定是十分艰难的。并非每支军队都会拥有这样的步法，即便拥有，其使用频率也差异颇大。尽管俄军和法军一样拥有条令中规定的"快速步法"，他们的正步行军却让这种步法不能频繁投入使用。总而言之，快速步法是纯粹属于法军的领域。

　　或许最重要的因素并非实际步调，而是各国步兵的速度。俄军步调虽慢，却有较长的步幅，这让俄国步兵成为行动最快的步兵之一，也可以改变人们在观察俄军每分钟行进步数时可能对俄军速度产生的印象。尽管存在这个意料之外的角色转换，法军步兵还是保持着最快步兵的地位。

各类行军步法也存在诸多相关问题。这些问题与行军单位队形直接相关，也是当时各国盛行的军事理念的组成部分。

就俄军而言，由于它使用了正步行军方式，任何打算以该方式高速行军的尝试都会导致部队很快就变得疲惫不堪。此外，缺乏经验的部队在保持这种行军方式，以更快的步法完成机动时会面临更多的困难。

可以作为比较的是，法军和普军在行军时也会绷直双腿（见图 1.1c），以这种方式行进时，脚会向前直伸出去，就像是要踢到前面一列人的腓部一样。这种踢腿高度相对较低，须要对参与其中的每个人都保持绝对信任才能同时进行。要是没能同时踢腿，由于队列极为紧凑，情况就会变得相当混乱。

当军队像弗里德里希大王的军队那样以横队机动时，就有必要以非常缓慢的步法行进。任何打算让漫长的步兵横队快速行进较长时间的尝试都会导致横队无法保持平直。弗里德里希时代的军事理念认为雅观、平直的横队是最好的队形。它能让步兵取得较好的射击效果，而且相对而言较为坚实。要是横队出现动摇，变得弯弯曲曲，它在遭到打击时就会崩溃。结果，每分钟 75 步的步速在那一时代得到了普遍应用。还有更慢的步速用于训练新兵，法军将这种步速称作 pas d'école，即 "教练步法"。

与之相比，纵队的正面相对较小，在这个问题上就不会受到太多的约束了。事实上，由于后列人员的密度和压力，让纵队高速行进并依然将队形保持得足够平直就要容易多了。

纵队与横队的用途在大革命前的法国军事界导致了一场极大的理念之争。争论中存在两个派别：梅尼尔 - 迪朗 [10] 鼓吹行动快速的纵队阵形，认为效仿马其顿密集阵的纵队能够粉碎敌军。他的对手吉贝尔 [11] 则主张纵队与横队混合的阵形，他支持以线式队形开火的战法，认为纵队是一种纯粹的运动队形，目的在于快速运动到交火地点。吉贝尔在争论中取胜，成为著名的《1791 年 8 月 1 日条令》的缔造者。依据吉贝尔理论产生的战术体系是军事理念的一场革命，其变革幅度相当于弗里德里希大王给他那个世界带来的变革。它使用快速运动的纵队从一处机动到另一处。一旦抵达交战地点，纵队就要展开成横队，恢复原先的作战方式。

法军得益于他们发展出的战术体系，能够成功地运用行进速度较快的步法。还有一个原因，虽然不是主要因素，却也不容忽视，那便是1792—1796年间法军发生的人员革命。

当人们说到吉贝尔是纵队与横队运用之父时，这并不意味着他创建了新的战术体系，也不是说他在全然真空中工作。他的条令中有许多机动模式与1789年出版的《普鲁士战术》（La Tactique Prussienne）中描绘的普军机动相同，最为显著的相同之处就是从纵队变为横队和从横队变为纵队。吉贝尔所做的是在已有的机动方法的基础上建立并发展出一套整体理念，教导如何在截然不同的战场上运用纵队与横队。

在法国贵族大面积流亡之前，法军军官团大部分由贵族组成。有一小部分下级军官行伍出身，并非贵族，但他们的影响并不大。当贵族逃离法国后，接替其职位的军官们在让麾下的连展开机动时并不像前任们那样经验丰富。此外，队伍里充斥着成千上万的新兵、志愿兵和征召兵，法军并没有足够的时间去训练新兵，不能让他们娴熟到可以执行当时的刻板线式战术。结果，纵队的简易性和机动性让它成为被偏爱的队形。

维持线式队形所需的纪律也成了问题。在法国大革命之初，所有军官和军士都是由选举产生的，军官或军士的职位并不牢固。告发成了普遍现象，要对付军官或军士，告发他参与反革命活动的效果和另一种解决方案——在背后给他一枪——的效果基本一样，只不过来得稍微慢一点儿。

在使用纵队时，队列收拢人保持士兵就位更容易一些，因为士兵如果要逃跑，还得穿过连续几列战友。除此之外，较高的步速也给了士兵更少的思考时间，让他们不至于长时间思考攻击目标手中正有什么在等待着他们。

其他欧洲军队并没有这个问题，他们继续效仿弗里德里希大王的成功公式。即便在法军向敌人展示出纵队的威力后，他们依然倾向于依赖线式队形。然而，如果觉得这意味着那些国家最终并没有追随法国人的风尚，也没有修正程序以适应纵队的运用，那么这种想法也是错误的。

须要注意的第二种用于机动的基本技术是旋回轴。存在两种旋回轴：静止旋回轴和运动旋回轴。静止旋回轴如图1.4所示。

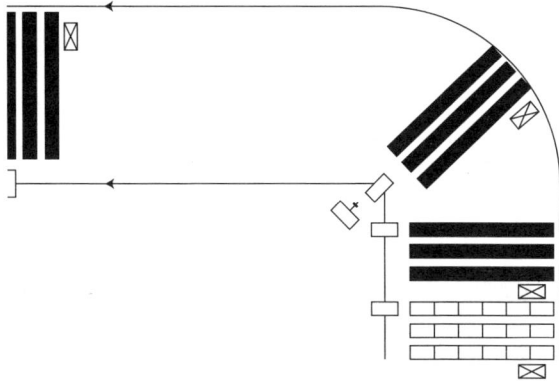

图 1.4 以静止旋回轴左转。

如图所示，连一直行进到旋回轴所在基准点后才停下来。假定此人是图 1.4 所示的左翼旋回轴，左翼就在碰到基准点时实际上停下，与此同时，右边的每一个人都以稍大一点儿的步幅行进，直到最外侧的士兵实质上跑步行进为止，这是为了保证连的对齐。

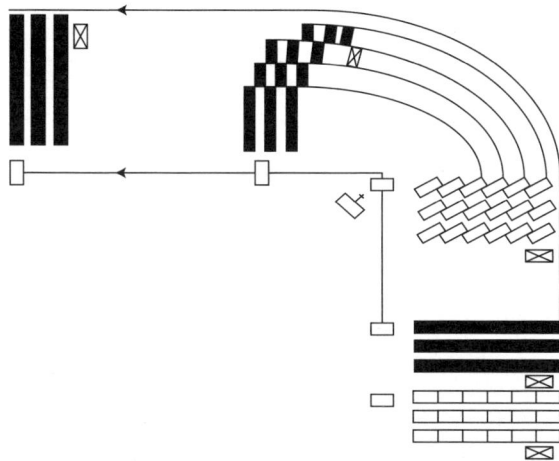

图 1.5 以运动旋回轴左转。

图 1.5 描绘了运动旋回轴。如图所示，连拆成了若干分队，每个分队都向着最终目的地直线行进——保持步调时也不用过于紧张。

这两种做法中蕴含的简单数学知识表明以运动旋回轴转弯更为直接，速度也更快。

它也能够防止位于转弯中的连后方的各个连堆叠起来，因为位于左翼的旋回轴在下一个连抵达并开始转弯之前就已腾出了基准点。如果采用静止旋回轴，其后的连就必须停下来，原地踏步直至转弯中的连腾出基准点为止。要是这个连继续前进，它就会和前一个连撞在一起，除此之外，这两个正在机动的连也无法保持业已确立的前后间距。

表 1.4 各国在 1791 年之后使用的旋回轴类型

	旋回轴类型	采用时间或使用时间
奥军	静止	1791 年之前。民兵在 1808 年仍然使用
	运动	到 1807 年已经得到使用
法军	静止	1791 年之前
	运动	1791 年采用
英军	静止	1791 年之前
	运动	在 1804 年投入使用，但似乎静止旋回轴运用更为频繁
俄军	静止	1791 年之前
	运动	未知
普军	静止	1788 年采用
	运动	1812 年采用

射击方式

射击战术的基础直接受到兵器及其局限性的影响。当时的滑膛枪是一种笨重的装置，其准度相当有限。它们是滑膛兵器，这就意味着没有让子弹旋转、让射击较为精准的膛线。与使用套装式弹药、自动装填清膛以及其他多种技术创新的射速较高的现代兵器相比，19 世纪的滑膛枪是粗糙而缓慢的。它使用的弹药由黑火药、铅弹和弹塞组成。导火药将火从药池经过引火孔传到主装药所在处，以这一方法引爆装药。药池里的火药则以如下方式点燃：通过装有弹簧的机械结构让燧石撞上击铁，产生火花，引燃火药。

铅弹不会恰好贴合滑膛枪的枪膛，这时就要使用弹塞创造出必要的气密性。铅弹在枪膛里咯噔咯噔地前进，一般来说无法预测离开枪口后的出射角是多少。瞄准具几乎无人知晓，瞄准训练或射击标靶训练在大部分军队里都是年度事务，一般会打掉 3—4 发子弹[12]，以便让士兵不至于害怕他那杆滑膛枪的可怕后坐力。

战列步兵不用学习如何瞄准，只用把滑膛枪指向敌军所在的大致方向。当开火的步兵位于隆起的胸墙后方或是斜坡上时，问题就产生了。因为士兵没有受过瞄准训练，他们只知道径直向前开火，子弹就从推进中的敌军部队头顶上飞过。

在装填、射击滑膛枪时，步兵须要记住多达 17 个独立步骤。各支军队的实际操作步骤数量都存在差异。上述步骤未能正确执行就可能导致滑膛枪哑火。一个通常由新手犯下的常见错误是忘记取出通条，在枪膛里还有通条的情况下开火，一旦如此开火，装填所需的通条就会飞向敌军方向，士兵就再也不能装填他的兵器了。

快捷操作也有所发展，但这是危险动作。因为子弹和枪膛间的契合处相当宽松，士兵们发现他们可以直接把弹塞和铅弹一起放进枪口。随后他们把枪托往地上敲两三下，让弹塞和铅弹都落到枪膛底部。这种做法只会在地面干燥坚实时有效。可要是击发装置对这类撞击较为敏感，它也可能导致滑膛枪走火。

另一个技巧是不用倒转通条，不用费力拿钝头把子弹推到底，而是直接取下通条，把窄头送进枪膛里。这个操作的问题在于通条可能会卡在枪膛里。[13] 这两种操作的目的都在于加快射速。一般而言，受过训练的部队可以在一分钟内射击大约两次。由于当时的火药质量并不符合现代标准，很快就会污染枪膛，射速也会随之减慢。大约射击 50 发子弹后，就必须清理枪膛。此外，燧石也须要定期更换或调整，以便持续确保打火效果令人满意。

由于 19 世纪的滑膛枪存在这些固有的机械问题，哑火是普遍现象。"flash in the pan"（字面意思是"药池里的火光"，转义为"事业、名声等昙花一现"）这个词就源自一起哑火事件，在这种情况下，击发装置正常工作，点燃了药池里的火药，"火光"随之而来，但主装药并未被引燃。这就须要士兵重新给药池装药，再度开火。

虽然看起来很难做到，尽管这些兵器的后坐力相当可怕，可当一支滑膛枪在激战中哑火时，有些士兵并不会注意到出现了哑火，还会在第一颗子弹上方再塞进去第二颗子弹。当这些被压得太紧的装药最终被引燃时，对士兵及其附近人员来说，其结果可能是致命的。美国内战期间，有人在维克斯堡（Vicksburg）战场上发现了一支类似的滑膛枪，枪膛里装填了七颗没有射出的子弹。

此类兵器的缺陷严重影响到当时运用的队形。滑膛枪作为武器，其误差程度已到了臭名昭著的地步，因此，确保命中的最佳方法就是集体射击，将枪口指向敌军大致方向。鉴于瞄准后射出的子弹能够命中预定目标的可能性极低，即使曾有人做过用滑膛枪瞄准敌人的努力，这样的努力也是很少的。一般来说，任何在 200 步距离上被瞄准的子弹命中的人都是极其不幸的家伙。

射击准度

关于从七年战争到美国内战这一时期步枪射击准度与效力的问题，诸多社群内部曾就此进行过为期多年的长篇辩论。然而，能够据之推导的实验数据却几乎不存在。关于这一时期的一次齐射造成大量伤亡的描述就算能够通过准确清点尸体数目获得证实，这样的证实也是相当稀少的。至于一支密集队形的步兵部队在一次齐射中取得的实际战果，通常会产生出相当不合理的推断。

但毕竟还是存在少数这一时期的相关数据，这些数据可以让我们对一次齐射可能造成的真正效果产生一定认知，这样就可以尽量减少主观争论。

须要考察的第一批数据是著名的普鲁士射击测试。普军将领沙恩霍斯特（Scharnhorst）在1810年左右进行了一系列试验，他组织了一个连的掷弹兵，让他们在不同距离上猛烈射击一块帆布。目标大小与一个连的敌军步兵分布范围大体相当。在测试过程中，普军使用了六种不同类型的滑膛枪。[14]

普军发现，在射击小型标靶时，160码距离上的线膛枪与滑膛枪的上靶数量比例为2：1，240码时则是4：1。在射击大型标靶时，160码距离上的线膛枪与滑膛枪上靶比例是4：3，300码[15]时则是2：1。滑膛枪之所以在射击大型标靶时表现相对较好，可以解释成大型标靶减少了滑膛枪较大的圆锥状射击分布所造成的命中障碍。

在射击距离为160码的标靶时，装填并射击一支线膛枪所需的时间与滑膛枪所需时间之比是5：2，距离为240码时则是5：1。

沙恩霍斯特结论如下：

> 线膛枪与滑膛枪在同一时间段内效果大体相当，但滑膛枪所需的弹药是线膛枪的3—4倍。此外，猎兵（轻步兵）在敌军火力下瞄准时要比普通步兵更可靠，因为他确信一点，要是不瞄准就什么都打不到，而且他自幼就接受瞄准训练，已经习惯于瞄准射击。

在战斗中，当战术并不依赖于集体、不瞄准射击时，线膛枪兵至少和滑膛枪兵一样有效。然而，当须要以密集的轻兵器火力击退敌军冲击时，线膛枪兵就处于不利地位了。

以下表格提供了射击大型标靶时的测试细节，大型标靶的尺寸与一个列成密集队形的步兵连大体相当，小型标靶则可能与一个人相当。[16]

表 1.5　向大型标靶射击 200 发子弹时所取得的命中数目

步枪	80	160	240	320
"旧普鲁士" 1782 年式滑膛枪	92	64	64	42
"旧普鲁士" 滑膛枪，枪托存在折角	150	100	68	42
诺特哈特滑膛枪，1805 年式	145	97	56	67
"新普鲁士" 滑膛枪，1809 年式	153	113	70	42
法国沙勒维尔滑膛枪[17]，1777 年式	151	99	53	55
英国滑膛枪	94	116	75	55

表 1.6　向小型标靶射击 200 发子弹时所取得的命中数目

距离单位为码

步枪	120	160	240
普鲁士线膛枪，使用包覆弹[18]	68	49	21
普鲁士线膛枪，使用普通子弹	51	26	0
普鲁士 1809 年式滑膛枪	—	21	4

　　出于调查目的，笔者将对第一套数据进行分析。表 1.7 将原始数据转换为"平均"准度数据，那样就可以拟合出一条最佳曲线。

表 1.7　平均准度数据

距离单位为码

	0	80	160	240	320	450
命中数	200	92	64	64	42	0
	200	150	100	68	42	0
	200	145	97	56	67	0
	200	143	113	70	42	0
	200	151	99	53	55	0
	200	94	116①	75	55	0
总命中数	1200	785	589	386	303	0
命中百分比	100%	65%	49%	32%	25%	0%

---

　　①原注：关于这一时期滑膛枪射击的各类文献都表明，有必要在近距离射击时将枪口指向目标的脚，因为滑膛枪的后坐力会抬高枪口，导致子弹以弧线上升，要是枪膛没有往低处瞄，就会导致子弹飞过目标头顶。命中数量在射击距离较远时反而出现上升，这就清楚地表明了滑膛枪只是大致对准而非瞄准时的情况，枪支的后坐力导致子弹以弧线上升，当士兵平举滑膛枪射击一人大小的目标时，其最佳杀伤效果是在 80—160 码距离上取得的。其他滑膛枪则会在低于 80 码的某个距离上取得最佳杀伤效果。

表格中增加了两个虚拟数据点。第一个数据点是基于抵近射击（距离为零码）时 200 发无一射失的假设。第二个是认为 450 码已经超出了这一时期滑膛枪的有效射程，就算能够命中，此时命中的子弹一般来说也不足以造成任何严重损伤。从数学角度来说，这些点是必须存在的，要对一个步兵连在理想状态下射击时的平均结果进行曲线回归分析，事先就得准备好这些点。图表 1.1 是关于测试的回归分析结果，图中绘有最佳拟合曲线，加号代表的是原始测试数据。

根据普鲁士测试数据，采用 SAS 公司的 NLIN 程序进行回归分析后得出如下公式：

命中百分比 $=100(1—距离\ /450)^{1.50\pm0.23}$

公式中引出的不确定性就是标准误差。利用这一公式，并将指数凑整为 1.5，可得如下命中百分比：

表 1.8　生成的命中百分比

以码为单位的距离	命中百分比
0	100
25	92
50	84
75	75
100	69
125	61
150	54
175	48
200	41
225	35
250	30
275	24
300	19
325	15
350	10
375	7
400	4
425	1
450	0

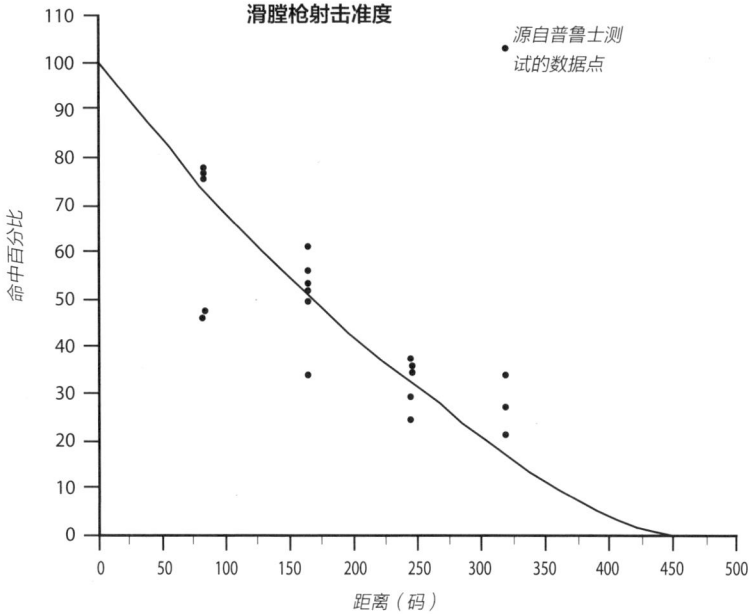

图表 1.1 从普鲁士测试数据中得出的最佳拟合曲线。

    然而，这一表格是从一列稳定步兵的一次齐射中得出的，他们并没有遭遇射击，也没有参与战斗，受到战争所带来的紧张情绪的困扰。他们用的武器已经被清理干净，射击的目标是一面帆布。须要知道的是，能命中帆布的子弹并不一定能命中一个人。

    第二步是对这些理想化的测试数据做出一定修正，让它们能够反映战场情况。这样的信息并不多见，但确实存在，在格尔德（Göhrde）战斗中就有这么一次齐射。这场战斗是于1813年9月16日在北德意志发生的，交战双方是瓦尔莫登（Wallmoden）军和佩舍（Pécheux）将军的一个旅。不来梅 - 费尔登（Bremen-Verden）营——一个汉诺威民兵营——在大约60—80步 [①][19] 距离上遭到了来自66支滑膛枪的一轮齐射，共有27人伤亡。[②] 伤亡报告表明该营一共伤亡了30人，还报称该营在崩溃之际遭到了第二轮齐射。这让人对第一轮齐射伤亡数字的正确性平添了一些怀疑，可那个数字已经远低于普鲁士测试所表明的应有命中能力了。

---

①原注：在所有计算中都采用70码的估测距离。
②原注：B.von Quistorp, Die Kaiserlich Russisch-Deutsch Legion. p.99.

法军是受过几个月训练的征召兵，可这是他们有记录的第一场交战。尽管法军并非坚韧的老兵，他们却必定受过良好训练，也有过使用滑膛枪的培训。在大约 70 码距离上打出第一轮齐射，又在更为接近敌军但并未说明具体距离时打出第二轮齐射，这本身就表明法军拥有相当不错的训练水准。

结果是，存在历史记录表明实际命中数量为 27 人或实际命中率为 41%。普鲁士测试表明命中率应在 75%—81%，这大约是战地结果的两倍。

像这种关于火力效力的实际案例自然是值得继续寻觅的，哎，可是其他案例要么不存在，要么找不到。笔者利用这一比例修正所有数据点，对普鲁士测试数据反复进行数学分析，但这样的努力结果都不能令人满意，所以，笔者转而决心利用三个数据点——0 码处的 100%，70 码处的 41%，450 码处的 0%——取得较好的结果，让电脑的曲线平滑程序生成作战状况下的射击效果近似曲线。曲线如下所示：

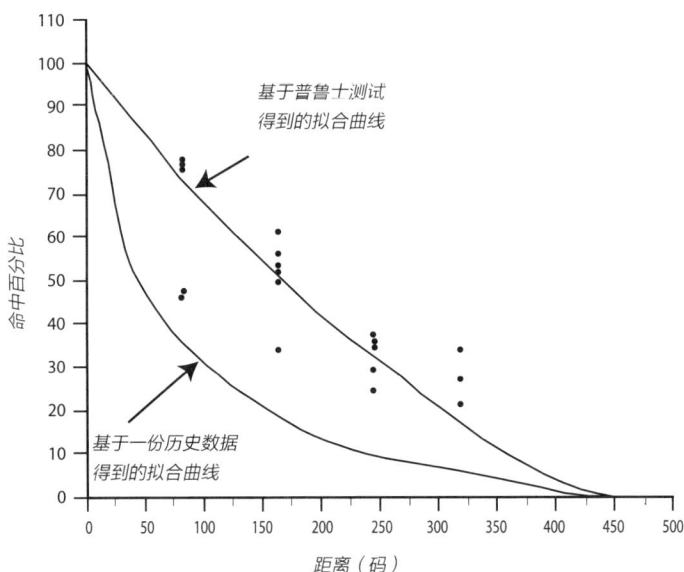

图表 1.2 基于历史战斗数据的滑膛枪准度曲线。

过程中的第三步是让一个营向着开火的战线行进，战线每分钟齐射 2—2.5 次（最多射击 30 次，这是通常许可的弹药用量），假定发动攻击的步兵在通过火力范围行进时采用"冲锋步法"。出于多种原因，包括希望获得较为适中的命中率数据，此后将使用每分钟打出两发子弹的射击速率。

这一时期主要参战国的不同冲锋步法如下：

表 1.9 冲锋步法

	步法名称	每分钟的步数	前进速度（英尺/分）
法国	冲锋步法	120	260
英国	快步	108	270
普鲁士	快步	108	225
俄国	快步	100—110	250—275
奥地利	快步	90—95	188—198

将命中百分比、前进速度与射击速率结合到一起，就可以生成一张表格，用于估算步兵横队对推进中的攻方步兵纵队所造成的杀伤。应当注意的是，一个单位中只有三分之二的士兵（80 人）能够开火。剩下唯一尚待解决的问题就是守方步兵应在与攻方相距多远时开始射击。瓦伦蒂尼[20]曾说过："Geschlossen Infanterie muss nie weiter als auf dreihundert Schritt feuern."即"密集队形的步兵永远都不能朝 300 步以外开火"。（von Valentini, Generalmajor Freiherr Abhandlung über den Kleinen Krieg und über den Gebrauch der leichten Truppen, p.67.）[21] 如果一个时期的将官差不多已经是有希望找到的最好资料来源，那么分析就会从距敌 300 步时进行第一轮齐射算起。考虑到军官目测 300 步距离时无法毫无偏差，一步也接近一码，这里就假定一步等于一码。

利用格尔德曲线并手动读取某一给定距离处的命中百分比可得如下表格，下表展示了守方步兵战线朝着攻方步兵战线射击时造成的伤亡百分比。

在制作表 1.10 时采用了如下假设：

a. 每分钟射击两发子弹；

b. 攻方步兵严格按照条令规定步速行进；

c. 格尔德会战的齐射结果是典型的一般水平；

d. 第一轮齐射正好在攻方进入守方 300 步射程时进行；

e. 地形十分平坦，没有遮挡。

表 1.10 基于格尔德曲线的命中结果

	齐射距离（码）		预计伤亡率
英军纵队遭遇射击	50		61%
	120		28%
	210		14%
	300		8%
		总和	111%
法军或俄军纵队遭遇射击	39		53%
	126		26%
	213		13%
	300		8%
		总和	100%
普军纵队遭遇射击	75		40%
	150		22%
	225		12%
	300		8%
		总和	100%
奥军纵队遭遇射击	44		50%
	100		33%
	175		17%
	235		11%
	300		8%
		总和	119%

　　这张表格揭示的第一个结果就是奥军缓慢的行进速度确保了奥军将会蒙受较高的伤亡率。行进较慢的单位会遭到较多的齐射并不让人吃惊。与其他国家军队遇到三轮齐射相比，奥军会遭到四轮齐射。然而，鉴于从第三轮齐射算起的行程时间恰好与装填枪支并进行第四轮齐射的时间相等，普军是否会遭到第四轮齐射还存在疑问。人们可以认为随着攻方纵队越发迫近，守方的动作越来越快，所以普军会遭到第四轮齐射。然而，攻方可能会在最后一轮齐射到来前更为猛烈地推进，这样就不会遭到齐射。关键问题在于攻方单位是否会被多轮齐射弄得"蹒跚而行"。然而，它似乎表明对打出第四轮齐射有利的变量更多。

　　这张表格真正重要的结论在于，从理论上讲任何情况下的守方步兵战线都能够彻底消灭与其实力相当的攻方步兵。然而，我们对历史的认知表明这并不会发生。事实上，当敌方步兵坚守原地，并朝着正在冲击的步兵单位内部（也可能是单位上方）打出一轮轮齐射时，攻方步兵似乎总能迫近守方步兵，使其卷入混战。

那么，19 世纪初期滑膛枪的射击效用到底是什么呢？首先，必须承认射术的变动范围十分宽，其显然是一组结果而非一条单一曲线。格尔德会战里的一轮齐射就击溃了汉诺威军队正在前进的第一条战线。它所在的区间似乎可以被称作一轮效果优良的齐射能够取得的预期结果的"上限"。另一方面，类似的齐射也可能只会造成极少的伤亡，以致攻方步兵可以忽略损失，以刺刀展开近战。

第二个考虑因素由以下两点组成：一是弹药补给，二是控制射击的军官知道射击效力存在不足。众所周知，守方军官会保留火力以便节约有限的弹药，他们也会尽量延迟齐射，直至敌军进入齐射威力最大的距离才开火。

就在同一场格尔德会战中，另一个法军步兵营让士兵在本尼希森（Bennigsen）营推进到距离己方不到 10 步时才开火。然而，事实表明法军中许多身处前列的士兵丧失了勇气，扔下了枪支，闯过己方战线后退了。法军步兵营崩溃，转向后方，选择了撤退。本尼希森营并没有崩溃，在会战中仅仅损失了 16 人。目前尚不清楚这些人员是在这一轮齐射——不管它有多么零散——中损失掉的，或者还是此次行动和后续行动中的累计损失。

这一切都表明可能存在着一种通行做法，即只对攻方步兵单位打出一轮或至多两轮齐射。因此，其余的步兵射击似乎会是在相距较远的静态步兵战线之间进行的低效轰击。

然而，这并不能解决作战状态下的射击准度和效力问题，这个问题也不能仅仅根据测试结果或某一战场事件做出评估，因为存在太多的未知数和变量。

于是，我大胆猜测，认为图表 1.3 合理地阐明了这一时期的射击效力。

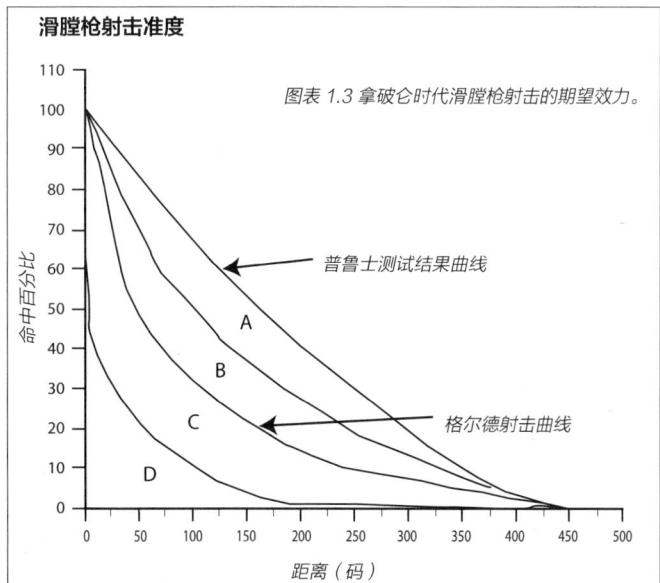

图表 1.3 拿破仑时代滑膛枪射击的期望效力。

区域 A 上方是普鲁士测试结果曲线，下方是人工绘制的普鲁士测试结果与格尔德齐射结果二者的中点曲线。格尔德齐射结果之所以被选为较低限度，是因为进行齐射的部队是服役不到 6 个月的新兵，却又是在理想状态下开火。

区域 A 描述的是"理想状态区域"（精锐部队、清理干净的枪支、不害怕战斗、敌军也没有展开意图扰乱对手的射击）。要是在作战状态下出现位于区域 A 范围的齐射，那这必定会被当成得到神灵庇佑。

区域 B 是富有经验的部队在战场上展开第一轮齐射时预期达到的一般效果。随着兵器出现阻塞，后续的各轮齐射效力必定会有所下降。

区域 C 是人工制造的区域，它主要根据目测绘出，在漫长的会战进程中，多数战地射击的效力都可能位于该区域。

区域 D 则是滑膛枪作为装备已不再成为杀伤效力决定性因素的区域。当齐射效力落入这一区域时，对其起到较大影响的已是攻方或守方的士气。

人们或许会疑惑为何线膛枪在战场上并不普及。这存在以下几个理由。首先，线膛枪一般更为昂贵。此外，正如沙恩霍斯特的研究所示，它们的射速更慢。线膛枪时常须要用木槌把子弹敲进射击位置，还往往须要质地更好的火药和特别定制的铅弹，而且枪膛也很容易阻塞。此外，在许多军队里还存在着对此类创新的官僚主义抗拒，其抗拒程度往往不容小觑。结果，滑膛枪继续盛行，而难以射准又是它的痼疾，因此人们不得不继续使用线式队形。

值得注意的是，在军事思想上还存在着对瞄准射击和瞄准射击对应距离的认知的发展。奥军 1808 年国土防卫军（landwehr）条令实际上提到了距敌 400 码 [22] 时瞄准射击。鉴于国土防卫军通常是最后武装的军队，而且通常只能分到最差的装备，这不大可能是线膛枪火力。

齐射类型

运用整齐射击队列的做法催生出了几种不同的射击类型。评述射击方式的最简单方法就是观察法军、普军和英军的具体应用。他们的做法代表了最普遍的射击方式。

法军的营以连、分营、半营（demi-rang）[23]、营为单位展开射击。按照规定，以连为单位射击时按照奇偶划分次序。各连按照如下次序射击：第 1、第 3、第 5、第 7 连或第 2、第 4、第 6、第 8 连。同一分营中的两个连以半个分营为单位交替射击。

只有掷弹兵（在将掷弹兵连和战列连排在一起的营里）是以整个分营为单位射击的。以分营为单位时是按照如下次序射击的：第 1、第 3、第 2、第 4 分营，掷弹兵。以半营为单位的射击始于右侧的半营。以营为单位的射击始于第一个营，第二个营要等到前者开始装填步枪时才能射击。

《1764 年条令》（Règlement de 1764）确立了基于三列横队的射击方式。《1791 年条令》对它进行修改，确立了让前两列自由射击的方式。这是因为人们发现第三列的火力不仅无效，而且时常会危及前两列。在两列自由射击当中，第三列人员不用开火，只用替前两列士兵装填步枪，并把装填好的步枪向前传。

1813 年的事实证明了第三列对前两列的威胁。看似自残的人数之多不容忽视，因而产生了针对该现象的研究。研究发现，第三列的新兵经常会变得激动，也想要参与交火，其结果是打中了前列人员的脑袋。按照教导，步兵也能以连、半营和营为单位射击。此外，步兵还接受了一种行进间射击方式的教练，按照这种方式，某连会前进、停下、开火，然后继续前进，与在该连前进时开火的其他连形成梯队。在行进间射击当中，前列士兵要以跪姿开火，三列士兵全部投入射击。

按列射击是第二种三列人员全部开火的射击方式。在执行按列射击时，第三列士兵要向右移动 6.5 英寸，通过前两列士兵间隙开火。这种射击涉及参与单位的整个正面，每一列都参与射击，一列射击时另两列暂停。第三列先开火，第二列随后，第一列最后开火，绝不允许各列违背这一射击次序。这种射击方式在对付骑兵时尤其有效，因为当某个连以按列射击展开齐射时，整个正面都会开火。

这种射击方式也让连保留了持续开火的能力，这样就能在遭遇骑兵突袭时采取自卫措施。但这并不总能奏效，各国也发展出了对应的骑兵战术，努力诱使步兵营开火，趁着步兵未能装填完毕的时机贴近，进入可以挥舞马刀砍杀的攻击范围。

英军采用以营、翼[24]或"分营"（grand divisions）为单位的射击方式。三列横队要全体参与上述射击。第一列就地立定开火，第二列向右迈出半步，穿过第一列人员的间隙开火，第三列向右迈出完整的一步，穿过前两列人员的间隙开火。每一列射击完毕后都要立即开始装填。

在这种射击方式中，前列以站姿或跪姿射击。每一列的射击都要受到严密控制，按照顺序执行，所以，这种射击基本上和法军的"按列射击"是一样的。

英军也使用一种按伍射击的做法。伍由分别来自横队中每一列的 3 个人组成。当这些人开火时，他们就转换到此前指定的射击姿态并开火。这一伍完成射击后，下一伍人员继续射击，火力就这样绵延到整个横队。在每一列射击完毕后，它"不用等待任何口头命令"就自行装填并再度射击。每个连的射击都独立于其他任何一个连。总体而言，"所有射击都始于中央而非两翼"。

英军还接受了以跪姿展开两列射击的训练，这是按伍射击的一种变体。在下达预备的命令后，"每名士兵都缓慢地、互不影响地端平枪支，瞄准他注意到的特定目标；士兵一旦对准目标，就无须等待任何口头命令，直接自行射击"。

在以翼为单位由各连展开射击时，每一翼都自行开火，不用顾及另一翼。它可以选择从中央开始射击，逐步移向两翼，也可以选择从两翼开始射击，逐步移向中央。要是一个翼有 5 个连，在每次以翼为单位射击时就须要留有两个暂停，如果只有 4 个连，就要有三个暂停。[25] 这是为了让第一个开火的连有足够时间装填。

在以分营为单位展开射击时，各分营在射击间需留有 3 个暂停，以便让已经开火的分营拥有足够的装填时间，能够流畅地维持火力。

所有军队似乎都有种一模一样的射击方式，它被称作斜向射击，能够让开火单位将步枪火力转向正面以外的方向。在上文所述的各类射击方式中都可以采用斜向射击，不过要是第三列须要开火，第一列就可能不得不跪下。不幸的是，条令并没有提到这一点。

还存在其他不同于上述方式的射击方式。1792 年的普鲁士军队使用几种不同的射击技术。当一个营以 halb-compagnien（半连或分连）为单位列成横队时，射击由各个半连交替执行。三列士兵同时开火。第一列跪下射击，第二、三列则站立射击。射击从右侧开始。普军使用的第二种射击方式是以半连为单位进行的，第三列士兵则要右转 180 度。这种射击是在步兵营右转 180 度，但横队仍然未离开原有位置时进行的。随后的行动和以半连为单位射击相同。

普军的第三种射击方式是行进间射击。在这种射击当中，半连朝敌军行进。最右侧的半连最早停下来射击。接到军官的信号后，位于右手边的半连就枪上肩向前推进。当第一个半连赶上了缓慢前进 [26] 的战线时，邻近的半连就停下来射击，该营战线上的其余半连也照此办理。

第四种射击方式是退却中射击。在直接从敌军面前撤离时，第一半连（原先位于最左侧，现在位于最右侧）要停下、后转、射击。射击完毕后，士兵枪上肩，后转，继续退却，赶上该营其余部队。后续的每个半连都和前一个半连采用相同动作并赶上退却中的营。此外也没有迹象表明何时停下来装填。

这个时代也存在三种人称"树篱"射击（冷枪）的异常射击方式。第一种树篱射击是退却中的射击，在此过程中，部队以两伍为一组，转身朝追击中的骠骑兵或散兵射击。这只是为了赶走发起袭扰的敌军。第二种树篱射击是在应付小股敌军步兵时使用的，小股部队虽然没有必要用全营齐射来对付，但他们的袭扰让人不胜其烦，有必要做出一定反应。在后一情形下，参与射击的人员以两伍为一组行进到营正面前方8步处，排成两列，开火，然后重整成三列，回到步兵营中。在后文讨论轻步兵的段落中，这种射击的目的和用途变得更为明确。

树篱射击的第三种形式与第二种基本一致，不过须要两伍一组向后转，从所属营往后行进，朝后方开火。其余各种行动都是完全一样的。

刺刀

正如序言所述，刺刀源自长枪，它是过去时代、过去武器系统的残留。配有刺刀的步枪是由长枪发展而来，它继承了许多长枪战术。它的主要用途是将步兵队形转变成一种不受骑兵攻击的带刺的刺猬。次要用途则是刺刀冲击。

刺刀在整体上取代了步兵剑成为近战兵器，尽管各国军队中存在少数保留步兵剑的部队，但刺刀才是普遍使用的有刃兵器。

刺刀的用途也变化极大。俄军将领苏沃洛夫（Souvarov/Суворов）因他的名言"刺刀是好汉，子弹是笨蛋"而闻名。他喜欢刺刀冲击远甚于枪战。人们或许会认为刺刀是战场上的主要兵器，但事实并非如此。拿破仑的大军团总军医拉雷（Larrey）曾在1807年的多次会战后对负伤情况进行过战地研究，发现大部分伤员都是炮火和步兵火力造成的。在他所检查的伤员中，只有大约2%受的是刀伤。[27]

刺刀冲击是法军频繁运用的战术。在法国大革命时期，刺刀冲击通常由横队执行，对付的是已经被火力击溃的敌军。这是弗里德里希式的刺刀用法，也代表了1792—1815年间联军的普遍用法。在拿破仑战争时期，法军的刺刀冲击通常由一个列成纵队的营执行。它成了打击敌军士气的主要武器。然而，法军在这一场合下通常会预先以集中的炮火而非步兵火力削弱敌军。

关于步兵对骑兵发起刺刀冲击的频率也存在误解。普遍认为历史上只存在三次这样的冲击：

1. 1760 年，普军贝恩堡[28]步兵团在莱格尼察（Liegnitz）攻击奥军骑兵。

2. 俄军立陶宛近卫步兵团在博罗季诺（Borodino/Бородино）攻击法军骑兵。

3. 1811 年，英军第 5 步兵团在埃尔博东（El Bodon）攻击法军骑兵。

事实上还出现过更多的案例。在七年战争期间，英军步兵似乎在明登（Minden）会战中冲击了法军骑兵。在师级将军洛朗塞男爵[29]写给乌迪诺元帅的一封信里也提到过一次这样的攻击。它发生在 1813 年 5 月 18 日诺伊基兴（Neukirchen）附近的一次战斗中，当时法军第 52、第 137 战列步兵团列成方阵阻挡俄军骑兵的攻击，两度击退骑兵后，法军变换队形列成纵队，不止一次以冲锋步法冲击骑兵。

1813 年 8 月 26 日在卡茨巴赫（Katzbach）河周边地区进行的会战中，第 34 战列步兵团 4 营发现一支普鲁士枪骑兵冲入并俘获了法军第十一军的停炮场。由于整日的降雨，4 营只有大约六分之一的步枪能开火，于是他们以营密集阵朝骑兵发起冲击，赶走了普军骑兵，夺回了第 11 军的停炮场。这个营似乎并未受到多大损失。[30]

在 2 月 13 日发生的沃尚（Vauchamps）会战中，一个普鲁士旅的两个西里西亚射击兵连发觉自己的逃生之路上横亘着一个法国骑兵中队。这两个连总共约有 230 人，他们列成纵队，上了刺刀向前冲锋，从法军骑兵当中杀出了一条通道。这两个连并未蒙受任何伤亡。事实上，伤亡报告中只列出了丢失若干筒帽和刺刀。这就是与法军骑兵发生实质性接触的结果。[31]

1814 年 3 月 25 日，在拉费尔尚普努瓦斯（La Fère-Champenoise）会战中，德罗尔的（Delord）国民自卫军旅——该旅隶属于帕克托（Pacthod）师——组成了冲击纵队，以冲锋步法朝着两个俄军骑兵团推进，迫使俄军退却。[32]法军在进行这次冲锋时几乎没有出现伤亡，不过，此次会战中的后续事件则导致帕克托师遭到全歼。

历史上的最后一次此类攻击似乎发生在 1920 年 4 月 27 日，当时苏俄军步兵第 7师在马林[33]附近对一个波兰骑兵旅发起了刺刀冲击。与提到的其他此类事例相比，此次交战的伤亡数据并非全然未知，俄军似乎损失了 40% 的兵力。这无疑是因为波兰骑兵携带了机枪，但这也足以打消人们发动这种行动的念头，至少在 20 世纪，除了最绝望的军队之外，没人会去进行这种尝试。

然而，鉴于在 19 世纪初发生过这么多案例，不可否认步兵冲击骑兵仍然是一种合理的战术，但它仍然是拼命的战术。在回顾了上述所有战例后，这一点变得尤为清晰。

译注：

[1] 使用"重步兵"指代战列步兵的说法虽然较为少见，但并未消失。奥地利军官德米安在其出版于 1807 年的《军事科学自学手册》中曾有如下论述："轻步兵能够根据自身意愿或周边情况需求延长作战正面，能够依靠较宽的正面包抄正面较窄的敌军，以交叉火力将其歼灭。因此，非常明显的是，轻步兵哪怕在人数上处于劣势，也总能包围并击败一个列成密集队形的重步兵营。"参见 Demian J. A. Anleitung zum Selbst-Studium der militärischen Dienstwissenschaften. Wien, 1807, vol. 2, p. 264-265。

[2] 潘都尔兵（pandors），一作 panduren 或 pandoures，原指哈布斯堡王朝边屯区的一种非正规军。在奥地利继承战争（1741—1748 年）中，奥地利军官弗朗茨·冯·德·特伦克（Franz von der Trenck）组建了潘都尔军（Panduren-Corps）作为轻步兵参与战斗，该部编制其后几经变动，最终于 1756 年被改编为第 53 步兵团。但潘都尔兵因战斗勇猛和纪律涣散而声名远播，导致奥军中的所有边屯步兵都时常被人误称为"潘都尔兵"。参见 Wrede A. Frhr. von Geschichte der k. und k. Wehrmacht. Wien, 1898-1903, vol. 1, p. 485, vol. 2, p. 482. Duffy C. Instrument of War: The Austrian Army in the Seven Years War. Chicago: The Emperor's Press, 2000, p. 302。

[3] 以法军为代表的多数军队让同一列中最高的士兵为右起第一人，第二高的士兵为右起第二人，越往左士兵身材越矮。英军通常让同一列中最矮的士兵为中间人员，第二矮的士兵位于他左侧，第三矮的士兵位于他右侧，如此交替排列。参见 Règlement concernant l'exercice et les manœuvres de l'infanterie du 1er aout 1791. Paris, 1791, p. 3. Russel J. Instructions for the Drill, and the Method of Performing the Eighteen Manoeuvres, as Ordered for His Majesty's Forces. London, 1799, p. xxiii。

[4] 法军条令仅要求"肘碰肘"，并未对人均宽度做出明确规定，著述和教令中提到的版本则各有差异，但大多集中在半米左右，并非文中提及的 26 英寸。如吉贝尔在《战术通论》中认为："有必要认为每一名全副武装的士兵至多宽达二法尺（即 24 法寸，64.8 厘米，约合 26 英寸），也就是他从一肘到另一肘至多占地二法尺。"共和十二年的陆军部教令规定："直至目前为止，每一伍的横向空间均被估算为 18 法寸；经验表明这样的估计略低了一些，每伍横向空间半米（18 法寸 5 线—18 法寸 6 线）的估算才是确切的。"达武元帅发布于 1811 年的教令则规定 99 人组成的三列连横队占地 16 米，即每一伍横向空间为 48.5 厘米。1809 年 10 月 11 日和 1813 年颁布的临时条令都曾将每伍空间宽度定为 51 厘米或 19 法寸。参见 Guibert J. A. H. de Essai général de tactique. Londre, 1772, vol. 1, p. 27. 'Instruction pour le campement de l'infanterie', Journal militaire. Paris, An XII/1, p. 113. Отечественная война 1812 года. Отд. 2. Бумаги, отбитые у противника. СПб., 1903, т. 1, с. 115. Escalle C.-P. Des marches dans les armées de Napoléon. Paris, 1912, p. 263。

[5] 俄军于 1796 年和 1811 年颁布的两份《步兵野战勤务条令》中均未规定每一伍的具体空间宽度，仅和法军《1791 年条令》一样要求各列人员"肘碰肘"。1811 年版本中曾规定新兵在初步接受无武装训练时应排成左右相隔 1 阿尔申（0.71 米）的一列队形，但这并非战斗队形。参见 Жмодиков А.Л. "Наука побеждать". Тактика русской армии в эпоху наполеоновских войн. СПб., М., 2015, с. 31. Воинский устав о пехотной службе, СПб., 1811, с. 12。

[6] 俄军于 1811 年颁布的《步兵野战勤务条令》也给出了与法军类似的明确规定，要求前列人员后背与后列人员前胸之间距离为半阿尔申（0.355 米）。参见 Воинский устав о пехотной службе. СПб., 1811, с. 3。

[7] 普军在 1807—1812 年改革前后结构上存在重大变化。改革前每营辖 4 个作为行政单位的连（compagnie），战时编成 4 个分营（division），每连下辖 2 个分连（peloton）、4 个排（züg）。1812 年颁布《普鲁士王家陆军步兵训练条令》后废除了分连，每连直接下辖 2 个排。参见 Exerzir-Reglement für die Infanterie der königlich-preußischen Armee. Berlin, 1812, p. 44. Das preußische Heer der Befreiungskriege. Berlin, 1912-1914, vol. 1, p. 147。

[8] 俄军步兵实际采用的步速如下：

	步 / 分钟	米 / 分钟
1797—1802 年，1 步 =3/4 阿尔申 =0.5336 米		
慢步	75	40.02
快步	120	64.04
1802—1809 年，1 步 =1 阿尔申 =0.7115 米		
慢步	75	53.36
快步	120	85.38
1809 年后，1 步 =1 阿尔申 =0.7115 米		
慢步	75	53.36
快步	110	78.26

从拼写和数据情况看，本书此处材料源自波兰军官坦斯基（Tánski）的著作《俄罗斯军事制度的统计、政治与道德写照》（Tableau statistique, politique, et moral du systeme militaire de la Russie），但坦斯基的数据多有讹误，且拿破仑时代俄军并未采用倍步，拿破仑战争结束后，康斯坦丁大公才将倍步引入附庸于俄国的波兰王国军队。参见 Жмодиков, 2015, c. 810. Tanski J. Tableau statistique, politique, et moral du systeme militaire de la Russie. Paris, 1833, p. 223. Tanski J. " Notes sur le supplément à Ordonnance du 4 mars, 1831, inséré dans le Spectateur militaire du mois de janvier, 1832 par le général Loverdo" // Spectateur militaire, XIII (1832), p. 405-406。

[9] 弗里德里希·克里斯托夫·冯·萨尔德恩（Friedrich Christoph von Saldern），普鲁士中将，生于 1719 年，卒于 1785 年，曾于 1763—1785 年任马格德堡步兵总监，以部队在操演时行动准确闻名，成为严格、机械训练的代名词。有人认为他曾就常步应当是每分钟 75 步还是 76 步发表过如下意见："我们当然应该每分钟行进 76 步，但在经过深思熟虑和仔细观察后，我得出结论，还是 75 步更好。"参见 Duffy C. The Army of Frederick the Great. Chicago: The Emperor's Press, 1996, p. 315。

[10] 弗朗索瓦 - 让·德·格兰多热·多热维尔·德·梅尼尔 - 迪朗男爵（François-Jean de Graindorge d'Orgeville, baron de Mesnil-Durand），法国战术理论家，生于 1729 年，卒于 1799 年，曾参与奥地利继承战争、七年战争，1755 年发表其代表作《关于一种法国式队形或正面削减、纵深加倍的密集阵的设想》（Projet d'un ordre françois ou la phalange coupée et doublée）。参见 Lauerma M. Jacques-Antoine-Hippolyte de Guibert (1743-1790). Helsinki, 1989, p. 139。

[11] 雅克 - 安托万 - 伊波利特·德·吉贝尔伯爵（Jacques-Antoine-Hippolyte, comte de Guibert），法国战术理论家，生于 1743 年，卒于 1790 年。1772 年发表其代表作《战术通论》（Essai général de tactique）。参见 Ibid., p. 12-16。

[12] 关于拿破仑时代每年用于训练的实弹数量，不同年份的各国军队都存在明显差异。根据《共和十三年葡月 1 日武装条例》，法军每个步兵营每年可获得供训练使用的 125 千克铅弹和 250 千克火药，即每年新发实弹约 5000 发。根据 1807 年 6 月 15 日法国陆军部的决定，每名步兵当年应分得用于训练的 500 克火药和 250 克铅弹，即每人可新得大约 10 发训练用实弹，加上重铸的旧铅弹，当年每人训练的实弹和空包弹总数应为 50 发。在 1806 年之前的普鲁士军队，每个步兵团每年可以领到 41.25 普磅的铅弹，约合 1030 发子弹，全部供 120 名射击兵训练，即每名射击兵每年可新得大约 9 发实弹，加上重铸的旧铅弹，应为每年训练 35 发实弹，普通步兵则无实弹训练。1812 年 6 月 8 日的普鲁士国王敕令规定了当年的训练耗弹量，要求普通步兵每人实弹训练 20 发、燧发枪兵每人 25 发、射击兵与猎兵每人 50 发。英军在 1811 年颁布的《陆军总条例与命

令》中规定普通步兵每人每年实弹 30 发、空包弹 60 发，轻步兵实弹 50 发、空包弹 60 发，线膛枪兵实弹 60 发。参见 Bardin É.-A. Mémorial de l'officier d'infanterie. Paris, 1813, p. 847-848, 862. Jany, 1903, p. 80. Das preußische Heer der Befreiungskriege, 1912-1914, vol. 1, p. 137. General Regulations and Orders for the Army. London, 1811, p. 71。

[13] 普、奥军队为加快射速，相继于 1773 年、1785 年将通条由圆锥状改为圆柱状，两头均为钝头，代价则是通条重量上升为原先的 2—3 倍，如普军的圆柱通条即重达 700 克。参见 Jany, 1903, p. 36. Krieg gegen die französische Revolution, 1792-1797. Wien, 1905, vol. 1, p. 232. Jähns M. Geschichte der Hriegswissenschaften vornehmlich in Deutschland. München, Leipzig, 1889-1891, vol. 3, p. 2424。

[14] 据纳夫齐格先生确认，沙恩霍斯特原文称每次射击测试时投入 10 名步兵，每人射击 20 次，并非投入一个连的掷弹兵。射击目标是 6 普尺（1.88 米）高、100 普尺（31.4 米）宽、1 普寸（2.62 厘米）厚的木板，并非帆布。用于测试的滑膛枪有 8 种类型，并非 6 种。参见 Scharnhorst G. J. D. von Über die Wirkung des Feuergewehr. Berlin, 1813, p. 80-82。

[15] 此处沙恩霍斯特原文为 300 普步，约合 220 米、240 码，并非 300 码。参见 Ibid., p. 96。

[16] 沙恩霍斯特书中提到的小型标靶设在宽 24 普尺（7.53 米）、高 6 普尺、厚 1 普寸的木板上，标靶本身宽 4 普尺（1.26 米）、高 6 普尺、厚 1 普寸，大约相当于一个人或横队中列的两个人。参见 Ibid., p. 89-93。

[17] 沙恩霍斯特原文仅为法国步枪。此外法军并未采用"沙勒维尔（Charleville）"一词称呼 1777 年式步枪，将法国步枪冠以沙勒维尔之名的说法源于美国。参见 Ibid., p. 82. Cottaz M. L'arme à feu portative française. Paris, 1971, p. 17。

[18] 包覆弹（gepflasterten Kugeln），即"在装填球状铅弹之前，将它包在一块皮革或涂过油的布片当中"，其目的在于增强气密性，提高子弹飞行速度和射击精度，但也会导致装填速度有所降低。参见 Baker E. Twenty-three Years Practice and Observations with Rifle Guns. London, 1804, p. 9; Scharnhorst, 1813, p. 93; Scharnhorst G. J. D. von Private und dienstliche Schriften. Köln; Weimar; Wien, 2002-2014, vol. 1, p. 183。

[19] 此处原记载为 60—80 步（Schritt），1 汉诺威步为 77.9 厘米，1 普鲁士步为 73.2 厘米，故约合 44—62 米，即 48—68 码，若取中数则估测距离应为 58 码，原文认为码、步长度接近，故存在混用。参见 Quistorp B. von Die Kaiserlich russisch-deutsche Legion. Berlin, 1860, p.98。

[20] 瓦伦蒂尼（Valentini），全名格奥尔格·威廉·冯·瓦伦蒂尼（Georg Wilhelm von Valentini），通常被视为普鲁士军官。1775 年生于普鲁士米滕瓦尔德（Mittenwalde），1787 年以军官学员身份开始在普军服役，1792 年获少尉军衔，曾出版多部战术著作，1809 年法奥战争爆发后因渴望与法军作战曾短暂效力于奥军，1810 年转入俄军，1812 年返回普鲁，1824 年最终晋升为普军中将，1834 年卒于柏林。参见 Allgemeine Deutsche Biographie. Leipzig, 1875-1912, vol. 39, p. 465-468。

[21] 瓦伦蒂尼此书存在不同年份的多个版本，本书引用版本为 1820 年版。

[22] 奥军国土防卫军条令规定士兵在距敌 150 步（114 米）时应瞄准大腿射击，距敌 200—250 步（152—190 米）时应瞄准胸部射击，距敌 300 步（228 米）时要瞄准头部射击，必要情况下可以朝相距 400 步（303 米、332 码）的目标瞄准射击。参见 Auszug aus dem Abrichtungsreglement der k.k. Infanterie. Zum Gebrauche für die Landwehre in den k. öst. Provinzen. Brünn, 1808, p. 99。

[23] 法文中 feu de demi-rang 字面意思为半列射击，意为将营横队分为左右两半，以半个营横队列为单位展开射击，亦称半营射击（feu de demi-bataillon）。参见 Bardin É.-A. Dictionnaire de l'armée de terre. Paris, 1851, vol.2, p. 2285。

[24] 翼（wing），英军中大体相当于半营的作战单位，步兵营一般会分为左右两翼。参见 Rules and Regulations for the Formations, Field Exercise and Movements of His Majesty's Forces. London, 1792, Part III, p. 6。

[25] 停顿（pause），在军事术语中指一定的间隔时间，此时英军所用的一个停顿单位为 0.8 秒。以翼为单位射击时留有两个停顿，即为某连射击完毕和后续连发出预备射击口令间留有 1.6 秒间隔。参见 James C. A New and Enlarged Military Dictionary. London, 1802, 'PAUSE'。

[26] 本书原文误作"缓慢退却"，经纳夫齐格先生确认，此处错误可能系编辑失误，应修正为"缓慢前进"。

[27] 拉雷做过两份有关刺刀杀伤比例的统计，第一份统计中列出枪伤 68 人、马刀伤 11 人、刺刀伤 3 人，第二份统计中列出枪伤 51 人、马刀伤 9 人、刺刀伤 2 人。钱德勒认为这两份统计对应的是法军与奥军间的战斗，并非 1807 年。参见 Reinhard M. Avec Bonaparte en Italie. Paris, 1946, p. 56. Chandler D. G. The Campaigns of Napoleon. New York: Scribner, 1966, p. 343-344。

[28] 普军第 3 步兵团在 1759—1784 年间的名誉团长为安哈尔特-贝恩堡（Anhalt-Bernburg）侯爵，因而名为贝恩堡步兵团。本书原文误将 Bernburg 写作 Bernbreg。参见 Duffy, 1996, p. 299-300, 328。

[29] 洛朗塞男爵（Baron de Lorencez），全名为纪尧姆·德·拉特里耶·德·洛朗塞男爵兼伯爵（Guillaume de Latrille, baron puis comte de Lorencez），生于 1772 年，1791 年志愿加入法军，1813 年晋升为师级将军，卒于 1855 年。本书原文误将 Lorencez 写作 Lorencz。信件全文见 Foucart P. J. Bautzen (une bataille de deux jours) 20-21 mai 1813. Paris, Nancy, 1897, p. 269-270，洛朗塞生平见 Six G. Dictionnaire biographique des généraux et amiraux français de la Révolution et de l'Empire 1792-1814. Paris, 1934, vol. 2, p. 131-132。

[30] 法军第 34 战列步兵团 4 营击退了普军冯·尤尔加斯（von Jürgaß）上校麾下的东普鲁士国民骑兵团的若干中队。参见 Weil M.-H. La cavalerie des armées alliées. Paris, 1886, p. 107. Fabry G. Étude sur les opérations du maréchal Macdonald, du 22 août au 4 septembre 1813, la Katzbach. Paris, 1910, p. 85-86。

[31] 沃尚会战发生于 1814 年 2 月 14 日，并非 13 日。此次会战中普军共损失军官 80 人、军士和士兵 3904 人、火炮 7 门。其中第 11 步兵旅遭逢法军重创，该旅下辖第 1 西里西亚步兵团、第 10 后备步兵团以及西里西亚射击兵第 1、第 4 连和部分骑兵、炮兵，战前原有 5 个步兵营，战后仅能组成一个 532 人的步兵营。以第 10 后备步兵团为例，当天该团共损失官兵 1772 人。两个射击兵连在冲击中损失筒帽 1 顶、刺刀数把。参见 Weil M.-H. La campagne de 1814. Paris, 1891-1895, vol. 2, p. 209-220. Gröling II. von Kurze Geschichte des königl. 1. schlesischen Grenadier-Regiments (No. 10). Berlin, 1861, p. 71. Militair-Wochenblatt, 26 (1841), p. 165. Gumtau C. F. Die Jäger und Schützen des preußischen Heeres. Berlin, 1834-1838, vol. 1, p. 323, 341-342。

[32] 即德洛特旅以纵队冲击俄军保罗·卡尔·恩斯特·威廉·菲利普·冯·德·帕伦（Paul Karl Ernst Wilhelm Philipp von der Palhen, 1775-1834）少将、伊万·安德烈耶维奇·赫鲁晓夫（Иван Алексеевич Хрущов, 1774-1824）少将指挥的多尔帕特、立夫兰猎骑兵团。参见 Weil, 1891-1895, vol. 4, p. 23。

[33] 马林（Malin/Малин），即今乌克兰日托米尔州马林市，位于基辅西北方约 100 千米处。1920 年 4 月 27 日中午 11 时，波军第 7 骑兵旅攻占马林，苏军步兵第 7 师在装甲列车支援下展开反击，经过反复争夺迫使波军于 27—28 日夜间撤出马林，成功打通了退往基辅的交通线。苏军步兵第 7 师在刺刀冲击中损失 40% 的数据可能源自戴维斯《白鹰，红星》一书，但戴维斯并未给出资料来源。参见 Wyszczelski L. Kampania ukrainska 1920 roku. Warszawa, 2009, p. 64-65. Мельтюхов М. Советско-польские войны. М., 2004, c. 65. Davies N. White Eagle, Red Star. London: Macdonald, 1972, p. 108-109。

步兵战术

战列步兵和轻步兵使用同样的训练条令执行基本机动。然而，军方时常会给轻步兵下发涵盖前哨战、散兵战等特殊作战任务的补充手册。其结果是，两类步兵使用三种基本队形：横队、纵队和方阵。

横队

横队可能是这一时期军队所使用的最简单的队形。它由展开成"战列线"的部队组成，组成单位可以小到只比一个伍大的最小机动单位，也可以大到一个营乃至一个完整的团。这就意味着横队队形编组如下：纵深为三列，在保证士兵及各机动单位间距符合标准的前提下正面尽可能地宽。表 2.1 列出了各国的连和营列成横队时的正面宽度。由于组织架构的变化，这些宽度按照时间排列，其计算依据为理论上的满员编制。

表 2.1 战列步兵在战列线中的宽度（所有数据都基于理论上的满编人数）

	年份	连横队宽度（单位：英尺）	营横队宽度（单位：英尺）
奥地利	1807	114—127	684—762
英国	1792	64	640
法国	1791	70	560
	1808	80	480
普鲁士	1792	90	360
	1799	79	316
	1808	86	344
俄国	1802	92	368
	1792	94	376
萨克森	1810	92	368

二列对三列

英军的二列横队体系能够"极好地利用现有火力"，在英军及其火力运用方式有所表现后，人们围绕法军以及其他欧洲大陆军队使用第三列的做法展开了大量讨论。法国人从自己的角度做了大量思考，它可能也反映了同样使用三列横队体系的其他欧洲国家的理念。

二列横队体系最早是由普鲁士军队的冯·安哈尔特侯爵[1]在七年战争中引入的，目的在于让更多的步枪投入战斗。然而，人们发现轻骑兵能够重创这样的队形，普军要拖到 1778 年才真正采用二列横队。

法国于 1775 年 5 月 20 日颁布的训令准许步兵排成二列横队，这一做法持续到 1776 年便告取消，直到 1788 年才得以恢复。法军的绍恩堡[2]将军也将二列横队写入他在共和六年下达的师命令。

《1791 年条令》规定了一种三列横队，但也指出当连里的伍数目低于 12 时，它应当排成二列。在萨克森、普鲁士和英国条令中也能找到类似说法。

拿破仑在 1813 年颁布了取消第三列的计划，以弥补新兵不足的问题。他对第三列价值的评论很有说服力，他在评论中特别指出："第三列的刺刀毫无用处。"一般而言，第三列的主要用途是作为预备队弥补前两列的损失，让整个队形较为厚重。

第三列也存在若干缺点，其中一个重要问题就是第三列的射击可能导致——也的确导致——第一列出现伤亡。人们发现，第三列士兵在满怀热情地朝敌军射击时，只是大致对准一下武器射击方向就猛烈开火了。

关于这一点，科林在《战术与训练》（La Tactique et La Discipline）一书中引用了古维翁 - 圣西尔（Gouvion-Saint-Cyr）的话：

> 可以毫不夸张地说，在一场交战中，第三列射击误伤的人数相当于此战伤员总数的四分之一。要是像吕岑（Lützen）和包岑（Bautzen）那样，参战部队由新兵组成，那么误伤比例应当会更高。拿破仑对负伤部位在手、肘之间的人员数目之高感到震惊，按照他的猜想，在这些被征召入伍的士兵中，有许多人为了逃避服役而采用自残手段。他打算从中找出一些人来作为严厉惩戒的典型。可他很快就得知非常多的人是被第三列打伤的，是在装填子弹或抽出通条时负伤的。他随后就决心只用排成二列横队的部队作战。[3]

按照设想，第三列的确是不该开火的，他们只用装填步枪并把它们往前递送。然而，这种情况并不会经常发生，过度兴奋的新兵时常会产生一种不可抑制的冲动——他们同样想要射击。实际上，假如第三列人员用把枪管伸到第二列人员肩部上方的方式穿过前两列射击，那么他们的枪口距离第一列人员的后背就只有大约八英寸，这就难怪当第三列开火时第一列会出现伤亡。

在较早的射击方式中，前列兵须要跪下，这样后两列士兵就可以在他们脑袋上方开火。然而,人们发现当前列兵跪下后,几乎就不可能再让他们站起来继续前进了。

三列横队体系的问题绝不仅仅是射术问题。在展开刺刀冲击时,第三列依然会给前两列人员造成威胁。前两列人员能够观察推进途中的地形,可第三列就只能跌跌撞撞地盲目前行了。要是尸体凌乱地分布在战场上或是遇上了其他高低不平的地形,他们就会遭遇绊脚甚至跌倒。

为了避免出现这种危险情况,前两列士兵要端平刺刀推进,第三列士兵保持持枪姿势跟随。当横队抵达敌军原先所在的阵地后,就得停在刺刀冲击所指向的位置上就地射击,第三列士兵此时作为散兵展开,以辅助随后持续发起的冲击。如果冲击被敌军所阻,第三列士兵便不作为散兵使用,而是端平刺刀协助冲击。

在遭遇骑兵冲锋时,第三列提供了纵深,所以方阵具备较好的抵抗骑兵的能力。这种厚重阵形形成了满是刺刀的刺猬,位于前列的人员也感到更加安全。

尽管当时已存在关于第三列存在理由的争议,但它在诸多欧陆国家的军队中一直坚持到克里木战争时期。肯定有许多身处高位的人士拥护这一队形,他们出于自认为充分的理由让第三列能够坚持如此之久。

有几位拥护者——譬如奥库涅夫[4]和默尼耶[5]——认为第三列让队形变得更为坚固,至于误伤则可以通过让第三列服从射击纪律来消除。有人会问,如果位于第三列后方的队列收拢人都没有注意到第三列在开火,那这些队列收拢人还能做什么?较合理的解释是,他们要么不关心,要么不关注。鉴于关于误伤的大部分评论与1813年有关,也有可能是法军基干力量已经变得相当薄弱,竟到了不知道该做什么的地步。不过,这只是一个并无根据的推测。

英军使用二列横队是开明的将军希望强化士兵火力所产生的结果吗?或许是,或许不是。关于强化火力的效果,直到本手稿准备完毕之时,笔者都未曾发现任何值得信赖的历史记录。然而,就二列横队这一做法而言,从英军步兵训练条令中可以找出另一个同样充分的理由。

和其他任何一个欧洲国家一样,英国的条令明确规定步兵应当排成三列。上述所有条令也都规定要是连的人数低于某一特定数目,第三列就要被合并到前两列以维持横队正面。

条令的这两个要求本身就可以回答英军为何普遍使用二列横队。关于部署在西班牙和佛兰德的英军步兵营,有一份与其兵力数据相关的统计材料(表 2.2),它表明前述的最低正面宽度需求迫使人员极其匮乏的英国步兵营采用二列横队。

一个英国步兵营理论上有 1000 名士兵。假设有 100 名普通士兵，那么三列横队的正面就要有 33 人。根据条令规定，一个排的最小正面是 5 个伍，由此可知一个连有两个正面为 10 人的分连 [6]，全连共有 60 名全部列成三列横队的士兵。这就意味着一个拥有 660 人的营才能满足每连正面至少 20 人且排成完整三列横队的需求。

根据同一分析，要是兵力降至 400 人，步兵营即便只是维持最小正面宽度，也必须排成二列横队。

表 2.2 威灵顿在半岛和尼德兰作战时麾下的步兵营兵力 [①]

	兵力超过 660 人的步兵营	兵力在 400—660 人之间的步兵营	兵力低于 400 人的步兵营
萨拉曼卡	9	33	12
1811 年 9 月 15 日	9	25	9
滑铁卢	10	20	7
总数	28	78	28
百分比	21%	58%[7]	21%

正如在表格 2.2 中所见，绝大部分英军步兵营都严重缺员，为了维持正常的连正面宽度，就不得不排成二列。它也表明有 21% 的步兵营兵力少到必须根据关于正面宽度的条令排成二列。因此，英军是否出于公开宣称的增强火力目的选择二列横队仍然存在高度争议。

令人惊异的是，这张表格清楚地表明，相较于使用三列横队体系的法国或其他任何欧陆大国的步兵营，英国步兵营就人均火力而言并不具备优势。这是因为英军步兵营兵力太少，导致其二列横队正面宽度与法军三列横队相当。

纵队

这一时期的法军使用三类纵队。其中最主要的是营纵队，这类纵队存在诸多不

---

①原注：该表格数据系根据奥曼（Oman）《半岛战争史》（History of the War in the Peninsula）一书中发现的与上述会战有关的作战序列报告得出。1815 年的数据源自格伍德（Gurwood）的《威灵顿公函》（Wellington's Dispatches）。

同形式，《1791 年条令》对其做了细致规定。第二类是旅纵队、师纵队或军纵队，它们由多个营组成，将会在后文展开讨论。第三类是行进纵队，这类纵队只是用来让部队单位从一地赶赴另一地。它并非战斗队形，仅是部队长途转移的手段。

其他国家的军队也使用营纵队和行进纵队。但只有法军使用师纵队和军纵队。

法军的营纵队主要有三种形式：以分营为单位的纵队（colonne par division）、以连为单位的纵队（colonne par peloton）和以排为单位的纵队（colonne par section）。

随着纵队各部分前后间距的变化，这些纵队在各自门类内部又有不同变种。这些间距要么是最前方单位的正面宽度，要么是最前方单位某一组成部分的正面宽度。也就是说，一个以分营为单位的纵队可以让它的各个分营列成前后间距为分营、连、排宽度的队形，甚至可以列成间距最小化的纵队〔紧密纵队（colonne serrée）〕。同样，以连为单位的纵队只能列成以连、排宽度为间距的纵队或紧密纵队。

图 2.1 描绘了纵队和横队。以分营为单位的纵队（全间距）表明每个分营由两个连组成。[8] 分营间的距离足够连进行后转，并使连在转动完毕后恰好遇到后方的分营。该图清晰地表现了单位正面宽度与间距的关系。

在实际应用中，以分营为单位的纵队要么列成以分营为单位的紧密纵队（colonne serrée par division），要么列成以分营为单位的排间距纵队或半间距纵队（colonne par division à distance de section）。以连为单位的紧密纵队通常被称作密集的紧密纵队（colonnes serrées en masse）、密集纵队或密集阵。以连为单位的纵队一般是全间距的，会被称作 ouvert，即疏开纵队。这种纵队也叫全间距纵队。

当纵队以前后相隔半间距的方式列阵时，它们就叫作半间距纵队。紧密纵队是一种非常密集的队形，纵队各组成部分前后相差仅 3 步。也就是说，在以分营为单位的紧密纵队中，前后相继的两个分营仅仅相隔 3 步。

既然已经讨论了法军纵队的不同类型，那么就有必要讨论与纵队相关的运用

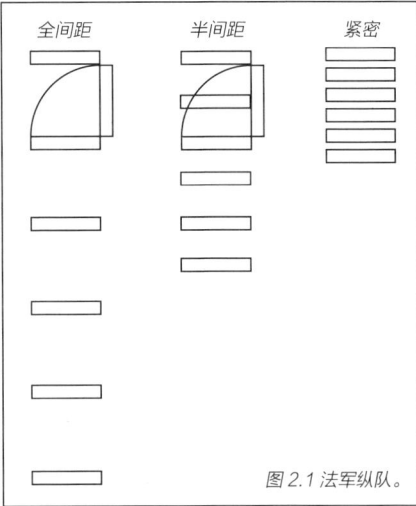

图 2.1 法军纵队。

理念，这可以追溯到"薄阵"（ordre mince，即横队）和"厚阵"（ordre profond，即纵队）支持者之间的争论。横队或普鲁士体系的支持者规定了战术队形变换的方式。在步兵列成横队并以横队机动的状况下，由于横队存在的对齐问题，薄阵的机动力就会大大下降。为了解决这一问题，参战单位在投入战斗之前都采用纵队，将其作为专用机动队形。

然而，因为纵队是理想的机动队形，梅尼尔-迪朗变得醉心于纵队，他把纵队误当成马其顿密集阵——这在它所处的时代是不可战胜的。他错误地认为纵队既能依靠火力自卫，又能依靠冲击消灭敌军。

在《1791年条令》中可以找到这种理念，不过那时的理念已经被吉贝尔修改过了，他将横队战术思想和纵队战术思想结合起来，形成了将这两个极端进行合理调和后的产物。然而，在法军指挥官的实战中，其实这一时期的每一种军事理念都曾在若干场会战中得到应用。

尽管吉贝尔打算将纵队作为一种快速运动至攻击点，展开成横队与敌军交火并继之以刺刀推进的手段，但纵队时常径直冲向敌军战线。面对散兵掩护下快速推进的纵队，遭到威胁的敌军便会士气锐减到将要崩溃的地步。这最终导致法军直接让纵队去冲击敌军队形，认为这样可以使纵队与敌军卷入近战。可伤亡报告中并没有大量的刺刀伤，这就无法支持上述设想。通常状况下，遭遇此种冲击，敌军队伍要么士气崩溃，逃之夭夭，要么以火力打乱纵队，接着用反冲击迫使纵队溃逃。

也有人认为，在法国大革命早期，要想运用各路志愿兵和征召兵单位，就只能将它们以纵队投入作战。对新兵来说，学会纵队要比学会横队容易得多。真正的普鲁士式线式队形变换须要成年累月的练习才能掌握。

革命军的志愿兵和征召兵并没有学习全套规程的时间，因此他们以纵队展开机动，由于缺乏以其他任何方式作战的能力，他们时常会直接冲向敌军，突入敌阵。然而，这个观点已经在史学界引起诸多争议。

有看法认为，冲击纵队实际上是打算与敌军卷入近战。混合队形（ordre mixte）是一种横队与纵队的混合物。它提供了一个能够充分运用火力削弱敌军的横队和两个在横队两翼列队、准备在敌军饱受火力时展开推进的纵队。第六章的图6.12会给出混合队形的图解。

其他国家也出于与法国大致相同的理由以纵队展开机动，但这些军队对纵队的运用似乎并不能像法军一样引起历史的关注。毫无疑问，很大一部分原因在于他们倾向于守势，倾向于在自己选定的阵地上坚守，而让法军发起进攻。在博罗季诺，俄国近卫军和掷弹兵列成纵队，他们暴露在法军炮火下却勉力坚持，就像割草一样被击倒。在利尼（Ligny），普鲁士军队遭遇了类似的命运。似乎只有英军一直坚持在他们选定的防御阵地上展开成横队。

其他国家使用的纵队基本原则从本质上讲和法国是一样的。他们组成的纵队正面最大时可达分营宽度，最小时仅和大于伍的最小机动单位宽度相当。他们也按照全间距、密集间距和两者间的各类机动单位间距列队。

方阵

方阵是一种普遍使用的反骑兵队形。每个国家都根据其步兵营组织需求编组方阵。在七年战争时期，方阵每一面通常会有 6 列。然而，到了 1792 年，有的国家已经放弃了 6 列的做法。法军的《1791 年条令》规定方阵每面厚度为 3 列。在编组方阵时，队形变换动作以分营为单位完成，变换成方阵的是连宽度——也就是连列成横队时的宽度——间距纵队。第一个分营原地不动，最后一个分营原地后转，位于中间的各连或向左转或向右转，以组成方阵的其余两面。

还有一种法国方阵叫作埃及方阵（carré d'Egypte）。在颁布《1791 年条令》后，法军并未对方阵队形做过官方修订，可 1808 年的重组导致须要对方阵编组方式进行修正。《条令》后来的版本中有提及方阵队形差异的脚注，但脚注并未详细说明差异所在。在 1813 年出版于巴黎的《步兵手册或与陆军军士相关的全部条令、法令、惯例、信息概要》（Manuel d'infanterie ou resumé de tous les règlements, décrets, usages, et renseignments propos aux sous-officiers de cette armée）中，埃及方阵多少算是获得了正式承认。

埃及方阵与法军使用的其他方阵间的主要差异在于，它的形状是矩形而非正方形。

在列成埃及方阵时，步兵营的第一步动作是列成以连为单位的纵队，其前后间距为 demi-distance de division 或半分营间距[9]——也就是分营列成横队时的一半宽度（或者说连横队的宽度）。纵队指向平行于所需的矩形方阵长边方向。各连随后向外旋转、向前进军以抵达预定位置。图 2.2 阐明了法军营方阵的两种样式。

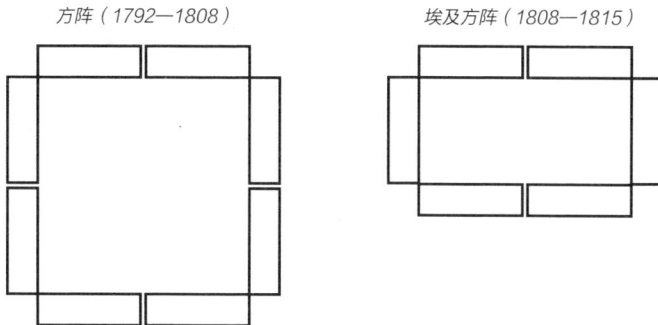

方阵（1792—1808）　　　　　　埃及方阵（1808—1815）

图 2.2 法军方阵。

除上述队形外，法军也会列成团方阵。这些团方阵较为庞大，也更为复杂，它们在保持方阵完整性的同时，也提供了充分发挥火力的机会。在吕岑、博罗季诺和魏森费尔斯都用到了这样的团方阵。燧发枪兵连组成的独立方阵之间由精锐连接续起来。然而，这些队形可能不是用来直接应对骑兵攻击的，至少在吕岑和魏森费尔斯这两场会战中，法军使用团方阵行军抵达战场（见第五章，图 5.17、5.18）。

经验业已表明在任何方阵中心都有必要安排一支预备队，但这种预备队的人数从未超过编组方阵的部队单位总人数的十二分之一。方阵指挥官须要留心战况，注意观察敌军攻击造成的持续性影响。任何由敌军攻击、炮火轰击或其他因素造成的混乱都可能削弱方阵并导致整体灾难。

当身处方阵之中时，步兵总是按列射击或按伍射击。按伍射击从最右侧的伍开始，至多只能朝距离 150 步的目标射击。随着骑兵越发接近，各伍射速也不断加快。

在离敌军仅有 100 步或不到 100 步时，才会使用按列射击。各列相继射击。其中一列开火时，另外两列停止射击。射击随后就在各列之间循环——一列开火、一列装填、一列预备。这是最有效的反骑兵射击形式。

方阵通常会列成梯队以便相互支援。团方阵像国际象棋棋盘上的同色格一样排列，位于最外侧的角是方阵最薄弱之处，团属火炮会被布置在这些地方以提供更强大的火力支援。可以在这些角上放上弹药车或其他车辆、辎重物资以强化防御，还可以派出一些散兵掩护车辆，以免不速之客攀上车辆，上述措施都是常见做法。

按照习惯，方阵间的空隙通常是 120 步，一般会用弹药车、打铁炉、野战辎重以及类似的不能拖进方阵的装备填塞。虽然这可能会让物资面临损坏的危险，给敌

39

军提供掩护，但这并不成其为问题。当然，方阵并不是迎击骑兵的唯一队形。

谢雷（Schérer）将军记载如下：

> 为了让步兵挡住骑兵冲击，有必要用结合了"薄阵"与"厚阵"双重优点的队形对付骑兵，最好的队形是半间距纵队（各连之间相隔半连间距），这既可以让步兵不必害怕骑兵冲锋，也可以仅凭冲力就击退最优秀的步兵。

这几乎就是奈伊（Ney）元帅主张的那种队形，他认为要是时间不容许部队列成真正的方阵，就可以变阵成纵队。奈伊在他的《回忆录》（Memoirs）中描述了人称密集阵的队形，在这种队形中纵队会收紧，位于纵队两翼的各 3 个伍会向外侧转身，最后的分营会向后转并形成密集阵的后部。在列阵过程中，各连会收紧到紧密间距也就是 3 步间距为止。主要区别在于，谢雷的阵形比奈伊元帅的阵形要松散得多。然而，只有很少的资料记载了这些阵形在实战中的应用。根据其中一则记载，在萨拉曼卡会战末期，列成这种"紧密纵队"的法军步兵营被发起攻击的英军骑兵粉碎了。其他欧洲国家也无一例外都使用过营方阵。

组成方阵的方法变化繁多，其原因一般有两种：

1. 营里的机动单位数量；
2. 使用的旋回轴类型。

普鲁士 1788 年的条令规定了一种由大范围回转列成的方阵（见图 2.3）。英军和俄军也使用了诸多方法，有的像法军的做法，有的像普军的做法。

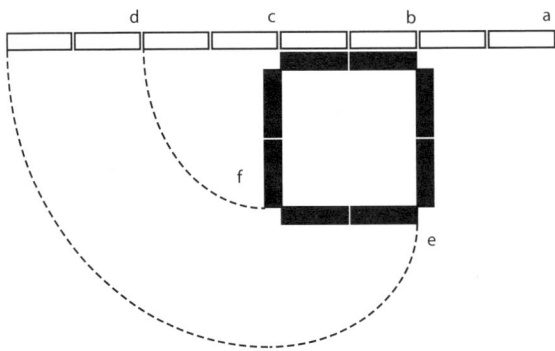

图 2.3 普军的 1788 年方阵。《普鲁士王家轻步兵条令》，第 3 篇，第 5 章，《如何列成营方阵》，第 1 段。

虽然法军了解密集阵，也偶尔会使用密集阵，但它在其他某些国家使用得更为频繁。奥军使用人称营密集阵（Bataillonsmasse）和分营密集阵（Divisionsmasse）的两种队形。它们是由分营或营列成的密集阵形。斯默克（Smirke）所著《关于一个步兵营的评论》（Review of a Battalion of Infantry）则表明英军接受了一种类似队形的训练，普军也在 1812 年采用了与之相似的队形。普鲁士 1812 年的条令表明，密集阵是条令认可的唯一反骑兵队形。1788 年的条令中大回转队形已被废弃。图 2.4 是从英国、普鲁士手稿材料中获得的此类队形绘图的一份复制品。

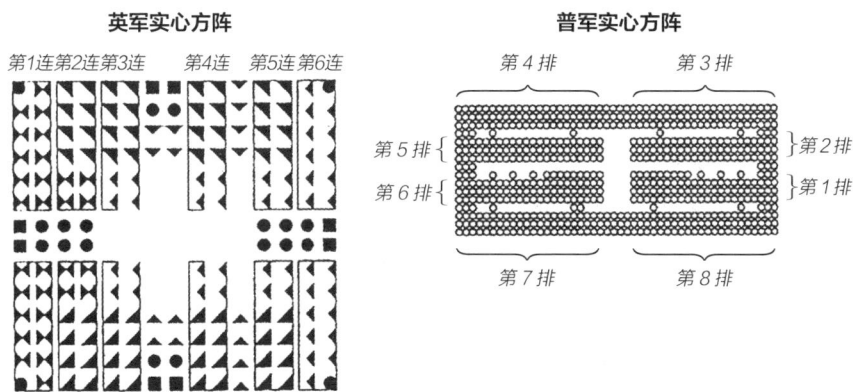

英军实心方阵

第1连 第2连 第3连　第4连　第5连 第6连

普军实心方阵

第 4 排　　第 3 排

第 5 排　　第 6 排　　第 7 排　　第 8 排　　第 2 排　　第 1 排

图 2.4 英军和普军的实心方阵。

然而，在关于英军战役和战斗的诸多记载中，并没有任何报告提及英军使用过斯默克书中所展示的阵形。事实上，关于四臂村（Quatre-Bras）和滑铁卢会战的记载都准确地描述了方阵，毫无疑问，密集阵并未得到应用。在四臂村，一个高地团在闭合回转过程中实际上还把一些法军骑兵困在了方阵内部。这一记载表明，即便是在骑兵突袭步兵的情况下，步兵也更偏爱方阵而非密集阵。

出现这种情况是有一些原因的。以英军为例，他们通常以列成横队的防御姿态开始会战。从纵队变为密集阵是最快的，从横队变为方阵则是最容易的。密集阵导致列成密集阵的步兵营火力趋于最小化，而方阵是以火力抵抗骑兵的最佳队形。此外，英国步兵的表现和沉着特性让方阵就和密集阵一样坚固。可能正是这些因素让英军偏爱方阵而非密集阵。

至于普军，那还有一个首要考虑因素。1812 年的普鲁士军队几乎全部是由征来的新兵和后备军组成，只有很少的老兵经历过战争锤炼。其中又只有少数人跟随大军团攻入过俄国，而1806年之前的军队没有留下什么值得一提的东西。

普鲁士人拥有一支稚嫩的军队，因此，他们关注的与其说是能够杀死多少法国人，倒不如说是如何让自己的营在战争中幸存下来。敌军骑兵很难破开密集阵的厚重队形，列成密集阵所需的训练也远少于方阵。奥地利人之所以采用密集阵，也无疑是源于类似的考虑。在1799—1810年之间，他们似乎每隔几年就要重建军队并补充大量新兵。

奥军列成分营密集阵，是要让营里的每个分营都作为独立战术实体行动，并把分营分成若干排。这些排随后列成以中心排居前的纵队，这样的新队形正面是2个排，纵深是4个排。[10]士兵收紧队形，队列收拢人向外移动以填补各排间的空隙。士兵随后面向外侧，形成一个布满刺刀的实心密集阵。

营密集阵的列队方式与此类似，只不过营是分成若干个半连，然后以类似分营密集阵的方式排布。

从横队变换为分营密集阵的优点在于，与变为营密集阵相比，步兵在完成列阵前的移动距离减少了。然而，要是步兵原先的队形是以连或半连为单位的营纵队，列成营密集阵反而要快一些。

由于迫使步兵将阵形变为方阵的主要威胁是快速移动的骑兵，队形变换速度至关重要。列阵速度越快，步兵就越安全，越不可能被敌方抓住未及列阵的战机。

关于方阵，目前存在诸多误解，将方阵视作一种几乎无法移动的固定队形就是其中之一。这一点并不对。当普军在耶拿-奥尔施泰特（Jena-Auerstädt）战败后撤出战场时，他们的后卫就是一个列成方阵的萨克森掷弹兵营。[11]这个营的行军速度快过追击的法军步兵，也挡住了法军骑兵。

在耶拿会战中，塞吕齐耶（Seruzier）男爵是第三军（达武军）莫朗将军师的炮兵指挥官，他在回忆录中表示："当时我们所在的师列成多个步兵方阵，以冲锋步法行进，抵达了我们的高地，而我就在那里。"这一段非常清楚地说明了他看到自己所属的师列成方阵，以冲锋步法（每分钟120步）行进。这种特地指出行进速度和阵形的内容非常罕见，但它清楚地表明方阵能够和其他任何阵形一样展开机动。

在1813年，由于缺乏骑兵保护，法军的许多单位以方阵队形赶往吕岑战场。既然方阵都能以师级规模应用到军队机动当中，那么它还会很慢吗？

方阵之所以获得移动缓慢的名声，一个可能的原因是，如果组成方阵的步兵训练不足，就不能在快速移动时维持阵形。也可能是它以松散方阵行进，当骑兵迫近时就收紧并停下来。如果骑兵靠得太近，步兵方阵很可能就不会快速移动，以免手风琴效应（将在后文加以讨论）导致队形门户大开。在上述情况下，要是骑兵能够快到在方阵闭合一切缺口之前冲入阵内，一个完整的方阵是有可能崩溃的。

译注 :

[1] 冯·安哈尔特侯爵（Fürst von Anhalt），全名为迪特里希·冯·安哈尔特 - 德绍侯爵（Dietrich Fürst von Anhalt-Dessau）英文常写作 Prince von Anhalt 或 Prince of Anhalt，生于 1702 年 8 月 2 日，1718 年以中尉身份加入普鲁士军队，1751 年晋升为元帅，卒于 1769 年 12 月 2 日。参见 Guddat M. Handbuch zur preußischen Militärgeschichte 1688-1786. Hamburg: Mittler, 2011, p. 12-13。

[2] 亚历克西 - 巴尔塔扎 - 亨利 - 安托万·德·绍恩堡伯爵（Alexis-Balthasar-Henri-Antoine, comte de Schauenbourg），其姓氏一作 comte de Schauenburg（亦译绍恩堡伯爵）。生于 1748 年 7 月 31 日，1764 年成为法军阿尔萨斯步兵团少尉，1792 年晋升为少将，1795 年晋升为师级将军，卒于 1832 年 9 月 1 日。参见 Six, 1934, vol. 2, p. 431-432。

[3] 科林此处引用的文字与圣西尔原文存在语序差异。圣西尔正文为 : "可以毫不夸张地说，在一场交战中，第三列弄伤的人数相当于此战伤员总数的四分之一；要是参战部队由新兵组成，那么就连这个估计也不够高了。"其后关于 1813 年吕岑、包岑战事的说明出现在脚注当中。参见 Colin J. La tactique et la discipline dans les armées de la Revolution. Paris, 1902, p. xix. Saint-Cyr L. Mémoires sur les campagnes des armées du Rhin et de Rhin-et-Moselle. Paris, 1829, vol. 1, p. xliii-xliv。

[4] 尼古拉·亚历山德罗维奇·奥库涅夫（Николай Александрович Окунев），英法文献中时常写作 Okounef、Okounev 或 Ocounef。俄军中将，生于 1792 年，曾参与 1812—1813 年俄法战争、1829 年俄土战争和 1831 年镇压波兰起义，卒于 1851 年，曾以法文著有多本战略战术书籍。参见 Энциклопедический словарь Брокгауза и Ефрона. СПб., 1897, т. XXIa, с. 852。

[5] 于格 - 亚历山大 - 约瑟夫·默尼耶（Hugues-Alexandre-Joseph baron Meunier）男爵，生于 1751 年 11 月 23 日，1768 年以少尉身份加入法军，1795 年晋升为旅级将军，1812—1814 年间担任圣西尔军校校长，卒于 1831 年 12 月 9 日。默尼耶著有《旅的队形变换》（Évolutions par brigades），本书中也有多处引用。参见 Six, 1934, vol. 2, p. 188-189。

[6] 此处原文有误，英军连以下编制为连（company/platoon）—分连（sub-division）—排（section）。每个连理论上辖 2 个分连或 4 个排。英军《1792 年条》令明确规定排 section（并非纳夫齐格原文中的连 platoon）应当至少包括 5 个伍。参见 Rules and Regulations for the Formations, Field Exercise and Movements of His Majesty's Forces, 1792, Part II, p. 56。

[7] 此处原文误作 53%，经纳夫齐格先生确认，应改为 58%。

[8] 此处原文显然有误，对照图 2.1 的图绘与文字说明，该图指的实际是六连制步兵营以连为单位的纵队。

[9] 此处原文有误，应作半连间距。埃及方阵在列阵阶段若是使用以连为单位的纵队，其间距即为半连间距；若是使用以分营为单位的纵队，其间距则为半分营间距。参见 Bardin É.-A. Manuel d'infanterie ou resumé de tous les règlements, décrets, usages, et renseignments propos aux sous-officiers de cette armée. Paris, 1813, p. 51-56。

[10] 本书原文此处误作"正面为 1 个排，纵深是 4 个排"，经纳夫齐格先生确认，奥军分营密集阵正面为 2 个排，纵深为 4 个排。参见 Exercier-Reglement für die Kaiserlich-Königliche Infanterie, Wien, 1807, p. 491, pl. 58, 60, 64。

[11] 即萨克森军队的温克尔（Winkel）掷弹兵营，该营在温克尔中校指挥下以松散方阵（offenes Quarree）退却，法军骑兵靠近后即收拢成紧密方阵迎敌。参见 Höpfner E. von Krieg von 1806 und 1807. Berlin, 1855, vol. 1, p. 405-406. Monthé A. von Die Chursächsischen Truppen im Feldzuge 1806. Dresden, 1860, vol. 2, p. 82-83。

营的机动

为了搞清楚参与拿破仑战争的各国军队所使用的战术体系，有必要从细节入手，审视他们所采用的机动方法。这一时期的多数主要参战国军队之间存在着固有的差异，此次评阅也为这样的差异提供了许多见解。本书随后将会以法军、英军、普军和俄军条令所阐述的机动为基础，评述各国军队的战术机动。

要做到这一点，就得以统一标准审视每一个国家的步兵营。因此，我们必定要做出一些人为的、普遍适用的假设。

第一是人体占地宽度要符合条令规定，或是阵内士兵有着一致且齐整的宽度。显然这不大可能实现，可要是将条令规定的宽度视作合理的平均数，那么也不会对分析产生严重影响。

第二个假设是人们可以像机器一样以绝对的标准步伐行进。从短期层面来讲，这是不可能的，可是从长远角度来讲，要是考虑到所有正常分布情况的统计平均值，行进就可以浓缩成一个平均状况，其步法和步幅可能会非常接近标准值。

第三个假设是行进场地平坦且一致。这绝对是不实际的，但为了让各国的战术体系能够统一对比，就有必要做出这个假设。在战场上不仅有尸体、耕地、沟渠和可能延缓任何一种机动的上千种其他不同障碍，还可能会有一些战斗动机方面的影响，比如说在头顶上呼啸而过的实弹让人们脚下生风。遗憾的是，这些因素都是不可精确计算的，因此必须加以忽略。

任何打算将上述战地因素的影响考虑进去的企图都无助于对战术体系进行标准一致的统一分析，因此都被放弃了。本书这部分的目的是提供一种统一标准的分析。虽然应当承认实战状况下什么事都可能发生，不过，假设本次研究中所建立的各种联系都相对稳定，也是合理的。

法军

1800—1808 年的组织

在任何针对战术的研究当中，首先必须阐明就是行进距离。此处提到的距离直接由步兵排列的队形决定。图 3.1 展示了法军的连或机动单位列成机动队形时的情况。

法军在 1791 年组建的步兵营由 1 个掷弹兵连和 8 个燧发枪兵连组成。然而，掷弹兵连时常会被抽调出来合并成掷弹兵营。本书在对 1800—1808 年间的法军步兵进行统计时，将不考虑这些掷弹兵营，只统计下辖 8 个燧发枪兵连的步兵营。

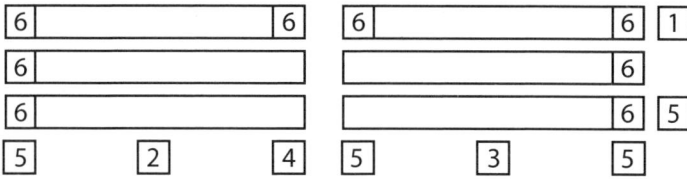

1= 上尉 2= 中尉 3= 少尉
4= 上士 5= 中士 6= 下士

图 3.1 一个列成横队的连。《1791 年条令》, 列成战斗队形, 第一部分, 图版 1。

大小与速度

一个燧发枪兵连正面有 38 个伍。根据条令, 分配给一名士兵的宽度是 2 法尺或 26 英寸。然而, 其他材料〔如夏尔 - 皮埃尔·埃斯卡勒（C.-P. Escalle）的《拿破仑军队的行军》（Des marches dans les Armées de Napoléon）〕指出 22 英寸是更为恰当的横向区间。

用于本次研究的横向区间是 22 英寸。这会让下文讨论的机动速度略有提高, 不过考虑到某一单位的人数很可能低于其额定兵力, 这样一种折中却更忠实于战地实况。

22 英寸的横向区间意味着一个满员的燧发枪兵连宽度大约为 70 英尺。

这就是我们所知的全间距, 或者说是连的全间距。

必须阐明的第二点是步兵的速度。速度由两个要素——士兵每一步的步幅和每分钟的行走步数——组成。如表 3.1 所示, 法军对步幅有着严格的规定。

表 3.1 法军的步 [1]

	步幅（公制）	步幅（英制）
小步	1/3 米	13 英寸
两尺步	2/3 米	26 英寸
伸长步	5/6 米	32.25 英寸
大步	1 米	39.5 英寸

①原注：Manuel d'Infanterie, p.90.[1]

根据《条令》和《步兵手册》(一本出版于 1813 年的官方文本,汇编了针对《条令》的所有调整,但并非《条令》的官方替代品),最常使用的步幅是两尺步,或者说 26 英寸。这一步幅将用于与法军机动相关的所有计算。还有根据三部条令确立的几种行进步法,表 3.2 展示了这些步法的步速。

《步兵手册》和《1791 年条令》都清楚阐述了一切机动都要以冲锋步法或每分钟 120 步执行。同样值得注意的是,1776 年规定的 pas de manoeuvre 或机动步法也是每分钟 120 步。考虑到这一步法和 26 英寸的步幅,行进速度或机动速度就是每分钟 260 英尺。

表 3.2 法军的步法

步法	步速(每分钟)	规定年份
常步	60 步	1766 年
倍步	120 步	1766 年
教练步法	60 步	1776 年
常步	70 步	1776 年
机动步法	120 步	1776 年
行路步法	90—100 步	1776 年

纵队与横队的变换,1800 年

这里提到的第一种机动是从以连为单位的纵队向一翼展开成横队。图 3.2 展示了这种机动方式,它是最缓慢的展开方法。要完成这种展开,就得让每个连转动 45 度,以连横队直接赶往最终目的地。抵达那里后,它们再转动 45 度,变为营横队。图 3.3 展示了最快的展开方法:由以中央为基准的冲击纵队列成横队。虽然绘图或许并不总能清晰表达出间距,但在后文所提到的所有例子中,纵队都保持全连间距。

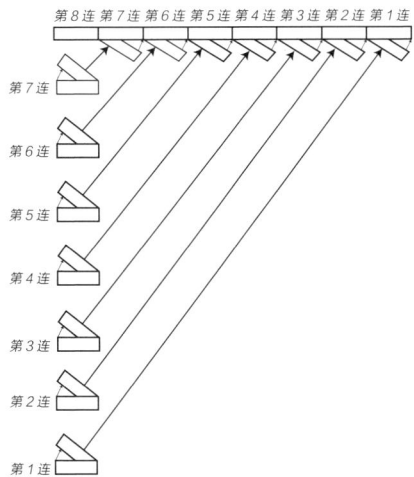

图 3.2 以连为单位的纵队向右列成横队。《1791 年条令》,营教练,第四部分,第 2 条,第 349—352 段及图版 17, 图 2。

图 3.3 冲击纵队以中央为基准展开成横队。《1791 年条令》，营教练，第四部分，第 12 条，第 674—681 段及图版 26，图 2。

进行下列计算时，鉴于转身运动即"向后转"或"向左/右转"只需要几秒钟，计算时可忽略不计。根据图 3.2，我们可得到如下结果：第 1 燧发枪兵连必须比其他任何连行动更快。该连士兵要转动 45 度，这就意味着他们得行进 55 英尺。由于纵队是全间距的，第一连就要行进 10 个连区间。展开所需时间就得由执行了两次长达 55 英尺的转动和正面推进 10 个连区间的连决定。总行进路程是 810 英尺。如果该连以每分钟 260 英尺的速度行进，就得花 3.1 分钟走完这段路程。

在图 3.3 展示的机动中，第 1、第 8 燧发枪兵连的移动距离最长：向侧翼行进 3 个连区间，向前行进 3 个连区间，再加上手风琴效应导致的一个连区间。这种手风琴效应是一个横队转向一侧前进时所致。士兵会自然地保持人与人之间的适当间隔，以避免踩到前面的人的脚跟。这种做法事实上让横队拉长到原来的 2 倍宽度。考虑到手风琴效应，这就意味着第 1 连和第 8 连必须行进 7 个连区间（490 英尺），一共需要 1.9 分钟。

当一个横队从横队收拢[1]成纵队时，它可以两种方式进行收拢：以横队末端

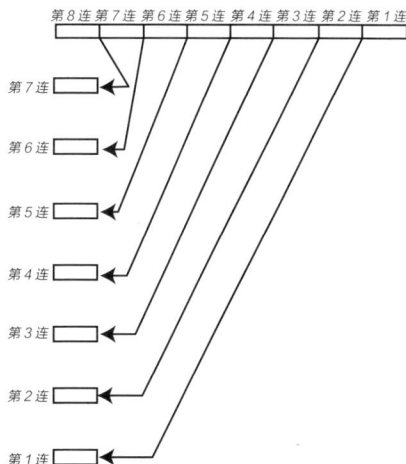

图 3.4 横队以左翼为基准列成以连为单位的纵队。《1791 年条令》，变换战线，第 1 条，第 24—34 段。

---

①原注：有两个动词读者务必要理解：第一个是"展开"（"deploy"），意为将纵队拉开，变为横队，第二个是"收拢"（"ploy"），意为将横队堆叠成纵队。

49

为基准列成纵队，和以横队中央为基准列成纵队。在这两种状况下，纵队都可以让它头、尾或中部的部队位于横队原先位置上。这类机动总是以直接向各连目的地侧向行进完成的，并不会要求直角转弯行动。图 3.4 和 3.5 展示了这些机动。执行此类机动时，要使用直接向最终目的地行进的侧向运动。

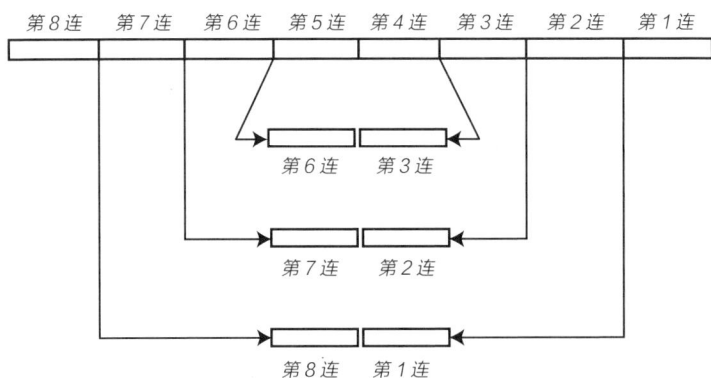

| 第8连 | 第7连 | 第6连 | 第5连 | 第4连 | 第3连 | 第2连 | 第1连 |

第6连　第3连

第7连　第2连

第8连　第1连

图 3.5 横队列成以中央为基准的冲击纵队。《1791 年条令》，营教练，第 6 部分，第 13 条，第 663—673 段及图版 26，图 1。

图 3.4 中展示的机动须要第 1 连行进 11.2 个连区间，耗时 3.0 分钟。决定图 3.5 中所示机动时间的是第 1 连和第 8 连组成的分营行进的距离。他们要花 1.3 分钟行进总共 4.8 个连区间。

方阵，1800—1808 年

下一个探讨的阵型变换就是列成方阵。在这里，时间是一个至关重要的因素。若是列方阵时动作缓慢，就可能造成某些非常危险的后果。

图 3.6 展示了以连为单位的纵队变换为方阵。这是列成方阵过程中的主要机动。图 3.6 表现了每个连和它下辖的两个排。如果以连为单位的纵队是全间距的，它就得先收紧成四分之一间距。随后让第 7、第 8 连收紧距离，直到它们之间不存在间距为止。其他连依然以四分之一间距前进，随后，第 6、第 5、第 4、第 3 连——以半排为单位拆开——从营队形的中部向外转动，各半排在朝外的侧翼前后两两堆叠。第 1、第 2 连随后收紧，完成变阵。不过，《条令》只提到由几个营组成的纵队执行这种机动。除了一个营及其下属单位外，其余各营也要根据此处提到的做法执行同一种机动。

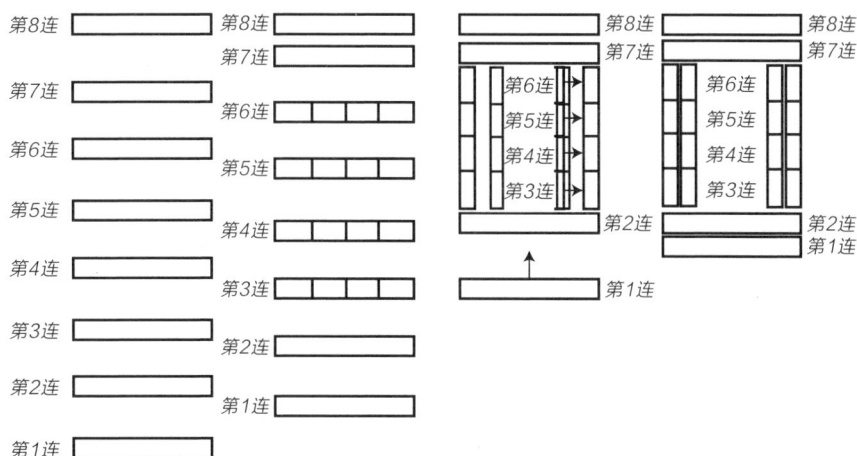

图 3.6 冲击纵队列成方阵。《1791 年条令》，变换战线，第 5 部分，第 4 条，第 564—584 段。

这种机动须要营收紧间距，所以，营的所有连都是紧密间距，其余各连则是四分之一间距。这有效地将队形深度从 7 个连区间降低到 1.5 个。缩减 5.5 个连区间需要 1.5 分钟。对位于中部的半排来说，前进四分之一间距并外转一共需要 0.17 分钟。整个机动需要 1.7 分钟。

如果这个营列成了横队，它只须要列成一个以连为单位的纵队（见图 3.4），然后执行上文图 3.6 中所示的机动。那么，执行这一机动所需的时间就是这两次机动时间之和，即 4.7 分钟。

1808—1815 年的组织

根据 1808 年 2 月 18 日法令组建的连有 140 人，每个营有 6 个连。在营列队时，燧发枪兵连、掷弹兵连和腾跃兵连在某些个人的位置上存在微小差别①，但这类差别不会影响到连间距的大小。与之类似，前后各列间的距离也从 1 法尺（13 英寸）调整到 0.33 米（略多于 13 英寸）。这也没有什么实际影响。对于我们来说，图 3.1 中展示的图解依然是足够准确的。唯一会影响到上述计算的是将连的人数扩充到 140 人并削减连的数量，除此之外没有其他基本或根本变化。

———————

①原注：见《步兵手册》，单兵教练和连教练部分，第 437—447 页。

第三列

在与法军使用的三列横队对比时，几乎总要提到英军的二列横队。因此，拿破仑于 1813 年 10 月 14 日写给缪拉（Murat）的一封信会让看到这封信的人对其内容产生浓厚的兴趣，信中，拿破仑特意提到了马尔蒙的军，认为步兵应当排成二列，"因为第三列的火力和刺刀都是无足轻重的。这种新部署的优势之一就是让敌军将我军的实际兵力高估三分之一"。

这一重组可能已经发生，也可能没有发生。法军条令的确如英军条令一样，规定了伍的最低数目，所以，法军应该会变为二列横队。然而，法军正处于一场激烈的战役之中，当时距离莱比锡会战只剩下几天。就算这个军特意据此进行重整，可在莱比锡战后，剩下的部队即便想要在提高正常情况下位于第三列的人员作战效力的基础上继续推行这一"理论变革"，也可能无能为力了。[2]

1814 年战局或许见证了法军以二列横队作战。不过，如果这种情况发生了，也是因为须要维持连的最小正面宽度。《1791 年条令》的第三篇《连教练》就表示："当伍的数量降低到 12 个以下时，连应当排成二列。"这意味着如果营的兵力降到 198 人以下，它就得排成二列横队。在档案中，法军第 6 军 1 月 21 日的报告表明该军 30 个团里有 29 个必须排成二列。1 月 28 日，第 5 军的 20 个营全部不足 198 人，第 6 军当时有所改善，42 个营中只有 16 个低于 198 人，第 11 军也有 11 个人数少于 198 的营。

1814 年 3 月 5 日，法军第 7 军的 27 个营中有 10 个不足 198 人。可资对比的是，3 月 12 日，第 2 军和第 6 军的 53 个营中只有 1 个超过 198 人。因此，1814 年的法军主力部队很可能是以二列横队作战的。

大小与速度，1808—1815 年

连的这个队形正面是 44 个伍。22 英寸的横向区间意味着一个满员的连宽度应为 80 英尺。以冲锋步法行进的连走完这段距离大约需要 0.3 分钟。旋转 90 度的路程是 126 英尺，它完成这一行动约需 0.5 分钟。

纵队与横队的变换，1808—1815 年

第一个机动是由以连为单位的纵队向一侧展开成横队。图 3.7 给出了它的图解，

它也是最缓慢的展开方法。图 3.8 是由冲击纵队以中央为基准展开成横队，它是从纵队变为横队的最快方法。

假设转动——向右、向左转或向后转——花费的时间无足挂齿，在计算时可以忽略不计。在图 3.7 中，赶往最右侧的掷弹兵连决定了列成横队所需的时间。它得完成两次须要行进 125 英尺的 45 度旋转，还得前往最终位置，这又要走 7.1 个连区间（568 英尺）。掷弹兵一共须要行进 693 英尺，如果速度是每分钟 260 英尺，那么耗时就是 2.62 分钟。

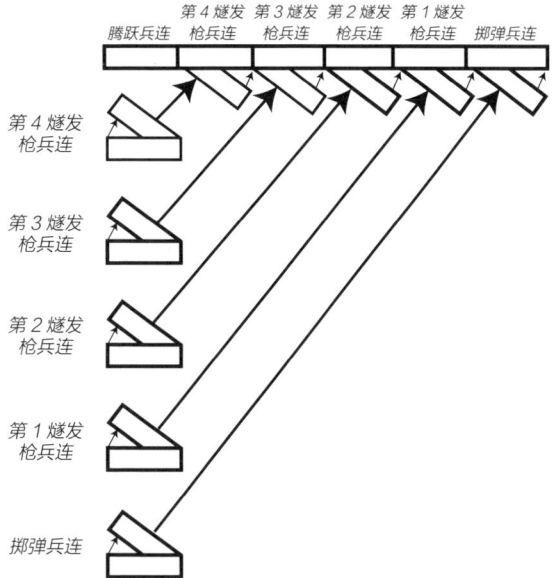

图 3.7 以连为单位的纵队变为横队。《1791 年条令》，营教练，第 4 部分，第 2 条，第 349—352 段及图版 17，图 2。

在图 3.8 展示的机动中，掷弹兵连和腾跃兵连移动距离最长。这一机动须要它们向前移动 2 个连区间，向侧翼移动 2 个连区间。根据手风琴效应，它运动了 5 个连区间，耗时 1.5 分钟。

图 3.8 冲击纵队变为横队。《1791 年条令》，营教练，第 6 部分，第 12 条，第 674—681 段及图版 26，图 2。

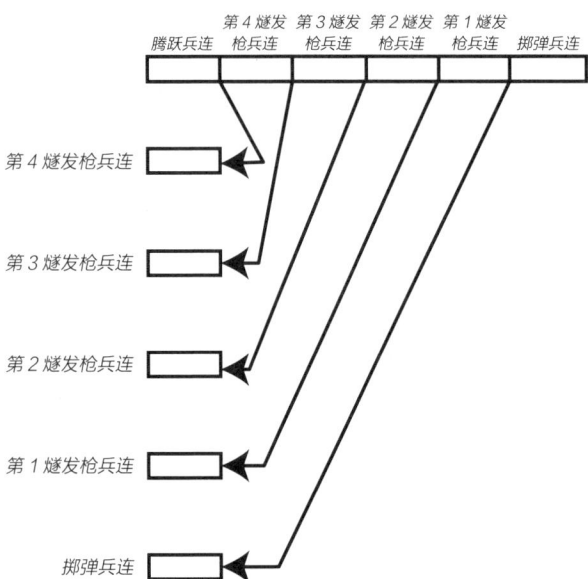

第4燧发 第3燧发 第2燧发 第1燧发
腾跃兵连 枪兵连 枪兵连 枪兵连 枪兵连 掷弹兵连

第4燧发枪兵连

第3燧发枪兵连

第2燧发枪兵连

第1燧发枪兵连

掷弹兵连

图 3.9 横队从右翼向左列成以连为单位的纵队。《1791 年条令》，
变换战线，第 1 条，第 24—34 段。

应当注意到，冲击纵队的大小与以分营为单位的排间距纵队大小是完全一样的。也就是说，它的外形类似于正方形，边长可能在 20—60 步之间——取决于各连的实际兵力。如果一个连拥有 16 个伍——在 1793 年，大部分连都是这样的——正方形的冲击纵队边长就大约是 30 步。当从纵队展开成横队时，采用的方法与 1808 年之前是相同的。

这一机动要求掷弹兵连行进 5.7 个连区间，如此才能抵达队形边角。再加上由于手风琴效应多出的 1 个区间和进入最终位置所需的 1 个区间，掷弹兵连就必须行进 616 英尺。当速度为每分钟 260 英尺时，它耗时是 2.4 分钟。

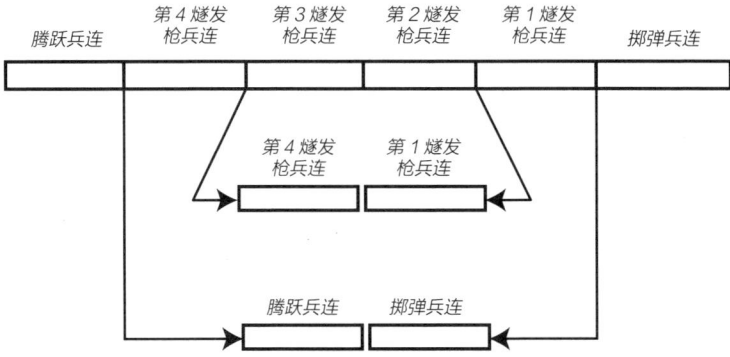

第4燧发 第3燧发 第2燧发 第1燧发
腾跃兵连 枪兵连 枪兵连 枪兵连 枪兵连 掷弹兵连

第4燧发 第1燧发
枪兵连 枪兵连

腾跃兵连 掷弹兵连

图 3.10 横队以中央为基准列成冲击纵队。《1791 年条令》，
营教练，第 6 部分，第 13 条，第 663—673 段及图版 26，图 1。

图 3.10 所示的机动要求掷弹兵连行进 2.8 个连区间才能抵达队形边角，再加上手风琴效应多出的 1 个和就位所需的 1 个，这就要求该连一共行进 4.8 个区间，或者说以每分钟 260 英尺的速度需行进 2.3 分钟。

方阵

1808 年之后，方阵变成了矩形，两条边由两个连组成，两条边由一个连组成。再者，不论步兵队形如何，它在列成方阵之前总要列成一个连间距纵队的过渡队形。关于这一点，《步兵手册》表达得很清楚。[①]图 3.11 展示了从横队变为方阵，图解方式与《步兵手册》相同。

图 3.11 的 a 图到 d 图完整地呈现了这种机动。第 1 燧发枪兵连和掷弹兵连保持不动，同时其他连转动，变为以连为单位的纵队。一旦转动完成，4 个机动中的连就向前推进，直到第 2 燧发枪兵连恰好位于掷弹兵连远端为止。第 2 燧发枪兵连就地停下，第 4、第 3 燧发枪兵连向右转。它们组成了方阵背面，腾跃兵连则闭合了

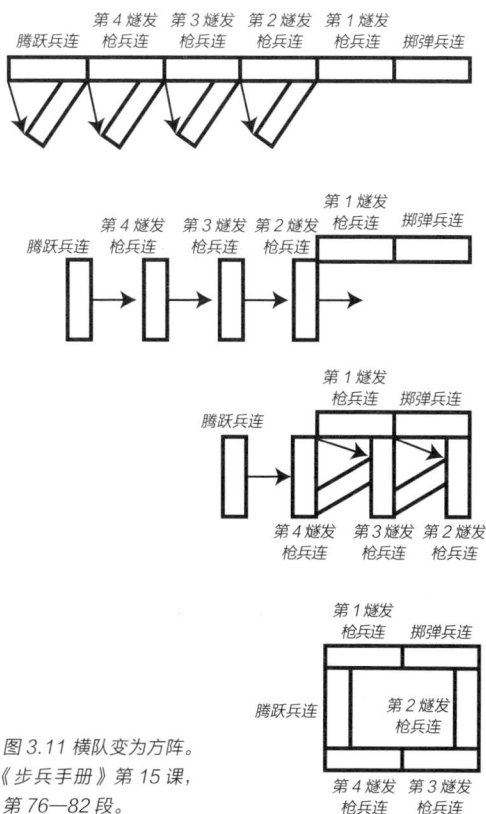

图 3.11 横队变为方阵。《步兵手册》第 15 课，第 76—82 段。

方阵。腾跃兵连的行进距离并不是最长的。实际上，第 1、第 2 燧发枪兵连由于须要完成两次转动，行程还要长一些。它们须要前进 2 个连区间并转动两次。两次转动需要 1 分钟，走完 2 个连区间需要 0.62 分钟，这就导致列成方阵一共需要 1.6 分钟。这种特别的机动是最漫长的变阵形式。如果方阵列队时以中央连为基准，所需时间就为 1.1 分钟。如果营原先列成冲击纵队，变为方阵的机动就如图 3.12 的 a、b 两图所示。

①原注：Manuel d'Infanterie, pp.51−56.

a.

b.

第3燧发枪兵连　第2燧发枪兵连

第4燧发枪兵连　　　　第1燧发枪兵连

腾跃兵连　掷弹兵连

第3燧发枪兵连　第2燧发枪兵连

第4燧发枪兵连　　　　第1燧发枪兵连

腾跃兵连　掷弹兵连

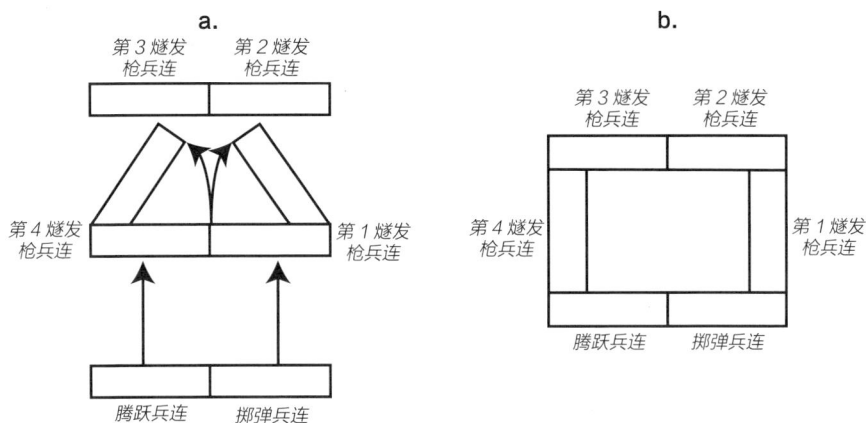

图 3.12 冲击纵队变为方阵。《步兵手册》第 15 课，第 76—82 段。

在这种机动中，占据支配地位的机动是第 1、第 4 燧发枪兵连的转动，这需要 0.5 分钟。腾跃兵连和掷弹兵连只须要前进一个连区间，只要 0.3 分钟。实际上，这种队形变换需要 0.5 分钟，因为当两个位于侧翼的燧发枪兵连就位时，两个精锐连早已到位了。

表 3.3 法军机动速度概要

	起始队形	终止队形	所需时间（分钟）		前后时间变化（分钟）	
			低	高	低	高
1800—1808 年	纵队	横队	1.9	3.1	—	—
	纵队	方阵	1.8	—	—	—
	横队	纵队	1.3	3.0	—	—
	横队	方阵	4.7	—	—	—
1808—1815 年	纵队	横队	1.5	2.7	−0.4	−0.4
	纵队	方阵	0.5	1.6	−1.2	—
	横队	纵队	1.5	2.4	+0.2	−0.6
	横队	方阵	1.6	—	−3.1	—

观察与结论

须要着重注意的一点在于，1808 年 2 月 18 日发生的营内部组织结构改革并不是异想天开的重组，它给法国军事体系带来了一些决定性的进步。除了由横队变为冲击纵队，其他每种机动都出现了显著的加速。值得注意的是，在这个例外中，法军损失了 0.2 分钟，或者说 12 秒，这并不算多。

燧发枪兵和下士——连的主要组成部分——的人数有所下降，从 896 人降低到 774 人，一共减少了 112 人。这就"稀释"了平均到每名士兵头上的骨干数量，对营产生了一定的副作用。连的数量从 8 个削减到 6 个。在这两个连中，有 112 名燧发枪兵和下士被剔除了，这相当于一个连；另一个连则作为燧发枪兵补充到剩余 6 个连里。这就意味着现有的军官和军士骨干须要监督更多的燧发枪兵——从 104 人变为 121 人。这既可能是承认部队拥有了更强的作战技能——这似乎值得怀疑，也可能是由于受过训练、经验丰富的骨干人员供不应求，所以决定通过扩大连的规模来适应现状。

英军

条令

英军在拿破仑战争中使用的条令是戴维·邓达斯爵士（Sir David Dundas）撰写的。他最早于 1788 年写出了自己的训练体系，后来在 1792 年被英国官方采用，它也是英军普遍采用的第一套训练体系。戴维的体系致力于改进旋回轴用法，并对旋回轴状况密切关注，他因此得到了一个绰号——"老旋回轴"（Old Pivot）。邓达斯在 1783 年参与过美国革命战争，也曾在加勒比地区和印度作战。在编写自己的新训练条令时，他将从上述战役中得到的经验融汇到了一起。

在七年战争于 1763 年结束后，英国军方就分成了两派："美洲派"和"德意志派"。德意志派浸淫在适于欧洲开阔平原的严格密集队形训练和实力强劲、训练优良的骑兵大部队当中，美洲派的特征是适用于北美林地的疏开队形、快速行进和轻步兵战术。

尽管邓达斯体验过新世界，他依旧是一位德意志派的门徒，以德意志风格撰写他的条令——精准的队形变换、精准的行进。条令在撰写时考虑到的也是三列队形。

虽然邓达斯体系具备官方性质，可它要到英军的埃及战役才能得到验证。阿伯克龙比（Abercromby）将军曾十分努力地训练他的远征军，他是第一个在战场上使用这些新条令的英军将领。在灾难性的荷兰战役中，尽管条令业已存在，但约克公爵并没有使用它们。

1795—1815 年的组织

英军的组织问题是个非常棘手的研究对象。英军并没有一套标准的连组织方式。如果你查阅官方记录，会发现在 1803—1815 年间有多达 20 种情况各异的营兵力配置。其次，条令规定的连组织结构要求的是三列厚的队形，来源相当广泛的各类材料则记载英军一般使用的是"细红线"，也就是两列队形，这就存在一个严重的差异。

对此以及其他各项目进行的研究表明并不存在标准的连编制，只有军官和军士的骨干人员是固定的。骨干包括 1 名上尉、2 名中尉、1 名少尉、1 名司务长、3 名中士、3 名下士、1 名鼓手、1 名笛手。列兵的人数似乎是由团招募新兵的能力和其他未知因素决定的。英国并没有补充英军各个团的征兵制度，但募兵人员会使用一些不光彩的伎俩——近乎诱骗——来补充人员。

有迹象表明，每个连应当有大约 100 名列兵，但鉴于战场上的营兵力似乎一般在 500—700 人之间，这里使用的列兵数量就是 54 人。这就给出了每连 66 人、每营 660 人的数据。

关于英军使用的连队形是二列还是三列，能找到种类及数量繁多的证据。由于存在这种争议，而第一章中列出的有关数据又迫使英军使用能够维持最小正面宽度的二列队形，因此，这一分析中的连将保持全间距，但也会排成二列。

英军的连分成 4 个排，每个排至少要有 5 个伍。这就让连的正面最少要有 20 人，不过还须要考虑到，如果连的人数下降太多，它就不得不分成 3 个排。如果这样一个维持最小正面的连排成二列，它就得有军官、军士共 6 人以及列兵 34 人。如果它排成三列，就需要军官、军士共 6 人以及列兵 54 人。然而，本次分析中用到的连将会拥有军官、军士共 6 人和列兵 60 人。关于 1795—1815 年间的英军，图 3.13 展示了按照二列方式组织的连，图 3.14 则展示了三列队形。

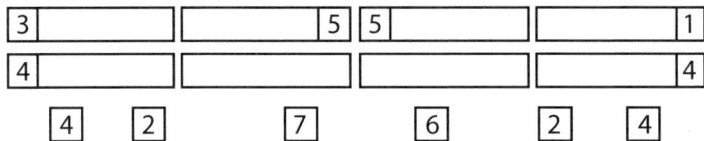

1= 上尉 2= 中尉 3= 少尉 4= 中士 5= 下士 6= 鼓手 7= 工兵

图 3.13 英军步兵连，二列队形。

```
┌─────────────┐ ┌─────────────┐ ┌─────────────┐ ┌─────────────┐
│3            │ │            5│ │5            │ │            1│
└─────────────┘ └─────────────┘ └─────────────┘ └─────────────┘
┌─────────────┐ ┌─────────────┐ ┌─────────────┐ ┌─────────────┐
│             │ │             │ │             │ │             │
└─────────────┘ └─────────────┘ └─────────────┘ └─────────────┘
┌─────────────┐ ┌─────────────┐ ┌─────────────┐ ┌─────────────┐
│4            │ │             │ │             │ │            4│
└─────────────┘ └─────────────┘ └─────────────┘ └─────────────┘

  [4]   [2]      [7]        [6]      [2]   [4]
```

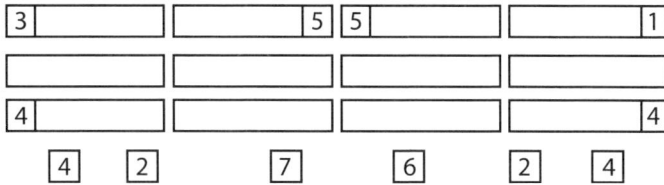

图 3.14 英军步兵连，三列队形。

还须要考虑到另一个组织因素——英军的一个营里有多少个连。条令特地要求每个营下辖 10 个连。然而，英军的步兵营经常会把轻步兵连和掷弹兵连分派出去。在其他一些场合，营里的燧发枪兵连也可能会少于 8 个，近卫步兵团（Foot Guards）和其他某些超编的营时常会编有额外的掷弹兵连或轻步兵连。然而，为了便于研究，这里仍然认定营拥有全部 10 个连。

大小与速度

队列中每个人分到 22 英寸的横向区间。他们列队时要手挨着手，虽然图 3.13 和图 3.14 中显示各排之间有空隙，但实际上并不存在空隙。这就给出了宽度为 37 英尺的连对应图 3.14。图 3.13 中显示的连宽度有 55 英尺。不过，这里用于计算的仍然只是图 3.13 显示的连。

条令规定英军的基本步幅为 30 英寸。这要比法军 26 英寸的步幅多 14%。条令还规定常步是每分钟 75 步，快步是每分钟 108 步。这就意味着英军以常步行进时每分钟可走 188 英尺，以快步行进时每分钟可走 270 英尺。这两个数据都会用于计算，因为英军在某些机动中会使用以上两种行进速率。英军不仅使用两种速率，而且旋回轴人员步幅还是 33 英寸，这让估算机动速度变得复杂得多。不过，得益于斯默克的著作，每一种不同速率的应用场合都说得很清楚，困难也因此减小到最低程度。

纵队变换为横队

当英军从横队变为疏开纵队即全间距纵队时，他们以图 3.15 中阐述的方式完成变换。

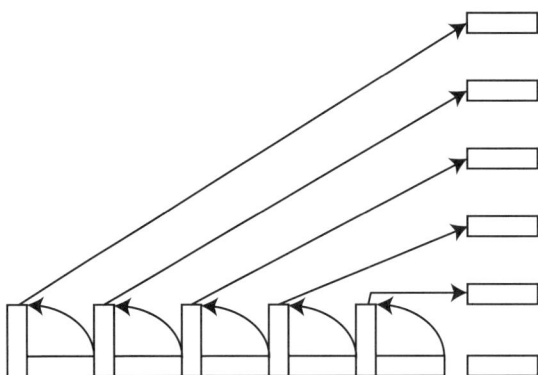

图 3.15 横队收拢成疏开纵队。斯默克，机动 8，图 1-2。

可见，第一个动作是让连以快步后转 90 度。位于连末端的士兵须要将步幅增加到 33 英寸，将其行进速度从每分钟 270 英尺提高到 297 英尺。一个连须要花费 0.3 分钟完成后转。

连随后要向左转，以快步纵列行进，直接进入新位置。因为转身运动耗时无足挂齿，所以此处将之忽略。鉴于侧向行进出现在这一运动中，它也要受到手风琴效应影响，这给行进时间增加了 1 个连区间。因此，走得最远的连须要向右走 9 个区间，向后走 8 个区间，还得加上 1 个进入纵队所需的区间，这就得出了 13 个连区间，也就是 715 英尺的路程。完成这一机动耗时 2.6 分钟。

如果以某一位于中央的连为基准列成纵队，半个营收拢在中央连之前，剩余部队在中央连之后列阵，就可以让横队在最短时间内列成纵队。这一机动如图 3.16 所示。

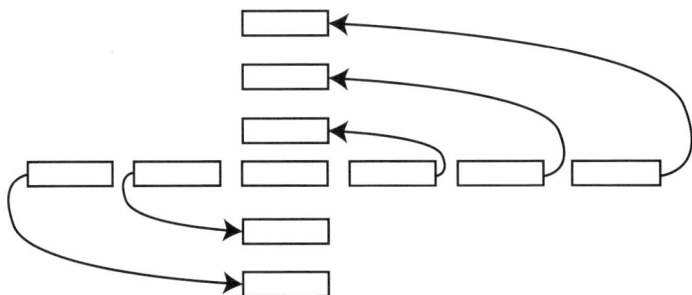

图 3.16 横队以中央连为基准收拢成疏开纵队。斯默克，机动 3，图 4。

忽略转动所需时间，最外侧的连须要向新位置侧向行进。这一距离为 6.4 个连区间，加上手风琴效应造成的 1 个区间和进入纵队所需的 1 个区间，该连完成 8.4 个区间的机动需要 1.7 分钟。

当英军从横队变为纵队时，他们使用如图 3.16 和斯默克书中机动 3 图 8、图 9 所示的方法 [3]。然而，图 3.17 展示了变为紧密纵队的机动。因为计算法军机动时用的都是全间距纵队，为了做出准确的比较，在计算英军机动时也会使用全间距或疏开纵队。

英军以分营为单位的纵队相当于法军的冲击纵队，但英军使用图 3.16 中的机动时似乎无法收拢为以分营为单位的纵队。斯默克的机动 1 和机动 2 中的图 7、图 8 展示了分营中的两个连一前一后同时行动，没有分拆成连并作为独立机动单位朝两侧分别外转——法军在由冲击纵队变为横队时就是这么做的。结果，以分营为单位的疏开纵队执行这一机动的时间与以连为单位的纵队执行这一机动的时间是一样的。

我们再一次在计算时使用下辖 10 个连的营并假设纵队以侧翼连为基准列成横队——此为列成横队的最慢方法，这就须要位于最后的连在侧向行进中运动 9 个连区间（再加上手风琴效应带来的 1 个），停顿，向前转，再向前行进 9 个连区间。整个机动包括 19 个连区间。以快步执行的话需 3.9 分钟。

图 3.17 展示了以分营为单位的纵队列成横队的方法。这是其他纵队变换为横队方法的一个变种，不用多做解释。

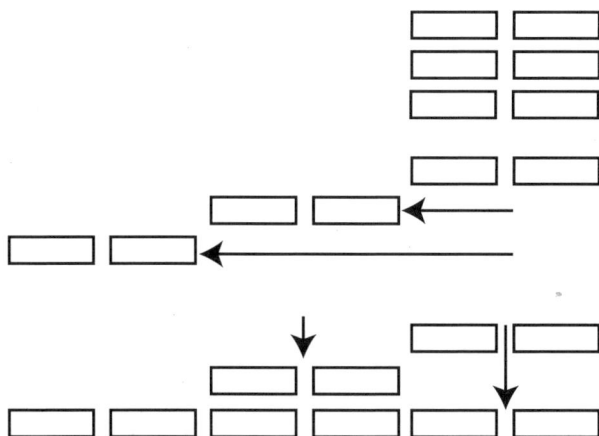

图 3.17 以分营为单位的纵队列成横队。斯默克，机动 1，图 6-8。

方阵

本书参考的各类条令规定了种类繁多的空心方阵。变化主要出现在列成方阵所需的连数量上。然而，斯默克竟然按照奥地利军队（营密集阵）和普鲁士军队的思路提供了实心方阵的教令和图解，这无论如何都是令人吃惊的。图 3.18 展示了多部英军条令中规定的方阵类型。它们展现了六连制步兵营和十连制步兵营列成方阵的情况。考虑到研究列阵时间的目的，这里使用的是十连制步兵营及其对应机动。

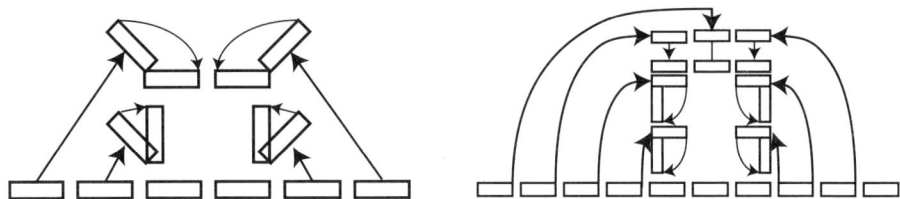

图 3.18 列成方阵。斯默克，机动 13[4]，图 7-8。

正如在十连制步兵营机动中所示，位于该营右翼的连行进路程最长。它须要行进大约 3.5 个连区间抵达队形边角，向前转，再推进 1 个连区间，将方阵闭合起来。

机动的第一部分需要 4.6 个连区间，再加上手风琴效应额外造成的 1.0 个区间。第二部分需要 2.1 个区间，第三部分还需 1 个区间。整个机动要求右翼连行进 8.7 个连区间（478.5 英尺）。以快步完成全部机动需 1.8 分钟。

斯默克在他的机动 7[5] 中展示了实心方阵。当营由以分营为单位的疏开纵队列成实心方阵时，须要预先给出命令，让营向先头分营靠拢；然后，第一个连向后运动，与第二个连靠拢，与此同时，最后两个连跟上其余各连。位于中部的各个连无须运动，只用向外转，并派出 4 个人移动到间隔当中，进入队列收拢人（军士和军官）身后（关于图解，见第二章，图 2.4）。

在收拢队形时，前后各列之间要相隔一步。结果，5 个收拢起来的分营纵深为 25 步，也就是大约 60 英尺。

如果从以分营为单位的纵队列成实心方阵，位于最后方的分营要前进 160 英尺。以快步行进的话，这需要 0.6 分钟。位于中部的各个伍填补连间空隙也需要时间，但必定不会超过 0.1 分钟。那么，整个机动耗时就是 0.7 分钟。

应当注意到的是，这个实心方阵中的前两列须要跪在地上，将武器指向斜上方。其后两列保持站姿，以常见的按伍射击方式开火。开完枪之后，跪下的两列站起来射击，其余人员进行装填。这样就可以很快进行第三次齐射。可斯默克并没有提供让跪下的两列士兵装填枪支的规定。

如图 3.19 所示，1808 年的条令展示了一种略有不同的列方阵方法。

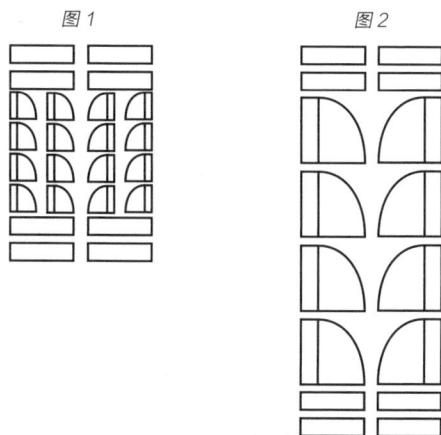

图 3.19 列成方阵。《关于国王陛下军队的枪支操作练习、连教练、队形、野外训练和机动条例与条令》图版 10，图 95。

营要从全间距纵队收拢为半间距纵队。第二个连到第八个连（即中部各连）将保持静止。前后两连向后（或向前）运动，直到同距离最近的连靠拢为止。第三个连到第七个连随后拆成排，向外转动，密集队形。这几乎与法军《1791 年条令》中展示的多营方阵机动完全一样。

起初从全间距收拢到部分间距的机动须要将纵队长度从 550 英尺削减到 225 英尺。以快步完成收拢需 0.8 分钟。向外转动需 0.3 分钟，整个机动耗时 1.1 分钟。

总结

以下表格概括了英军的一个拥有 660 人、各连均排成二列的十连制步兵营的机动时间细节。表 3.4 列出了每一种机动的对应时间，表 3.5 则将它们与法军机动体系进行了比较。由于法军的重组，表 3.5 要分成两个部分。

表 3.4 英军机动时间

起始队形	终止队形	所需时间（分钟）	
		低	高
纵队	横队	—	3.9
纵队	方阵	0.6	1.1
横队	纵队	1.7	2.6
横队	方阵	1.8	—

表 3.5 英法机动时间对比

			法军所需时间（分钟）		英军所需时间（分钟）	
			低	高	低	高
1800—1808 年	纵队	横队	1.9	3.1	—	3.9
	纵队	方阵	1.7	—	0.6	1.1
	横队	纵队	1.3	3.0	1.7	2.6
	横队	方阵	4.7	—	1.8	—
1808—1815 年	纵队	横队	1.5	2.7	—	3.9
	纵队	方阵	0.5	1.6	0.6	1.1
	横队	纵队	1.5	2.4	1.7	2.6
	横队	方阵	1.6	—	1.8	—

观察与结论

在 1808 年重组之前，法军由纵队变为横队的速度要明显快于英军。其原因并不在于法军的机动手段，因为英军的快步（每分钟 270 英尺）要比法军的冲锋步法（每分钟 260 英尺）每分钟多走 10 英尺，真实原因在于法军的步兵营规模相对较小。在由横队变为纵队或由纵队变为方阵的机动当中，两军就速度而言也不存在明显差异。然而，英军在由横队变为方阵时拥有显著的优势。

在 1808 年重组之后，英法机动体系之间的差异基本上已经消失了。英军的唯一重大劣势就出现在由纵队变为横队上。

从中只能得出一个不确定的结论。考虑到法军拥有优秀的纵队变横队能力，人们可以据此推测法军倾向于以纵队机动并迅速展开成横队。出于类似原因，英军倾向于以横队行动。当然，两支军队之所以分别偏爱这两种队形，绝不应当被认为仅仅出于上述原因。不过，双方在机动时间上毕竟存在差异，这为威灵顿让他的部队在阵地上列队并等待法军推进的做法提供了更多的正当理由。

它或许也揭示了为何法军认为他们有足够时间由纵队展开成横队并与英军交火。历史表明法军做不到这一点，他们却一再尝试。

普军

1788—1799 年的组织

按照规定，1788 年的普鲁士步兵连有 4 名军官、12 名军士、3 名鼓手、10 名射击兵和 140 名士兵。当火枪兵连和掷弹兵连列队时，他们总是排成三列。不过，燧发枪兵连只会排成二列。这就意味着一个火枪兵或掷弹兵连的正面是 49 个伍，而一个燧发枪兵连的正面是 73 个伍。图 3.20 和图 3.21 给出了这些连的列队图解。

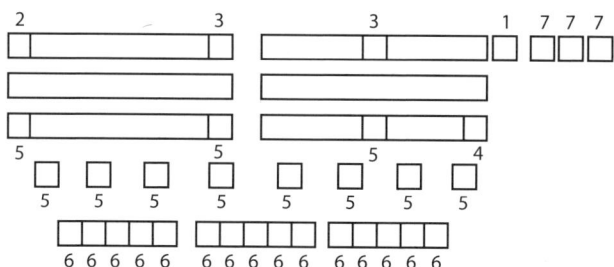

图 3.20 普鲁士火枪兵或掷弹兵连，1788 年。

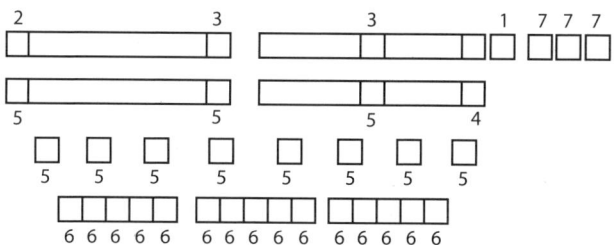

1= 上尉 2= 中尉 3= 少尉 4= 上士 5= 中士或下士 6= 射击兵 7= 鼓手

图 3.21 普鲁士燧发枪兵连，1788 年。

大小与速度

与法军的《1791 年条令》相比，普军 1788 年的条令并没有明确阐述分配给队列中每名士兵的正面宽度，也没有指出其步幅或行进速率。据我所知，普军使用两种行进步法，分别是每分钟 75 步的常步和每分钟 108 步的快步。然而，冯·德·戈尔茨（von der Goltz）清楚地表示所有机动的行进速度都是每分钟 75 步，并将它称作"萨尔德恩摇摆"。

尽管条令并没有涉及分配给每名士兵的横向区间，但对 1759 年出版的弗里德里希大王时期的普鲁士训练条令译本的分析还是给此次研究中使用 22 英寸横向区间提供了佐证。

结果就是，一个火枪兵或掷弹兵连正面宽度约为 90 英尺，一个燧发枪兵连正面宽度约为 134 英尺。对普军来说，这就相当于在分析法军时使用的全间距（distance entière），（This is the Prussian equivalent of distance entière used in the French analysis）不过实际长度略有不同。

普军条令并没有特别规定行进步幅，不过有人发现其步幅是 2 莱茵步[6]，也就是大约 25 英寸。就常步而言，行进速度是每分钟 156 英尺，或 1.74 个火枪兵连区间；就快步而言，行进速度是每分钟 225 英尺，或 2.5 个火枪兵连区间。

纵队变换为横队

1799 年之前，当普军步兵营以纵队运动时，它要列成以半排为单位的纵队。将该纵队展开成横队有四种方法。

1. 向右行进，以右翼为基准展开；

2. 向右行进，以左翼为基准展开；

3. 向左行进，以右翼为基准展开；

4. 向左行进，以左翼为基准展开。

首先采取的行动是将以半排为单位的纵队变为以排为单位的全间距纵队，如图 3.22(a)—(c) 所示。它既可以向右变阵，又可以向左变阵，图 3.22(a) 就显示了向右变阵的做法。要完成这一机动，就得让被指定为机动半排的半排向右（或左）转，前进到与另一个半排脱离接触为止。它随后就会停下来，向前转，一直前进到和第一个半排齐平为止。

完成这一行动后，各个排就收拢起来，一直靠拢到距前方的排 2 步为止。图 3.22(b) 和 (c) 就展示了这一点。一旦列成这个密集或紧密的以排为单位的纵队，就须要指定下一步行动的方向。此时又出现了向左还是向右的选择。

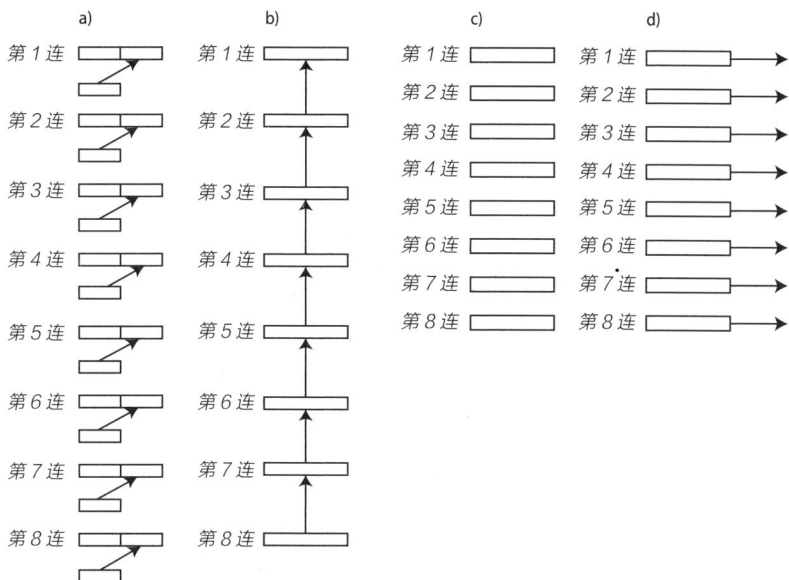

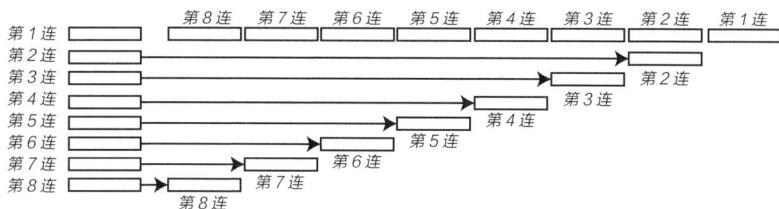

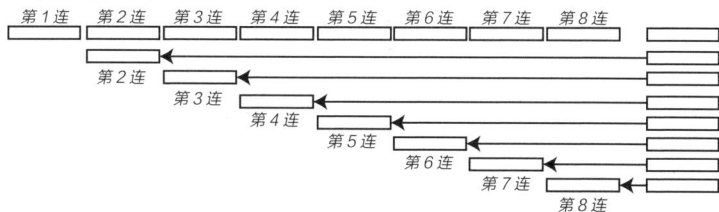

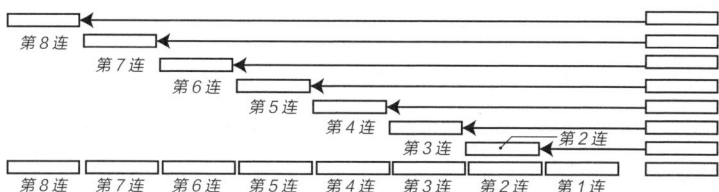

图 3.22 由以半连为单位的纵队展开成横队。《普鲁士王家轻步兵条令》，第 4 篇，第 5 章《论展开》，第 1—6 段。[7]

在向右行进的展开方式中，纵队会与第1排平齐展开成横队。在向右行进，以右翼为基准展开的过程中，纵队除第8排继续向前外，其余各排都向右转。前7个排随后开始向右行进，当第7排超越第8排之后，它就要停下来，向左转，然后开始向前行进。与之类似，后面的每一个排在超越身后的排之后都停顿、左转，开始前进。如图 3.22(e) 所示。

在向左行进的场合中（图 3.22(f)），也要采用类似的流程。不过，要是以左翼为基准展开，第8排此时就须要在横向上固定不动，让其余各排依次就位或依次进入上一排右侧，要是以右翼为基准展开，第1排就须要留在原地。然而，就时间和运动而言，这四种方法都一样快。

机动时间

在由以半排为单位的纵队展开为横队的过程中，若是向右行进，以右翼为基准展开，第一个队形变换就是把以半排为单位的纵队变为以排为单位的纵队。这一变换耗时 0.4 分钟。第二步是把纵队收拢为紧密间距，随后将以排为单位的纵队变为横队。侧向行进中会出现手风琴效应，所以行进时须要多走1个区间。整个机动中的最长行进路线是 15.75 个连区间。以每分钟75步的常步计算，一共需要 7.0 分钟。

方阵

根据出版于 1788 年的《普鲁士王家轻步兵条令》（Reglement für die Koenigl. Preuss. leichte Infanterie），列成方阵的队形变换应当始终由横队来执行。步兵营的第一个行动是朝中央（那里是收拢到一起的第4、第5排）收缩，填满所有的空伍。

各个排随后分成半排，每个机动排的第一半排移动到第二半排后方，实际上让队形宽度减半，厚度加倍。

第3、第4排组成了方阵的正面。第1、第2排向后转，让旋回轴保持静止，围绕第2、第3排的结合部兜一个大圈，直到与第3排垂直为止。以类似的方式，第5、第6、第7、第8排设立一支大规模的静止旋回轴部队，围绕第4、第5排之间的结合部兜一个大圈，直到同样与第3排垂直为止。这时，第5、第6排要停下来，第7、第8排继续以第6、第7排的结合部为轴心转动，直到它们将方阵背面闭合起来，并让第8排接触第1排为止。图 3.23 演示了这种机动。

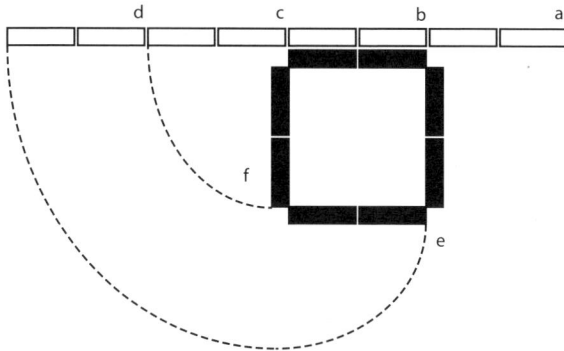

图 3.23 列成方阵。《普鲁士王家轻步兵条令》，第 3 篇，第 5 章，《如何列成营方阵》，第 1 段。

机动时间

根据列成方阵的方法，一个掷弹兵或火枪兵营列方阵需要 3.8 分钟。这是根据组成方阵右侧和背面的部队所需的最长转动路线计算得出的。

1799—1806 年

普鲁士步兵在 1799 年发生了一次重组。燧发枪兵似乎没有经历重组，火枪兵和掷弹兵的营、连组织结构则发生了变化。此后，每个营有 5 个作为行政单位的连——1 个掷弹兵连和 4 个火枪兵连。新的掷弹兵连是通过拆分旧的掷弹兵营，并将其中 2 个连并入火枪兵营产生的。此外，剩余的 2 个连则被留作分给步兵团的独立掷弹兵连。这些连会被单独抽出来，用于组建混合掷弹兵营。

营拥有 22—23 名军官、60 名军士、50 名射击兵、15 名鼓手和 600 名士兵。10 个连[8] 各有 120 名士兵。尽管营在建制上有 5 个连，但实际上普鲁士会在战时将这 5 个连重组为 4 个连。这就让每个连拥有 150 人，也就是一共 54 个伍。

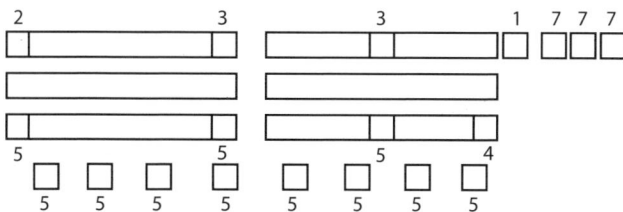

1= 上尉 2= 中尉 3= 少尉 4= 上士 5= 中士或下士 6= 鼓手

图 3.24 普鲁士步兵连，1799—1806 年。

另一个重大变化是普军在所有战术机动中都采用了每分钟 108 步的快步。这些变化并没有影响到执行任何一种机动的方法。

在 1799 年发生重组时，普军并没有颁布新的条令。鉴于 1788 年的条令中许多机动再次出现在 1812 年的条令中，可以推断它们在 1799—1806 年之间也得到了应用。

关于普军现在如何组成方阵，只能在亚尼（Jany）的著作《1806 年的普鲁士步兵的作战训练》（Die Gefechtsausbildung der Preussischen Infanterie von 1806）〔刊登于《关于普鲁士陆军历史的文献论述与研究》（Urkundliche Beiträge und Forschungen zur Geschichte des Preussischen Heeres）第五卷〕中的某个脚注里找到蛛丝马迹。

亚尼表示，方阵是由以连为单位的纵队变换而成的。先头连会停下来。剩余各连收紧间距，直到收拢成排间距为止。位于中部的 3 个连要分拆成排，这些排会向外转动，组成方阵的侧面（每个侧面拥有 3 个排），最后的连则会将方阵后方闭合起来。图 3.25 描绘了这一机动。

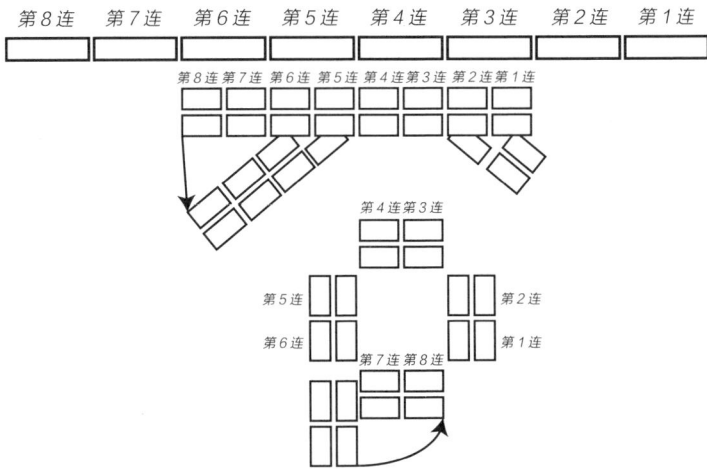

图 3.25 普鲁士方阵，1799 年。亚尼，第五卷。

1806—1815 年的组织

1808 年，普鲁士人重组了他们的步兵，此后又在 1812 年颁布了《普鲁士王家陆军步兵训练条令》（Exerzir Reglement für die Infanterie der Königlich Preussischen Armee）。这时，一个普鲁士步兵连就拥有 5 名军官、1 名上士、1 名佩剑准尉、3 名中士、7 名下士、20 名上等兵和 115 名士兵。连的列队方式如图 3.26 所示。

| | | 2 | | | | | 1 | 6 | 6 | 6 |

图中排列：5 5 5 5 5 5 5 5 5 5

3　　3　　3

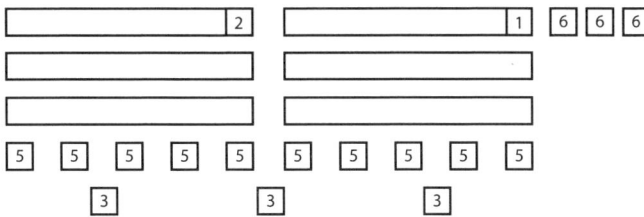

1= 上尉 2= 中尉 3= 少尉 4= 上士 5= 中士或下士 6= 鼓手

图 3.26 普鲁士步兵连的队形，1808—1815 年。

大小与速度

此次重组让 1808 年后的步兵连正面宽度为 45 个伍，也就是 86 英尺。常步、快步依然分别是每分钟 75 步、108 步。这就意味着连以常步走完连区间需要 0.6 分钟，以快步需要 0.4 分钟。

横队与纵队的变换

和 1788 年一样，1812 年之后的普鲁士步兵依然用以排为单位的纵队机动，并由这一队形出发执行诸多机动变换。向右（左）行进，以右翼（左翼）为基准展开也是以同样的方式执行的。不过在收拢成纵队时，普军使用的是与法军相同的直线行进。和 1799 年一样，这类机动都是以快步——每分钟 108 步——执行的。

横队变纵队与纵队变横队

由以排为单位的纵队变为横队的方法如图 3.22 所示。唯一的区别就在于执行机动的速度。当横队收拢成纵队时，第 1 排保持不动，剩余 7 个排直接朝第一连后方的预定位置行进，从第 2 排到第 8 排，依次与前一排相隔半个排间距。图 3.27 描绘了步兵营收拢成纵队的方法。

机动时间

向右（左）行进，以右翼（左翼）为基准展开的机动是以快步完成的。除了考虑到快步这一事实外，计算方法同前所述，这种机动需要 3.5 分钟。

由横队收拢成纵队时，行进距离最长的是第 8 排。这个排要直接行进到队形边角，一共要走 9.2 个排区间。此外，由于手风琴效应和机动的最后一部分，必须额外加入 1 个连区间。因此，总路程是 5.1 个连区间，这就需要 2 分钟。

由冲击纵队变换为横队和纵队

冲击纵队，或 Angriffscolonne，是将两个以排为单位的纵队拼合起来，或者说，是一个以连为单位的纵队。通常情况下，冲击纵队是"紧密"的，这也就意味着在先头排和紧跟在它后面的排第一列之间的距离为 2 尺（2 莱茵尺，约合 25 英寸）。从技术层面来说，这种冲击纵队和法军列出的紧密冲击纵队（colonne d'attaque）是一样的。当普军由横队列成这种队形时，第 4、第 5 排保持静止，两边各 3 个排转向中央，以快步朝着最终目的地行进。图 3.28 给出了完成这一机动的图解。

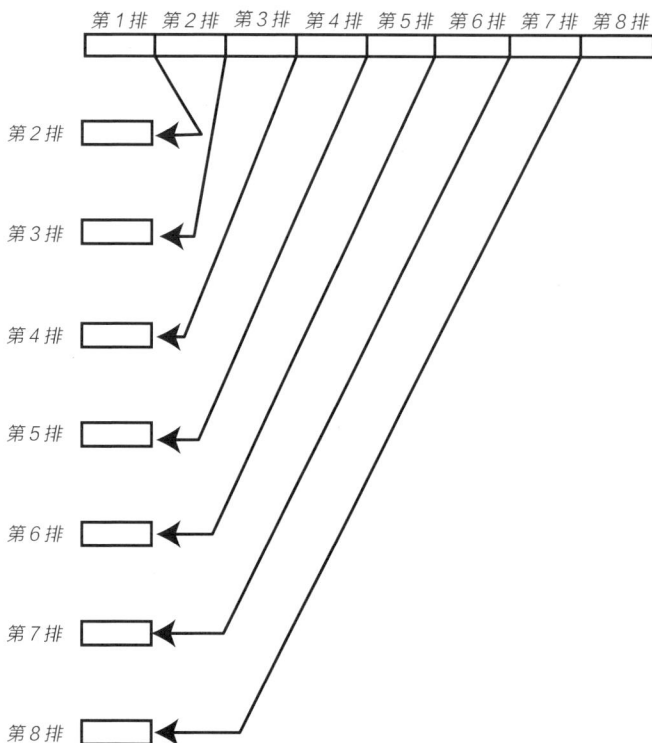

图 3.27 由横队列成以排为单位的纵队。《步兵训练条令》，1812 年，第 6 章，纵队的组成与要求，第 3 段。

第8排　第7排　第6排　第5排　第4排　第3排　第2排　第1排

第6排　第3排

第7排　第2排

第8排　第1排

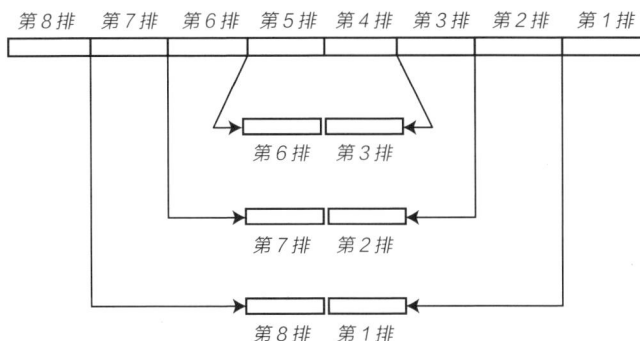

图3.28 由横队列成冲击纵队。《步兵训练条令》，第6章，纵队的组成与要求，第4段。

当冲击纵队展开成横队时，它使用的展开方法与1806年之前类似。图3.29给出了执行展开的方法图解。请务必注意这幅图与图3.3是完全一样的——图3.3根据《1791年条令》绘制，内容是法军冲击纵队以中央为基准展开成纵队。

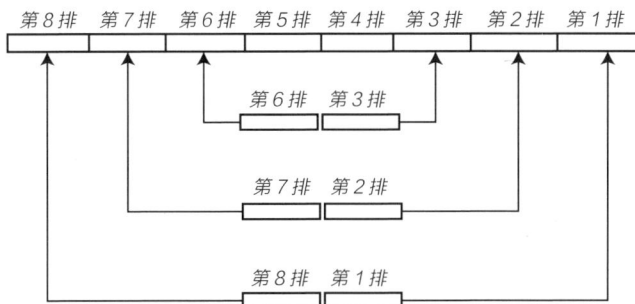

第8排　第7排　第6排　第5排　第4排　第3排　第2排　第1排

第6排　第3排

第7排　第2排

第8排　第1排

图3.29 由冲击纵队展开成横队。《步兵训练条令》，第8章，纵队的变换，第8段。

当普军步兵向战场开进时，它依然用以排为单位的纵队行进。当该队形变为冲击纵队时，第4排保持不动。第5、第6、第7、第8排朝左行进1个排区间，随后向前行进，直到第4、第5排达到平齐为止。其余各排紧跟在这两个排之后，保持适当的间距。第1、第2、第3排快速行进到第4排之后，以倒序排列，也就是让第3排紧跟在第4排后面，第2、第1排依次位于后方。第1排行进路程最长，机动速度也由它来决定。图3.30给出了这一机动的图解。

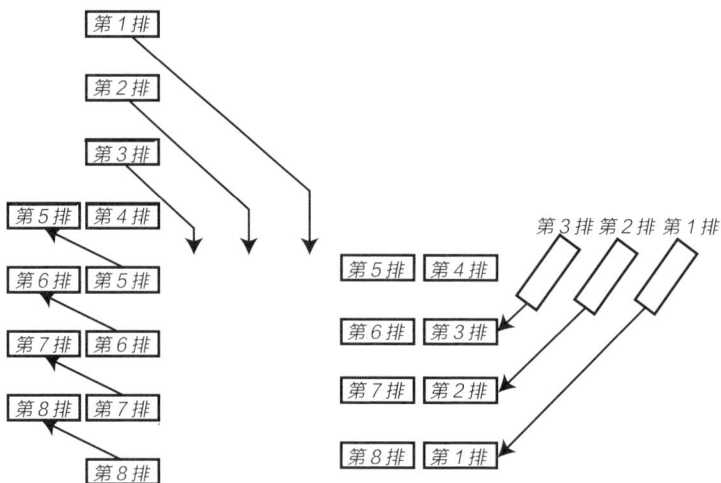

图 3.30 以排为单位的纵队变为冲击纵队。《步兵训练条令》，第 8 章，纵队的变换，第 8 段。

冲击纵队的机动时间 [9]

在由横队列成冲击纵队时，位于两翼的两个排机动距离最长。它们行进了 3.6 个排区间，再加上手风琴效应造成的 1 个和最终就位所需的 1 个，整个机动需要 4.6 个排区间，以快步行进需 0.7 分钟。

在冲击纵队列成横队时，第 1、第 8 排又一次须要运动最远。然而，鉴于这一次是垂直运动，它们得向侧翼行进 3 个排区间，向前行进 1.5 个，还因为手风琴效应须要多走 1 个。以快步完成这 7 个排区间耗时 1.4 分钟。

在由以排为单位的纵队变为冲击纵队时，第一排的机动路程最长。然而，虽然它几乎是以直线行进，但在绕过第 4 排时，必须朝外机动以避免接触在它前面的另外 2 个排，准确计算就变得越发困难了。

第一排朝后运动了 6 个排区间。还必须加上手风琴效应造成的 1 个额外区间，和向右运动以避开另两个机动中的排所需的 0.5 个排区间。这 3.5 个连区间须要机动 1.4 分钟。

方阵

1812 年的条令废除了空心方阵，代之以由冲击纵队列成的密集纵队。这种队形与法军的紧密纵队和奥军的营密集阵关系非常密切。列成这种队形时用的也是快步。冲击纵队只用闭合队列，直到第一个连（第4、第5排）和第二个连（第6、第3排）的队列收拢人相隔1个标准伍间距为止。另外两个连也要重复此举。如此列成的队形纵深为30莱茵尺。图3.31描绘了最终形成的队形。

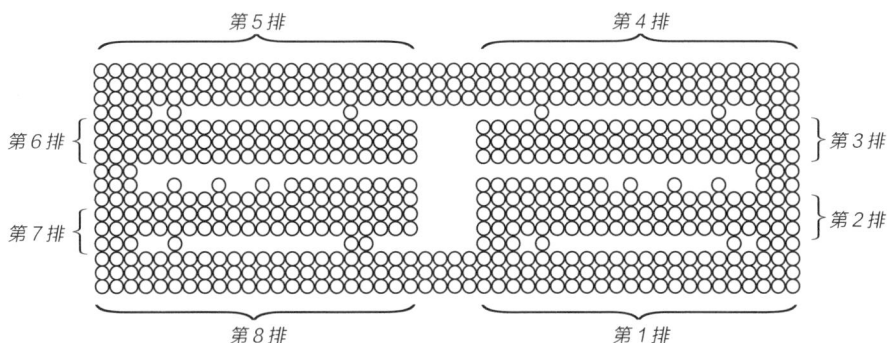

图3.31 普军方阵，1812年。《步兵训练条令》，第9章，论方阵，第1段与图版"实心方阵图解"。

机动时间

由于这种被普军描述为quarre或方阵的队形厚度约为1个排区间，第四个连只须要向前行进2个连区间。只需要0.8分钟就能够以快步完成该机动。

观察与结论

由于本书并未研究1800年——法军的组织结构要到那时才趋于稳定——之前的法军机动方式，我们不能对两者加以准确比较。然而，粗略比较显示法军要比普军快得多，多到给人留下深刻印象的地步，这可能也导致普军对其机动方式进行了某些重大修订。事实上，可能正是这些差异引发了1799年的重组。

表3.6 法军与普军的机动速度，1788—1798年

起始队形	终止队形	普军，1788—1799年（分钟）	法军，1800—1808年（分钟）
纵队	横队	7.0	1.9
纵队	方阵	10.8	1.7
横队	纵队	7.0	1.3
横队	方阵	3.8	4.7

同样引人注意的是，普军由纵队变为方阵的方法与1791年的条令中规定的方法基本相同——只有每个营下辖的连数量不同。在与法国革命军的交战中，普军之所以得出结论，认为己方有必要退出战争，很可能既是因为财政问题，又是为了着手进行某些战术体系改革。鉴于1799年的重组和随之产生的机动速度变化，我们发现了一种新的关系。表3.7展示了1799—1806年两者之间的关系。

表3.7 1799—1806年间的关系

起始队形	终止队形	普军，1799—1806年（分钟）	法军，1800—1808年（分钟）	法军的速度优势
纵队	横队	7.0	1.9	快205%
纵队	方阵	0.8[10]	1.7	慢53%
横队	纵队	7.0	1.3	快297%
横队	方阵	3.8—4.8	4.7	慢19%

表3.7明确表明法军在横队变纵队和纵队变横队时享有巨大优势。普军采用了法军的列方阵方法，调整了他们的营组织结构，但也只能在列方阵时享有优势。这一点非同寻常，因为记录表明，1806年战局中的普军只在很少几个场合下使用过方阵。

法军在纵队变横队、横队变纵队上的优势依然表明他们在推进时要远远快于普军，此外，法军在攻防中展开预备队时也要快得多。

随着《1812年条令》的制订，这些速度差异就显然消失了。这一点很大程度上必须归因于普军在1808—1812年间的重组。显然，普鲁士总参谋部设立的军事委员会的确进行了一些认真研究，意识到了他们的旧战术体系与法军体系相比存在若干不足之处。表3.8展示了新的关系。

表3.8 新的关系

起始队形	终止队形	1808—1815年普军（分钟）		1808—1815年法军（分钟）		法军的速度劣势
		低	高	低	高	
纵队	横队	1.1	2.1	1.5	2.7	慢27%
纵队	方阵	0.3	—	0.5	1.6	慢40%
横队	纵队	0.7	1.3	1.5	2.4	慢54%
横队	方阵	1.0	1.3	1.6	—	慢38%

普军采用了《1812 年条令》，放弃了原有的弗里德里希式线式战术体系，以此提高了机动速度，关于他们如何做到这一点，表 3.9 提供了一份比较。它表明普军显著改进了他们的战术体系。且虽然法军战术体系依靠拿破仑 1808 年 2 月 18 日法令带来的组织变革取得了一定的进步，但普军的进步显然要比法军大得多。

表 3.9 普军的进步，1788—1812 年

起始队形	终止队形	1788 年（分钟）	1808 年（分钟）	
			低	高
纵队	横队	7.0	1.4	3.5
纵队	方阵	10.8	0.8	—
横队	纵队	7.0	0.7	2.0
横队	方阵	3.8	1.0	1.4

从这一研究和这一阶段的历史中可以得到的最贴切的结论是，普军虽然不再是创新者，却在模仿其他军队时知道什么是优秀战术体系。他们在 1799 年采用了法军的列方阵方法，随后更进一步，选出了一种基于奥军营密集阵和英军实心方阵的反骑兵队形。

新的方阵队形牺牲了火力，以此换取了列阵速度。毫无疑问，普军认为他们自己的骑兵将会逐走法军骑兵，步兵只须要在骑兵发动第一轮进攻时生存下来。

普军的冲击纵队无疑是在模仿法军的冲击纵队。事实上，普军放弃五连制步兵营采用四连制步兵营的做法也有助于证实这一点。普军的机动方式完全是在模仿《1791 年条令》中使用的八连制步兵营机动方式。

普鲁士人显著改善了自己的战术体系。随着他们的军队在终结 1806 年战局的条约中遭到大规模裁撤，他们被迫尽可能提高军队质量。通过吸纳敌军战术体系中的最佳成分并稍作修改，普军似乎发展出了一套更为优秀的战术体系。

俄军的机动

关于俄军的文献非常稀少，因此在分析俄军步兵营的机动时，基础文献是《1837 年俄军步兵训练条令》（1837 Russian Infantry Drill Regulation, School of the Battalion）中的营教练部分。它清晰地表明俄军既仿效了弗里德里希大王的线式战术，也最终

采用了《1791 年条令》中的许多法军机动方式。

在 1800—1838 年之间，战争方式并没有发生显而易见的进化。实际上，克里木战争是最后一场真正采用拿破仑式战术的战争。俄军 1837 年的条令中展示的战术显然也是拿破仑式的。

本书并不能确切指出俄军何时采用这些机动。当给出使用某一队形的年份时，本书根据的是提到该队形或机动的其他文献，这些年份至多只是猜测而已。

在军事史上，有关营级战术的有用信息通常相对稀缺，要证实或反驳 1837 年的条令与此前条令相比只存在少数基础性变化的假设，也只能找到很少的证据。下文对俄军在拿破仑战争时期的表现所作的合理假设是基于对他们在 1837 年具体做法的分析。

组织

尽管俄军步兵营的结构在 1802—1815 年间发生了几次变化，基本结构却依然保持不变。每个连拥有 3 名军官、1 名军官候补生、7 名军士、3 名鼓手和 141 名士兵。这意味着 1 个连总共有 50 个伍。当作为机动队形时，连又被称作分营。图 3.32 展示了俄军步兵连或步兵分营的队形。

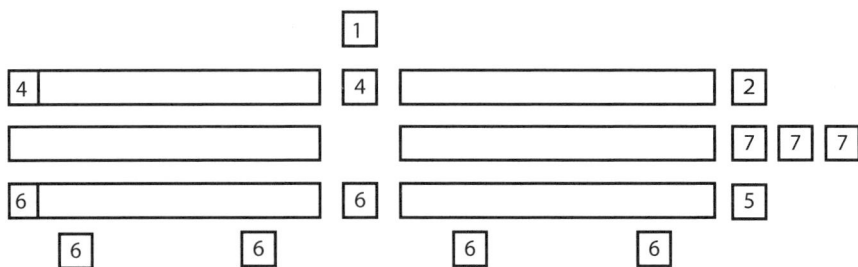

1= 上尉 2= 中尉 3= 少尉 4= 军官候补生 5= 上士 6= 中士或下士 7= 鼓手和笛手

图 3.32 一个俄军步兵连的组织。

大小与速度

关于每名俄军步兵分到的横向区间，笔者没有找到任何材料，所以在关于俄军的所有计算中都采用标准的 22 英寸区间。一个分营共有 50 个伍，因此，标准的分营区间是 92 英尺。

俄军有三种步法：

1. 慢步：每分钟 60—70 步

2. 快步：每分钟 100—110 步

3. 倍步：每分钟 140—160 步

倍步是一种后来才发展出的步法，而且必定不是用于机动的。文献材料并没有清楚地阐述另两种步法在何种情况下使用，可其中还是有足够多的迹象表明快步（每分钟 100—110 步）是机动时使用的步法。

权威资料表明俄军步兵的标准步幅略多于 2 个阿尔申（1 阿尔申 =14 英寸），或者说大约 30 英寸。使用这一步幅，快步（平均每分钟 105 步）的行进速率就是每分钟 262.5 英尺，可以在 0.3 分钟内走完分营区间。

俄军纵队队形

从图 3.33 到图 3.37 展示了俄军在 1837 年使用的多种纵队类型。历史文献表明上述所有纵队都曾在拿破仑战争（1800—1815 年）中得到应用。在这些图解当中，第一队是营部和执旗人员，第二队要么是编余人员，要么是从营里抽调出来的独立散兵。我相信第二队是在拿破仑战争后演化出来的，最好将其忽略。

图 3.33 中的冲击纵队是一种以分营为单位的半排间距纵队。它是第二常见的纵队队形。图 3.34 是以分营为单位的紧密纵队，在列成这种队形时，分营间的距离要和分营内部各列间的距离一样大。由于它限制了纵队的展开能力，因此在使用上不如冲击纵队频繁，但也得到了运用。值得注意的是，执旗人员和营部在该队形中位于右侧。

图 3.35 是图 3.34 的一个变形，营部位于第 1 分营的中央。

图 3.36 和 3.37 是以分营为单位的纵队。尽管图中显示的是紧密纵队，但这些纵队在野战中一般以半连间距或全连间距行动。这些图解只是出于绘图目的才进行了压缩。主要不同之处在于执旗人员和营部的位置，他们的部署地点与图 3.34 和 3.35 是一样的。以排为单位的纵队似乎是主要机动队形。营部的位置虽然存在变化，但在研究以下机动时只是相当细微的因素，因此不予考虑。

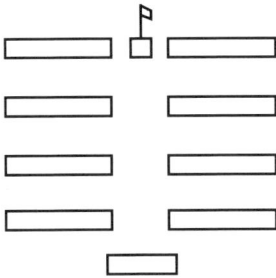

图 3.33 俄军冲击纵队。

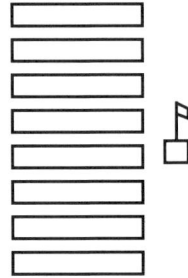

图 3.34 俄军以右翼为基准
列成以排为单位的紧密纵队。

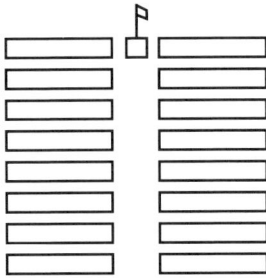

图 3.35 俄军以中央为基准
列成以半排为单位的纵队。

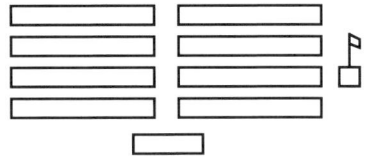

图 3.36 俄军以右翼为基准列
成以分营为单位的紧密纵队。

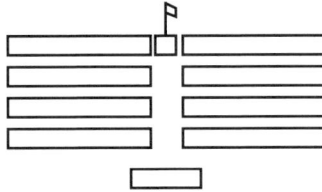

图 3.37 俄军以中央为基准列
成以分营为单位的紧密纵队。

纵队与横队机动

图 3.38(a) 与此前在讨论普军由纵队变为横队时使用过的图相同。鉴于俄军
1837 年的条令中点出了这种机动方法，而且普军也在 1788 年使用过它，那么俄军
很有可能至迟在 1800 年就使用了它。

在 1837 年训练条令中，有充分的证据表明俄军以半排为单位机动，但并无迹
象表明俄军像 1788 年的普军那样使用以半排或更小的机动单位组成的纵队。结果，
以下所有机动都是由以连或分营为单位的纵队完成的。

由纵队展开成横队

在图 3.38(a) 中，我们发现一个以排为单位的纵队按照普军 1788 年机动体系中的方法展开成横队。第 8 排行进路程最长，它必须向侧翼运动 7 个排区间，然后必须再向前推进 7 个排区间。此外，在侧向行进当中，我们必须加上因手风琴效应额外造成的 1 个排区间。这就让总的机动距离达到 15 个排区间或 7.5 个分营区间，转换为机动时间就是 2.6 分钟。

图 3.38(b) 展示了一种执行纵队变横队机动的替代方法。这种机动看起来不像是在拿破仑时代使用过。然而，出于保持研究一致性与完整性的目的，本书还会对它加以研究。这种机动所需的时间也是由第 8 排控制。它向左运动 3 个排区间，此外由于手风琴效应还会多出 1 个区间，它还必须再向前行进大约 1 个完整的排区间。图 3.38(b) 展示的横队大致位于纵队先头部队原先所在位置前方不远处。鉴于这个向前运动并不必要，而且横队与原纵队间的最终前后距离也无法确定，最稳妥的假设就是让横队在纵队先头部队所处水平线上就地展开，不需要越过这一位置前进。这就将总机动距离限制为 5 个排区间。该机动耗时 0.9 分钟。

俄军的冲击纵队如图 3.33 所示，不论在何时被俄军采用，它都与普军在 1812 年训练条令中采用的冲击纵队相同。有充分的历史资料表明这种队形早在 1800 年就已得到应用，而且有确凿的证据表明俄军在 1812 年战局中运用了它。

根据 1837 年的条令，冲击纵队的正面始终是 1 个分营，但各个分营的间距可以发生很大变化。各类迹象表明使用最为频繁的是半分营间距。结果，以下分析中提到的所有机动都会基于半分营间距——只有列方阵是例外。

图 3.38(c) 展示了将冲击纵队变为横队的方法。1837 年的条令中显示的展开方法与法军将冲击纵队展开成横队的方法完全相同。位于最后的排必须侧向行进 3 个排区间，然后又要向前再行进 0.75 个排区间（纵队内部的间距相当于四分之一个排区间）。要是我们再加入因手风琴效应造成的 1 个排区间，我们的总机动路程就是 4.75 个排区间，或者 2.375 个分营区间。这就相当于行进 0.83 分钟。

图 3.38(d) 展示了用于将以排为单位的纵队变为横队时的方法。位于最后方的排控制了整个机动时间。这些排须要侧向行进一共 7 个半排区间，还要加上因手风琴效应导致的 1 个半排区间，随后又要向前行进 1 个完整的排区间。该机动总共需要 9 个半排区间 [11]，或者 2.25 个分营区间。该机动耗时 0.78 分钟。

a) 以排为单位的纵队令第 1 排保持不动，以右翼为基准展开成横队。

第 8 排　第 7 排　第 6 排　第 5 排　第 4 排　第 3 排　第 2 排　第 1 排

第 2 排
第 3 排
第 4 排
第 5 排
第 6 排
第 7 排
第 8 排

b) 以排为单位的纵队让第 5 排前进，展开成横队。

第 8 排　第 7 排　第 6 排　第 5 排　第 4 排　第 3 排　第 2 排　第 1 排

第 1 排
第 2 排
第 3 排
第 4 排
第 5 排
第 6 排
第 7 排
第 8 排

c) 冲击纵队以中央为基准展开成横队。

第 8 排　第 7 排　第 6 排　第 5 排　第 4 排　第 3 排　第 2 排　第 1 排

第 5 排　　第 1 排
第 6 排　　第 2 排
第 7 排　　第 3 排
第 8 排　　第 4 排

d) 以半排为单位的纵队以中央为基准展开成横队。

第 8 排　第 7 排　第 6 排　第 5 排　第 4 排　第 3 排　第 2 排　第 1 排

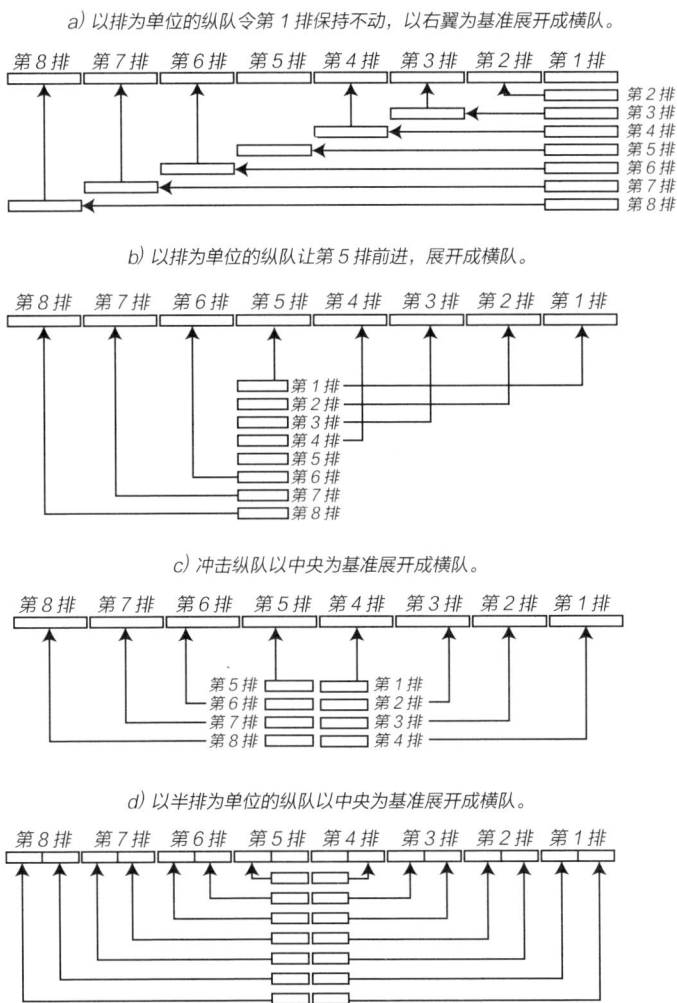

图 3.38 俄军以排为单位的纵队展开成横队。

由横队收拢成纵队

图 3.39(a) 展示了以半排为机动单位，将横队变为以排为单位的纵队的机动方法。在这种机动当中，位于侧翼的半排机动距离最长。这两个半排须要行进 9.2 个半排区间，还要加上手风琴效应造成的 1 个和进入最终位置所需的 1 个。这样就一共是 2.5 个分营区间，可以折算为 0.9 分钟。并没有证据表明这种机动在拿破仑时代早期就已得到运用，事实上，它有可能在 1810 年后才派上用场。

a) 让第 4、第 5 排前进，将横队收拢为冲击纵队。

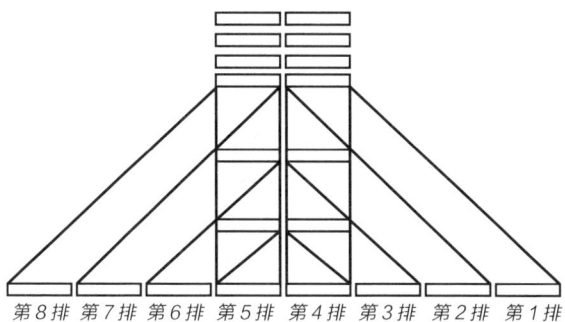

第 8 排　第 7 排　第 6 排　第 5 排　第 4 排　第 3 排　第 2 排　第 1 排

b) 以第 3 分营右翼为基准收拢为紧密纵队。

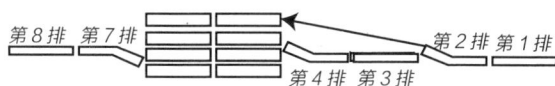

第 8 排　第 7 排　　　　　　　　　　　　　　　第 2 排　第 1 排

第 4 排　第 3 排

c) 以第 4、第 5 排为基准收拢成冲击纵队。

第 8 排　第 7 排　第 6 排　第 5 排　第 4 排　第 3 排　第 2 排　第 1 排

d) 以中央为基准收拢成以半排为单位的纵队。

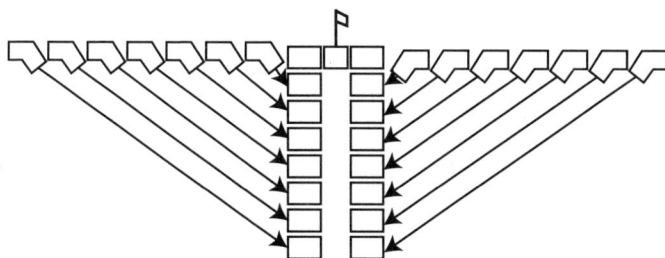

e) 让第 4、第 5 排前进，将横队收拢成冲击纵队。（此处原文有误）

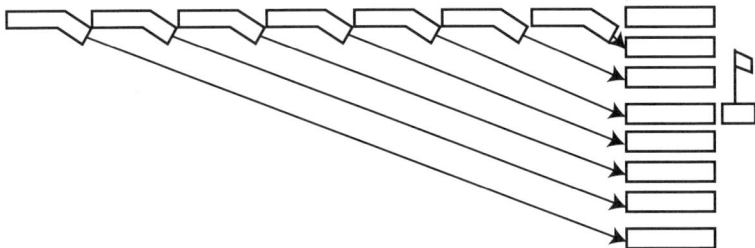

图 3.39(a)–(e) 俄军由纵队变为横队。（此处原文有误）

在图 3.39(e) 中，我们让各排组成的横队以 1791 年的法军机动方法或 1812 年的普军机动方法变为以排为单位的纵队。第 8 排的行进路程最长，它一共须要行进 9.2 个排区间。我们还必须补充手风琴效应造成的 1 个区间和进入最终位置所需的 1 个。这就给出了 11.5 个排区间或 5.8 个分营区间的总路程。结果，完成这一机动需要 2.0 分钟。

图 3.39(a) 展示了一种让横队前进，将它变为冲击纵队的方法。它不大可能在拿破仑时代运用过。不过，收拢成冲击纵队所需时间是由最外侧的排决定的。这些排总共须要行进 4.3 个排区间，或者说 2.15 个分营区间。这相当于 0.8 分钟的机动时间。

图 3.39(b) 展示了将横队变为冲击纵队 [12] 的另一种方法。在这种方法中，位于右翼的两个排运动距离最远。它们须要行进 2.1 个排区间。我们还必须加上手风琴效应带来的 1 个区间和进入纵队前方位置所需的另外 2 个。由此就得出了 2.6 个分营区间或 1.9 分钟的总路程。

图 3.39(c) 展示了又一种由横队变为冲击纵队的方法。这种方法与法军使用的将横队变为冲击纵队的方法完全相同，它无疑是在模仿法军。在这种机动当中，位于侧翼的排行进路程最长。侧翼各排共需行进 4.3 个排区间，亦即 2.15 个分营区间或 0.8 分钟。

方阵

俄军使用的方阵有 3 种主要类型：第一种如图 3.40(a) 所示，方阵各面均为分营，由各个单列组成。

图 3.40(a) 是四面均为分营的完整方阵。

图 3.40(b) 展示了由该方阵展开成横队的方法。然而，笔者此前研究其他国家的军队时并未发现这种机动，在这里也不会加以探究。

图 3.40(c) 是列成这种方阵的第二种方法。最好将它描述为"跟随带头人"的方阵。第 3（或第 6）排转向内侧，向前行进，沿方阵侧面行进，直到进入方阵背面的最终位置为止。它必须行进 3 个排区间，这并不算多。不过，手风琴效应会给这个非常漫长的队形造成显著影响。每个排都得将长度拉长一倍，当第 3（和第 6）排已进入最终位置时，最后运动的排（第 1、第 8 排）还没有动。

　　下列说法可以最好地解释这一进程：每个排开始运动时，都要将队形拉长成一个分营的宽度。当第 3 排的先头部队抵达最终位置时，它的尾巴距离排头依然有一

a) 由展开队形构成各面的方阵。

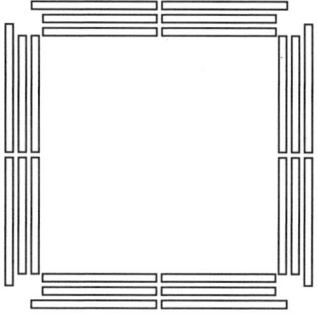

b) 由展开队形构成各面的方阵变为横队。

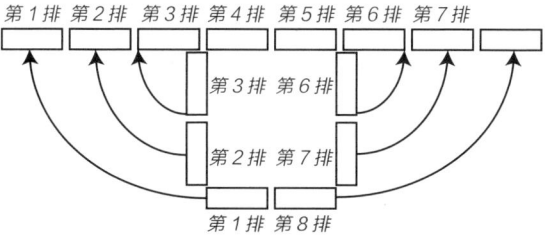

c) 以第 4、第 5 排前进的方式列成方阵。

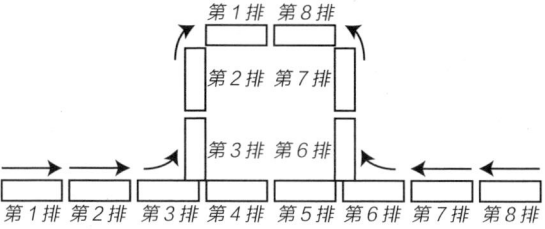

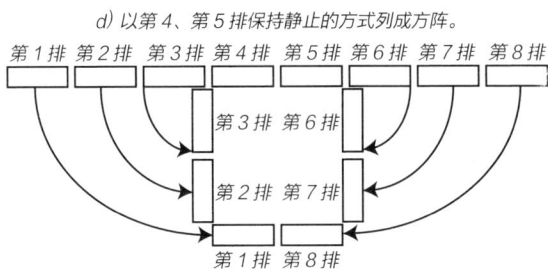

d) 以第4、第5排保持静止的方式列成方阵。

第1排 第2排 第3排 第4排 第5排 第6排 第7排 第8排

第3排 第6排

第2排 第7排

第1排 第8排

图 3.40 俄军方阵队形。

整个分营间距。这就意味着当第3排的排头人员抵达目的地时，第2、第3排的行进队形长度会延长到相当于4个排的宽度。如果从第3排的最终位置开始向后计算排间距，就会发现第1排的先头部队距离目的地仍有2个排间距。不仅是排头人员要行进2个区间，排尾人员还必须多走1个区间。这就意味着这一机动须要运动7个排区间，也就是1.2分钟。

图 3.40(d) 展示了第二种列成该方阵的方法。在这种方法当中，左翼的第2、第3排要旋转并直接向后行进，直到与原横队垂直为止。第1排行进距离最长。它要通过侧向行进直接赶往最终位置。整个机动需要4.8个排区间或2.4个分营区间，亦即0.8分钟。

当俄军步兵营排成冲击纵队，准备列成方阵时，有两种列方阵的方法。

关于这第二种方阵，图 3.41(a) 展示了两种变体。图 3.41(c) 展示了由冲击纵队列成第二种方阵的方法。列成方阵的是紧密间距的冲击纵队，非常类似1812年之后的普鲁士方阵。

图 3.41(a) 是由半排间距的冲击纵队变为方阵。当该纵队列方阵时，第2、第3分营就要将自己分成4个部分。这些半排要朝外转向最接近的侧翼，前后两两堆叠起来，形成方阵侧面。位于后面的分营只需要向前行进，让方阵背面闭合起来。最长的机动由位于纵队中央的各个半排完成，它们要先旋转（0.39个分营区间）后推进0.25个分营区间，总机动长度是0.64个分营区间。第4分营只需要前进0.25个分营区间。最里面各个半排的机动耗时为0.2分钟。

86

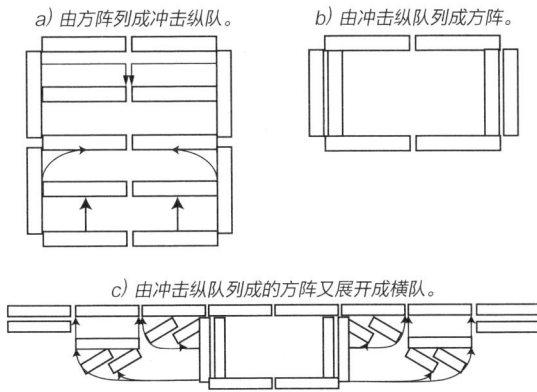

a) 由方阵列成冲击纵队。

b) 由冲击纵队列成方阵。

c) 由冲击纵队列成的方阵又展开成横队。

图 3.41(a)-(c) 俄军由方阵变为纵队。(此处原文有误)

有非常确切的证据表明这种方阵曾在 1810 年俄土战争中得到运用。在对付土耳其人时,这种队形和机动会很有价值。然而,在对付欧洲军队时,这种队形存在严重的缺陷。如果侧翼受到威胁,它就只能组成方阵。只有在经过漫长且复杂的机动后,它才能列成垂直于纵队的横队。结果在对付法军时,这种队形似乎并没有得到普遍运用。

在列成方阵的这种方法中,位于中部的分营仍然须要拆分成半排。最外侧或位于侧翼的半排只需要向前行进,与最内侧半排脱离接触即可,一旦脱离接触,最内侧的各个半排就直接向侧翼行进。从最终形式来看,它几乎与 1812 年的普鲁士方阵完全一致。然而和俄军不一样的是,普军在列成方阵前并没有排成以分营为单位的紧密间距纵队。鉴于内侧半排的转动和外侧半排的行进耗时大体相当——而且时间间隔也不算很大,实际耗时主要用在最内侧半排的侧向行进上。

和普军方阵一样,要完成方阵的话,实际上只有前 3 个伍须要就位,所以手风琴效应是无足轻重的。那么,总的机动路程就是 0.25 个分营区间或者 0.09 分钟。

出于比较的目的,且因为笔者并未找到俄军在机动中采用的实际步速,用快步(每分钟 105 步)计算得出的俄军机动时间数据会再用慢步(每分钟 65 步)计算一遍。比较结果如表 3.10 所示。表 3.11 提供了俄法两军机动体系的总结与比较。

表 3.10　比较快步与慢步的行进速度

起始队形	终止队形	快步（每分钟 105 步）（分钟）		慢步（每分钟 65 步）（分钟）	
		低	高	低	高
纵队	横队	0.8	2.6	1.3	4.2
纵队	方阵	0.9	1.5	1.5	2.4
横队	纵队	0.8	2.0	1.3	3.2
横队	方阵	0.2	1.5	0.3	2.4

表 3.11　法军和俄军机动时间（以分钟为单位）对比

起始队形	终止队形	快步所需时间（分钟）		慢步所需时间（分钟）		1800—1808 年法军所需时间（分钟）		1808—1815 年法军所需时间（分钟）	
		低	高	低	高	低	高	低	高
纵队	横队	0.8	2.6	1.3	4.2	1.9	3.1	1.5	2.7
纵队	方阵	0.9	1.5	1.5	2.4	1.7	—	0.5	1.6
横队	纵队	0.8	2.0	1.3	3.2	1.3	3.0	1.5	2.4
横队	方阵	0.2	1.5	0.3	2.4	4.7	—	1.6	—

这张表格中并未包括图 3.41(a)—(c) 描述的方阵，并不是因为它在这一时期没有得到运用，而是因为根据资料记载，它仅仅用于对付土耳其军队。

在这次比较中，唯一令人惊讶的是图 3.41(a) 中展示的俄军列成方阵时使用的方法比法军所用方法快。除此之外，表格展示的俄军机动方法都不出意料地比法军慢。

结论

如果《1837 年条令》中描绘的机动切实反映了俄军在拿破仑战争中使用的机动方式，我们会发现即使俄军使用了慢步，他们的机动还是可以与法军机动相匹。之所以会出现这种情况，最重要的原因在于俄军步幅较长，机动方式也与法军类似，这就抵消了俄军机动单位规模较大的劣势。

如果俄军使用快步，我们就会发现俄军机动速度明显快于法军。的确存在一些证据可以证实这一点，而且，对刺刀的苏沃洛夫式热爱也表明俄军很可能希望自己能尽快运动。

另一方面，考虑到俄军使用高抬腿的正步行进方式，如果速度太快、路程又太长，不仅会让士兵疲惫，还会导致队伍陷入混乱。因此，有理由假设俄军使用了两种步法，如果没有快速行进的实际需求，俄军就会采用慢步。

奥军的机动

在准备进行此次分析时，笔者手头仅有的完整奥军步兵条令是 1807 年的条令和 1806 年《基础训练条令》（Abrichtungs Reglement）。尽管这些条令在 1815 年之后依然长时间持续生效，可是，它们不能为 1805 年的马克改革或之前的任何情况提供参考。然而，马克的改革从未真正落实，他在乌尔姆的战败就终结了改革。而且，按照瓦格纳（Wagner）在其著作《从奥斯特利茨到柯尼希格雷茨，1805—1864 年的条令之镜中映出的奥军战术》（Von Austerlitz bis Königgratz, Osterreichische Kampftaktik im Spiegel der Reglements 1805-1864）中的说法，这两份条令与莱西（Lacy）的《1769 年条令》之间仅有的差异就在于散兵战和密集阵部分。如果瓦格纳是正确的，那么就可以合理假设此次评论中的其余所有内容都适用于 1792—1815 年的整个时段。

组织

奥军拥有 3 种基本步兵单位：德意志步兵团、匈牙利步兵团和掷弹兵营。这三种单位之间存在显著的规模差异。每个连的骨干人员情况是标准化的：1 名上尉或代理上尉、1 名中尉、1 名少尉、1 名准尉、1 名上士、6 名中士、7 名下士、2 名鼓手、1 名工兵。德意志燧发枪兵连有 160 名士兵，匈牙利燧发枪兵连有 180 名士兵，掷弹兵连则是 120 名。各个排之间人数并不均等，伍的数量也存在差异。图 3.42 展示了一个奥军步兵连的队形。值得注意的是，尽管奥军给每个连都指派了 1 名上尉，他却并不在连的组织结构中，反而出现在分营的组织结构里。

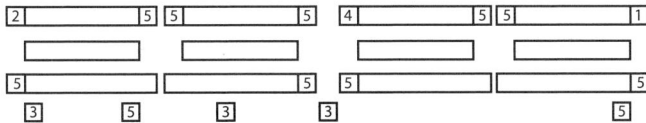

1= 上尉 2= 中尉 3= 少尉 4= 上士 5= 中士/下士

图 3.42 奥军步兵连组织结构。

大小与速度

表 3.12 展示了排与连的具体宽度情况。鉴于奥军条令并没有专门规定每名士兵应占的宽度，有必要继续使用 22 英寸的标准数。

表 3.12 奥军连与排的伍数目

	伍的总数	中央排	侧翼排	连宽度（英尺）
德意志	54	14	13	114
匈牙利	61	16	15	127
掷弹兵	38	10	9	85

奥军使用三种行军步调:常步（每分钟 95 步）、快步（每分钟 105 步）和倍步（每分钟 120 步）。根据 1806 年的《训练条令》,在所有队形变换中都要使用倍步。条令认为倍步"主要用于强击、冲击、纵队快速展开、密集阵行进间展开时,使用距离和时间都不宜太长,以免耗尽士兵体力"。然而,罗滕贝格（Rothenberg）博士表示,倍步事实上很少派上用场,因为长期使用倍步容易导致队列混乱。

奥军的步幅是 2.5 schuh（鞋）或 2.5 füsse（尺）,也就是大约 30 英寸。① 由于在使用何种步速的问题上存在一些不确定因素,所有计算都同时采用快步和倍步,两种速度的对应结果也都会呈现在后文的所有表格当中。所以,当步速为每分钟 105 步（每分钟 218 英尺）时,就意味着行进 1 个德意志连区间耗时 0.52 分钟,1 个匈牙利连区间耗时 0.58 分钟,1 个掷弹兵连区间耗时 0.40 分钟。步速为每分钟 120 步（每分钟 300 英尺）时,就意味着行进 1 个德意志连区间耗时 0.38 分钟,1 个匈牙利连区间耗时 0.42 分钟,1 个掷弹兵连区间耗时 0.28 分钟。

奥军纵队队形

奥军拥有 4 种基本纵队队形。这些纵

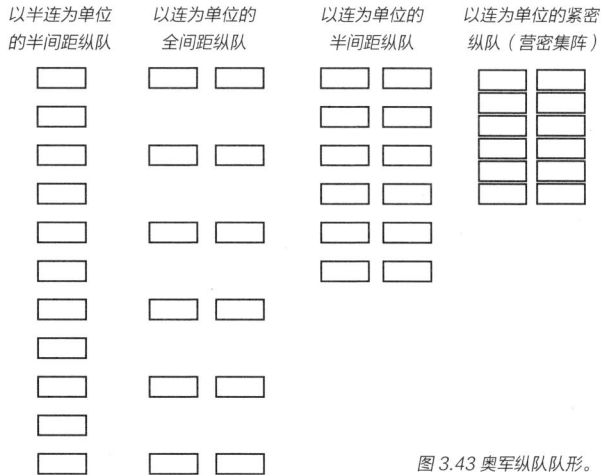

图 3.43 奥军纵队队形。

---

①原注:鉴于事实上的确存在成百上千种度量体系,长度测量问题是非常复杂的。维也纳尺是 0.9518 英尺,2.5 维也纳尺就是 28.554 英寸。1 因斯布鲁克尺是 0.9600 英尺,1 布拉格尺是 1.0437 英尺。鉴于并不能肯定使用哪一种尺,把尺折算成 30 英寸似乎是一种合理的折中手段。

队与其他国家的纵队非常类似，也是根据单位间距和宽度定义的。奥军的纵队由排、半连、半分营（连）或分营组成。间距有密集阵间距（紧密间距）、半间距和全间距。尽管条令并没有特别规定倾向于使用哪一种纵队，图版上主要还是以连和半连为单位展开的机动。那些以半连为单位展开机动的图版看起来占据了主导地位，这表明它是使用最为普遍的队形。分营密集阵的队形也巩固了这一观点，它在列阵后的正面宽度也是半个连。因此，本书在进行与奥军纵队相关的计算时，主要会用到以半连为单位的纵队，与此同时，也会对以一整个连为单位的纵队进行计算，就此展开比较。

纵队展开成横队与横队收拢成纵队

图 3.44 展示了一个以连为单位 [13] 的纵队向右展开成横队。除了连须要转动 90 度外，这基本上与法军和普军使用的方法完全一样。一旦完成转动，各连就要朝最终位置行进，并再次转动 90 度就位。同样的方法也用在以半连为单位的纵队上。条令表明这种方法既用于展开，又用于收拢。这一机动所需的速度如下所示：

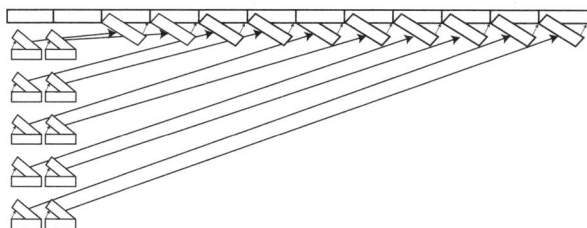

图 3.44 以先头单位作为左翼，将纵队变为横队。《皇家与王家步兵训练条令》，维也纳，1807 年，第 2 卷，第 3 章，第 2 条，让各单位转动以折向左右，第 84—85 页与图版第 23。

表 3.13 以连或半连为单位的纵队令先头单位作为一翼变为横队

	快步（分钟）		倍步（分钟）	
	以连为单位的纵队	以半连为单位的纵队	以连为单位的纵队	以半连为单位的纵队
德意志	3.9	4.2	2.8	3.1
匈牙利	4.3	5.0	3.1	3.7
掷弹兵	3.0	3.1	2.2	2.3

显然，奥军在由纵队展开成横队时也会用斜步变阵。在所有军队中都可以发现斜步，但几乎从未在那些条令中找到它的使用痕迹。尽管它乍看起来是个像螃蟹一

样向侧面行进的过程，在实践中却像是让每名士兵右转或左转45度，然后让各个连或排直接朝横队上的最终位置行进。这一进程旨在让士兵时刻面朝敌军，由于它既笨拙，又没有清晰、明确地计算斜步速率的方法，计算以斜步完成变阵的时间长度想来似乎是不大合适的。据猜测，考虑到这是一个笨拙的过程，那么，它至少该和使用旋转的路程一样长，甚至可能会更长。

图3.45展示了以连为单位的纵队以中央为基准展开成横队的过程。以半连为单位的纵队也可以用相同方法完成展开。和前文所述一样，各单位在机动起始和终止时都要完成后转。表3.14展示了机动所需时间。

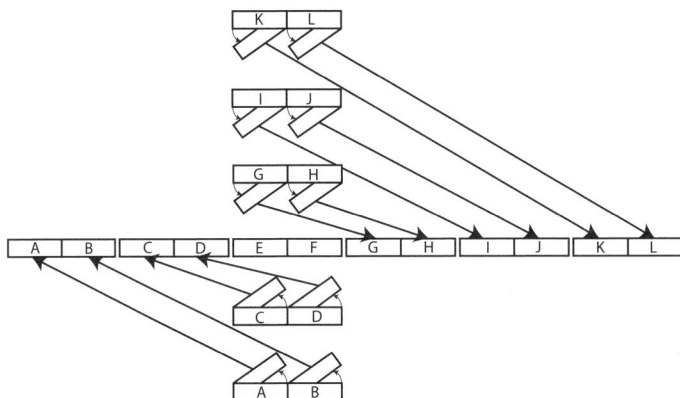

图3.45 纵队以中央为基准变为横队。《皇家与王家步兵训练条令》，维也纳，
1807年，第2卷，第3章，第3条，纵队列队中的转动，第86—87页及图版24。

表3.14 纵队以中央为基准展开成横队

	快步（分钟）		倍步（分钟）	
	以连为单位的纵队	以半连为单位的纵队	以连为单位的纵队	以半连为单位的纵队
德意志	2.4	2.3	1.8	1.7
匈牙利	3.0	2.8	2.2	2.0
掷弹兵	1.9	1.8	1.4	1.3

方阵

奥军使用两种反骑兵队形。第一种是传统的方阵。尽管列方阵的方法有所不同，但奥军还是广泛地使用了方阵。第二种是密集阵。这种队形类似紧密纵队或前文中讨论过的 1812 年后的普军方阵。它的优势是能够快速编组，但劣势在于给炮兵提供了诱人得多的目标。密集阵的另一个劣势在于队形里能够朝攻击中的骑兵射击的士兵人数较少。

一个列成法式埃及方阵的奥军步兵营可以用 648 支步枪（不考虑军士或军官的火力）朝四面射击。它可以分别用 216 支步枪朝前后两个方向射击，两翼则分别为108 支。然而，在正面宽度仅相当于一个连的营密集阵中，它只能用 108 支步枪朝前射击，用 36 支朝任一翼射击。

奥军的营方阵也有类似的问题。它只能分别用 108 支步枪朝前后射击，用 48支步枪分别朝两翼射击。显然，奥军认为快速列成方阵，在骑兵冲击下幸存下来要比在骑兵发起攻击时射击骑兵重要得多。这可能是奥军早年与土军战斗的经历和奥军作战地形导致的结果。密集阵可以降低遭遇骑兵突袭的概率，最小化骑兵冲击对奥军步兵造成的影响。此外，鉴于土军并没有强大的野战炮兵编制，这就意味着土军无法对列成密集阵的奥军步兵集团构成实质性威胁。

图 3.46 展示了以连为单位的纵队、横队和营密集阵（由一个营组成的密集阵）之间的关系。这个示意图的目的并不在于表示纵队在遭遇攻击时会先展开成横队再变为营密集阵，它只不过是想展示每种队形的变换机动，就各种队形的相对大小给出一个印象。

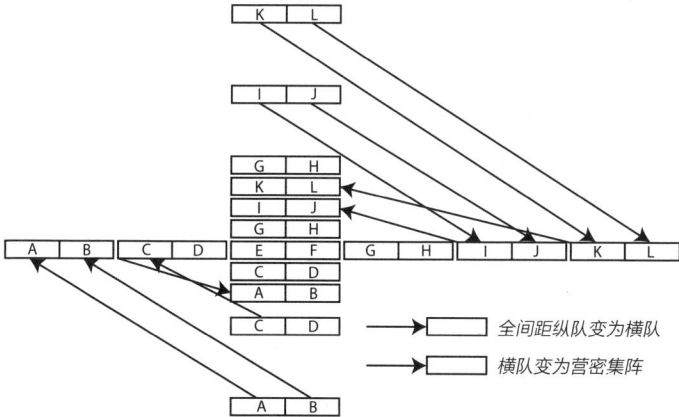

图 3.46 营密集阵、纵队与横队间的大小关系。《皇家与王家步兵训练条令》，
维也纳，1807 年，第 2 卷，第 3 章，第 5 条，展开，第 89—92 页及图版 27。

如图 3.46 所示，从横队变为营密集阵的过程须要我们考虑到连的厚度。前后两列人员脚后跟间的距离是 2.5 鞋或 2.5 尺。鉴于密集阵中不存在队列收拢人那一列，这就让第一连第一列人员的脚后跟和第二列第一列人员的脚后跟间距变为 7.5 鞋或 7.5 尺。

走得最远的连须要运动 3 个连区间，距离原来的营横队为 31.2 英尺。一个德意志连行进的总路程是 299 英尺，须要花费 1.6 分钟。

表 3.15 由横队列成营密集阵

	快步（分钟）	倍步（分钟）
德意志	1.6	
匈牙利	1.8	1.3
掷弹兵	1.3	1.0

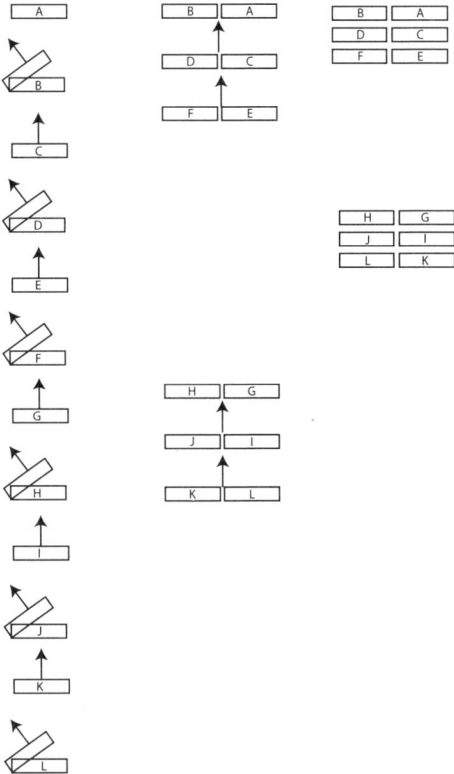

图 3.47 由以排为单位的纵队变为分营密集阵。《皇家与王家步兵训练条令》，维也纳，1807 年，图版 60。

当一个以排为单位的纵队如图 3.47 所示收缩成分营密集阵时，第 6 排的行进路程最长。它须要先左转 90 度再右转 90 度，之后向前行进，其行进距离是 4 个排区间减去第 1、第 2 排的厚度。一个德意志排宽度为 24.75 英尺。一次 90 度转弯是 39 英尺，两次就是 78 英尺。它随后向前推进 3 个排区间（3×24.75=74.25 英尺），在收拢队形过程中还要运动 18.9 英尺。总路程约 171 英尺，耗时 0.57 分钟。

表 3.16　由以排为单位的纵队列成分营密集阵

	快步（分钟）	倍步（分钟）
德意志	0.90	0.70
匈牙利	1.00	0.73
掷弹兵	0.69	0.50

也可以用以半连为单位的纵队列成分营密集阵，这种机动相当简便。各个半连以 4 个半连为一组，收拢到位于该组前方的半连周围。这当中并不需要进行任何展开，也不用执行除了直接前进收拢成密集阵之外的任何机动。一个德意志连须要向前行进两个完整的连区间并收拢，所需的总机动时间为 0.42 分钟。

表 3.17　由以半连为单位的纵队列成营密集阵

	快步（分钟）	倍步（分钟）
德意志	0.62	0.42
匈牙利	0.69	0.50
掷弹兵	0.50	0.37

分营密集阵同样可以如图 3.47(b) 所示直接由横队组成。在这种机动当中，位于中央的两个排向前行进，直到足够让其余各排紧随其后为止。它也可以如图 3.48(a) 所示，以俄军的方式展开机动。根据条令规定，位于外侧的排要像列成以中央为基准的纵队一样机动。须要后转 180 度面朝内侧，向前行进直到位于两个中央排后方为止，然后将行进方向左转 90 度，之后是向前行进，直到紧跟在其他排之后为止。

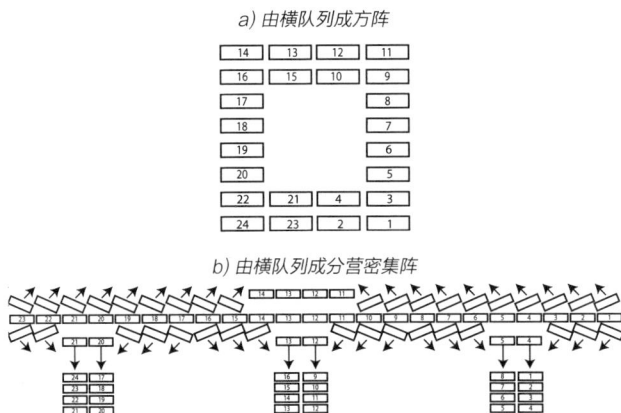

a) 由横队列成方阵

b) 由横队列成分营密集阵

图 3.48 由横队列成分营密集阵和方阵。《皇家与王家步兵训练条令》，维也纳，1807 年，第 4 卷，第 4 章，在对抗骑兵时列成方阵与使用密集阵，第 208—221 页及图版 48、58。

表 3.18　由横队列成分营密集阵

	快步（分钟）	倍步（分钟）
德意志	0.54	0.39
匈牙利	0.60	0.44
掷弹兵	0.41	0.30

　　当营密集阵或分营密集阵遭遇骑兵攻击时，它知道自己是安全的。在营密集阵当中，校官和他们的马匹会被拖到队形中部。在面对骑兵时，这种队形相当稳妥，可要是面对炮兵，问题就来了。这些密集队形给炮兵提供了理想的目标，炮兵会给他们造成重大伤亡。应对炮兵的反应是将各个密集阵分散开来，不要让许多密集阵紧靠到一起。

　　奥军可以用横队或纵队列成方阵。图 3.48(b) 展示了由横队列成方阵的方法。位于中央的 4 个排直接朝后退。剩余各排朝右（或左）旋转 45 度，朝中央行进，再朝左（或右）旋转 45 度，向最终位置行进。位于最外侧或两翼的排行进路程最长。它须要行进 9 个排区间，完成两次 45 度旋转。一个德意志连需要 1.16 分钟才能完成该机动。

表 3.19　由横队列成方阵

	快步（分钟）	倍步（分钟）
德意志	1.59	1.15
匈牙利	1.42	1.04
掷弹兵	0.98	0.72

假设要用如图 3.48(a)—(b) 中以半连为单位的纵队——两个以排为单位的纵队拼合起来——列成方阵，纵队就要以排为单位列成方阵。两个先头排就地停下来，紧靠在它们后面的排朝外转，然后向前进，直到接触到前两个排的外侧为止。这就让方阵拥有一整个连（4 个排）的正面宽度。第三对排直接向前，紧跟在两个先头排之后就位。第四对排分成两部分，分别朝外转、朝前进，紧跟在最外侧的两个排之后。

随后 4 对排先转到面朝外侧，再转到面朝前方，然后向前行进，与此时已组成方阵前两层的、两两堆叠起来的排收拢成密集阵。剩余 4 对排执行与最前面 4 对相同的机动，并将队形收紧。这意味着最后的两个排行进路程最长。它们要完成两次 45 度旋转，向前行进 6 个完整的排区间，再和前方的紧密队形收拢到一起。一个德意志连须要花费 0.95 分钟才能完成全部机动。

表 3.20 由以半连为单位的纵队列成方阵

	快步（分钟）	倍步（分钟）
德意志	1.59	0.95
匈牙利	1.42	1.05
掷弹兵	0.98	0.72

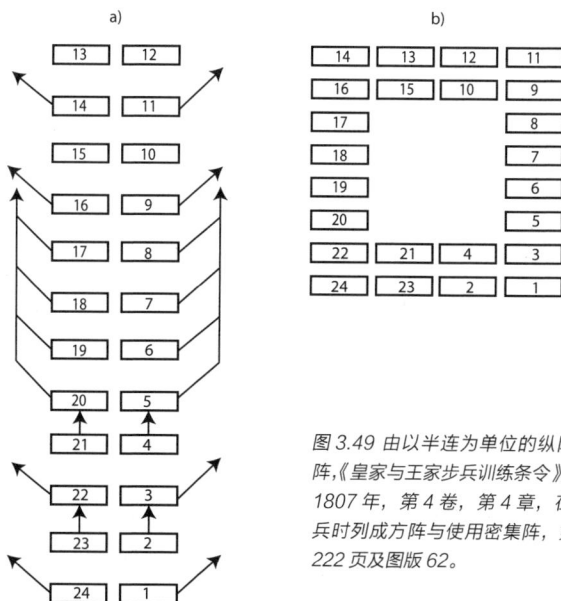

图 3.49 由以半连为单位的纵队列成方阵，《皇家与王家步兵训练条令》，维也纳，1807 年，第 4 卷，第 4 章，在对抗骑兵时列成方阵与使用密集阵，第 221—222 页及图版 62。

奥军方阵用按列射击进行自卫。第一列保持立姿，端平步枪，等到敌军靠近方阵后才展开射击。第二列在冲击中的骑兵距离方阵300步时开始射击，第三列负责装填步枪，将枪支向前传给第二列。

表 3.21 奥军机动的总结

机动	快步（分钟）			倍步（分钟）		
	德意志	匈牙利	掷弹兵	德意志	匈牙利	掷弹兵
以连为单位的纵队以一翼为基准展开成横队	3.9	4.3	3.0	2.9	3.1	2.3
以半连为单位的纵队以一翼为基准展开成横队	4.2	5.0	3.1	3.1	3.7	2.3
以连为单位的纵队以中央为基准展开成横队	2.4	3.0	1.9	1.8	2.2	1.4
以半连为单位的纵队以中央为基准展开成横队	2.3	2.8	1.8	1.8	2.0	1.4
由横队变为营密集阵	1.6	1.8	1.3	1.2	1.3	1.0
由横队变为分营密集阵	0.54	0.60	0.43	0.4	0.4	0.3
由以排为单位的纵队变为分营密集阵	0.90	1.00	0.69	0.7	0.7	0.5
由以半连为单位的纵队变为分营密集阵	0.52	0.69	0.48	0.5	0.5	0.4
由横队变为方阵	1.60	1.77	1.23	1.2	1.3	0.9
由以半连为单位的纵队变为方阵	1.27	1.42	0.98	0.9	1.0	0.7

奥军的机动体系在欧洲各国体系中可谓别具一格。它的方阵只和俄军方阵较为相似，而俄军的那种方阵也正是从奥军那里照搬过来的。奥军步频的确和其他国家处于同一范围之内，但由于奥军步幅较短，他们的实际机动速度是全欧洲最慢的。幸运的是，他们的机动体系弥补了这个缺陷。关于奥军此时使用的这一机动体系，如果仅仅关注体系本身，不把它与此前的体系进行对比，就似乎没什么可说了，唯一值得一提的就是奥军似乎并没有从法军体系中学到什么。

结论

此前的各个小节分析了各支军队从某一队形变为另一队形的机动。对1809年之前关于机动体系的一份述评表明，俄军和奥军体系在应对骑兵威胁方面快得惊人。令人惊讶的是，如果俄军的确使用了较为迅速的快步（两组数字中的第一组），那么他们就成了1808年之前全欧洲机动最快的军队。即便他们使用慢步（第二组），俄军的大部分机动仍然是较快的。另一面,奥军则是最慢的。

表 3.22 最少机动时间的比较分析

机动	法军（分钟）	英军（分钟）	普军（分钟）	俄军（分钟）	奥军（分钟）	
					快步	倍步
纵队变横队	1.9	3.9	3.9	0.8—1.3	2.0	1.5
纵队变方阵	1.7	1.1	0.8	0.9—1.5	1.3	1.0
横队变纵队	1.3	1.7	3.9	0.8—1.3	2.5	1.7
横队变方阵	4.7	1.8	3.8	0.2—0.3	1.6	1.2

俄军在行进方面的潜在优势一直保持到 1808 年之后,但是,这是基于俄军的确使用快步完成机动的假设。如果俄军用的是慢步,他们相对于其他国家军队的不少速度优势就不存在了。

表 3.23 最少机动时间的比较分析

机动	法军（分钟）	英军（分钟）	普军（分钟）	俄军（分钟）	奥军（分钟）	
					快步	倍步
纵队变横队	1.5	3.9	1.1	0.8—1.3	2.3	1.5
纵队变方阵	0.5	0.6	0.3	0.9—1.5	1.3	1.0
横队变纵队	1.5	1.7	0.7	0.8—1.3	2.3	1.7
横队变方阵	1.6	1.8	1.0	0.2—0.3	1.6	1.2

尽管其他国家在本书所述时期的最后一个阶段里改进了本国军队的行进速度和机动方法,但英国军队似乎还是全欧洲机动最为缓慢的军队。这无疑源于英军既未修订条令,也没有接受机动领域的崭新现实。

译注：

[1] 即 Bardin É.-A. Manuel d'infanterie ou resumé de tous les règlements, décrets, usages, et renseignments propos aux sous-officiers de cette armée, Paris, 1813, p. 90. 此外，巴尔丹的《步兵手册》存在多个不同版本，本书所引用的是出版于 1813 年的第四版，在此之前，步幅、步速相关内容已出现在 1807 年第一版的第 31—33 页，1808 年第二版的第 119—123 页。

[2] 关于法军是否沿用二列横队的问题，尚布莱在《论步兵》一书中明确指出："就在莱比锡会战之前两天，拿破仑命令步兵要排成二列横队。直到战争结束为止，一部分步兵是二列横队，其余仍是三列横队。"参见 Chambray G. de De l'infanterie. Paris, 1824, p. 12。

[3] 此处原文可能有误，斯默克书中机动 3 图 8、图 9 描述的是纵队展开为横队，图 4 描述的是横队收拢为纵队。参见 Smirke, Review of a Battalion of Infantry including the Eighteen Manoeuvres. London, 1799, p. 18, plate. 6。

[4] 此处应为机动 14，参见 Smirke, 1799, p. 44-47, plate. 16。

[5] 此处应为机动 8，参见 Smirke, 1799, p. 32-36, plate. 12。

[6] 此处应作 2 莱茵尺，并非 2 莱茵步（约 1.46 米或 58 英寸）。莱茵地区的旧制长度单位换算关系为：1 尺（Fuß）=12 寸（Zoll）=31.39 厘米。故 2 莱茵尺 =62.78 厘米，约合 25 英寸。此外，从弗里德里希大王晚年起，普军的步幅就不再是 2 莱茵尺，而是 2 尺 4 寸，即 73.05 厘米。参见 Guddat, 2011, p. 261。

[7] 据文意及图解所示，此处 (f) 有误，应为向左行进，以左翼为基准展开；(g) 应为向左行进，以右翼为基准展开

[8] 据上下文内容及人数推断，此处"10 个连"系笔误，应当改为"5 个连"。

[9] "冲击纵队的机动时间"部分关于普军机动时间的计算存在若干错误，鉴于难以修正，此处各数据均照录原文。

[10] 此处原文误作 10.8 分钟，经纬夫齐格先生确认，应改为 0.8 分钟。

[11] 此处前后存在矛盾，7 个半排区间、手风琴效应导致的 1 个半排区间、1 个区间距合在一起应为 10 个半排区间。

[12] 据俄国学者亚历山大·列昂尼多维奇·日莫季科夫指导，俄军中的"冲击纵队"根据 1816 年、1848 年步兵条令应为"以中央为基准的半间距纵队"，亦即"冲击纵队"列队时以第 4、第 5 排为基准，成纵队后第 4、第 5 排位于纵队最前方，前后相邻两排间的距离相当于半个排横队。而紧密纵队在俄军条令中是前一部分后列到后一部分前列距离为 3 步的纵队。因此"紧密纵队"和"冲击纵队"不同，不能混淆使用。所以此处原文有误，应根据图注改为"紧密纵队"。

[13] 据本书图 3.44 与《皇家与王家步兵训练条令》图版，此处应为"以半连为单位的纵队"（原书图版注释作"一个以半连为单位的营"）。

轻步兵

第四章

轻步兵的历史

在中世纪或更早时候，轻步兵通常是配属给某支军队的投射步兵。它的职能是以投射火力与敌军交战，而非与敌军短兵相接。要是真的发生近战，轻步兵很快就会遭遇毁灭。

军队采用了长枪与火枪后，除了极少数例外，轻步兵开始迅速从战场上消失，变成陈迹，这种情况一直持续到弗里德里希大王在波希米亚遭遇轻步兵为止。事实证明，奥地利轻步兵和轻骑兵十分恼人又十分难以擒获，竟到了迫使弗里德里希撤军的地步——他不想让自己的军队被零打碎敲地消灭。对于这一战况，弗里德里希的反应是组建自己的轻步兵，可他此后再没有重返波希米亚。

虽然英军在欧洲的七年战争中就见识过轻步兵，但到他们在 1775 年来到美洲打算平定殖民地时，才真正体会到了轻步兵和散兵的影响。尽管英军相当艰难地学到了这一课，他们后来却解散了大部分轻步兵部队，直到 1792 年再次出现需求时才重新组建。到了法国大革命爆发之际，英军的散兵战技术已经流失殆尽，被迫从头学起。

为何法军会在 1792 年飞快地全力投入到散兵运用中？这存在诸多理由：他们并没有足够的时间，不能把由征召兵组成的军队训练得优秀到能够投入战列线的地步。作为回应，他们采用了需要一定训练的纵队和只需要忠诚的散兵线。

由于法国人还对本国早期志愿军的忠诚持有信心，他们坚信哪怕在敌军火力下作战，且步兵连密集队形中没有军官骨干严格控制，大部分步兵还是会返回大部队。

弗里德里希大王的军队逃亡问题十分严重，竟到了将任何一个战列步兵营展开成散兵线都必定会在战斗结束前出现大量逃兵的地步。尽管如此，弗里德里希还是拥有几支像自由军（Freikorps）这样的精选轻步兵部队。鉴于欧洲其他国家的军队都效仿弗里德里希的军事体制，他们也都对组建、训练轻步兵兴趣稀缺。只有奥地利由于邻近奥斯曼帝国的边境地区持续出现动乱或战争，一直维持着一支受过训练且规模庞大的轻步兵部队。

直到法国大革命爆发，轻步兵的情况和作战中对它的运用仍然没有发生较为显著的变化。法国的诸多政治、社会问题导致法军很难以与其他欧陆大国军队相同的方式继续作战，而法军也发觉自己可以采用以下两种主要战斗队形：纵队和散兵线。

法军在热马普（Jemappes）会战中首次将多个步兵营全部列成散开队形并投入

轻骑兵协助散兵作战。此次会战法军大获成功，这种战术也开始流传。

法军越发频繁地使用轻步兵，为了应对这一局面，奥军用来自战列部队的人员扩充轻步兵部队，事实证明，这种做法算不上很成功。从那时起，法军在革命战争中使用的散兵越来越多，一直发展到有时将整个步兵师列成散开队形的地步。

散兵

如前所述，轻步兵有别于战列步兵的主要特征在于他们接受散兵训练，作为散兵投入到战斗当中。散兵战的运作过程就是让若干士兵脱离严整队形，展开成一条疏开战线，部署到敌军和己方战线之间。

一旦以上述方式展开，散兵就会朝任何站在他们前方的敌军部队射击。与横队相比，散兵线的优势在于它给敌军提供的目标常常都不值得让一个战列步兵单位打出一轮齐射。

从横队的角度出发，这种作战很像是奋力抄起桌子打苍蝇。如果齐射能够命中某些散兵，他们的确会死，可考虑到滑膛枪臭名昭著的准度——以及散兵会躲在石块、树木、墙壁等掩蔽物后方的事实——齐射所带来的回报是不值得发动一轮整体齐射的。此外，一旦横队停止射击，它在骑兵的快速冲击面前就会变得相当脆弱。考虑到齐射的风险和手持空膛枪支遭遇骑兵攻击的概率，或许能够杀死几个散兵并不足以抵消其风险。正是基于这一前提，普鲁士军队才会在 1792 年特别规定一种人称 heckenfeuer[1] 或 "树篱"（冷枪）射击的开火方式。

从散兵角度出发，情况就截然不同了。散兵的滑膛枪和战列步兵的一样差，可这并没有什么关系。当散兵射击时，他就像努力从谷仓内部朝谷仓射击一样，射击对象大到几乎不可能射失的地步。他的目的在于让自己身处既能充分射击目标，又能得到某种掩护的位置。

散兵有两个目的：其一是与敌军的密集队形交战，反复零敲碎打，不断让敌军士兵目睹周边战友倒下，以此达到削弱敌军士气的效果，使其虚弱到在己方步兵密集队形发动攻击时陷入崩溃的地步。其二是蓄意击杀敌军步兵的军官和军士。

目睹站在四周的士兵惨遭击杀会对士气造成影响，更甚者，法军散兵还蓄意瞄准军官和军士。尽管法军在出版的条令中并未提出这一做法，但从耶拿 - 奥尔施泰特战后普军的评论来看，这显然就是法军散兵的作战方式。普军报称位于步兵连两端的人员蒙受了惨重伤亡。图 4.1 就说明了一点——军官和军士恰好部署在连的两端。即便用打不准的滑膛枪射击，从统计学角度而言，命中对象还是会集中在士兵开火时瞄准的地域。

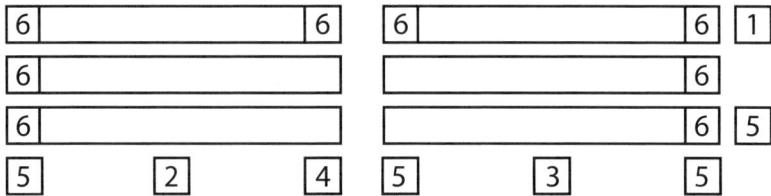

1= 上尉 2= 中尉 3= 少尉 4= 上士 5= 中士 6= 下士

图 4.1 法军步兵连，1791 年。

散兵通过消灭在密集队列中负责维持秩序并控制单位机动的特定目标，迫使敌军从队列收拢人的行列中抽调补充人员。当这些人被抽调到前方队列中后，他们就不能执行队列收拢人的职责，士兵就更有可能脱离队列，逃离战场。最后，队列收拢人的行列会变得异常稀疏，完全不能阻止士兵离开队列，逃之夭夭。一旦步兵连再也无法阻止逃亡，且发觉自己正被冲击中的敌军威胁，那么它注定会崩溃。

有位俄国骑兵军官娜杰日达·杜罗娃（Nadezhda Durova/Надежда Дурова）在关于这一时期的回忆录中确证了法军曾蓄意采取这一做法。杜罗娃的著作《女骑兵》（The Cavalry Maiden）里有下列段落：

我请求上尉准许我不用再上马,他同意了我的请求,我们继续交谈。"上尉,请解释一下,为何有这么多我军军官被打伤？士兵的密集队形已经稠密到杀死更多的士兵要比杀死军官容易得多。他们是真的刻意瞄准军官吗？"

"当然，"波德亚波利斯基（Podjampolsky/Подъяпольский）答道，"那是最有效的干扰、削弱对手的方法。"

"为什么？"

"为什么？因为一位勇敢、有才干的军官能够依靠自己的知识、智慧和技能利用地形优势和敌方的失误，给敌军造成更大的损失。如果那位军官还是个天生具有崇高荣誉感的人，那么这一点就更突出了，荣誉感会让他无畏地面对死亡，不论多么危险都冷静处事。我再重复一遍，这样一位军官给敌军造成的损失，会比 1000 名士兵造成的还要多。"

散兵及其对敌火力的作用似乎有双重效果：

其一，他们似乎可以迫使敌军滞留原地，使其将注意力转移到当时正在进行骚扰的散兵身上，无法专心对付正在散兵后方推进的密集队形部队。此外，由于不想把自己的侧翼暴露给散兵，身处密集队形的敌军不愿展开机动，这会让正在散兵后方推进的部队随意展开机动，充分利用地形，敌军则无力应对此类机动。

诸多资料显示法军散兵能够极其熟练地在敌军战斗队形上打出较大缺口，也擅长让自己身处可以侧射敌军先头部队的位置。

散兵幕的第二重功效是保护友军，使其免遭敌军散兵火力打击。他们以与敌军散兵交战阻止敌军散兵接近友军战线的方式实现这一职能。

轻步兵的战术用途

如前所述，在诸多文献当中，只有寥寥几篇提及轻步兵在战斗中的运用和行动，与其相关的条令则几乎不存在。大部分谈论轻步兵战术的文献也是在详述前哨、岗哨和袭击分队的作战行动。下文对关于散兵战术这一主题的少数现有资料进行了汇编：

法军散兵

法军在 1794 年翻译了一份普军条令，打算加以使用，我们从中找到下列文字：

当部队排成战斗队形或必须展开成横队时，一般都会指派几个分遣队掩护正在执行机动的部队的侧翼与前方。被指派去完成这一行动的军官应当和部队士兵一同前进，同时留心他应当保护的那一部分部队。他应当或多或少地根据敌军的接近情况和地形提供的有利条件自行推进。应当从两翼派出散兵，掩护他负责保护的部队展开机动。应当根据周边环境和他的分遣队兵力，投入由某位军官或军士指挥的小部队支援散兵。

散兵的职责是凭借持续射击的方式在一定距离上挡住敌军。如果敌军的压力过于沉重，散兵就应当集结到旨在支援散兵的小股部队周围，与此同时，那些小股分遣队应当尝试击退推进中的敌军。

当散兵投入交战时，负责指挥的军官应当持续关注敌军和他负责掩护的己方部队。他应当特别留意自己守卫的部队，以便让自己所部与对应部队协调行动，占据列成横队的后续阵地。当他从战线指挥官处听到或意识到召回信号时，就应该立刻重新集结自己的分遣队，确保它能够返回战线上的原有位置。要是分派过去的军官负责掩护一队骑兵，他就得等到自己掩护的骑兵列队完毕后才能行动，此后，他应当移动到最缺乏掩护或最靠近的一翼。他应当根据自己所选，或参与进攻，或掩护侧翼，甚至可以冲击或包抄敌军。要是他成功击退了敌军，就应当快速追击，以便阻止其重整部队，并尝试迫使敌军陷入溃逃。投入到追击中的人员不应当前进到不能得到母单位部队支援的位置。他们不应当推进过远，不应当因此面临被敌军包抄的风险。[2]

让·科林在《战术与训练》一书中花了些时间讨论革命军的散兵战术。可以看出，各个营会根据战场情况，派出多队散兵投入战斗，每队散兵为30人、50人乃至100人。在每个步兵连中，那声名不佳的第三列士兵也会被特意抽调出来，作为革命军步兵营的散兵来源。他还指出最稚嫩的新兵——那些几乎没有受过任何列队机动训练的新兵——会作为散兵群直接投入前线，按照自己的方式参与战斗。这就表明在大革命早期存在两种质量迥异的法军散兵战——不错的和非常差的。

有趣的是，科林声称法国大革命早期的奥军散兵数量远远超过了法军散兵，他还说普军只会从每个步兵连里抽出12名士兵作为散兵。

科林就散兵如何部署展开了几段相当有意思的讨论。他表示分派出一两个连就可以组成一条散兵线，他们会在收到组成散开队形的命令后展开运动，直到散兵之间相隔10步、15步或20步为止，与此同时，散兵还须要依靠自己的观察维持直线队形。当散兵须要给母单位前方让出攻击正面，也就是让某个纵队通过或让某个炮群开火时，他们会接到在所属纵队两翼集结的命令。要是受到了敌军威胁，散兵就要运动到母单位后方，在那里编组成横队。他们在此集结后将负责保护母单位的侧翼。

科林引用了德·洛贝潘（de Laubépin）的说法："大群散兵并不打算像横队、纵队或密集阵一样齐整地展开机动。"他们的行进像是一场组织松散的狩猎。要是散兵在行动时太过谨慎，他们就会变得胆小，一事无成。

达武（Davout）在1811年下发了若干教令，这些教令能让人深刻认识到法军如何实际运用散兵。达武元帅觉得把整个连作为散兵投入要优于从各连分别抽出一部充当散兵。与此相反，德意志的许多邦国、俄国以及其他国家通常会把每个连的第三列士兵抽出来充当散兵。

达武元帅指出，散兵应当在他们掩护的密集队形步兵前方约100—200步处组成散兵线。作为散兵的连得分成3个排：两翼排的前两列人员立刻以伍为单位展开成各伍横向间隔为15步的队形，在每单位前方100步处组成扇形散兵线。在这两个展开的排里，第三列士兵、中士、下士、鼓手或号手会和一名军官——中尉或少尉——留下来作为预备队。上尉和上士、中央排一起留在中间位置，上尉在这里指挥散兵线。中央排在作战时是整个散兵幕的预备队主力。

预备队会为散兵线提供补充人员，增援遭到攻击的散兵线并护送军官。这些预备队也会形成一个集结点，指导散兵线的退却。预备队通常不应少于6人。如果要派一名军士给散兵传令，通常会从预备队中抽出一名燧发枪兵负责护送。

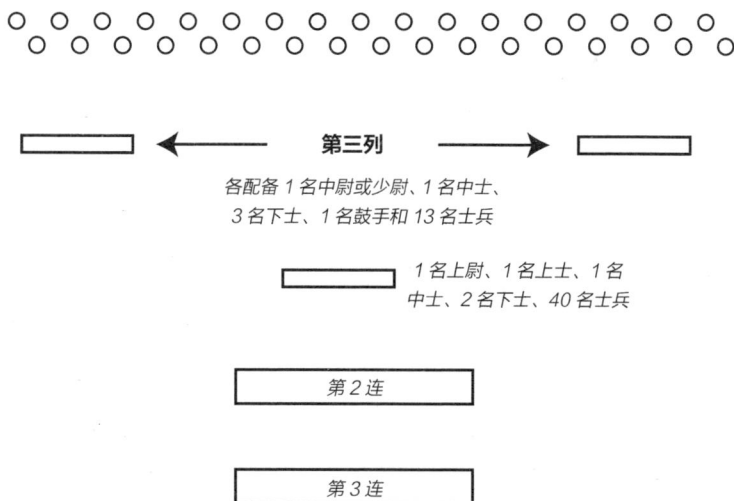

图 4.2 达武的散兵阵形。

按照教导，散兵应当以两人一组的方式投入作战。其中总有一人的枪支保持子弹上膛，以此保护同伴。当散兵保护退却中的横队时，他们列成平行于横队的散兵线进行后撤，以便让散兵的上尉维持横队与散兵间的视觉联系。两者间的信息传递由充当传令人的军士负责。

散兵接受以常步（pas ordinaire，每分钟 76 步）投入作战的训练，但他们在实际作战时也会采用跑步（pas de course，每分钟 250 步）。这是因为散兵在掩护母单位变换行进方向或冲击时常常必须快速运动。要是遭遇骑兵攻击，按照条例规定，散兵理论上应当以跑步撤回母单位，不过，他们似乎不大可能过度关注应当以何种特定速度运动。

若是散兵无法返回母单位，他们就会尽力寻找掩蔽物，躲在各种形式的障碍物后方，继续朝进攻中的骑兵射击。散兵也可以结成一种"快速"方阵或"集结"方阵。奥军散兵也使用同样的方阵，并称之为 klumpen，意为"团块"。在此情形下，会有一名中士或其他人员主动站出来，将士兵招到他身边，让这些人围绕着他列成一个全体对外的紧密人群。这种队形不能进行长距离运动，也禁不起猛烈火力，但可以组成一只长满了刺刀的刺猬，给寻求团块庇护的人提供保护。

散兵在推进当中应当保持沉默，还要尽力尝试在足够远的距离上挡住敌军，使敌方火力无法杀伤母单位。在凹凸不平的地带作战时，散兵也要肩负下列任务：在纵队前方行动，搜索附近的篱笆、树丛、沟渠，以防有人躲在里面伺机发动伏击。

达武元帅的教令为散兵的实际运用提供了相当多的深刻见解。若是散兵穿过某个村庄，上尉就要带着预备队在后方行进，在散兵搜索村庄期间占据能够控制主要道路的有利阵地，为散兵提供关键的集结点。

要是散兵正在清理一片林地，或是正在通过遍布沟渠、树篱等障碍的起伏地形，他们就得小心翼翼地前进，选择合适的位置，这样即便遭遇敌军，也可以利用敌军的错误将其逐出原先位置，发现敌方目标和设伏地点。为了完成这一点，应抽调若干人占据制高点，让他们出现在敌人面前，以此使敌军认为其阵地已遭到包抄。[3]

由于散兵具有可以利用多种地形特征的操控体系和战术能力，他们能够快速增援某一受到威胁的阵地，也能够迅速展开成战斗队形并充分利用敌军的失误。由此发展出的战术体系是让散兵尽力拖住敌军，让列成密集队形的部队攻击敌军的薄弱位置。散兵可以掩护密集队形推进，以此成功完成任务，这种掩护并不是指让敌军无法观察到己方战线，而是指扰乱人心的散兵火力导致敌军将注意力集中到散兵身上，无暇顾及正在散兵后方出现的状况。

英军散兵

英军的散兵战术根源可以追溯到七年战争和美国革命战争，但在美国革命战争结束后，英国几乎解散了军中所有的轻型部队单位，这就是斩断了自己的根源。1798 年，罗滕贝格[4]有部著作得以出版，此书名为《供线膛枪兵与轻步兵在检阅和作战中使用的训练及作战方式条令》(Regulations for the Exercise and Conduct of Rifles and Light Infantry on Parade and in the Field)[5]。这份条令为直至 19 世纪末的所有英军轻步兵作战行动奠定了基础。条令源自较早的经验，可当此类条令在 1798 年颁行时，战争已经进行了整整 6 年。

条令第四章阐述了以延展队形射击和散兵战。罗滕贝格要求散兵在用延展队形交火时不能上刺刀，也表示散兵的运动由军号控制，还命令散兵应当两两配合行动，两人中总要有一人保持子弹上膛。

条令指出，倘若将一个轻步兵连投入到散兵战中，每个排就应当将一半兵力展开成延展队形并投入到散兵战当中。第 2 排则要留在散兵线后方列成密集队形。不过，他还是认为一个连可以不留列成密集队形的预备队，而是将全连展开成散开队形。

这份文件也提到了将散兵列成一条"链"。散兵链是一条旨在搜索某一特定地域中敌军兵力的轻步兵战线。假如某个轻步兵连要列成散兵链，就要把四分之一的兵力——一个班或半排[6]——留作闭合的预备队，其余人员则在预备队前方 50 步处列成延展队形。

散兵链以"常速"行进，谨慎地保持着间隔和队形。预备队则在后方跟随，保持 50 步的间距。当散兵链停下来开火时，它会使用一套非同寻常的射击制度：每个部分（班）最右侧的人员先前进 3 步开火，再退后装填。接下来的 3 个人也分别采取同样的行动，射击将一直持续到下达停火命令为止。如果散兵链不得不机动到其他前沿位置，它就会采用"快步"行进。

当轻步兵连编组成一支前卫部队时，这个连会分成 4 个班或半排，第 1 半排要运动到主力部队前方 500 步处，要是遇上黑夜或雾天，这个距离会降到 300 步。第 2 班在第 1 班前面两步，由 1 名中士和 6 名士兵组成的小分队还要再往前推进 100 步。

第 3、第 4 半排位于第 1 半排左右两侧，与第 1 半排的间隔均为 300 步，列成齐平队形后，就要注意保持上述距离。它们也都会派出 1 名军士和 6 名士兵作为前哨，向斜前方推进 100 步。

前卫部队的职责是在大部队之前搜索乡村，突破林地和圈起来的耕地，进入村庄搜查。如果侦察队遭遇敌军，负责指挥半排的军官就要向连里的上尉报告状况，上尉随后又派出一名信使报告营长。

前卫指挥官须要在接敌前就接敌后采取何种行动下达指令。他可以进攻、退却乃至仅仅用自己的散兵"消遣"敌军。要是他打算退却，就得向斜后方运动，将位于所属营正面的敌军散兵牵制到其他方向，这样就让敌我双方的散兵都远离所属营正面，创造出已经清理干净的交战场所。

在接到收紧队形命令的时候，位于外侧的班和分遣队就向中央班靠拢。随后如何行动并无明文规定，不过可以推断散兵将会返回母营。不幸的是，文件并未就散兵队伍在遭到骑兵攻击时应当采用何种战法给出意见。

库珀上尉 [7] 于 1806 年在其著作中给出了英军使用的散兵战术的概括汇总。在他提到的诸多细节里，有一些是关于"闭合"散兵线中不同间隔的注解。我之所以说"闭合"，乃是因为他描述了一个以极为循规蹈矩的方式从紧紧挤在一起的横队变为散兵线的过程。

库珀先是描述了"松弛队列"，也就是当步兵连松开队形，让人与人间的横向空隙达到 6 英寸时的队列。他将疏开队形定义为横向间隙进一步扩大到 2 英尺的队形。延展队形拥有最大的横向间隔，根据他的定义，此时同一列人员间的距离为 2 步。

说到这里，有必要在史实上稍稍离题并进行若干分析。在列成横队时，普通步兵横向占地大约 22 英寸。不妨假定 2 步大约相当于 6 英尺，那么，当一个步兵横队列成延展队形后，它的宽度就上升到原先的 300%，可它的密度并不像法军散兵线那么稀疏。事实上，要是观察得不甚仔细，那就很可能把它当作一个闭合的横队。

库珀在序言中说："在开阔的平地，他们（轻步兵）可以像紧密团体一样作战。"这意味着他们有可能列成"疏开队形"，但也可能是指让轻步兵运用传统线式战法。当然，罗滕贝格的著作证实了前一种说法，它清楚地表明轻步兵处于"疏开队形"当中。

正如第二章所述，英军步兵营的缺员现象臭名昭著。一个满员的营（1000 人）在展开成二列横队后会形成一个宽达 916 英尺的横队。一般的营大概总会比 660 人少一些，而660人对应的宽度是605英尺。英军的标准散兵分遣队规模是100人的连，它列成疏开队形后将占据189英尺的宽度。也就是说，法军很可能把一条列成延展队形的英军散兵线当成闭合的横队。

在西班牙，法军时常认为他们已经突破了英军的第一条战线，可实际上只不过击穿了英军的散兵线，上述分析就在相当程度上解释了为何会出现这种状况。尽管这并没有给欧曼关于横队给攻击中的纵队造成杀伤效果的理论提供多少真知灼见，但它的确还是开始阐明了一些实际出现过的进程。

库珀指出，疏开队形中的军官要位于全连前方，延展队形中的军官和军士则要位于散兵线后方。在延展队形当中，英军散兵显然还是可以展开齐射，也的确这样做过。散兵两两配合作战，一人装填时另一人就暂停射击。

尽管库珀并没有像法军或其他国家军队那样给出预备队的"规定"人数，但也明确表示"不论何时都要把相当一部分兵力留作预备队"。他还表示展开成散兵线的士兵会得到来自"位于他们后方不远处的小队士兵"的支援，而"这些人又应当可以继续依靠离攻击点更远、实力更强劲的大部队，并与其保持联系"。不过，库珀还是和法军存在分歧，因为他说这些预备队应当隐蔽起来，不能让敌军发现。

与库珀相当含糊的表述不同，巴伯[8]在1804年出版了关于散兵战的专题论述，他表示："把半个连留作预备队是惯例，可要是在拥有另一支部队支援的状况下作战，那就可以全部投入散兵战。"

英军散兵在面对骑兵攻击时会使用什么战法？巴伯就此补充了一些有趣的注解。全体士兵显然得先开火，然后"每个人都竭尽所能绕过（所属营）侧翼前往后方，或是穿过战线上的任何空隙"。这听起来像是相当缺乏配合的慌忙后退。

和达武的教令一样，巴伯和库珀都认同英军散兵可以并且应该利用任何掩蔽物，他们应当能够以立姿、跪姿和卧姿射击。

根据天气状况和能见度，巴伯将他的前卫散兵线放在主力战线前方300—500步处。他指出：

（第2排）要派到第1排前方200步处，由1名中士和6名士兵组成的小分队还要再推进100步，这就组成了前卫的先头部队。第3、第4半排部署在第1半排左右各300码处，当它们与第1半排齐平后，就要小心翼翼尽可能保持与第 1 半排的上述距离，还要派出 1 名军士和 6 名士兵，以斜向朝外侧前进 100 步。

巴伯提到了一种空心方阵，这与库珀的慌忙逃离来犯骑兵形成了鲜明对比。散兵靠拢到预备队周围，"他们（散兵）作为第二班要尽可能快地列成正面，剩余各班则要补上方阵其余各面"。尽管非常简短，这听起来却很像温菲尔德·斯科特少将在他的步兵战术手册中描述的方法。

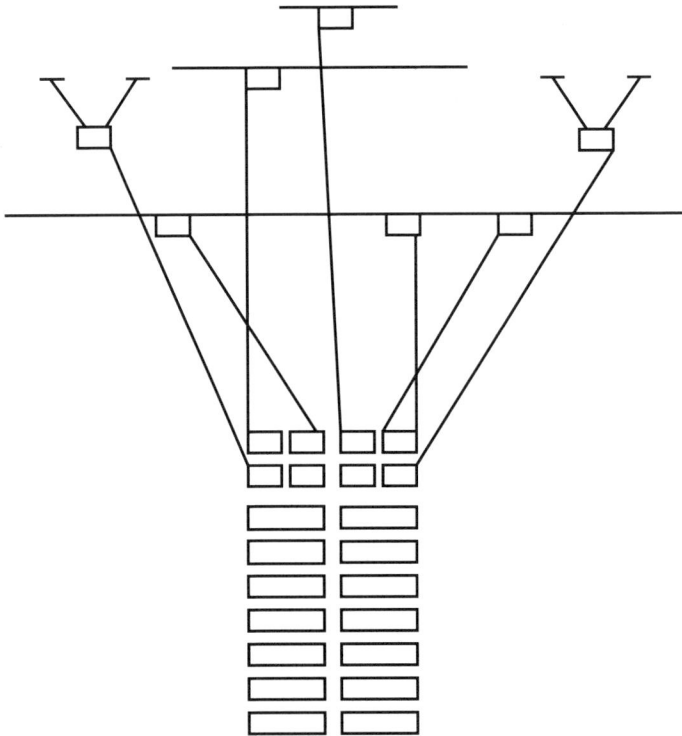

图 4.3 英军散兵幕队形。出自巴伯上尉《供义勇神射手使用的教令》[9]，关于一个连的神射手或轻步兵组成一支前卫部队时的队形与部署，图版 3。

在西班牙战场的实战中，英军把每个师的战列步兵营中的轻步兵连都抽调出来，随后将这些轻步兵连和第 60 步兵团 5 营、不伦瑞克 - 厄尔斯（Brunswick-Oels）猎兵团的连临时编组成轻步兵营，部署在战列步兵前方。这样，巴伯和库珀所说的轻步兵营就已经组建完毕并准备好投入实战了。

奥军散兵

在一本出版于拿破仑战争后的著作中，奥地利军官瓦伦蒂尼（Valentini）重述了许多在拿破仑时代使用的散兵战术，还补充了一些看法，毫无疑问，它们一定是拿破仑战争中散兵作战的有效方式。

瓦伦蒂尼表示，负责指挥散兵线的军官应当建立一个集结点，士兵们要是被击退，就可以集结到这里并重整队形。散兵线应当总能得到列成密集队形的预备队支援。

散兵应当总是位于他们负责掩护的步兵前方 100 步处。散兵可以朝 300 步以内的敌军开火。[10]

在遭遇步兵密集队形攻击时，散兵要展开机动，攻击敌军暴露的侧翼。要是做不到这一点，他们就会慢慢后撤，用火力妨碍敌军的进攻。

在掩护己方步兵冲击时，散兵要向前推进，尽力确保冲击步兵前方没有敌军散兵。他们还可以继续推进，因为散兵并非密集队形，地形问题不会对他们造成影响。

奥军的《1807 年步兵条令》是少数几部深入探讨散兵战的官方条令之一。条令列出了使用散兵的场合：

1. 部队位于防御阵地上，须要确保敌方散兵远离己方战线；

2. 遮蔽或掩护推进中的步兵密集队形正面及两翼；

3. 掩护退却中的步兵密集队形，消除敌方散兵干扰；

4. 掩护正在侧敌行进的步兵闭合纵队，对抗敌军散兵。

上述使用条件主要出现在开阔地带，步兵密集队形在这种地形上会暴露在敌方散兵的视野中。[11]

奥军的《1807 年条令》清楚地表明步兵连的第三列人员要被抽调出来执行散兵任务。第三列是否全部投入到散兵线要取决于地形的起伏程度、散兵的疲劳程度乃至散兵线是否已承受惨重伤亡。据估算，60—80 名散兵就足以辅助一个营作战。

在将第三列士兵作为散兵投入时，会首先抽调右翼连和左翼连的第 1 排，必要情况下也会抽调第 2 排。排内士兵两人一组行动，这样就出现了两列散兵，散兵也都两两配对了。散兵线以如下方式排布：在某一指定排的散兵线中，两翼各有一名军士，散兵线中部还有第三名军士。散兵以倍步（Doublirschritt）运动，将队形拉开到横向间距达 6 步为止。散兵幕位于营正前方 300 步。

大约在散兵幕后方 80—100 步处，有一个列成密集队形的排充当预备队，准备为散兵幕迅速提供支援。再往后 100 步是派出散兵的连的上尉和连里剩余的两个排，作为后续预备队存在。图 4.4 描绘了根据奥军《1807 年条令》得出的常用散开队形：

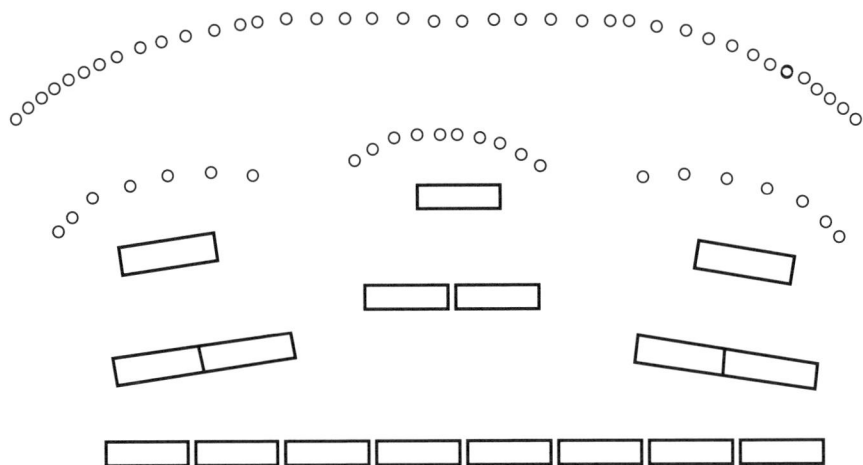

图 4.4 奥军散开队形。出自《皇家－王家步兵勤务条令》
（*Dienst Reglement für die Kaiserlich-Königliche Infanterie*），图版 46。

在散兵幕中作战时，散兵会轮流开火装填，以便每对散兵中始终有一人保持子弹上膛。在这个时代，这是极具代表性的做法。然而，奥军还存在一种变化，那就是散兵的每一种机动都由鼓声控制，这与用号声和人声传令的法军截然不同。

为了能够及时应对敌情，各对散兵接受了排成被称作团块的"紧急方阵"教练。在组成团块时，两到四对散兵会冲向一处，组成一个节点并把刺刀朝外端平。他们也接受了如何以延展队形应对骑兵威胁的训练。按照教导，散兵应该运动到骑兵左侧，这样骑手就不大可能用马刀或手枪攻击散兵。他们还学习用刺刀攻击骑兵战马胸部。

若是团块遭遇敌军骑兵攻击，那么在充分削弱了骑兵攻势后，团块就要朝预备队运动，最终返回营主力所在地。

俄军散兵

俄军的散兵战术并不是一个常见话题，笔者只找到了一部可靠的资料，那就是兹韦金佐夫（Zweguintzov/Звегинцов）关于俄国军队的著作[12]，他在书中提供了俄军在前拿破仑时代和拿破仑时代的散兵战细节。

兹韦金佐夫提到了一本由库图佐夫在 1786 年为布格河猎兵军撰写的著作《关于步兵一般勤务与猎兵特别勤务的注解》（Notes Relative to the Service in the Infantry in General and in the Light Infantry/Примечания о пехотной службе вообще и о егерской особенно）。这本书在 1789 年成为运用散兵的普遍指导手册，最终相当于散兵勤务条令。

猎兵装备的是一种专供猎兵使用的燧发枪（滑膛步枪），也会配备一把手枪。军士在 1777 年之后装备线膛马枪。按照兹韦金佐夫的说法，猎兵会接受射术训练，不过有过硬证据表明只有那些"开明"的团长才会鼓励这种训练。

猎兵在行军时会充当前卫和侧卫部队，而在战斗中，他们位于作战队列两翼或方阵侧后方，还负责掩护火炮、控制重要地点。

《注解》中这样描述猎兵的职责："在骑兵无法执行任务的地段，从事侦察并保护主力部队行军。"猎兵要以少数兵力控制隘口，这样敌军就不能拖延大军的通过时间。猎兵要负责侦察树林和灌木丛，要把林地"耙平"，也要负责守卫林地——不论是否携带了拒马——并防止敌军突破林地。在侦察及清剿某片树林时，须要对战术运用方式进行适当修正，在村落、墓地以及其他地势不平或被树林分割的特殊地形当中，也要因地制宜进行调整。猎兵有时也会以松散队形部署到步兵密集队形前方，使用散兵火力保护后者，在此期间，战列步兵或展开成横队，或穿过容易造成混乱的起伏地形。

在与步兵配合作战时，猎兵营就像战列步兵一样排成三列横队，但在 1765 年之后，猎兵独立作战时会排成二列横队。[13]一个猎兵营分成 4 个"分营"，每个分营包括 2 个"半分营"，每个"半分营"又有 2 个排。当猎兵以横队或纵队的密集队形运动时，其常步是每分钟 80 步。当猎兵展开成战斗队形或在战场上机动（"以便予敌决定性打击"）时，他们使用每分钟 120 步的快步。按照库图佐夫的指示，猎兵在向前推进时只要不必列成密集队形，就都应当使用跑步①。

---

①原注：跑步（pas de course）是一个法文术语，其步法是每分钟 250 步。兹韦金佐夫使用了这个术语，可能是指对应跑步的俄文术语倍步（Udwonyi Szag/удвоенный шаг）。[14]

库图佐夫的《注解》阐述了"以排为单位的行进""以伍为单位的行进""以密集纵队行进"（以分营整体为单位的半分营间距纵队、以排为单位的纵队，甚至还有四路纵队），还提到了4种"适于猎兵的机动"。

以下是库图佐夫在《注解》中特别规定的机动：

机动一：在疏林地带、定居点和墓地，散兵线要和排成二列横队的预备队结合。散兵以快步行进，遵照命令或信号射击，利用天然掩蔽物，以跃进方式向前推进。收到"各排以散开队形前进"的命令后，偶数排以跑步前进60步并以散兵的方式自行展开（第二列的士兵移动到第一列对应人员的左侧），两翼分营的各个排掩护散兵线的侧翼。这一编队（奇数排跟在散兵线之后，两者距离为60步）持续前进，直至指挥官下令开始朝某一目标射击或隐蔽为止。

当部队碰到难以通行却又必须通过的地段时，指挥官就让密集队形的步兵以散兵方式行进，走完该地段后再列队，然后以排射击的方式掩护后方的偶数排机动。在此期间，偶数排会重新编组，自己跑到奇数排的间隔当中。

如果战列步兵在无法挡住敌军的情况下选择退却，原本位于散兵线前方的奇数排就以跑步方式撤过散兵线，抵达散兵线后方60步处后即重整部队面对敌军。在此期间，散兵要不断朝敌军开火。随后，身处散兵线当中的第二列士兵以跑步后退30步。奇数排随后展开成散兵，偶数排第二列人员和撤退时原先站在他们前面的偶数排第一列人员以跑步撤到展开成散兵的奇数排后方，在其后方60步处重整成二列横队。

机动二：这种机动是在能见度不超过60步时采用的。在听到"排以两人为一组前进"的命令后，偶数排要跑步前进，展开成两条而非一条散兵线，第一条距离主力部队60步，第二条则在预备排即奇数排前方30步处。两条散兵线随后继续向前推进，可以开火，也可以不开火。当第一条散兵线开火时，第二条就以跑步穿过第一条，在它前方30步处停下，当第一条散兵线得到足够的装填时间后，就轮到第二条开火了。此后，这两条散兵线继续交替开火、推进的流程。当指挥官把他的散兵线召回后方时，散兵以跑步后退，直到预备横队后方10步为止，然后在预备队后方30步、60步处列成两条新的散兵线。预备排随后以跑步行动，在散兵线后方重新排成二列横队。

机动三：在无法将猎兵展开成散开队形的林地交战或巷战当中使用这种机动。每两个排中都有一个排成印第安纵列[15]，第一列先以这种队列前进，其后第二列也这样跟进。若是在无法展开成战斗队形的地方遭遇敌军，领头的散兵开火并转向右侧，跟进的散兵前进、射击、往右边走，最后，队列中的每名士兵都轮流上前，形成一种以排为单位的回转射击。要是空间许可，排可以根据具体情况拉出一两条散兵线。当成功控制林地边缘后，就轮到预备排通过林地，穿过散兵线并在其前方列阵。

机动四：在通过隘路时，各排要排成二列横队和四路纵队。为了完成这一机动，营的左右两半都要直角转弯赶往中部，纵队随后就从此处向前行进。当纵队停下时，士兵就要向左转或向右转，面对左右两侧均再次形成二列横队。若要将纵列列成方阵，就要让纵队前头的排移向左右两侧，形成方阵正面，跟随的排面朝左右两侧，形成方阵侧面，最后的排以伍为单位跑步行进，形成方阵背面，在进占方阵所在地时始终要以伍为单位运动，纵队也可以列成替代方阵的圆阵。在接近将要清剿的林地时，指挥官让纵队停下，每两个排里出一个排以跑步前进，在纵队前方60步处列出一条散兵线，这条散兵线要长到两端可以拉回来保护该营侧翼，其余各排仍然留作预备队。纵队可以按照信号沿着自然障碍展开。如果须要立即开火，接到警报后，两列士兵里的最佳射手上前射击拖住敌军，其他人装填枪支并把枪传给射手。

这可以说是相当薄弱的资料来源，但它大体上还是符合其他国家的战术运用方式。应当注意的是，《注解》绝对没有提到散兵以任何特有的独立行动方式作战，也不像欧洲其他军队那样让散兵两人一组行动。《注解》似乎鼓励士兵训练枪法，教导士兵利用掩蔽物，可除此之外，书中描述的战术都十分原始，局限性极大。同样不幸的是，《注解》并未提供散兵展开后的间距信息，这让人无法就俄国军队和其他国家军队的散兵密度进行比较。[16]

1812年的俄军步兵团内也包括散兵，关于这一点可以找到十分明确的其他零散证据。基于稍晚时候出现的文献和与同期奥军战术的比较，这些散兵可能是从战列步兵连的第三列中抽出的，这表明俄军出现了一定的理念变化，但在没有找到更多文献之前，很难断定这样的变化究竟有多大。

讨论俄军战术的文献一再表示俄军并没有那种包罗军中各类机动的系列条令，而是让每个团的团长自行选择他自己喜欢的做法。事实上，关于俄军 1799 年步兵训练条令的评阅表明它几乎没有提到训练，而是专注于组织架构和列队接受检阅。[17] 这无疑也会影响到俄军散兵战术。

此外唯一值得一提的就是，按照法国方面关于这一时期的文献，1812 年的俄国 opolochenie（ополчение）即民兵曾在第二次波洛茨克会战中承担散兵任务。他们可能遵循了兹韦金佐夫描述的那种较早的、线式的散兵战体系，因为训练较少的部队可以较为轻松地运用这种体系，连内军官在指挥散兵时也要轻松得多。

美国人眼中的散兵战

在与本书相关的研究中，笔者发现的唯一一部真正讨论轻步兵战术的训练条令是温菲尔德·斯科特少将的美军步兵训练条令。这部著作初版于拿破仑战争结束后不久，此后再版多次。尽管书中所述与欧洲的轻步兵战术体系不尽相同，但它和其他文献表明的欧洲实战情况存在惊人的相似之处。斯科特少将也是一位法军《1791 年条令》的研究者，他在 1812 年战争中使用了法军条令。从严格意义上讲，这部著作并不是拿破仑时代的条令，可它显然汇总了从这一时期得到的教训，因而也值得回顾与思考。同样值得注意的是，美国军事体系是英法体系的有趣混合物。斯科特在 1811—1812 年使用《1791 年条令》训练自己的部队。1861 年的美军步兵连组织基于法军模板，但每个营的连数目则基于英军组织模板。然而，我还是倾向于认为法军散兵战术体系对美军影响更大。

斯科特将军的著作就轻步兵及其用途与机动做了如下论述：

散兵要派出去为他们所属的主力军扫清道路，掩护其运动，因此，散兵可以投入前方、侧翼、后方，也可以在认为有必要时将其派往多个方向。

散兵要根据主力军的动作调整其动作，这样就能持续在投入方向上掩护主力。

不要期望散兵在以各种姿态运动时能够像密集队形一样步调一致（整体一致），因为追求准确性就会削弱对散兵部队更重要的东西——快速完成运动。

每一队散兵都要留有一支预备队，预备队人数和组成单位则要根据具体状况而定。要是投入散兵战的部队处在主力军能够提供支持的位置，那每个连在后方留下一小批预备队就足够了，预备队一般占全连总人数的三分之一，目的在于增援散兵线，为散兵提供集结点。

预备队的概念与达武或瓦伦蒂尼提出的并无明显差异。斯科特将军指出：

> 要是主力军离得太远，就须要部署另一支预备队，它由一整个连乃至多个连组成，目的在于当散兵线某部分遭遇猛烈进攻时提供支援和补充。预备队应当强大到足够抽出至少一半人员作为散兵展开。

达武特别提到预备队在进攻时要支援散兵线。斯科特将军指出：

> 预备队应当部署在散兵线中部的正后方，连预备队大约在散兵线后 140 步，主预备队则是大约 370 步。不过，这种惯例不是一成不变的：指挥官总要在能够支援散兵线的范围内留有自己的预备队，接下来还要细心利用地面的任何意外状况（比如树木、房屋、篱笆、凹陷），让预备队得到掩蔽，免遭敌军火力打击。

比起主张 100—200 步前后间距的达武和瓦伦蒂尼，斯科特的提法无疑更为规范，其距离也更长。斯科特将军还说：

> 散兵的运动通常以快步完成，但在须要更快行动的情况下，就可以使用倍步乃至奔跑。在这部教令中，倍步定为每分钟 140 步，奔跑速度却不能和前者一样确定。这种极快的行动只能在极度紧急的情况下使用，其目的是让士兵不至于劳而无功，也能保存体力用于主要依靠快速行动取胜的场合。

达武准许根据实际须要使用跑步，其实质上就是奔跑。这与罗滕贝格的条令形成了令人惊诧的反差，罗滕贝格不允许出现任何超过"快步"的步速。斯科特将军说："在散兵（即位于疏开队列中的士兵）的一切行动中，每个散兵要自行选择最适合的持枪——滑膛枪或线膛枪——方式，并小心避免事故。"

尽管达武和瓦伦蒂尼都没有提到这一点，但在携带一支装填完毕的燧发枪奔跑时，这似乎是个很合理的预防措施。斯科特将军表示："指挥官发声后，散兵就要尽可能快地行动起来。可要是战线拉得太长，指挥官的声音传不到远处，他就要用号声或鼓声取代人声……"

每支欧洲军队都广泛使用鼓号控制部队。斯科特将军说："军官和——必要场合下的——军士在发令时要让士兵一听到或看到就立刻予以执行；可在用号或鼓传令时，为了避免产生误解，士兵须要等到信号终止才开始行动。"

在提到由一个连列成的散开队形时，斯科特将军指出这个连应当展开成营横队的宽度，连和营之间前后相隔100步。值得注意的是，100步与达武和瓦伦蒂尼的看法是一样的。斯科特在讨论连级散兵战术时继续补充说：

> 当连位于散兵线预定位置后方时，它就要向前展开；当它发觉自己处在了预定位置上，那就向两翼展开。在这两种情形下，如果连原先排成三列横队，前列和中间列就要组成散兵线，后列充当连预备队。如果连只排成二列横队，它就要分成三个排，右翼排和左翼排分别被命名为第1、第2排，这两个排组成散兵线，中央排留作预备队。

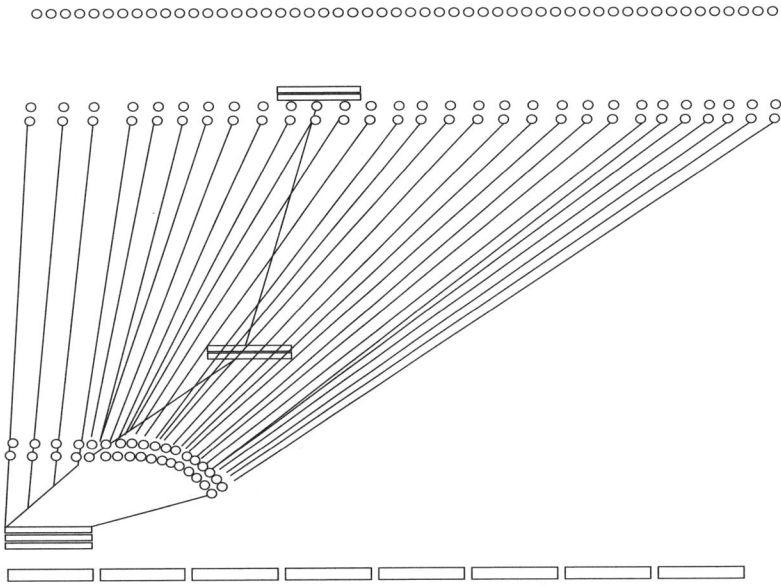

图4.5 排成三列横队的步兵连作为散兵展开，以左翼伍为基准，占据宽度与营横队相当的正面。
温菲尔德·斯科特少将，《步兵战术》，图版333。

达武的教令让三分之二的单位人员作为散兵展开，剩余三分之一作为预备队——这三分之一恰好是位于第三列的人。达武的做法与斯科特应用于三列连横队的部署方式是一样的。不过，这与俄军和奥军采用的在战列步兵营内置散兵的体系并不一样。在那些军队当中，第三列会被抽调出来作为散兵展开，前两列则留作预备队。图 4.5 描绘了美军的这一阵形。

斯科特将军指出：

> 一个连可以作为散兵以左翼伍、右翼伍或中央伍为基准展开：按照这种方式，散兵能够以最快速度投入散兵线，占据预定位置。
>
> 一条散兵线应当尽可能保持平齐，但不应当为保持整齐而忽略能够掩蔽士兵的有利地形。
>
> 散兵各伍的间隔取决于占地面积大小，但要是间隔超过 10 步，乃至达到 15 步，火力就会太过稀疏。要掩护一个步兵营，散兵线所占宽度应为该营正面宽度加上左右两侧营间距的一半。

达武明确使用了一种宽达 15 步的间距。斯科特将军相当关注散兵的射击实践。他表示：

> 散兵进行停止间射击和行进间射击，在这两种情况下，散兵都要遵照下文所述的方法：位于同一伍的两名士兵交替射击，按照安排，其中总要有一个人保持子弹上膛。为了实现这一目标，来自前列的士兵要开火并装填，来自中间列或后列的士兵则要等到该列第一名士兵装弹完毕才开始射击，然后轮到第二名士兵以类似方式等待第一名士兵，如此循环往复。

这一做法与每支对散兵射击细节进行过一定研究的欧洲军队所用方法都是一致的——法军、普军、拜恩军、英军都如此行事。斯科特将军随后说："要是散兵线由前后 3 列人组成，也要遵循同样的交替顺序，不同之处在于中列和后列士兵会一起开火。"

关于行进间射击，斯科特的条令表明：

要是散兵线正在向前行进，每一伍的前列兵就立定、射击、装填，然后再向前冲，同一伍的中列兵在前列兵立定时继续推进，超过第一名士兵8步或10步时以规定方式立定、射击、装填。已经装填完毕的前列兵向前冲到中列兵前方类似距离处，然后再度开火，遵照前文所述行动，如此不断重复。

要是散兵线正在退却行进，每一伍的前列兵就立定、后转、射击，然后一边向后冲一边装填；同一伍的中列兵继续行进，在超过前列兵8步或10步时后转、射击，然后按照前列兵遵循的规定行事。当后者来到中列兵后方，达到前述距离时，就要再度立定、后转、完成装填、射击，然后重复此前的动作，这样，同一伍士兵的交替射击就会一直持续下去。

要是这个连以右翼为基准行进，每一伍的前列兵就面向敌军，向前迈出一步，立定、射击，冲到原本紧邻他的中列兵（或后列兵）身后，一边行进一边装填。一旦此前一直在行进的第二名士兵判断第一名士兵装弹完毕，那就轮到他面向敌军，向前迈出一步，立定、射击，冲到前列兵身后，一边行进一边装填，这样，射击就会持续下去。

在手册的稍后部分，斯科特提到了装填流程。他说：

散兵要习惯在行进间装填枪支，但也要始终遵守在装填引火药和装弹时立定片刻的规定。他们也要接受以跪姿和卧姿进行装填与射击的训练，让每名士兵都能以自认为最舒服的方式自由完成这些动作（或停顿）。

散兵要接受教练，学会利用地貌可能提供的任何机遇掩蔽自身，避开敌军火力。为了有效射击，散兵也要准确判定距离。

达武也明确支持这一主张。集结过程是一个重要的理解过程。斯科特表示："集结要以跑步完成；集合要以快步完成。"在抵抗骑兵时要使用集结，而在其他所有场合都要使用集合。在指挥散兵集结到预备队周围时，要给出如下命令：

上尉要冲到预备队那里，第三中尉则让预备队两翼稍稍向后弯折，开始排列圆阵。随着散兵陆续与预备队会合，跑进来的散兵会在预备队左右两边不计

高度排成二列横队，面朝外侧，将圆阵补充完成。军官和军士会指导士兵完成
这一运动，然后置身于圆阵内部。

图 4.6(2) 展示了这种机动和最终阵形。

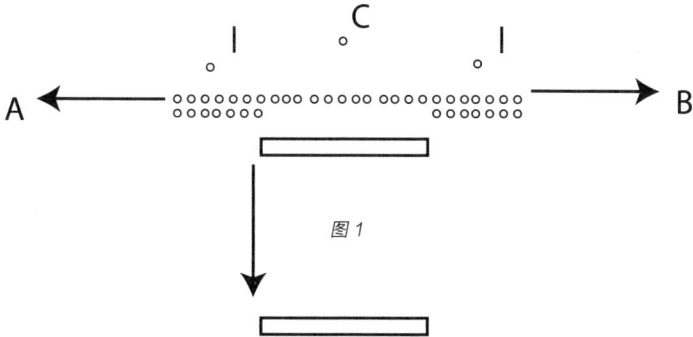

图 4.6(1) 连以中央伍为基准向两翼展开成散兵线。温菲尔德·斯科特少将《步兵战术》图版 34。

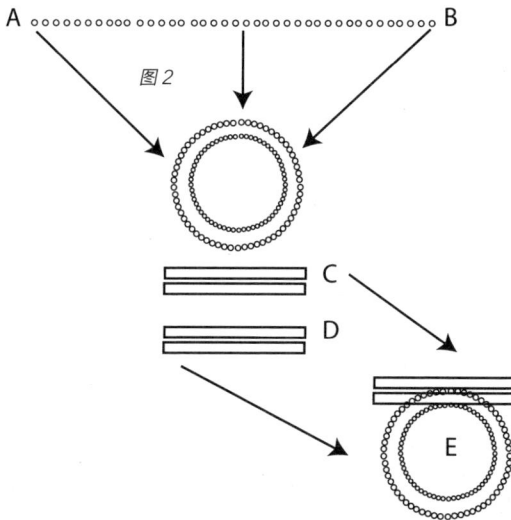

A‑B = 散兵线　　　C = 开始列圆阵的预备队
D = 解散圆阵后，连列成纵队继续退却　　　E = 连中断退却，重新列成圆阵抵抗骑兵

图 4.6(2) 展开成散兵线的连向预备队集结，列成抵抗骑兵的圆阵。温菲尔德·斯科特少将，《步兵战术》，图版 34。

斯科特将军指出：

> 这些部署完成后，上尉应利用骑兵暂停攻击的任何间隙时间率部来到可以免遭骑兵突击的位置，要么和所属营会合，要么占据某些设防条件有利的阵地：为实现这一目的，他要解散圆阵，将连重整为两个排，变阵为以排为单位的纵队。他将以该队形行军，以前列或后列为先导。如果又遭到骑兵威胁，他就要停下，让两个排左右两边的伍冲回后方，重新列成圆阵。要是第2排没有让后列人员居前，那它就要先行后转，另一排则要让前列居前。
>
> 要是突如其来的危险导致散兵没有时间集结到预备队旁边，集结就要以排为单位完成，第一中尉和第二中尉要分别在散兵线后方最有利于防御的地点集结自己指挥的排。在这一运动期间，上尉本人要投身预备队进行部署，使其既能保护两个排集结，又能抵挡骑兵。各排一集结完毕就要立刻与预备队会合。

倘若这个连作为散兵展开，而且有必要将它集结到营的附近，散兵就要让开该营正面，跑到最接近的那一翼，在该营后方列队。一旦该连重整完毕，就要根据上校的选择赶往一翼或另一翼。

倘若集合到预备队周围，预备队就要严格按照展开散兵前的队形排布。散兵集合到预备队周围，每名散兵都要回到此前在队列中的位置。一旦该连重整完毕，就要重新与营会合。

达武也提到过集结的问题，但并未如此清晰地阐明方法。不过，法军或其他欧洲国家军队采用的集结手段可能不会与美军有太大差别。达武提到过集结到预备队周边，奥军尽管没有直接说到这一点，却也存在一支预备队，这暗示着它就是集结点。

当一个营被完全展开成散兵时，10个连中那3个列成密集队形的也要留作预备队。团里的中校和团附要位于预备队之前。如果存在需求，少校也要负责安排预备队。3个连的预备队会以连为单位列成梯队。第1连位于散兵线右端之后140步，第2连集中起来，恰好面对第4、第5连散兵的间隔，距离散兵线110步，第3连也集中起来，位于第7、第8连的类似间隔后方，距离散兵线170步。[18]预备队要列成梯队，这样一旦集结散兵，预备队就既可以互相提供保护，又不至于误射友军。可以通过集中邻近的预备队减少梯队数目，以此增强抵抗骑兵的能力。

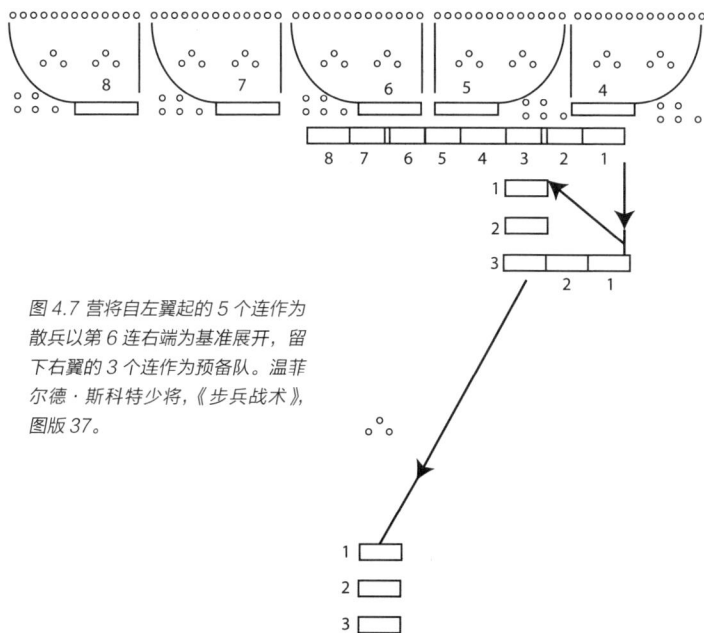

图 4.7 营将自左翼起的 5 个连作为
散兵以第 6 连右端为基准展开，留
下右翼的 3 个连作为预备队。温菲
尔德·斯科特少将，《步兵战术》，
图版 37。

要是遭遇骑兵攻击，展开成散兵的各连要集结到对应预备队周围列成方阵，首先赶到的散兵列成方阵侧面，其余各伍构成方阵背面。方阵厚度为两列，排列时不必考虑身高。

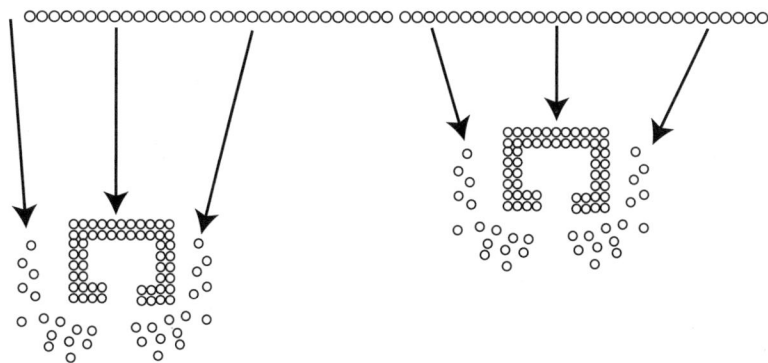

A—B 散兵线。散兵线后退并以预备队为基准列成方阵。

图 4.8(1) 将一个作为散兵展开的营集结起来。温菲尔德·斯科特少将，《步兵战术》，图版 38。

一旦集结完成，指挥方阵的上尉们就要抓住骑兵攻击暂停的任何间隙率部赶往营预备队处，或是移动到更适于防御的地点。这样的机动要以纵队执行，不过若是遭到威胁，部队就要变阵为方阵。

随着各连接近营预备队，他们就要不考虑连番号、不计优先次序地重整队列，重新与营会合。

正如在斯科特的图解中所见，这种"紧急方阵"是一种相对简便的机动，在文字描述中找到它却较为困难。不过，在法国人和奥地利人就列阵进行的大量

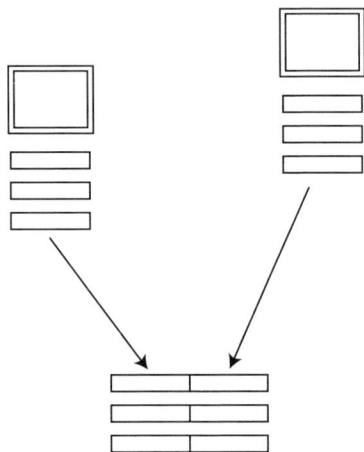

图 4.8(2) 小方阵重整为纵队，向营预备队方向行进。
温菲尔德·斯科特少将，《步兵战术》，图版 38。

详尽讨论中，当他们的散兵被迫列成团块以躲开骑兵攻击时，能发现符合圆阵的描述。唯一的重要不同之处大概在于法军和奥军的"紧急方阵"可能不是空心的。

在斯科特的条令和的确出自拿破仑战争的些许散兵战术的讨论之间，可以轻易发现诸多相同点，有鉴于此，我们很难相信斯科特没有大量——如果不是全部——借鉴在几年前刚刚结束的、1900 年之前世界上规模最大的战争中行之有效的战术。[19] 斯科特写作时并没有发生什么武器变革或进步，美国内战爆发时的兵器技术进步才迫使人们全面反思各类战术，而在此之前，拿破仑式战术注定是世界通用的。

各国轻步兵部队

每个欧洲国家都拥有散兵，但它们组织散兵的方式大相径庭。存在两种基本组织制度：主要制度是组建独立的同质化轻步兵单位；另一种制度是从战列步兵营中抽出轻步兵作为散兵作战，在母营需要时则返回母营。

后一种制度存在两个变种：一种是给每个战列步兵营配属一个负责散兵战勤务的轻步兵连，另一种是从每个战列步兵连中抽出事先选定的人员，让他们执行散兵任务。表 4.1 列出了目前所知的欧洲各国组织散兵的方式。

表 4.1　目前所知的欧洲各国组织散兵的方式

	独立轻步兵营 / 团	附属于营的轻步兵连	从战列步兵营中抽调人员充当散兵
奥地利	是	否	是
拜恩	是	是	是
英国	是	是	否
不伦瑞克	是	是	是
克莱沃－贝格	是	是	否
丹麦	是	是	否
法国	是	是	否
黑森－达姆施塔特	是	否	否
汉诺威	是	是	是
梅克伦堡	是	N/A	否
那波利	是	是	否
拿骚	是	是	否
北意大利	是	是	否
普鲁士	是	是	否
萨克森	是	是	否
萨克森诸公国	是	是	否
西班牙	是	是	否
瑞典	是	是	否
俄国 ①	是	是	否
华沙	是	是	否
威斯特法伦	是	是	否
符腾堡	是	是	不明
维尔茨堡	否	是	否

　　虽然轻步兵部队通常是唯一接受散兵战特定教学和训练的部队，但战列步兵乃至民兵部队以散兵阵形作战的案例也为人所知，这是散兵战单位的另一个侧面。有充分的理由认定任何以散兵阵形作战的战列步兵部队在效力上都不如受过战术特训的轻步兵部队。以散兵线作战的民兵部队可能会十分低效，执行进攻任务也不能让人满意，这一点就毋庸赘述了。

　　法军曾抽出整个战列步兵团乃至战列步兵师，将其作为散兵部队展开，关于这一点存在诸多历史实例。一战前的法国总参谋部历史学家法布里（Fabry）提到，俄

---

　　① 原注：俄军每个营都配备了一个射击兵排，但并不存在他们作为独立单位作战或像法军腾跃连那样作为散兵作战的证据。[20]

国的维特根施泰因（Wittgenstein）将军曾在 1812 年年底对付乌迪诺 的第 3 军时将民兵作为散兵展开。[21] 其他文献也指出普军曾让西里西亚国土防卫军（也是一种民兵）以散兵阵形作战。

很可能每个国家都曾在某一时刻将战列步兵或民兵作为散兵展开，遗憾的是，并不存在对这类散兵作战效力的专业评估。因此，可以肯定地说，那些案例一般来说只是个例，并不符合整体规则，也不是标准做法。

只有法军能够宣称他们普遍将战列步兵作为散兵使用。然而，这种做法在法国大革命结束后就开始减少，随着时间的流逝变得越发罕见。[22]

有充分理由推测华沙大公国的战列步兵也被当作散兵使用。这一推测存两个理由：第一，波兰军队直至 1812 年年末在立陶宛组建 4 个轻步兵营之前都没有轻步兵。使用轻步兵是法军战争体系中的标准做法，包括波军在内的附庸国军队绝对要拥有营属轻步兵连之外的能够扮演散兵角色的部队。第二个理由是波兰人努力争取的宝贵的国家民族目标可能会遭到战争结果的威胁。他们的国家已在 1795 年被俄国人、普鲁士人和奥地利人消灭。波兰人要以战斗复国并维持其生存。因此，可以很合理地认为波兰人拥有作为散兵战斗所需的士气与纪律。大公国军队的基干人员和许多士兵都是曾在意大利作战的法国革命军老兵，这个事实进一步巩固了以上论断。就散兵战而言，波兰人将会拥有法军战列步兵具备的各类经验与受过的训练。

译注：

[1] 树篱射击（heckenfeuer），也称胸墙射击（feu de parapet），该词出现于 18 世纪中叶，指的是一种得到有序控制的散兵战，目的主要在于消除敌方小股轻型部队威胁，普军各条令中对树篱射击流程有过细节各异的详细描述。其中一种典型做法是各排或各半排交替出动两伍士兵出列，向前迈出 5 步，排成两列，射击后返回队列，后续两伍士兵继续出列射击，就此轮转下去。参见 Duffy, 1996, p. 127. Reglement für die Königlich Preußische Infanterie. Berlin, 1788, p. 88-90。

[2] 这段文字译自《用于轻型部队和从事前哨战的军官的教令》（Instruction destinée aux troupes légères et aux officiers qui servent dans les avant-postes），该书现存最早版本为共和二年（1793 年 9 月 22 日—1794 年 9 月 21 日）版，译者个人所见的最早版本是共和七年葡月十三日（1798 年 10 月 4 日）版。这本书实际上并非翻译，而是改编了奥军将领利涅侯爵（Fürst von Ligne/Prince de Ligne）根据缴获的普军材料编写的《从普鲁士国王陛下那里窃来的秘密教令》（Instruction secrète dérobée à sa majesté le roi de Prusse）。参见 Instruction destinée aux troupes légères et aux officiers qui servent dans les avant-postes. 1798, p. 86-88. Instruction secrète dérobée à sa majesté le roi de Prusse. Westphalie, 1779, p. 95-97。

[3] 本书此处描述与达武的教令存在一定差异，译者谨将对应原文翻译如下，以便读者查阅对比：
"倘若散兵行进在地表被沟渠、树篱、废墟等分割的林地，他们就只能万分小心地推进，遭遇敌军时应当设伏，利用伏击带来的机会取得优势，迫使敌军放弃阵地。
"倘若敌军设伏，散兵应当以如下方式反击，派出几名勇士冲上石块、废墟或工事顶部，若是敌军自以为可以安全躲在某条沟渠后方，也可以冲过那条沟渠，这样几乎总能成功地吓跑敌军，使其遭到相当大的损失。"
参见 Отечественная война 1812 года. Отд. 2. Бумаги, отбитые у противника. СПб., 1903, т. 1, с. 9-10。

[4] 弗朗西斯·德·罗滕堡男爵（Baron Francis de Rottenburg），一作罗滕贝格（Rottenberg 或 Rottemberg）。1757 年生于普鲁士但泽（今波兰格但斯克），1782 年加入法军，后参与波兰科希丘什科起义，1795 年加入英军，曾担任装备线膛枪的第 60 步兵团第 5 营中校营长，1819 年最终晋升为英军中将，1832 年卒于英国朴次茅斯。

[5] 此书的书名应作"供线膛枪手与轻步兵使用的训练条令及关于其作战方式的教令"（Regulations for the Exercise of Riflemen and Light Infantry, and Instructions for Their Conduct in the Field）。参见 Regulations for the Exercise of Riflemen and Light Infantry, and Instructions for Their Conduct in the Field. London, 1798. Cusick R. Wellington's Rifles: The Origins, Development and Battles of the Rifle Regiments in the Peninsular War and at Waterloo from 1758 to 1815. Barnsley: Pen & Sword Military, 2013, p. 175。

[6] 本书误将英军轻步兵的半排（half-platoon）写作排（platoon），此处据条令原文修改。参见 Regulations for the Exercise of Riflemen and Light Infantry, and Instructions for Their Conduct in the Field. London, 1798, p. 24。

[7] 托马斯·亨利·库珀（Thomas Henry Cooper），原为英军第 56 步兵团上尉，自 1795 年起退出现役领半薪，著有《轻步兵军官实用指南》（A Practical Guide for the Light Infantry Officer）一书。参见 A List of All the Officers of Army and Royal Marines on Full and Half-pay. London, 1805, p. 491。

[8] 约翰·托马斯·巴伯·博蒙特（John Thomas Barber Beaumont），通称巴伯或巴伯·博蒙特，1774 年生于伦敦，此人多才多艺，建树广泛，曾于 1803 年出资组建了装备线膛枪的"坎伯兰公爵神射手队"（Duke of Cumberland's Corps of Sharp-shooters）并自任指挥官，1804 年出版《供义勇神射手使用的队形与训练教令》（Instructions for the Formation and Exercise of Volunteer Sharpshooters）一书，1841 年卒于伦敦。参见 A Brief Account of the Beaumont Trust, and its founder, J. T. B. Beaumont. London, 1887。

[9] 此处的《供义勇神射手使用的教令》(Instructions for Volunteer Sharpshooters) 即前文注释中提到的《供义勇神射手使用的队形与训练教令》(Instructions for the Formation and Exercise of Volunteer Sharpshooters)。

[10 此处说法与瓦伦蒂尼原文存在出入，兹将瓦伦蒂尼原著《关于游击战和轻型部队用途的论述》1802 年版本和 1820 年版本中的对应文字译出，供读者对比：
"第 44 节曾给出步兵不得朝 300 步以外射击的规定，但这根本不适用于散兵，特别是在小规模战斗或前哨战场合，因而时常背离规定。要是敌军动用散兵接近我军阵地，击退我军骑兵前哨，甚至在距离我军散兵大约 500 步处侦察我军阵地，那就绝不应该不去扰乱敌军，坐等其进一步迫近。当地形不容许我军接近敌军时，也可以像最近一次战争中的法军对付我军时那样，在相距五六百步时开火并造成杀伤。"(1802 年版本)
"第 45 节曾给出步兵不得朝 300 步以外射击的规定，但这根本不适用于散兵，特别是在小规模战斗或前哨战场合，因而时常背离规定。要是敌军动用散兵接近我军阵地，击退我军骑兵前哨，甚至在距离我军散兵大约 500 步处侦察我军阵地，那就绝不应该不去扰乱敌军，坐等其进一步迫近。当地形不容许我军接近敌军时，也可以像法国大革命中的法军对付我军时那样，在相距五六百步时开火并造成杀伤。"(1820 年版本)
参见 Valentini G. W. v. Abhandlung über den kleinen Krieg und über den Gebrauch der leichteren Truppen. Berlin, 1802, p. 83-84. Valentini G. W. v. Abhandlung über den kleinen Krieg und über den Gebrauch der leichteren Truppen. Berlin, 1820, p. 77-78。

[11] 本书此处所述与奥军《1807 年步兵条令》原文存在差异，兹译出条令对应部分，供读者对比：从关于散兵的结论出发，可以推出如下结果：若是地形十分开阔，既不存在能够阻止或妨碍密集队形运动的障碍，也没有利于敌方散兵作战的掩蔽物或设伏地点，那么散兵就几乎可有可无，很少须要用到他们。但若是开阔地上存在断面，甚至到了断面本身就能作为障碍物的程度，那么多少使用一些散兵还是有益处的。参见 Exercier-Reglement für die k.k. Infanterie. Wien, 1807, p. 389。

[12 本书此处提到的资料是兹韦金佐夫 (Звегинцов) 所著的《俄国军队》(L'Armee russe/Русская армия)。该书以法俄双语写成，共有七册，由兹韦金佐夫本人于 1967—1980 年在巴黎出版。俄文版第 153—156 页摘录了库图佐夫著作并介绍了写作背景。

[13] 本书原文断句有误，此处据兹韦金佐夫原著修正。参见 Звегинцов В. В. Русская армия. Париж, 1967-1980, c. 153。

[14] 此处原作者猜测有误。兹韦金佐夫使用的旧俄文术语是 рѣзвый маршъ，现代俄文中写作 резвый марш，即跑步，并非倍步。跑步最早由库图佐夫引入俄军，他并未规定具体步速，认为需根据参与进攻的士兵具体状况而定。参见 Кутузов М. И. Примечание о пехотной службе вообще и о егерской особенно. М., 1955, c. 31. Звегинцов, op. cit., c. 153。

[15] 印第安纵列 (Indian file)，即一路纵队 (single file)，该词因北美印第安人常使用一路纵队穿过林地而得名，兹韦金佐夫将该队列描述为绳状 (веревкой)、蛇形 (змейкой)，并未涉及印第安。参见 Cooper T. H. A Practical Guide for the Light Infantry Officer. London, 1806, p. 69-71. Звегинцов, op. cit., c. 154。

[16] 本书仅参考了兹韦金佐夫的摘录段落，并未参阅库图佐夫原书，因此得出了若干错误结论。库图佐夫在《注解》中实际上明确指出了两人一组的作战方式和散兵展开后的间距："每位排长留下一半人员，派出另一半人员在前方列出一条由两人一组的散兵组成的散兵线。"(第 61 页)"散兵线中的士兵应保持 3 步的横向间距。"(第 75 页)

[17] 俄军并未颁布过"1799 年步兵训练条令"，时间最接近的两份《步兵野战勤务条令》(Воинский устав о пехотной службе) 分别于 1796 年和 1811 年颁布，后者包括了相当多的机动训练内容。参见 Жмодиков, 2015, c. 842。

[18] 本书此处说法与斯科特原文存在出入，斯科特认为应当将展开成散开队形的第 4 至第 8 连的连预备队列成梯队，第 6 连预备队位于第 6 连散兵右端后方 140 步，第 4、5 连预备队位于这两个连散兵间隔后方 110 步，第 7、8 连预备队位于这两个连散兵间隔后方 170 步。参见 Scott W. Infantry Tactics. New York, 1835, vol. 2, p. 217-218。

[19] 本书引用的斯科特散兵战论点均源自其 1861 年再版的 1835 年版《步兵战术》，唐纳德·格雷夫斯（Donald Graves）指出 1835 年版的《步兵战术》"完全是剽窃之作"，亦即该书内容基本译自法军《1831 年步兵条令》。据译者比对，本书引自《步兵战术》的散兵步速部分即与法军《1831 年步兵条令》中散兵教令部分第 8、9 两条基本一致，射击部分与教令第 94—110 条基本一致，列成圆阵部分与教令第 114—123 条基本一致。参见 Graves D. "Dry Books of Tactics US Infantry Manuals of the War of 1812 and After" // Military Collector & Historian, 4 (1986), p. 175-176. Ordonnance sur l'exercice et les manœuvres de l'infanterie du 4 mars 1831. Paris, 2e partie, 1832, p. 163, 178-181, 182-183。

[20] 原注说法有误，米塔列夫斯基提到在 1812 年前往小雅罗斯拉韦茨的进军中，俄军战列步兵团的射击兵排被抽调出来和猎兵一起作为前卫部队，朗热隆提到在 1813 年的莱比锡会战中，俄军的乌多姆少将指挥第 10、38 猎兵团和纳舍堡、阿普歇伦、雅库茨克步兵团的射击兵守卫塞豪森村附近的树林。此外，俄军还存在从战列步兵营抽调部队充当散兵的其他方式，如 1799 年俄法战争中曾多次出现从火枪兵营乃至掷弹兵营中抽调部队充当散兵。参见 Zhmodikov A., Zhmodikov Y. Tactics of the Russian Army in the Napoleonic Wars. West Chester, 2003, vol.1, p. 31-32; vol. 2, p. 31. Langeron A. Mémoires de Langeron, général d'infanterie dans l'armée russe, campagnes de 1812, 1813, 1814. Paris, 1902, p. 318。

[21] 该史料系法布里摘译的俄军第 1 军作战日志，发表于《拿破仑研究期刊》，相关内容为第二次波洛茨克会战期间"中路的散兵主要是民兵，他们意识到敌军开始退却，就冲上前去攻占了工事"。布图尔林所著《1812 年俄国战局军事史》中也有类似描述。另此处原文有误，乌迪诺在 1812 年指挥的是法军大军团的第 2 军，并非文中的第 3 军。参见 Fabry G. 'Journal d'opérations du 1er corps Russe' // Revue des Études Napoléoniennes, 1 (1912), p. 306. Boutourlin D. Histoire militaire de la campagne de Russie en 1812. Paris, Pétersbourg, 1824, vol. 2, p. 267。

[22] 将整个团、旅、师投入散兵战的做法之所以逐渐减少，可能也是源于法军对这一做法的反思。珀莱记载法军在 1810 年的布萨库（Busaco/Buçaco）会战中将一个旅作为散兵投入："我们旅……在投入作战一段时间后发觉自己几乎完全分散成了各个散兵群，最终被迫用第 2 旅来支援它。这样，我军战线就覆盖了布萨库女修道院下方的整个坡面，敌军则不断增援他们隐藏在石块和树木之后的散兵线，可这些联军散兵是不准在那里待太久的。联军用号声召回散兵，让生力军作为散兵投入——这是被我军忽略太久的好方法。我们的战术体系让法国团在战斗中散开，打到最后就只有军官和最勇敢的士兵还留在那里，而且这些人就算不得不战斗一整天，也会遭到嫌弃。"参见 Pelet J. J. The French Campaign in Portugal, 1810-1811. Minneapolis, 1973, p. 181。

旅的机动

第五章

旅级行动

在评论了连与营的机动之后，下一个接受评论的机动单位就是旅了。最好将一个旅的行动描述成几个营的机动。连与营的机动是战术的基石，不过旅的机动就是将军的领域了，它也是会战的基石。旅的机动有时会被称为"大战术"，但这个定义的适用范围里还存在一些灰色区域。然而，旅的机动必定是战地机动终止、战略/大兵团机动起始的地方。

尽管坐在扶手椅上夸夸其谈的将军人数众多，旅的机动也极为重要，人们对这类机动进程的理解却最为薄弱，它也是记载最为贫乏的军队行动。

现存文献中只有两份对拿破仑时代的旅级战术进行过有意义的讨论，这两本著作一本是奈伊元帅的回忆录——书里有一篇对旅级战术进行长篇讨论的附录，另一本是默尼耶男爵的《旅的队形变换》（Évolutions par brigades）——此书专门探讨旅的战术行动。

旅

默尼耶关于旅的机动的著作是一部非常翔实的研究。他的研究起点就是将旅定义为由 4 个营组成、以疏开队形或紧密队形机动的部队单位。在疏开队形中，每个旅的营都列成以连为单位的全间距或半间距纵队。在密集队形中，营以侧翼的分营为基准列成密集纵队。

在以密集队形行动的旅当中，一个营所分配到的前后间距是 1.5 个分营（1 个分营相当于 2 个连）横队宽度。[1] 这个间距被称作"营间队形变换间距"（distance d'évolutions entre les bataillons）。之所以要留出这样的间距，是为了便于炮兵机动。

两个相邻密集纵队的前后间距是纵队宽度的 1.5 倍，或者说大约 66 步。要是扣除前方紧密纵队深度——19 步，结果就是真正的间距——47 步。这只比密集纵队正面宽度多 3 步。

依靠这一间距，旅里的各个营就能以有序且持续不断的方式完成变换行进方向、队形右转或左转、向右或向左展开成横队——所有营密集纵队在行动时所需的机动方式。各个营还能以排为单位，将各个连前后两两堆叠起来，将纵队正面宽度缩小到一个排的宽度。执行完这一运动后，两个营之间的横向间隔会增加 6 步。在这一队形当中，如果遭遇骑兵攻击，每个营也能以同样简便的方式列成方阵。

在同一个师当中，两个相邻旅之间留出的机动间距是 90—100 步，这个间距还包括前面一个旅的最后一个营密集纵队从第一列算起的厚度。也就是说，实际上的间距是 80 步。

默尼耶论旅级战术

默尼耶的注意力集中在旅从行进纵队变为攻击队形，再从攻击队形变回纵队上。他的第一种线式队形是从横队变为以分营为单位的密集纵队，并且让旅、营之间都留有变换队形所需的间距。

他举出的案例如下：展开成横队的两个旅希望列成右翼居前的纵队，纵队要以分营为单位列成若干个营密集纵队，要以第二旅的第一个营为基准，各旅、各营之间都留有变换队形所需的间距。

第二旅的第一个营是队形变换的中心，它要以分营为单位，在右翼分营之后列成密集纵队，就此留在原地不动。

这个旅的剩余 3 个营都以右翼分营为基准列成密集纵队，之后分别以右翼为先导，沿对角线方向朝后运动，进入第一个营后方列成前后相继的队形，前后两个密集纵队的间距是 1.5 个密集纵队正面宽度（即先头分营正面宽度）。这个距离是从前一个密集纵队第一列到后一个密集纵队第一列的距离，被称作"队形变换间距"。

第三个营要赶到第二个营后方相同距离处，第四个营以及该旅的其他所有营都要如此列队。

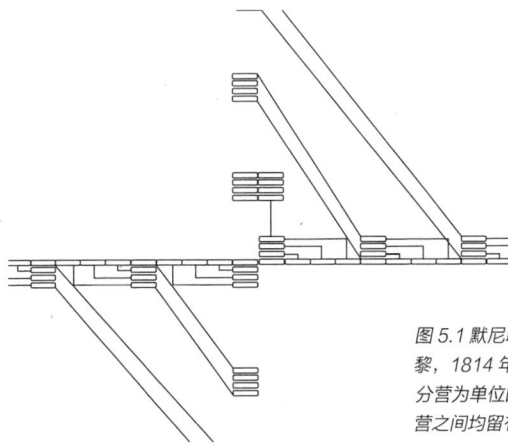

图 5.1 默尼耶，《旅的队形变换》（巴黎，1814 年）。将横队部署成若干以分营为单位的营密集纵队，各旅、各营之间均留有队形变换间距，图版 3。

135

而后，第一旅朝左行进，它的 4 个营列成以左翼分营为基准的密集纵队前进。

第一旅的第四个营此时会发觉它与第二旅的第一个营前后只相隔一个作战间距 [2]，它还得向前行进 90—100 步，在两个旅之间留出用于队形变换的间距。进入该位置后，它就得朝左行进，让自己恰好位于纵队所处方向上，也位于第二旅的先头营正前方。

第三个营朝左侧沿对角线方向行进，让自己位于第四个营正前方并留有"队形变换间距"。

依靠类似的机动，第二个营来到第三个营前方，第一个营运动到第二个营前方。在上述机动完成后，这两个旅就发觉它们变成了右翼营居前的纵队，纵队由以分营为单位的营密集纵队组成，各旅、各营之间留有队形变换间距。

要让炮兵能够轻松地展开机动，并列纵队内各营之间就须要留有 22—24 步的间隔。如果使用这一间距，当旅和营想要恢复以纵队行进时，它们会发觉前后间距恰好又变为基础间距 [3]。

在上述队形中，距离的规整和执行各类机动的便利都要归因于法军为营密集纵队变换行进方向打下的基础。在展开过程中，指挥官只需要维持营与营之间的横向间隔。

如果营密集纵队在抵达后相继展开成并列纵队，或者在密集队形形成后才展开成并列纵队，各营之间的横向间隔就不会超过 22—24 步。

《1791 年条令》提供了两种将以营为单位的纵队展开成横队的方法：第一种方法是为由以连为单位的全间距营纵队组成的大纵队设计的，它得让每个营分别沿对角线方向赶往横队中的预定位置。第二种方法是为密集纵队设计的。它们须要收缩间距，直到各营前后相隔 6 步为止。一旦处于这一间距，每个营就要向侧翼展开，就像一个营展开成营横队一样，然后朝预定位置机动。

这两种方法都很好理解。要是一个纵队由几个旅组成，每个旅都可以分别行动，沿对角线方向赶往预定位置的中心，然后将它的各个营以相应方式展开。在展开一个师或更大的单位时，这种方法就提供了极大的便利，也大大加速了展开进程。

这一机动也对部队序列有利。每个旅都在自己的旅长统领下作为一个整体赶往新的地点，旅长则根据具体地形指挥该旅行动。

让各个旅跟随纵队先头单位沿对角线方向运动，这种做法为各个旅的展开和根据具体情形使用混合队形或厚阵提供了较大的便利。这些部队随后沿着最适合的路线赶往战事所需的地点。一旦抵达，它们就因地制宜列成横队或呈梯队排列的密集纵队。

事实上，默尼耶的研究著作剩余部分不过是给出一个又一个机动变种，让以营（或旅）为单位的纵队像《1791 年条令》中的以连为单位的纵队一样机动。他将各个旅的间距确立为旅展开迎敌后的正面宽度，让旅能够沿对角线方向前往侧翼或直接前进。一旦各个旅出现适当的间距，便转向并直接前往最终目的地，在目的地停下来，将下属各营部署到位，然后根据旅长意愿，让各个营继续保持纵队，或展开成横队。

奈伊论旅级战术

以下文字摘自奈伊元帅关于大规模战术机动所述内容。他的论述是基于对《1791 年条令》所做评论扩充而成，这表明了他的论述的出发点和基本对象。为了将这些指示与前文内容联系起来，我在适当的地方插入了注释。同样应当注意的是，奈伊在撰写评论时想到的是两营制的团和八连制的营，如果读者更熟悉后期每营辖六连的编制，就应当根据该编制对此类机动进行相应换算，以反映六连制的营机动时的情况。

一

在以 4 个团向敌军右翼发起攻击时，总指挥应让他的数条战线跟随左翼部队行进；营应该列成以连为单位、左翼连居前的全间距或半间距（纵队中各连的前后间距）纵队。在向前推进时，每

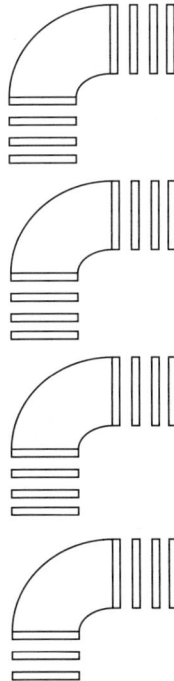

图 5.2 默尼耶，《旅的队形变换》，巴黎，1814 年。将由多个旅组成、以营密集纵队为单位、留有队形变换间距的纵队向右或向左展开成并列纵队，图版 4。

个营纵队应跟随先头部队转到左对角线方向。当前 3 个连转到该指定方向后，余下的部队应当向右以斜步行进，逐步恢复垂直[4]。纵队先头一直维持沿左对角线方向行进，推进至包抄敌军右翼的指定位置后即以迅速行动恢复垂直，随后通过整体右转变阵为横队。

"以纵队行进，包抄敌军战线一翼"

如果情况允许，为了缩短机动距离，可以将纵队的间隔保持在半营间距或分营间距(间距为 2—4 个连横队的宽度)，这是明智之举。无论纵队在何时须要改变方向，纵队各连都应当收紧到半连间距，这就可以避免队形波动幅度过大。

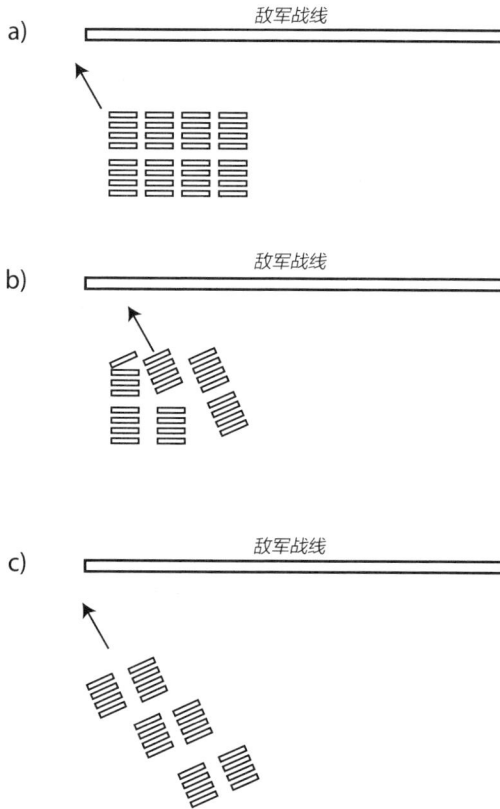

图 5.3 奈伊的包抄机动一。

但是，如果由各个营纵队执行的沿左对角线推进不能包抄敌人右翼，总指挥务必用后续的营组成新的战线，让他的两条战线从己方右翼开始列阵，指挥官应该发布如下命令："两条战线跟随右翼，以后续各营向右展开成横队。"第一个营应采用以连为单位的纵队前进25步，让各连右转列成横队，部署到此次机动旨在达成的斜形战线上。余下的营继续行进，每一个营都应当行进到该营右侧与上一个已经展开成横队的营左侧齐平为止，之后以连为单位右转，相继抵达斜形战线上各自相应的位置。

如果攻击指向敌军左翼，那么战线就要跟随己方右翼推进，营纵队就要以右翼连居前。这种做法也适用于机动一和机动二。在纵队沿对角线方向行进时，若是左翼连居前，就要将两条战线中位于最后方的营指定为基准营；若是右翼连居前，则将位于最前方的营作为基准营。特别留意让第二条战线的纵队先头部队朝第一条战线中各营的横向间隔行进，此外，还必须维持战线之间的规定间距。但当第一条战线的纵队垂直向前时，第二条战线的纵队就应恢复垂直。

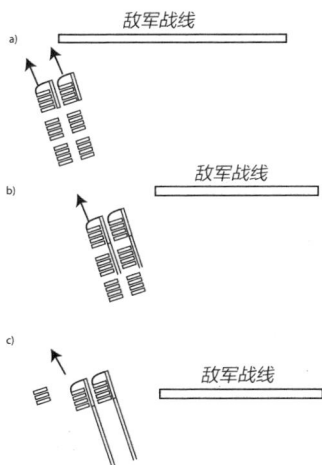

图 5.4 奈伊的包抄机动二。　　图 5.5 奈伊的包抄机动三。

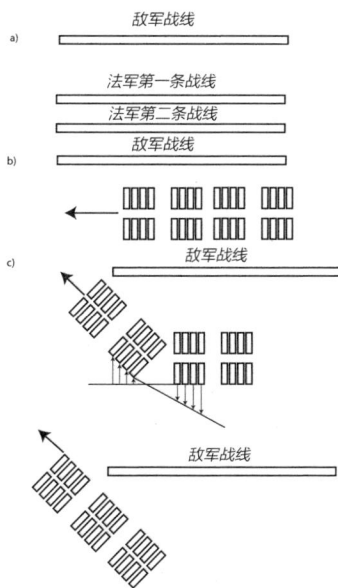

三

敌方列阵平行于你麾下各团的正面，总指挥打算误导敌军，使其错误判断攻击点——如果真实目标是敌军右翼，两条战线的各个营应以连为单位左转列成纵队，以纵队行进做出退却假象。当两条战线的先头部队越过敌军正面，与敌军右翼拉开一两个营横队宽度的左右距离后，就应当以下列方式列成新的斜形战线：发出"列成斜形战线，左翼居前"的命令后，第一条战线第三个营的第 4 连、第二条战线第三个营的第 8 连，以及其他可能被指定为运动枢轴的连以伍为单位右转，向右侧开进。战线中的各个连均应效仿上述各连行动，直至列成新战线为止。后方各连应当向左侧开进并确保队形垂直于先头连，而后集体右转，恢复成作战序列所要求的横队。

四

如果与前文所述相反，总指挥决心进攻敌军左翼，两条战线中的营应当向右侧开进，当两条战线的先头部队越过敌军正面，与敌军左翼拉开一两个营横队宽度的左右距离后，便应当以第一条战线第二个营的第 8 连[5] 和第二条战线第一个营的第 8 连为基准，列成一条右翼部队居前的斜形战线。位于上述指定列阵基准部队前方的各连[6] 应当跟随左翼连运动，依次进入新战线上的位置；位于后方的各连则跟随右翼连运动，以便保持间距，维持垂直于先头连的队形，集体左转后恢复成作战序列所要求的横队。

五

可是，假若两条战线中的纵队先头部队——以右翼部队居前——沿左对角线方向朝敌军战线中部开进，而你打算攻击敌军战线左翼，在这种情形下，位于枢轴部队前方的各个连应当跟随右翼连运动，后方各连则应当跟随左翼连运动（纵队以中部为基准向两翼展开成横队，前头的连到右侧去，后头的连到左侧去），而且当后方各连前后队形垂直于先头连后，应当通过集体左转恢复成横队。无论如何，要是敌军在我军运动期间摆出进攻姿态，不管是为了迎击敌军还是保护己方机动，待到各连陆续抵达，就要立刻谨慎地将已到位的连列成前述战斗队形。

如果出现了相反状况，你的纵队先头部队以左翼居前，沿右对角线方向朝敌军中部开进，而你打算攻击敌军战线右翼，那么，位于两条战线枢轴部队前方的所有连都应当跟随左翼连运动，后方的连则跟随右翼连运动（纵队以中部为基准向两翼展开成横队，前头的连到左侧去，后头的连到右侧去），通过各连集体右转恢复成斜形战线。

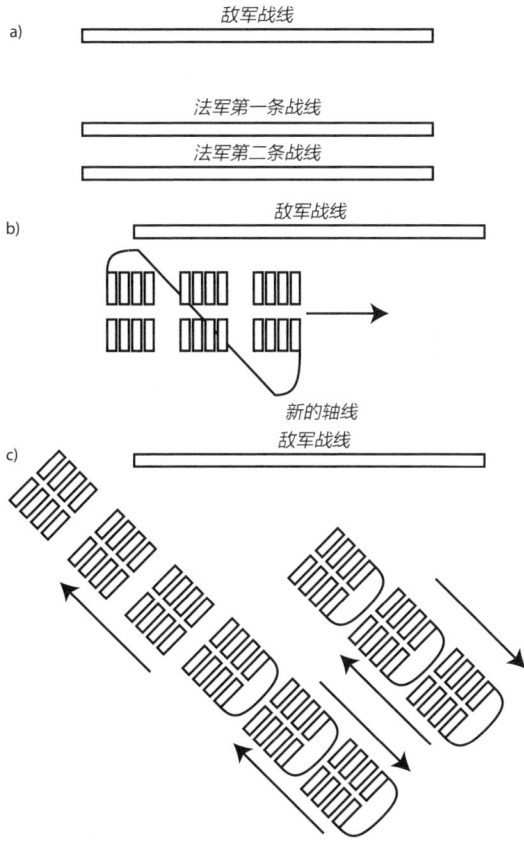

图 5.6 奈伊的包抄机动四。

六

4 个团列成以连为单位、右翼居前的营纵队沿平行于敌军正面的路线行进，似乎要进攻敌军左翼，事实却与此相反，真正的攻击目标是敌军右翼，在此情形下可以列成斜形战线，左翼以第一条战线第三个营的第 1 连、第二条战线第三个营的第 8 连 [7] 或者其他可能会被选定的连为基准推进；位于上述基准连前方的各个连跟随右翼连行动，沿着新的垂直行进线推进；位于后方的连则跟随左翼连行动，以伍为单位右转。各连集体左转即形成作战序列所需的横队。

值得注意的是，这一行动必须快速执行，或是在距离敌军较远的地方执行，因为纵队在一段时间内会将后方暴露在后者（敌军）面前。

同样的机动也适用于以下情况：我方战线用以连为单位的营纵队朝敌军战线右翼推进，不过总指挥打算列成斜形战线攻击敌军左翼。在此情况下，位于运动枢轴部队后方的各个连应当跟随右翼连行动，以伍为单位左转；位于枢轴前方的连则应当跟随左翼连行动，沿新的垂直行进线推进后，两条战线通过集体右转恢复成横队。如果总指挥要改变纵队的垂直行进线，他就要像变换正面一样小心地指定供其余部队依托列阵的基准连。

"几种采用纵队的机动"

4 个团列成以连或分营为单位的全间距或半间距的团纵队，团纵队之间留有横向间隔，以右翼部队居前行进：如果总指挥要求纵队在行进中以与基准兵相对的另一翼为基准点，以自然序列（即从右至左依次为第 1—8 连）展开成团横队，他就应该在停顿后下令："以连（或分营）为单位，以各团奇数营为基准，向右形成并列纵队。"

在执行这一运动时，总指挥可以让每个团以中部为基准，让右翼径直向前变换正面，如此重列成横队，也就是说，在变换中以每个团偶数营的第 1 分营为基准。可要是他打算让各团展开成以相反次序排列的横队，就必须让左翼径直向前变换正面，也就是说，在变换中以每个团奇数营的第 4 分营为基准。如果总指挥希望让团纵队向旋回轴所在一翼展开，他必须以分营或连为单位执行这样的阵线变换，采用以逆向队列左转的机动。

七

在将团纵队如此展开成团横队后，总指挥可以轻易地将他的 4 个团列成空心方阵。如果他正打算列成方阵，第一个团应保持不动；第二、三个团的奇数营要以营为单位右转 90 度，或以连为单位右转 45 度，偶数营则要执行向左变换。第四个团在收紧队列后组成方阵背面。

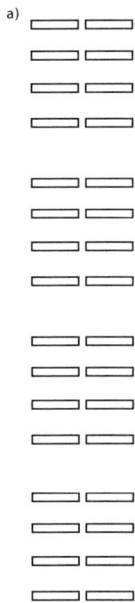

图 5.7 空心方阵（奈伊）。

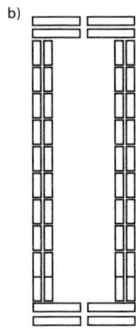

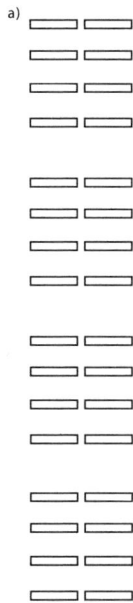

图 5.8《1791 年条令》第十二条描述的方阵；
反骑兵部署，图版 40。

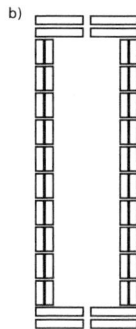

八

总指挥可以解散方阵，将与此前一样的纵队队形展开成并列纵队，第一个团应当以连为单位向右运动，给第二个团让开正面空间，后者随后应当向前推进一个分营区间，以此构成整体战线的基础。第一个团应当停下来列成并列纵队，第三、四个团应当以连为单位向左运动，直至相继与第二个团齐平为止。

如果要在向前推进时以第二个团为基准展开成并列纵队，纵队就应当收拢成分营间距，然后前进并旋转。

但如果总指挥打算列成两条战线，奇数团就应留在原地，偶数团则执行上文指定给第三、四个团的动作。

九

然而，如果总指挥发现此前在机动四中描述的动作执行起来太缓慢，他就可以

143

列成一个正面为团宽度的纵队。他要下令列成右翼居前、以每个营的执旗分营[8]为基准的紧密纵队,将纵队收紧成密集纵队后,他能用密集的营纵队为单位排成并列纵队,也能以任何指定的营为基准展开成横队(《1831年3月4日条令》[9]中采用了最后一种机动)。

十

4个团已经展开成横队,总指挥想要立即列成两条战线,让奇数营作为第一条战线、偶数营作为第二条战线,他就应当以奇数营的第4分营为基准、右翼分营居前列成多个紧密的团纵队,然后以第二个团为基准收拢成横向间隔为营间距(就是营展开成横队的宽度)的并列纵队,此后以每个营的执旗分营为基准展开成横队。

十一

如果指挥官想让左翼居前的纵队在行进中展开成自然序列的团横队,(假定奇数营在第一条战线,偶数营在第二条战线)他应当命令以每个营的执旗连为基准,让右翼向前行进变换正面。如果情况与此相反,他希望让右翼居前的纵队在行进中展开,变换正面时就必须以每个营的执旗连为基准,让左翼向前行进。这样,各个营就形成了次序颠倒的战线。

如果偶数营在第一条战线,而奇数营在第二条战线,右翼居前的纵队也可以在行进时展开成团横队,做法是以每个营的中部为基准,让左翼向前行进变换正面。如果情况与此相反,纵队左翼居前,那么就要让右翼向前行进变换正面。这种情况下,各个营在战线中的次序也会随之颠倒。

十二

4个团或8个营组成的战线按照机动五的方法完全展开成横队,如果总指挥打算让这8个营以2个靠得很近的纵队行进,从而掩盖其实际兵力,让行动更为准确,那么各个团应当向后列成以分营为单位的纵队,也就是说:第一个团左翼分营居前,第二个团右翼分营居前。第三、四个团也要采用同样的行动。发出下列命令:"奇数团左翼居前,向左向后列成纵队;偶数团右翼居前,向右向后列成纵队。"[10]

"以横队行军并延长正面宽度"

一

以横队行进的基本原则在《1791 年条令》中已有足够清晰的描述。

士兵和营直接沿阵地排布，精准地保持齐平；当横队开始行进时，军旗通常位于正面前方 6 步处，目的在于给出步调，作为中间指引点，防止某营在行动中偏离指定路线。

这样的措施本身是好的，但在实战中很少能够得到执行。不过，如果团仍然继续使用这种做法，我倒认为下列做法可能更适用于实际情况，能够让整个横队都看到行进方向，也便于横队在下达停顿命令后恢复齐平。

先下达命令"营（或横队）前进"，军旗要留在队列里；指定的基准营应向前 3 步，这样基准营的队列收拢人就恰好与左右两边的营的前列位于一条直线上。其他营的总基准兵也应当来到同一直线上。当下达"停止"命令后，整条战线均应与基准营齐平。无论第一条战线在何时展开刺刀冲击，基准营都不应脱离它在战线中的位置。

鉴于在实战中多次出现的情况，延长战线正面宽度可能会带来不小的好处，总指挥可以在必要情况下采取如下措施：假设有 4 个团或 8 个营列成一条或两条战线，它须要在两翼增加若干营以延长战线正面。如果让第一条战线的两翼多出 4 个营，（右翼）那些营的第三列人员应当向右向后转，朝后走 30 步再向前转，然后迅速重整成二列横队，以倍步 ① 上上前增援第一个营的第 1 连。每个连的第三列中都应当配备 1 名中尉和 2 名军士。军士应当置于排的右侧，中尉应当行使上尉职责。据此组建的两营制新团应由一位营附负责指挥，还要给他配备 4 名鼓手。左翼两个营的第三列也应当列成同样的阵形，但各连应当执行与右翼方向相反的运动。这些新营应当根据具体情况投入使用。

"越线换防"

越线换防除了可以采用条令中明确规定的方式外，还可以由纵队以不同的方式实现。

---

①原注：本书参考的著作版本是英文版，并不清楚这个"倍步"是冲锋步法还是跑步。不过，这可能还是跑步。[11]

一

由 4 个团或 8 个营组成的两条战线须要在向前行进中以纵队展开越线换防。第一条战线保持不动，第二条战线上的营以连为单位向右开进，然后径直向前，从右侧越过第一条战线的各个营后，营纵队先头连转而向左开进，要么以第 1 连或第 1 分营为基准，要么以中部某个分营或纵队组成单位为基准，恢复成横队。不过，如果总指挥明确希望让第一条战线与第二条战线保持齐平，那么各个营纵队的先头部队应当在从右侧穿过第一条战线后向左前方斜向行进，一直行进到足够消除直线行军中存在的 1 个连横队宽度的差异为止。这种机动既适用于第一条战线，也适用于第二条战线。(《1791 年条令》规定的越线换防方式存在很大缺陷。奈伊在这里用一种以常规纵队完成越线换防的模式取代了旧方式，这是较为合理的做法。《1831 年 3 月 4 日条令》中的机动与该方式非常相似。)

第二条战线的营也可以采用类似方式从左侧绕过第一条战线中的营向前推进。在后面这种情况下，他们应当以连为单位向左行进，从左侧越过原先位于正前方的营并转而向右行进。

向后越线换防也以同样的方式执行：第一条战线中的营向右转，以连为单位向右行进，向前进，转向左侧，从左侧越过第二条战线各营。两条战线均可如此越线。

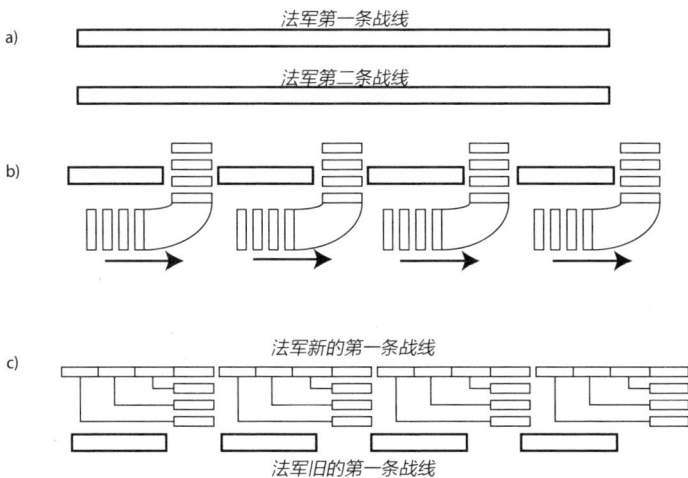

图 5.9 以营为单位越线换防（奈伊）。

二

向前越线换防也可以由两条战线的全团纵队完成。在此情形下，第二条战线必须列成右翼居前、以偶数营的第一分营或奇数营的第 4 分营为基准的紧密团纵队。每一个纵队都应当向前开进，穿过第一条战线中位于自己前方的团，从该团两个营的间隙中通过。在拉开足够间距后，每个纵队都应以其中某个指定的分营为基准展开成横队（因此，纵队必须让它的最后一个连越过处于静态的战线）。要让第二条战线的团执行向前越线换防，也可以采用后一种方式：让越线部队跟随中部部队通过。这种模式或许更加可取，因为这样的机动花费时间更少，纵队先头部队也可以立即展开连齐射。

事实证明，如果距离敌军太近，以团纵队向后越线换防是十分危险的。因此，在实战中只能使用条令中规定的在第一部分里业已提及的营纵队。

假设要全线发起进攻，第二条战线里每个团的纵队先头部队都要推进到第一条战线里前方对应团的两个营的横向间隔中，这样就结合了厚阵与薄阵[12]，让整体冲击更有力量。当行动结束时，各团都应当向前展开成横队。

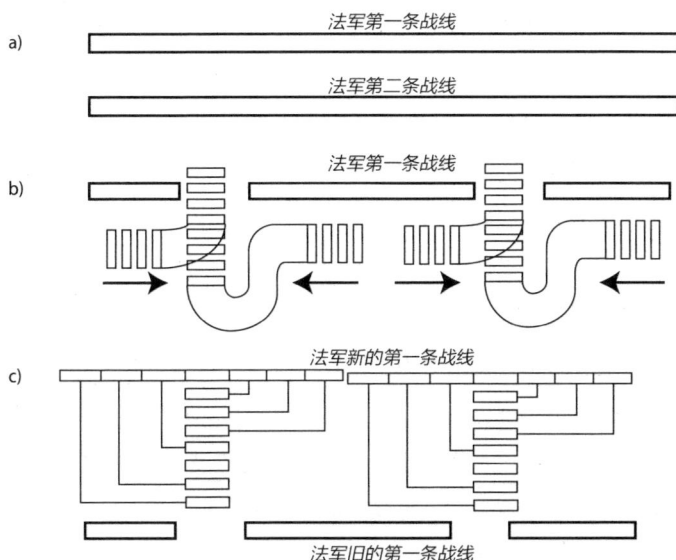

图 5.10 以营纵队为单位越线换防（奈伊）。

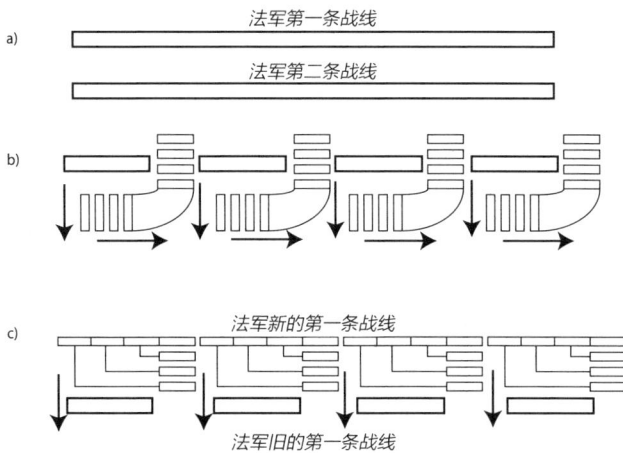

a) 法军第一条战线

法军第二条战线

b)

c) 法军新的第一条战线

法军旧的第一条战线

图 5.11 以团纵队为单位，向后越线换防（奈伊）。

"以梯队行进或进攻"

这种机动在战争中是有极大益处的，但它须要部队非常完美地行进，这样才能快速、灵活地协助攻击敌军，并未投入战斗的各个营也能够警觉地执行实战所需的任何行动。

一

列成两条战线的 8 个营要进攻平行于战线正面的敌军，攻击敌军右翼。行动应始于我军左翼，视情况所需以团或营为单位列成全间距的梯队。当第一条战线最后一个营向前行进后，第二条战线最后一个营就应当跟着它，其余各营也要紧随其后。假设敌军让右翼内收防御，摆出要用左翼攻击行进中的梯队右翼的姿态，在此情况下，所有营都应当以营为单位一齐右转；也可以出于让行动更紧凑迅速的目的，以两条战线中每个营的执旗连为基准，让左翼向前行进变换正面。完成这一机动后，各营可以继续以梯队发起攻击，也可以向前推进，以两条战线右起第一个营为旋回轴或支撑点展开成横队。在这一行动中，两翼可以交替发起攻击。

如果要攻击敌军战线左翼，我军的行动就必须从两条攻击线的右翼开始。以营为单位转向必须是左转；在变换正面时则要让右翼向前行进。

148

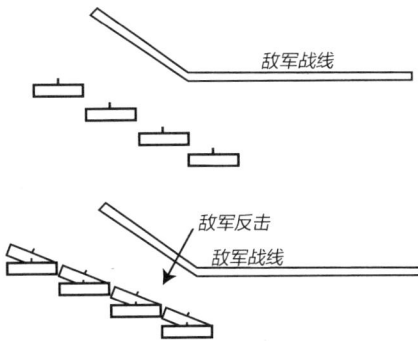

图 5.12 以梯队向右攻击（奈伊）。

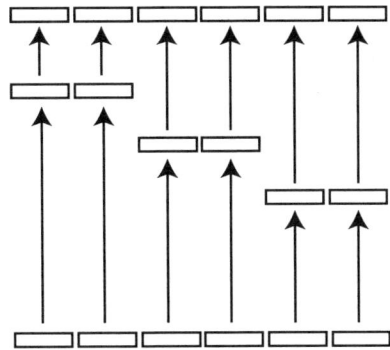

图 5.13 以梯队向右攻击。《1791 年条令》, 战线变换, 第 496 条, 图版 37。

二

如果总指挥只希望让第一条战线以营为单位列成梯队，从左翼或右翼发起攻击，梯队排列完毕后，各营在行进间应保持全间距。如果遭遇骑兵攻击威胁，当攻击始于己方战线右翼时，每个营都应当列成右翼居前、以执旗分营为基准、以分营为单位的连间距纵队；当攻击始于左翼时，就应当列成左翼居前的纵队。纵队列队完毕后，每个营纵队的先头分营都应当保持不动，第 2、第 3 分营中的奇数连应当右转，偶数连左转，第 4 分营应当在靠拢后转身，这样，以梯队形式排列的各个营就形成了各个方阵。

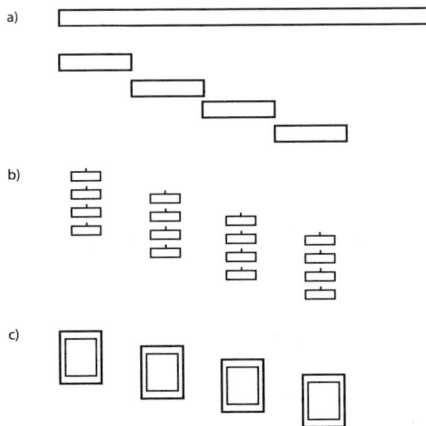

图 5.14 以第一条战线发起攻击，抵御骑兵进攻（奈伊）。

三

　　一般而言，让梯队从中路发起进攻是一种十分危险的机动，不宜在战争中频繁使用——除非总指挥确信敌军的确已经鲁莽地从中路抽调部队增援两翼。如果真的出现这种状况，当梯队攻入敌军中部后就可以守住阵地，分割敌军两翼，迫使敌军孤立作战。攻击中路须要进攻方在行进时表现出高度的果断与敏捷。

　　假设第一条攻击线由 8 个营组成。在此情况下，行动应始于第四、五个营向前行进半间距，其余各营此后也应当以半间距跟随，这样的行动就可以较好地集中兵力。让第二条战线只以横队行进是鲁莽之举，第二条战线可以用于支援第一条战线的梯队两翼，在必要情况下也可以收容、保护须要重整队形的第一条战线。

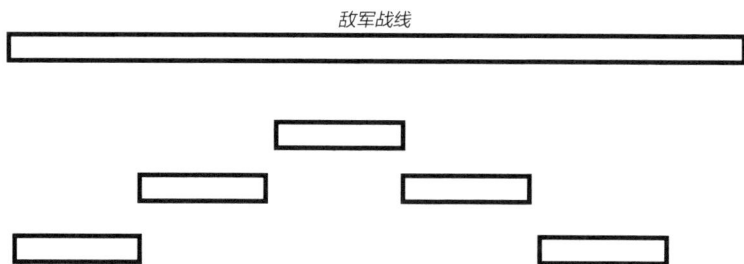

图 5.15 用以中部为基准的梯队发起攻击（奈伊）。

"以交错队形退却或交替退却"

　　两条战线可以根据条令所述原则，以交错队形 [13] 进行退却，方法是以营为单位后退 100 步或 150 步。但为了能够让各个营轮流由守势变为攻势，第二条战线的偶数营不用和第一条战线的偶数营同时后退，它们可以在第一分营后方列成以分营为单位、右翼分营居前的全间距纵队或收紧成半间距的纵队，然后从右侧绕过第一条战线中正在退却的偶数营，在第一条战线奇数营的左后方几法寻 [14] 处展开成横队。在后退持续期间，这一行动可以由两条战线交替执行，也可以由奇数营和偶数营交替执行。

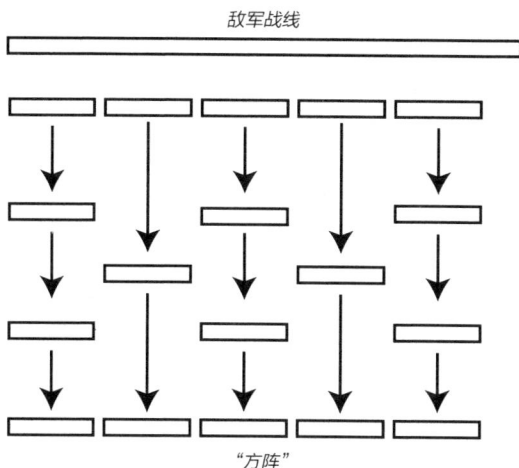

敌军战线

"方阵"

图 5.16 以交错队形退却。《1791 年条令》, 变换战线, 第 452 条, 图版 34。

"方阵"

根据皇帝的教令, 方阵的厚度应当是三列（在 1805 年及此前）; 有时也可以根据《1791 年条令》中规定的原则让方阵里的各边厚度从 1 个排变为 2 个排 [15]。团也能采用让单独的团纵队变阵后向四面开火的方式, 正如在实战中常见的那样, 部队通常会以这种队列行进, 让士兵习惯这种做法是有好处的。

一

4 个团以留有横向间隔、以连或分营为单位的团纵队穿过平地。如果他们遭到骑兵的攻击, 没有时间列成规定的方阵, 团就应当收拢成密集阵, 位于旋回轴所在一翼的 3 个伍（假设纵队以右翼居前）应当向左列队, 位于另一翼的 3 个伍应当向右列队。最后一个分营也要后转（就像奥军采用的营密集阵）[16]。

二

可要是两条战线中的 4 个团以纵队行进, 就要谨记让第一条战线第一、第二个团列成右翼居前的纵队, 如果纵队以连为单位, 就要以偶数营第 8 连为基准, 如果以分营为单位，就要以偶数营第 4 分营为基准；第二条战线第一、第二个团也要列成右翼居前的纵队，但他们要向后开进，或以奇数营第 1 连为基准，或在列成以分营为单位的纵队时以奇数营第 1 分营为基准。这样的安排将使总指挥能够列出方阵，他既可以让半间距分营纵队的奇数连右转、偶数连左转，也可以在收拢成密集纵队后让纵队右、左两侧各 3 个伍分别像上文那样转向左右两侧。要是情况许可，部队还可以列成十字交叉队形，这样，可能出现的交叉火力就不会给部队造成麻烦。

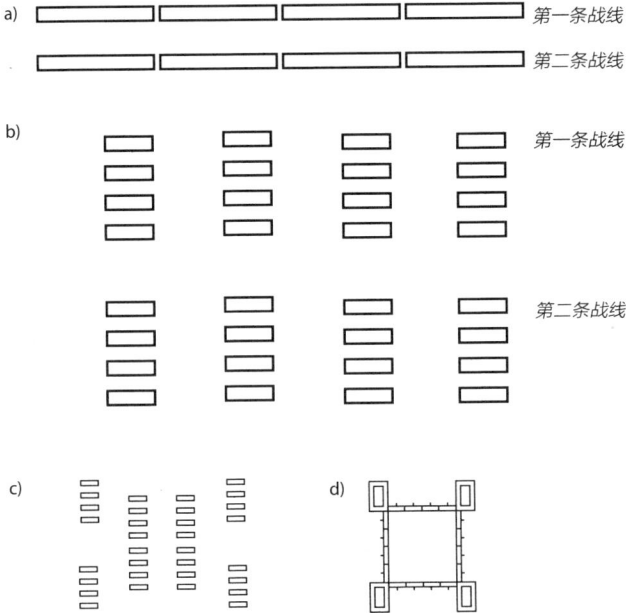

图 5.17 列成十字交叉队形（奈伊）。

三

4 个团也可以用如下方式列成纵队：第一条战线第一个团在前进中列成右翼居前、以偶数营第 4 分营为基准的纵队，第二个团向后列成右翼居前、以奇数营第 1 分营为基准的纵队，第二条战线第一个团在前进中列成左翼居前、以奇数营第 1 分营为基准的纵队，第二个团向后列成左翼居前、以偶数营第 4 分营为基准的纵队。

四

列成两条战线的 4 个团也可以轻松地列成空心方阵，将在行军中须要掩护或保护的辎重和作战工具放在方阵里面。在此情况下，两条战线上各营、各团之间不应当留有横向间隔。第一条战线第一个营应当转成以连为单位、左翼居前、以第 8 连为基准的全间距（前后间距为连横队宽度）纵队向后，同一条战线第四个营应当在第一连之后转成以连为单位、右翼居前的纵队；第二条战线第一个营在行进中列成右翼居前、以第 8 连为基准的纵队，第四个营在行进中列成左翼居前、以第 1 连为基准的纵队，让右侧部队以连为单位右转后，就可以将方阵右侧闭合，左侧部队左转后也会将左侧闭合。第二条战线第二、三个营必须向右向后转。掷弹兵可以安排去保护方阵内外的突出部。

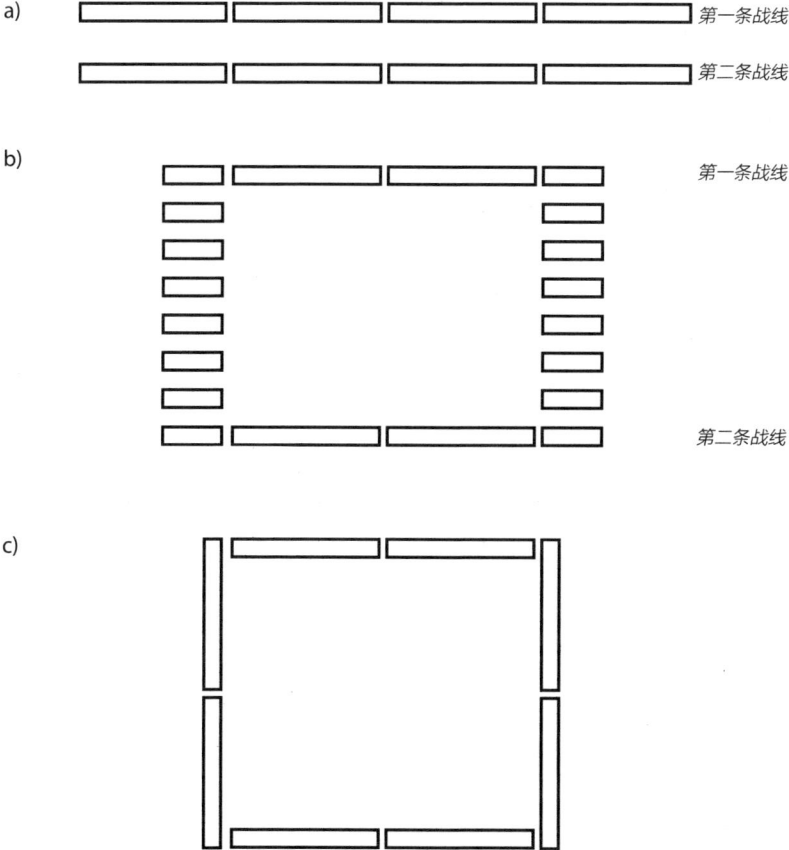

图 5.18 由多个营组成一个方阵（奈伊）。

译注：

[1] 默尼耶原文称"在每个旅当中，某个营密集纵队的第一列与后续营的第一列间距应定为分营正面宽度的 1.5 倍"。参见 Meunier H. A. J. Évolutions par brigades. Paris, 1814, p. 16。

[2] 此处原文为 distance de bataille，比对上下文和图版后，该间距应当等于一个营密集纵队的深度。

[3] 即 1.5 个分营横队宽度或 66 步。参见 Ibid., p. 18。

[4] 垂直（英：perpendicular，法：perpendiculaire），意为部队行进中一个或多个人相对于某一个或多个指定点均匀、笔直的推进。参见 James C. A New and Enlarged Military Dictionary. London, 1802, 'PERPENDICULAR'。

[5] 本书原文漏译"第一条战线第二个营的第 8 连"，此处据法文原文补出。参见 Ney M. Mémoires du Maréchal Ney. Paris, Londres, 1833, vol. 2, p. 324。

[6] 本书原文误作"各分营"（divisions），此处据法文原文修改，出处同前。

[7] 本书此处存在漏译，此处据法文原文补充修订。参见 Ibid., vol. 2, p. 326。

[8] 根据《1791 年条令》，法军步兵营中的执旗部队位于第四连第二排左侧，执旗分营即第 4 连所在的分营。在右翼分营居前的营纵队中，执旗分营指的是第二分营。参见 Règlement concernant l'exercice et les manœuvres de l'infanterie du 1er aout 1791. Paris, 1791, p. 6。

[9] 该条令全名为《1831 年 3 月 4 日步兵训练与机动条令》，文中所述的机动参见 Ordonnance sur l'exercice et les manœuvres de l'infanterie du 4 mars 1831. Paris, 3e partie, 1831, p. 232-233.

[10] 本书该段译文有误，此处据法文原文译出，参见 Ney, 1833, vol. 2, p. 333-334。

[11] 此处的"倍步"对应原文为"快步"（pas accéléré），即每分钟 100 步，并非每分钟 120 步的冲锋步法或每分钟 200—250 步的跑步。参见 Ibid., vol. 2, p. 334-335。

[12] 本书此处摘引的英译文本误将薄阵译成"混合队形"，据法文原文修正。参见 Ibid., vol. 2, p. 338。

[13] 交错队形（échiquier），字面意思为棋盘，指部队如同国际象棋棋盘上的同色格一样交错排列。

[14] 法寻（toise），亦译突阿斯、托阿斯，法国旧制长度单位，1 法寻约合 1.949 米。

[15] 即列成厚度为六列的方阵。参见 Règlement concernant l'exercice et les manœuvres de l'infanterie du 1er aout 1791. Paris, 1791, p. 408-411。

[16] 此处法文原版还有一处脚注，称"这种队形已被用于列阵抵挡骑兵"，参见 Ney, 1833, vol. 2, p. 351。

法国革命军战术：
冲击纵队与其他战斗队形

第六章

人们广泛理解并认同的一点是，法国革命军为了成功调和书面条令和军队、士兵的实际能力，曾努力采用过多种战术。

1803 年，炮兵上校大德东（Dedon Sr）出版了一本极不寻常的战术专题论述[1]。其中许多内容似乎与条令吻合，也有一些存在分歧。此外，书中的某些观点提供了关于营级战术十分有趣的洞见。

德东在研究中展示出的与条令的差异之处可能是在战场上得到实际应用的队形与机动。我之所以这么说，是因为《1791 年条令》从未变更，甚至没有去迎合《1808 年 2 月 18 日法令》所强加的变化——这条法令将步兵营从八连制改为六连制。第三章已经详尽地讨论了营长指挥下的机动变化。此外，如果像德东这样的一位高级军官都在展示这些队形的用法并着力加以推广，他就应该有机会让一个营进行这种训练，以研究此类机动的可行性，也可能他曾在会战中目睹过这些队形和机动的用法。

对于展开后的步兵营，德东的示意图相当有趣，它展示了与条令略有不同的军官、军士位置。它也将左半个营的军官部署在他们所属连的左侧。

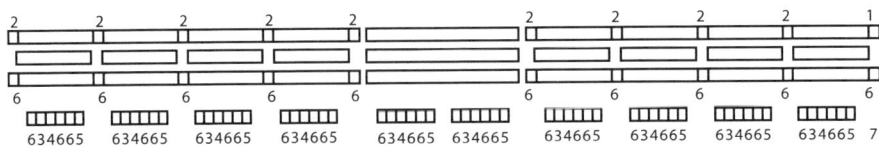

1= 掷弹兵上尉 2= 燧发枪兵上尉 3= 中尉 4= 少尉 5= 上士 6= 中士 7= 掷弹兵军需下士

图 6.1 展开成横队的营，如德东所展示的那样。德东，《关于步兵条令的论述》，第 4 页，图 1。
（注：在这幅示意图中，队列收拢人这一列被压缩了，他们之间的距离也被抹去了。）

在右半个营里，最右侧两个排被称作第 1、第 2 排，组成了第 1 半连[2]。这些排在左侧两两配对，组成了后续各连。

这种将连分成第 1、第 2 半连的划分"在我军的条令中并不存在，但它是"营"编组冲击纵队和缩减宽度、扩大纵深所必需的"。这非常清楚地表明了德东的说法源自使用冲击纵队的实际经验，是为了弥补《1791 年条令》中的若干不足之处。

在左半营中，半连、排和伍是从左到右依次编号的。军官和军士的所处位置恰好与右半营互为镜像。

一切纵队机动都要尽可能以密集队形执行，都要以中央为基准。德东描绘并大力鼓吹了便于进行此类机动的部署方式,这种方式要优于《1791 年条令》中的方式。

对于右半营,德东计划让上尉身处连的第一列右侧,让资历最老的中士位于上尉身后的第三列,这就和《1791 年条令》中规定的一样。但正如我们所见,其余部分与《1791 年条令》不同。中尉进入了队列收拢人一列,位于第 2 半连第 2 伍之后两步,他身边是资历排在第二的中士,位于第 3 排中部的后方。

少尉位于第 2 排倒数第二伍之后。上士则位于第 4 排同一伍之后。资历最老的中士就在上尉身后,位于第三列。第二中士位于第 3 排中部之后,第三中士位于第 2 排右起倒数第二伍之后,第四中士位于第 4 排右起第二伍之后。掷弹兵连的军需下士位于第 1 排右起第二伍之后。这个半营剩下的 4 名军需下士组成了护旗队。每个连的 8 名下士都位于第一列,身处每个排的左侧和右侧。

德东计划让左半营以下列方式排布:上尉身处连的第一列左侧,让第一中士位于他身后的第三列。中尉身处队列收拢人一列,位于第 2 半连左起第二伍之后 2 步,他身边是第二中士,位于第三排中部之后。

少尉站在第 2 排倒数第二伍之后,上士站在第 4 排倒数第二伍之后,第一中士又一次站在上尉身后的第三列,第二中士站在第 3 排中部之后,第三中士站在第 2 排左起第二伍之后,第四中士站在第 4 排左起第二伍之后。

各个连的军需下士又一次被分配到护旗队里,每个连的下士都被部署到第一列,身处每个排的左右两侧。

鼓手排成两列,位于队列收拢人身后 30 步处,恰好处于第 5 连之后。鼓手长站在第一个营的鼓手前面,其他营的鼓手前面则站着鼓手下士。乐手站在第一个营的鼓手旁边。

在战斗中,上士们要位于第 4 连之后,站在队列收拢人后方 12 步处。军士长们站在同一条线上,位于第 6 连之后。之所以要让军士长们身处这样的位置,是为了让他们能够重复营长们和半旅长们发布的口头命令。

德东认为,这种组织结构和对骨干人员的部署方式可以优化部队单位编组成冲击纵队的能力,正如我们在后文所见,这似乎是他偏爱的队形。

德东表示,当营在进行收拢和展开时,以中央为基准的冲击纵队是速度最快、机动最准确的队形。第三章中已经清晰地阐述了这一点。他认为假如须要“突入敌军”,自己的组织结构让营可以分成 2 个半营。在他看来,这种做法可以让营去攻击敌军两翼。

德东说，要是能够拥有冲击力或支援，攻击就应当以纵队形式完成，而且不应当将以分营为单位、以两翼为基准的纵队排除在外：

可以用两种方式列成冲击纵队：以全连为单位向左或向右列成纵队，或以半连为单位向左或向右列成纵队，要根据具体情况选择纵深多少。[3]

可以根据实际需求编组冲击纵队，纵队内部间距或根据《1791年条令》中的规定，或留出一个排间距，而且必须习惯以密集纵队展开机动。

德东表示冲击纵队要根据具体情况列队，既可以由2个营组成，也可以由4个营沿纵、横两个方向组成，相邻两营之间只留出1个排间距，可以由4个掷弹兵排填补营头部或尾部的空隙。高级军官在行进当中要位于他们的营或团侧翼并保持齐平。鼓手在他们所属的营或团纵队之后行进。

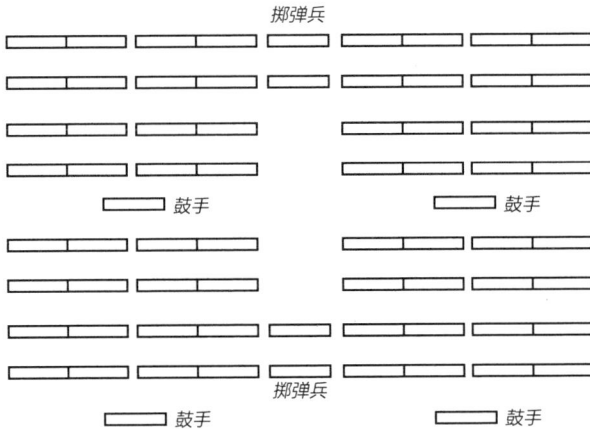

图6.2 德东上校描述的由4个营组成的冲击纵队。德东，《关于步兵条令的论述》，第14页。

德东表示，当以连为单位的冲击纵队收拢成密集队列时，连与连之间应当留有1步的间距，让连指挥官、候补指挥官和连的军官与军士（也就是队列收拢人）在这1步的间距内找到作战位置。德东对这些人的确切位置进行了长篇讨论，这里就不再重复了。他的确表示这些来自队列收拢人行列的人要部署到营的内部，以此预防营内出现混乱，从内部抽调新人替换伤亡者的速度也会随之加快。

德东所设计的是一种十分厚重的纵队，它和梅尼尔 - 迪朗主张的马其顿密集阵非常相似。人们通常认为吉贝尔的战术体系以《1791 年条令》的形式进入了法军，梅尼尔 - 迪朗的厚重纵队则只是偶尔得到运用。甚至可以说麦克唐纳在瓦格拉姆的纵队就是这样一种厚重纵队，埃尔隆在滑铁卢以师级规模发动攻击时用的可能也是这样的纵队。

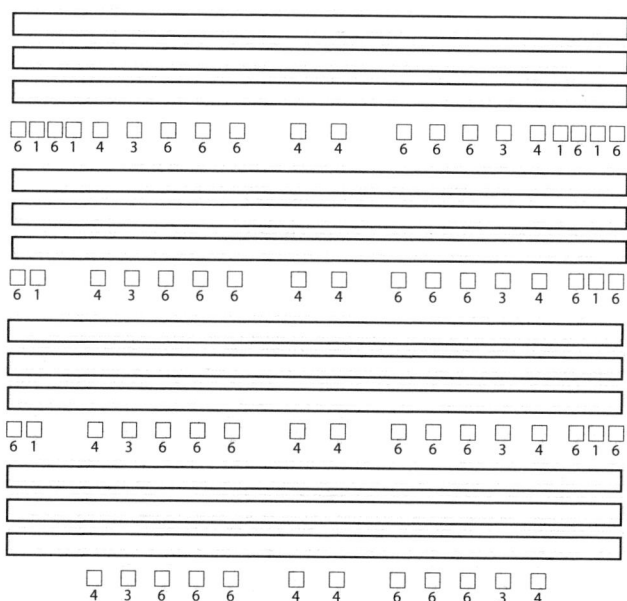

1= 掷弹兵上尉 2= 中尉 3= 少尉 4= 上士 5= 中士

图 6.3 德东描述的冲击纵队。德东，《关于步兵条令的论述》，第 17 页，图版 4。

德东表示，如果希望增加纵队厚度，可以将横队或以连为单位的冲击纵队编组成以半连为单位的冲击纵队。在后一种情况下，只要采取通常所见的连厚度加倍做法，就可以完成队形变换进程。

纵队通常会编组成密集队形，在朝敌军推进时会收拢成实心密集阵（masse pleine）。德东在极不寻常的一个段落中表示，如果冲击纵队的先头部队击破了敌军战线中部，而敌军两翼剩余部队仍在持续抵抗，就可以将（冲击）纵队从中间分为两半，分别出动半个纵队朝左右两侧发起冲击。半纵队中的半连要朝右转或朝左转，以先头各伍为先导行进，而不是让整个半连旋转去组成垂直于敌军战线的横队。后一种机动是可以完成的，但冲击纵队要向外旋转，列成两个横队的话，此前就得将间距扩大到完整的两排间距（半连间距）。图 6.4 展现了德东所说的机动。

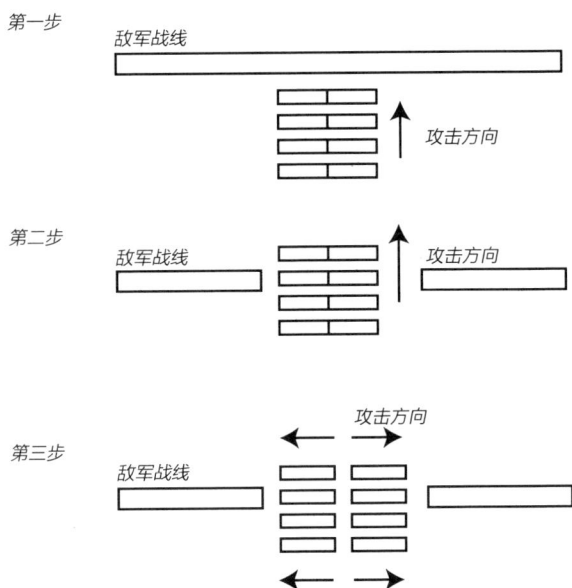

图6.4 冲击纵队突破敌军战线，将其截为两段并攻击两翼的过程。

然而，这种机动并不像人们一开始想的那么与众不同，因为它与福拉尔[4]描述的一种战术完全相同，这种战术后来还被官方采用了。这种机动显然也在七年战争中得到过应用。因此，德东偏爱的这种机动实际上很可能是法国大革命中一种频繁得到运用的战术。

怎样在以密集纵队机动时变换行进方向？德东在谈到这一问题时说明了运动旋回轴应当如何工作。他表示转弯时位于内侧的士兵要以 162 毫米（6.4 英寸）的步幅开始行进，在继续前进的同时沿弧形路线行进。位于外侧的士兵要以 650 毫米（25.6 英寸）的步幅开始行进。位于他们中间的士兵须要与这两人和控制机动的人员——他是一位下士，在最外侧充当机动基准兵——保持齐平。德东也表示机动是以常步（每分钟 76 步）执行的。只要机动单位完成转弯，它就恢复到正常的步幅和适当的步调。德东的注释表明这就和 1788 年的条令 中描述的机动一样。

德东随后将他的注意力转移到越线换防上。他表示那是最为重要的作战机动之一："用在防御中也好，用在进攻中也好，它都是基础性的机动，须要以准确、简明的方式执行。"

在防御场合，德东认为《1791 年条令》中描述的方法太过繁杂。奈伊在他的战术笔记中赞同这一看法。德东觉得在前一条战线退后时，它可能会和第二条战线搅在一起，让这两条战线都面临毁灭。他主张回归到《1776 年条令》中描述的方法。

在退却中，德东的著述要求第一条战线向右转，以便运动到第二条战线之后。第二条战线的指挥官让下属各营列成以半连为单位、以中央为基准的冲击纵队。第一条战线随后就可以轻松地从各个营的横向间隔里穿过，而第二条战线也准备好以指挥官所期望的任何方式行动，既可以展开成横队，也可以用纵队发起攻击。

只要第一条战线退到第二条战线之后，第二条战线就可以迅速重新展开成横队，将间隔完全闭合起来，将强大的正面呈现在可能处于推进中的敌军面前。原先的第一条战线那时就可以在新前线的掩护下重组部队，恢复战斗力，同时充当新前线的预备队。

在攻势——特别是在刺刀冲击——中，德东要求第二条战线上的各营列成以半连为单位、以中央为基准的冲击纵队。它们随后应当奉命前进，在进抵第一条战线所在地前夕让第一条战线打开通道，以便这些营能够通过。

要打开通道，就得让第一条战线的各位营长将位于营中部的两个半连向后变阵，使它们厚度加倍。一旦攻击中的营越过了第一条战线，就让那些厚度加倍的半连向侧翼运动，恢复到原先所处的位置，将第一条战线闭合起来。

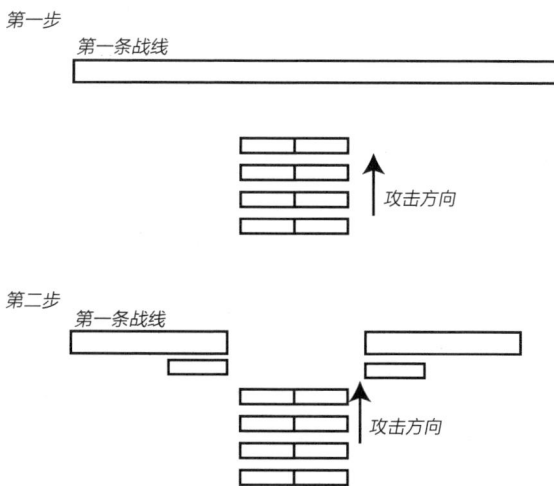

图 6.5 在攻势中变换战线。德东，《关于步兵条令的论述》，第 33 页，图版 6。

一旦各个冲击纵队行进到原前线前方 200 步以外，原前线中的各个营就得重组成若干冲击纵队，准备向前推进，可以根据总指挥意愿作为预备队，也可以作为增援部队巩固这类攻击的成果。

德东也提到了当部队遭遇骑兵攻击时的情况。鉴于他的专题论述完全是基于冲击纵队的应用，他关于变阵为方阵的所有讨论也都是基于冲击纵队的。他讨论的队形与俄军的空心方阵非常类似——都是让位于中部的各个连以排为单位向侧翼运动，使连的厚度加倍，而且机动方法和将队列收拢人部署到间隔当中的做法是完全一样的。

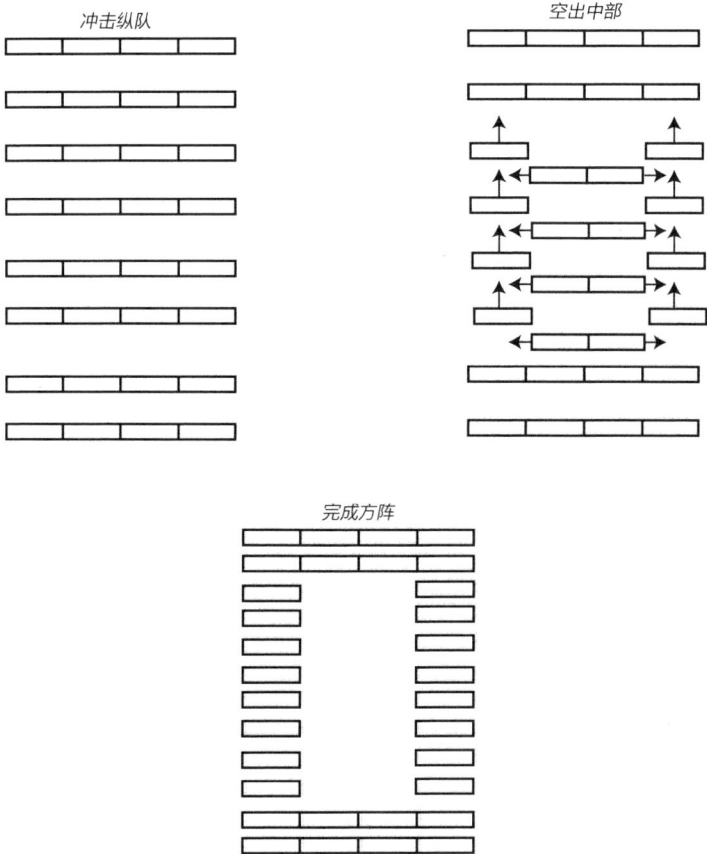

图 6.6 由冲击纵队变为方阵。德东，《关于步兵条令的论述》，第 53 页，图 1-2。

在图 6.6 中，组成方阵侧面的各个排之间的间隔实际上是由队列收拢人填补的空隙。德东也提供了以同一步骤组成的双营方阵示意图，这在图 6.7 中得到了展示。

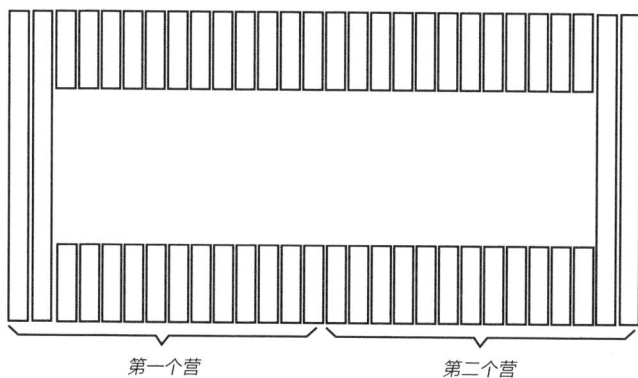

图 6.7 双营方阵。德东，《关于步兵条令的论述》，第 53 页，图 3。

关于德东的专题论述，有趣之处在于它是由一位革命军军官撰写的当代著作，他在书中提到了他认为应该如何完成一件事情，还很好地描述了或许在战场上得到过实际运用的战术和组织。他主张的这类方阵与俄军在其后某一时期使用的方阵是一样的，所以，这很可能是法国大革命时期法军用过的方阵。

关于执行越线换防时应当采取何种方式，德东的论述源自《1776 年条令》，这表明这一流程是众所周知的，也很有可能曾在法国大革命中运用过。事实上，奈伊关于越线换防流程的评论也为德东的理论提供了支持，他不喜欢《1791 年条令》中提出的方法。德东追溯到一套较早的机动方法，奈伊则创造了一种新颖的战术机动，并被纳入未来的条令。

在德东的主张中，唯一没有得到证实的就是他将冲击纵队沿推进轴线分为两半，让这两半各自朝侧翼行进的设想。这种战术设想真的实现过吗？很难说。在准备这一研究课题时，笔者并没有找到任何一份哪怕有一个段落详尽阐述这种机动的确发生过的文献。然而，缺乏这样的发现并不能排除出现过这种机动的可能。

文献记载的法国大革命战术

在与法国大革命时期相关的著作中，只有少数几部提到了法国革命军使用的战术队形的诸多细节。不过，毕竟还有一些著作的确提供了关于这一时期法军战术的若干洞见。

在战争于 1791 年 [5] 爆发之前，王家军队的军官们深知吉贝尔与梅尼尔 - 迪朗间的理念之争，前者主张采用横队与纵队的混合运动，而后者主张将纵队用作"现代"战斗所需的唯一战术队形。图 6.4——德东的"冲击纵队突破敌军战线，将其截为两段并攻击两翼的过程"——就是梅尼尔 - 迪朗一派理念的极好例证。

结果，法国军官团分成了三个阵营：支持吉贝尔的人、支持梅尼尔 - 迪朗的人和同时接受双方部分看法的人。有迹象表明，大部分人的看法是将横队用于交火，将纵队用于攻击村庄、据点和堑壕工事。

容基埃（Jonquière）在他的著作《热马普会战》（La bataille de Jemappes）中和科林一样给出了有关作战的详尽论述。科林在他的记载中引用了迪穆里埃就热马普会战发布的如下命令："正午时分，所有步兵都要列成营纵队。"容基埃将这些纵队确认为紧密（serré）纵队。法军随后以这一队形朝奥军占据的村庄和堑壕推进。

这个战斗队形不会持续太久。迪穆里埃命令费朗（Ferrand）将军不要再用火力准备去消遣敌军火炮，而要"果敢"①地端起刺刀推进。迪穆里埃命令费朗以营为单位动用纵队，并将该队形保持到攻入村庄为止。他建议费朗让各个营以纵队发起此次攻击，打到卡尔尼翁（Quaregnon）村后也要保持这一队形，直到费朗的右翼部队与中央师的左翼接触后再展开。迪穆里埃的部署得到了执行。

费朗已经让他的部队以伍为单位展开了三轮射击。而在右侧，当皮埃尔（Dampierre）将他的部队编成了冲击纵队，这并不是密集纵队。奥军火炮对法军展开轰击，这是为了阻碍推进或打乱队形。迪穆里埃将军命令他将纵队展开，但当皮埃尔 [7] 认为 40 门火炮的火力实在太强劲了，让他无法展开这种机动。

尽管如此，法军还是毫无差错地完成了机动。这 8 个营一展开成横队，就以冲锋步法前进。这支部队由 2 个轻步兵营、4 个战列步兵营和 4 个巴黎志愿兵营组成。

迪穆里埃表示，这些营就像是在和平时期的阅兵场上一样完成了这个最为复杂的机动，这清楚地表明了参战官兵精通这一时代的线式战术，他们并不是刚刚入伍

---

①原注：这里使用的术语是 tête baissée [6]，意为"低下头"，在这段背景文字中的字面意思是"像公牛一样"。

的新兵。这是用纵队机动，进入打击范围，展开成横队，然后以刺刀发起冲击的出色范例。

在林巴赫（Limbach）战斗、圣安贝尔（Saint-Imbert）战斗、凯特里希（Ketterich）保卫战和比奇（Bitche）退却战里，摩泽尔河军团依然以线式队形作战。在皮尔马森斯（Pirmasens）的灾难中，有迹象表明莫罗（Moreau）原本希望采用线式战术。他让自己的部队以厚重的纵队推进，可战场上并没有足够的空间用于展开，落到各纵队先头部队身上的奥军[8]火力很快就让他们陷入混乱。

在凯泽斯劳滕（Kaiserslautern）会战中，安贝尔（Ambert）将军用以下文字描述了他对普军后方的攻击："我让我军前卫部队在奥特巴赫（Oterbach）之前列成横队。我随后命令组成我部纵队的各个营列成以分营为单位的密集纵队，这样它们就可以运动到前卫部队后方。轻型部队赶往奥特贝格（Otterberg）峡谷与普军展开散兵战。"

法军的基本队形是让散兵位于前方，其后先是一个步兵横队，以提供阻挡敌军所需的火力，再是列成纵队的步兵密集队形，横队掩蔽着纵队，让它们能够机动到任何可能出现的缺口中。就完整描述法军步兵在战斗中所用队形而言，这也是一个罕见的案例。

在肖蒙征召兵营（Bataillon de Réquisition de Chaumont）营长吉拉尔东[9]的日记中，有一段描述了这个营接敌时的战术部署。该营在某天上午使用以分营为单位的全间距纵队行进，直至遭遇敌军并展开成横队为止。这再次展现了线式战术和源自吉贝尔派的战术的进程。

在随后的日子里，吉拉尔东表示军团司令向下属发出要求，让各个师以旅为单位进军，右翼居前，列成密集纵队，以便通过村庄，并准备好立刻展开成横队。一旦观察到敌军，各个纵队就要以第一个营的第一连为基准展开。当法军接近诺伊施塔特（Neustadt）时，奥军立即撤退，法军随后继续以横队前进。

在诺特韦勒（Nothweiler）附近历次战斗的细节当中，吉拉尔东日记清楚地表明，由于地形崎岖不平，所有战斗都是以散兵或小纵队展开的。

和其他任何时候一样，1793 年的步兵营会将散兵分派出去。吉拉尔东描述了这个过程，比如从每个营抽出大约 100 名散兵。

在米特海姆（Mietesheim）附近的一次交战中，7 个营奉命前进夺取米特海姆附近一片小林地的边缘地区。每个营抽调出 100 名散兵，把他们派到前方去肃清林中的奥军。不幸的是，奥军散兵一直保持着相当猛烈的火力，这导致法军各营无力支援散兵，被迫选择退却。

法军似乎在每场交战中都让每个营投入 30—100 名散兵，鉴于法军步兵当时并没有腾跃兵连，掷弹兵连则通常从步兵营中剥离出来混编成掷弹兵部队，这些人都是从燧发枪兵连里抽调的士兵。这些散兵在抽出后通常会合并成一支部队，在法军前方行动。

以上诸多战术的应用次数是难以记录的，不过，约翰·林恩博士（Dr John Lynn）在《共和国的刺刀》（The Bayonets of the Republic）一书中准备了一张列表，举出了 1792—1794 年间在战斗中使用各类队形的状况。那张列表总结如下：

表 6.1 1792—1794 年间在战斗中使用的队形

队形	用法	发生次数
横队	防御	13
横队	退却中的防御	7
横队	通过隘路时的防御	2
横队	预备队形	17
横队	支援散兵	6
横队	行进	3
横队	攻击	3
纵队	攻击，展开成横队	1
纵队	攻击，特别指出是"纵队"	14
纵队	冲击，"以队形/密集纵队"	9
纵队	刺刀冲击	7
纵队	攻击骑兵	4
纵队	预备队形	3
纵队	退却，机动队形	3
纵队	以连为单位的纵队	5
方阵	方阵	6

此外，法军散兵并不总是特别奏效。迪埃姆[10]清楚地表示，根据他的经验，法军轻步兵总是在人数上处于严重下风，奥军则有效地运用了他们的轻步兵，让这些人绕到法军步兵营侧翼，随后隐藏在可能发现的特征地物之后展开攻击。的确，布罗西耶[11]在 1800 年评论说，1792 年的奥军在攻击时总是伴随着乌云般的散兵。[12]

这表明正是奥军教会了法军如何展开散兵战。

　　然而，关于法军轻步兵在数量上总是处于劣势的说法还存在若干分歧。迪埃姆随后指出，法军当中操演较少、训练状况更为糟糕的国民自卫军营时常被用作散兵，这是因为他们不能像王家陆军的残余部队那样成功进行线式运动。他继续表示："实际上，到了1793年年底，可以说法军已经只有轻步兵了。"他提到的这种说法表明了旧王家陆军各个团兵力的衰减和志愿兵单位的扩张。约翰·林恩博士在《共和国的刺刀》中提供了1792—1794年间文献记载的散兵运用情况列表，表格内容如下：

表6.2 1792—1794年间散兵的运用情况

部队类型	发生次数
未知部队	34
未受散兵训练	3
全营散开	6
受过训练的轻步兵	5
受过训练的轻步兵连	6
受过训练的轻步兵营	22

　　显然，法军战列部队在1792年战局中蒙受了相当大的损失，这极大地削弱了能够执行弗里德里希式战争中的线式机动的部队。正在组建中的、正在开赴前线的新部队并不算很熟悉那些机动。尽管如此，线式风格的战术依然得到了运用，训练较差的部队要被用作散兵，直到能够完全掌握线式机动技术为止。林恩的计算清楚地表明以纵队发动攻击的次数要远多于横队，前者是14次，后者是3次。尽管这说明了偏爱纵队攻击的倾向，但必须记住的是，这一计算其实是基于他所参阅的文献资料，并没有涵盖每一场作战。作者往往会在他们的著作中忽略此类细节，这一点可以说是臭名昭著，所以，从数据中或许可以推测出某种倾向，但无法得到确切的证明。

　　法军当中依然拥有大量老兵。新兵数量还不到军队总人数的三分之一，而且这些人即便接受了正式训练，通常也会被分配到连里的第二列，这样就可以让老兵围住新兵。此外，法国共和国政府还出台了鼓励士兵从正规团转入国民自卫军营的措施，这让后者的队列中也出现了非常多的老兵。事实上，这类部队的唯一严重缺陷就在于缺乏稳定性，或者说无法经受长时间战斗和重大损失的冲击。

　　在许多场合，法军部队看到他们的新兵在第一轮齐射过后就迅速逃跑。这不应当归咎于新兵缺少军事训练或对机动理论的掌握不足，而是源于部队缺乏能够让自身面对敌军火力的凝聚力或集体勇气。1793 年是法国新军接受训练的一年，到了 1794 年，他们便能参与长时间交火了。关于溃逃，在 1814 年强攻贝亨奥普佐姆（Berg-op-Zoom）的战斗中，两个经验丰富的英军步兵营——第 55、69 步兵团[13]——只不过因为在黑暗中突击要塞，就出现了崩溃和逃跑。当时既没有一发子弹朝他们射击，也没有一个法国人出现在视野里。

　　可以说，1793 年和 1794 年的法军所缺乏的就是成功以延展队形或线式队形在敌方火力下持续展开机动的能力。与此相比，法军在 1813 年征召的新兵不仅能够以线式队形机动，还能够在敌军火力下机动，而且，他们是在从征兵站到前线的行军途中学习作战技能的。这可能不仅源于部队本身的能力，也源于指挥复杂机动的骨干力量——军官和军士——的技能与知识。须要注意的是，法军在 1792—1794 年间还经历过一场彻底的清洗，它将几乎所有具有贵族血统的军官都清扫出去，取而代之的是通过选举获得权力的军官。通常情况下，这些新军官从老兵当中产生，因为其他士兵意识到需要有懂得机动的人告知他们应当做什么。然而，不时也会出现无能之辈由于声望、政治正确或年资当选军官。不过，骨干人员的质量总体而言还是极大地下降了。训练这些军官和士兵都须要花费一定的时间，而在法国大革命早期，他们的数量和能力都严重不足。

　　到了 1796 年，法军骨干人员已经开始掌握战争艺术。人们开始看到所有单位都以纵队和横队行动。横队依然是法军青睐的攻击方式，但冲击纵队的使用此时也变得相当普遍。冲击纵队已经演化成了一种得到所有法军将领认可的战术工具，它的使用频率越来越高，可它并不是那种轻率地投向敌军战线、企图迫使敌军屈服的重锤。

混合队形

　　拿破仑似乎是在 1796 年引入的混合队形，并在塔利亚门托（Tagliamento）河十分成功地加以运用。是因为地形不容许法军完全展开才迫使他使用这一队形吗？还是突如其来的天才思维让一种崭新队形出现？这不得而知。可纵队与横队之间的确出现了调和，一个新的战术机动时代开始了。

实际上是吉贝尔本人逐步阐明了混合队形。他表示，将纵队与横队混合起来——不论是让纵队与横队沿同一正面行进还是让纵队协助横队——是完全合理的。他强烈主张在攻击中既使用横队也使用纵队，让二者协同行动，这样就能充分利用两种队形的优点与长处。然而须要记住的是，坐在书房里思考机动理念是一回事，将它们运用到战场上就完全是另一回事了。

罗盖是一位将军的儿子[14]，根据他的说法，这种战术在 1797 年 3 月 16 日由拿破仑首次用于实战，当时法军正在打过塔利亚门托河。

在就军队部署状况写给督政府的报告中，拿破仑表示：

> 每个师〔吉厄（Guieu）师和贝纳多特师〕都将它们的掷弹兵营展开成战斗队形（横队），每个横队前方都有 1 个轻步兵半旅，后方有 2 个掷弹兵营的支援，侧翼则是骑兵。轻步兵展开成散开队形……我命令每个半旅都让它们的第 1、第 3 营以第 2 营两翼为基准列成紧密纵队。

几天后，拿破仑在越过伊松佐（Isonzo）河时再次运用了这一队形。第 12 半旅的部队史特地引述了他亲自干预队形选择的情形：

> 这个师在伊松佐河两岸列成横队。敌军从左岸朝它开炮。总指挥（拿破仑）抵达战场，命令部队根据如下命令列阵：第 12（半旅）列成一个开口的方阵，也就是说，第 2 营列成横队，第 1、第 3 营以第 2 营两翼为基准、以分营为单位列成紧密纵队。第 64 半旅列成以分营为单位、右翼居前的紧密纵队。2 个半旅的掷弹兵在战线左翼列成紧密纵队。上述每个纵队前方都有第 21 轻步兵半旅的一个营。

第 64 半旅的战报指出："该部的一个营列成横队，其他营以与横队成直角的密集纵队紧随其后。"值得注意的是，混合队形在运用时往往包括 1 个列成横队的营和 1 个列成纵队的营。

1800 年，瓦特兰（Watrin）将军和里沃（Rivaud）将军参与了蒙特贝洛（Montebello）会战。瓦特兰在越过平原时将麾下部队列成横队。奥军拥有强大的兵力，并以猛烈的火力炮击法军。瓦特兰让第6轻步兵半旅的两个营在道路右侧列成横队，命令他们包抄敌军炮兵。与此同时，第40半旅的一个营奉命夺取卡斯泰焦（Casteggio）高地，以便包抄奥军另一翼。第40半旅的行动拖得太久，瓦特兰发现奥军已经出兵控制了高地。他从第22半旅抽出1个营与奥军交战，与此同时，这个半旅的剩余部队仍然以横队留在原地。

负责攻击高地的里沃只能以散兵和狭窄纵队作战。第43半旅1营（1/43rd Demi-Brigade[①]）在左路、2营在右路，均以散开队形推进，3营在中路以纵队推进。3营在行进中一枪不发，只是在散兵火力掩护下选择任一翼向前推进。

第96半旅1、2营用以连为单位的紧密纵队通过卡斯泰焦村。通过村庄后，这两个营就展开成散开队形。同样的战术也用在了马伦戈（Marengo）会战中，而且收到了不小于此战的效果。当德赛（Dessaix）抵达战场时，他把布代（Boudet）师列成了混合队形。第1旅在大道左侧列队，部分展开成横队，部分列成紧密纵队。第2旅在大道右侧采用相同部署。包括第9轻步兵半旅在内的第1旅奉命前进。然而，奥军步兵的火力实在太猛烈，竟到了迫使布代让第9轻步兵半旅在全旅前方展开成散开队形的地步。[15] 第2旅也列成了紧密纵队，此时同样奉命前进。

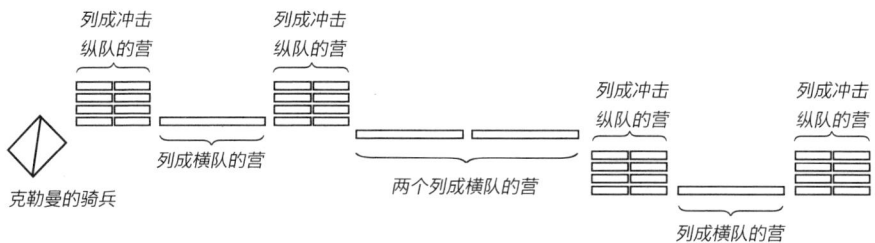

图6.8 马伦戈会战中德赛的混合队形。

1805年，拿破仑让他的军队在布洛涅（Boulogne）接受了训练后，毫不犹豫地让军队投入了实战检验。1805年12月，拿破仑在奥斯特利茨使用了他的混合队形，收到了和塔利亚门托河、伊松佐河战斗一样的效果。他的命令直接表示："每个旅应当让它的第一个团列成横队，第二个团列成以分营为单位的紧密纵队，后者1营位

---

①原注：应读作the 1st Battalion, 43rd Demi-Brigade，即"第43半旅1营"。

于前者 1 营的右后方，2 营位于前者 2 营的左后方。"这就是在塔利亚门托河使用的队形，只不过横队宽度翻了一番而已。苏尔特提到，拿破仑强烈建议他下属诸位将领始终保持两条战列步兵战线和第三条轻步兵战线。他们要让各个营列成以分营为单位的半间距（即连间距）纵队，这样不管在何种情况下，这些营都既能快速列成方阵，又能迅速展开机动。部队要在交战中始终保持这种队形，就算某些营须要展开成横队，也不能将过宽的正面暴露在敌军面前。

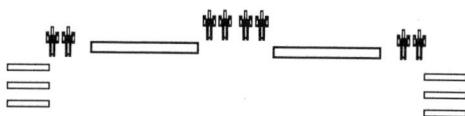

师级规模的混合队形：5 个团，其中第
5 个团作为预备队位于后方 100 码处

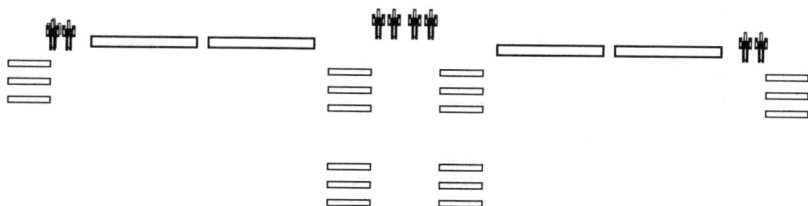

图 6.9 奥斯特利茨会战中拿破仑的混合队形。

然而，尽管拿破仑一再提出建议，可就如何机动部队、在机动中使用何种队形较好等议题，他的将领们似乎都持有自己的意见。一般情况下，拿破仑都准许他的下属自行选择指挥单位的战术部署，奥斯特利茨是非常少见的几个例外之一。

在奥斯特利茨，当旺达姆（Vandamme）面对联军步兵和骑兵时，他在给费雷（Ferey）将军下达的命令中运用了拿破仑的这一部署。费雷旅的第一条战线由两个列成横队的营组成，第二条战线则是两个列成方阵的营。

絮歇（Suchet）写道，在耶拿会战中，为了夺取克洛斯维茨（Closwitz）村，他在破晓之际将克拉帕雷德（Claparède）旅列成拥有 2 门火炮协同作战的横队。右翼的雷耶（Reille）旅列成两条战线，火炮就位于战线间隔当中。第 40 团 [16] 列成纵队，奉命在地形允许的情况下立刻展开成横队，其身后是韦德尔（Vedel）旅，该旅在后方 200 码[17]处列成密集纵队。

当该师抵达林地顶部时，前方的平地上出现了大队骑兵，此时，全师多数部队列成紧密纵队，不过也有几个旅[18]展开了。第 17 轻步兵团弹药不足，它发现自己处于极端不利的境地，第 34 团奉命采用越线换防替换该团。第 34 团 2、3 营以良好的秩序推进，随后奉命以行进间射击（这表明指挥官打算将它们列成横队而非纵队）向 3 个敌军营发起冲击，而且这两个营通过右翼居前的变换正面的机动突破了普军掷弹兵，缴获了配合他们作战的火炮。普军以射击掩护退却，第 88 团的一个营则发动了富有侵略性的追击，第 21 轻步兵团的一个营也列成密集纵队上前助战。

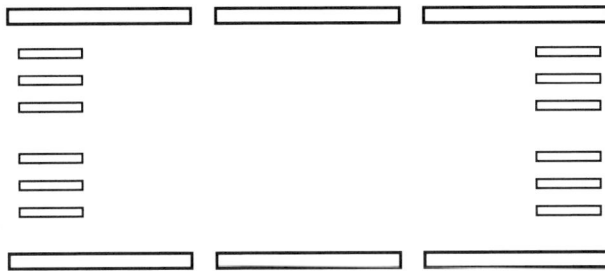

图 6.10 耶拿会战中的絮歇师。

然而，拉纳（Lannes）并没有使用多个纵队进行战斗，仍是以横队展开交战，不过他还是把下属各师都排成两条战线。

关于这一点，从耶拿 - 奥尔施泰特双重会战中还能找到更进一步的证据。在耶拿，拉纳把他的军排成纵队与横队的混合队形，他的炮兵部署在各个营的间隔当中，他准备以向右变换行进方向的手段攻击克洛斯维茨村。后来，面对普军的退却，他命令第 100、第 103 团列成密集纵队发起冲击，以此作为回应。

拉纳在奥斯特利茨和耶拿都使用了两种队形。然而，他通常使用的是薄阵（线式队形）。与此相反，苏尔特让他麾下的大部分营都用纵队机动。他的团会列成纵队，分成两条战线，骑兵则位于右翼。

奥热罗军的第 1 师也排成了两条战线。第 1 旅完成了让右翼居前的斜向变换正面。第二条战线效仿了这一运动，并用最左边的 2 个营向左侧延伸得更远。第 1 旅随后分成各个连左转，然后以该队形向前行进，以便将普军逐出林地。第 7 轻步兵团刚开始清剿林地，就看到许多法军伤员离开林地前往左侧（这表明那些树林里存在着一支普军武装），它奉命列成面朝左侧的横队以应对这一潜在威胁。

第 16 轻步兵团报告说它朝着林地向左运动。第 16 轻步兵团 3 营展开成散开队形，冲入树林，1、2 营则以纵队朝林地右侧前进。一旦越过林地，它们就展开成横队，部署到普鲁士炮群在步枪射程范围内的位置。列成横队后，这两个营开始用步枪向普军猛烈射击，并向前推进到手枪射程之内，它们从那里开始以散开队形前进，经过激烈战斗，从普军手中夺取了 11 门火炮。

按照第 14 战列步兵团的报告，第 16 轻步兵团一把普军逐回右侧，第 14 团就列成横队占据了普军刚刚放弃的阵地。法军第 6 军抵达后，它便朝着左翼运动。在进行这一运动时，它被迫在普军火力下执行诸多机动，不过，它在完成机动途中也没有遇上什么大麻烦。

此后不久，这个团在第 44 团的支援下奉命夺占一道山脊。第 14 团 2 营展开成横队，1 营自从清剿完林地后就一直保持着纵队队形。然后，这个团由于遭到骑兵威胁，还是重新编组成紧密纵队。

第 44 团报告说它在第 7 军第 1 师第 2 旅右侧列队。该团在一座起火的村庄右后方列成横队。上午 10 时 30 分，拿破仑命令该团分成各个连转向右侧。该团随后抽出了一个腾跃兵连监视前方的敌军行动。完成这一动作后，它就准备向前攻入平地。进入平地后，第 44 团 1 营列成横队，2 营在 1 营 8 连（即左翼连）之后列成紧密纵队。

第 105 团列成纵队向左行进。它一抵达林地前的平原就立刻展开成横队，朝着林地边缘前进。

普军在第 105 团面前带着火炮混乱地撤退。鉴于炮兵的威胁不复存在，第 105 团列成纵队，以冲锋步法跨过平地，希望以此夺取俯瞰道路的高地。它一登上山脊，就展开成横队，开始二列射击，这会持续一刻钟 [19] 之久。

普军步兵被击退，但他们的骑兵朝该团左翼运动。第 105 团以营为单位列成交错队形，让各营交替后退 50 步，而后重新列成横队，命令 2 营在掷弹兵之后变换正面形成斜角，开始发起击退普军骑兵的二列射击。

步兵左翼暴露在外，第 105 团的团长依然害怕骑兵再从这里包抄过来，就命令 2 营列成纵队，1 营继续保持横队。

1807 年，维克托（Victor）将军在率领第一军抵达弗里德兰（Friedland）后，奉命让他的部队作为全军预备队，在波斯滕恩（Posthenen）村前方的谷地列阵。每个师都以旅为单位列队，旅的一部分兵力展开成横队，另一部分在横队两翼依然保持纵队（也就是混合队形）。

弗里德兰会战始于一场大规模散兵战。乌迪诺将两个完整的步兵营作为散兵部署到索特拉克（Sortlack）树林，让五六个营在它们身后向前推进。拉纳的行动与此类似。凹凸不平的地形有利于散兵战，拉纳在散兵幕之后一再派出一个营的散兵驱逐俄军散兵。他将余下的部队列成两个纵队，每个纵队都由一个完整的旅组成。随着会战的发展，拉纳让这两个纵队交替投入战斗，对不同地点发动攻击。

当拿破仑抵达战场时，奈伊的两个师也投入了交战。马尔尚（Marchand）师的 5 个团列成了一个紧密纵队，以便能够尽快运动并攻击俄军侧翼。比松（Bisson）师在左侧列成梯队。俄军炮兵的火力和骑兵的攻击导致马尔尚师损失惨重，它被击退，陷入混乱。

看到马尔尚的遭遇后，比松让他的师向左展开。马尔尚与比松会合，将 9 个团里的大部分部队展开成薄阵（横队），以便尽可能多地利用现有火力并最大限度弱化敌军的射击效果。整条战线正面拉长到 6000—7200 英尺（1.14—1.36 英里）。在他们前面，一群"乌云般的"法军散兵正在与俄军散兵陷入交战。

一阵可怕的射击过后，这条漫长的战线被俄军的一次骑兵冲击击退了。此时，拿破仑干预了战况，他命令杜邦（Dupont）将他的师列成混合队形。一个旅展开成横队，另一个拥有 6 个营的旅排成并列的密集纵队。奈伊军的 3 个团列成方阵，牢牢停在战线两端。

在遭遇俄军后，杜邦发觉有一条小河将他与俄军分隔开来。他把部队展开成横队。奈伊让他的部队向前推进，将一个营以散开队形投入，把他们派到河谷里。最后，随着接近弗里德兰，他又让第 59 团列成一个紧密纵队向前推进。

在瓦格拉姆会战中，可以发现若干材料描述麦克唐纳使用巨型纵队发起攻击。然而，可以说，麦克唐纳在瓦格拉姆的著名纵队实际上是巨型混合队形。它的正面由两个横队组成，每个横队都包括四个展开成横队的营。两翼都是由四五个列成密集纵队的营组成的纵队。它是一个厚重的纵队，既不能快速展开，也不能执行多种机动，而且如果遭到骑兵冲击，它就只能列成一个巨大的方阵。

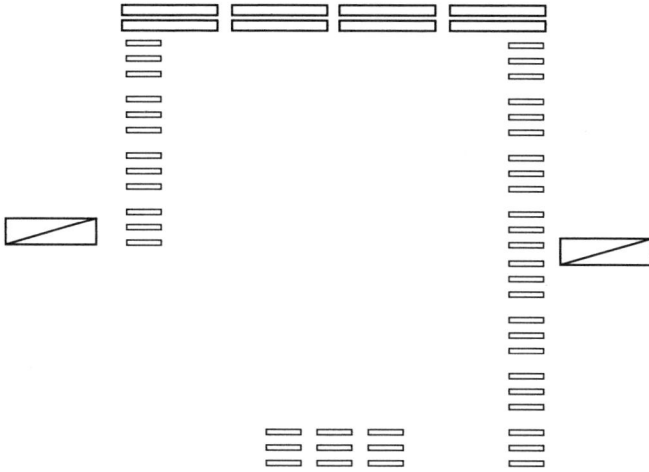

图 6.11 瓦格拉姆会战中的麦克唐纳纵队。

除了法军以混合队形攻击大多面堡[20]之外，留存下来的博罗季诺会战战术细节非常稀少。莫朗将第 1 师列成了经典的混合队形。

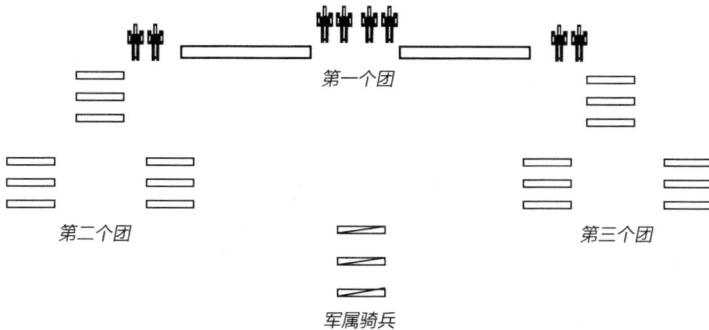

第一个团

第二个团

第三个团

军属骑兵

图 6.12 博罗季诺会战中莫朗的混合队形。

随着 1813 年战局的发展，法军实际使用的战术发生了重大变化。尽管并无证据表明法军不再使用混合队形，但能够证明法军使用该队形的文献例证依然很少。文献确凿说明的是军中出现了重大的理念变化。由于法军在 1813 年缺乏骑兵，这迫使拿破仑和他的元帅们使用庞大的队形。

在吕岑会战之前，拿破仑给他的将军们下达了如下命令：

> 一旦处于交战中，就要用下列方式机动：让部队左翼依托萨勒（Saale）河[21]，以旅为单位列成尽可能多的并列密集纵队，让师里的旅像军里的师一样排布。每个团都列成一个以分营为单位的半间距（连间距）纵队。团与团之间应当留下200米的横向间距，这样每个师的两条战线就可以列出6个或8个方阵。

在这种队形中，每个团都组成了一个独立的纵队，也会根据条令列成一个单独的方阵。

法军用紧密纵队向大格尔申（Gross-Görschen）和卡亚（Kaya）发动了攻击。当第8师被击退后，它就以执行得很好的越线换防方法运动到第10师之后。

在包岑，横队与纵队都得到了运用，但还存在一定变化。第8师和第3军的前卫向面前的高地发起攻击，它们得到了第9师和第10师的支援，前者列成以分营为单位的紧密纵队，后者作为军预备队展开成两个横队。这个队形一直保持到夺取普赖蒂茨（Preititz）村为止。到了那时，第9师依然保持纵队队形前进，第10、第11师则展开成横队。

法军的战术手段似乎从1809年起发生了转变。麦克唐纳的纵队似乎是背离团、营级战术，转向军、师级战术的第一个动向。同样值得注意的是，夺取普赖蒂茨的两个师是以横队展开战斗的，而位于它们后方的师列成纵队，从未参与战斗。这又是一种混合队形，只不过把规模放大了而已。

冲击纵队

在帝国时期，默尼耶将军似乎已经彻底放弃了冲击纵队，因为在他撰写的《旅的队形变换》中，他只用到了以分营为单位的纵队。珀莱将军在他晚年的著作中依然表示冲击纵队拥有他归纳的几种值得采用的特征。他说，冲击纵队究其本质还是孤立存在的。要组成一个大型纵队，就必须几乎无限度地复杂化一切运动，还得冒险让各个连混杂在一起。冲击纵队的优势还在于它由一个营组成，在中央分营的火力掩护下独自行动。[22] 珀莱列出的第一个优势相当显著，因为它能够让部队快速、有效地展开机动。正如前文所示，纵队是变为方阵或横队最快的队形，在其他诸多机动中行动也最为迅速。不过，要是考虑到由几个营组成的战线，第二个优势相比之下就没那么重要了。

尚布莱将军说过：

> 冲击纵队的应用或许并没有人们想象的那么频繁，原因就在此处。当步兵在道路上行军，和敌军还有一定距离时，它是侧向行军的。而在接近敌军的时候，那就该编组队形了。步兵随后离开道路，以连为单位列成纵队。随后先是组成分营，再将纵队收拢成排间距。最后，部队枪上肩，在必要状况下以快步行进。可以看到，为了列成冲击纵队，就得先展开（成横队）。

然而，关于以分营为单位的纵队，达武麾下的著名师长之一莫朗将军似乎是一位热心推广者。他认为这种纵队是：

> 各类地形、各种环境下最便捷的纵队，它便于部队花最少的时间，以最好的秩序变为其他队形。在我看来，此类情况下最好的纵队就是以分营为单位的连间距营纵队。实际上，它就算遭遇步兵或骑兵的冲击，也不可能在侧后方遭遇突袭。营可以在短短若干秒内有秩序地、毫无危险地展开成横队。纵队只用自行转动，不用拆散队形就可以变换正面。它是唯一能够在起伏地形和山地上使用的队形，而且在所有地形上都有用。在我看来，它是基本和基础的战斗队形。

莫朗还说，在进攻当中，每个营都必须和毗邻的营留下足够让它展开的横向间距。

时常有人认为，法军之所以使用冲击纵队，是为了把经验不足的步兵部署在纵队里，让他们能够令人满意地完成作战任务。事实并非如此。迪埃姆将军说："认为激情和缺乏经验让步兵采用冲击纵队可谓大错特错。没有受过训练的营会被吸收到轻型部队当中，变得越发稀少，而且这些营本身就是少数。"[23]

古维翁·圣西尔（Gouvion Saint-Cyr）用概述方式描绘了一场典型的攻击：[24]

> 假定一个师由 4 个战列步兵半旅和 1 个轻步兵半旅组成，向敌军部分战线发动正面冲击。以下就是我要规定的攻击队形。3 个轻步兵营要排成二列前进，

各伍间距为 2—3 步，这样，这 3 个营就能覆盖该师剩余 12 个营的正面并掩护其行动。在进攻时，该师的这 12 个营应当各自收拢成纵队，每个纵队由 4 个分营（1 个分营相当于 2 个连，这也就是以分营为单位的纵队）组成，纵队内部各分营间距为 3 步（紧密纵队）。

发出进攻信号后，位于纵队前方 150 步处的轻步兵应当向前猛进并持续发起射击（散兵战）。12 个纵队应当以机动步法（每分钟 120 步，和冲锋步法相同）紧随其后，当轻步兵距离敌军还有 50 步远时，它就要停下来。如果敌军稳守战线，轻步兵就应当增强火力。以分营为单位的密集"紧密纵队"应当以加倍的步速行进，但也要保持其纵深队形，第 1（分营）端平刺刀，其余 3 个分营枪上肩。纵队以连为单位从轻步兵的间隔中通过，用刺刀朝敌军发起冲击。

如果遭遇骑兵冲击，纵队只需闭合队列，直到前后单位互相接触（即列成密集阵）为止。

还有一点须要详细说明：鉴于当时的火药质量，散兵显然可以用他们射击产生的烟雾掩盖后方纵队的机动。

当第三军在奥尔施泰特作战时，它似乎一直采用的都是以分营为单位的半间距（连间距）营纵队或紧密营纵队，并且以这些队形完成机动。这可能是因为它发觉自己遭到了大批普军骑兵的进攻，而且参与了围绕村庄的激战。然而，尽管存在上述将纵队用于第一线的理由，但在战线后方的几乎所有机动也是以同样的队形——以分营为单位的纵队——完成的。

第 111 团 [25] 在接近普军后奉命列成方阵。它以该队形向前行进，但很快就变为冲击纵队，继续行进直到与第 3 师会合为止。此后，由于霰弹造成了惨重伤亡，它被迫将队形变为横队。

第 3 军的莫朗师用以分营为单位的半间距（连间距）纵队投入战斗。第 13 轻步兵团携带两门 4 磅炮作为全师先锋。它奉命在行进时让一个营列成紧密纵队，另一个营展开成横队。当普军列出 8000 名骑兵发起攻击时，莫朗做出了如下回应：他将自己的师列成一个由营方阵组成的梯队——第 13 轻步兵团除外，让火炮位于方阵外角处。挫败骑兵攻击后，莫朗将他的步兵重新编组为并列的营纵队——营纵队以分营为单位，而后继续前进。

在 1809 年战局中，这种做法仍在持续。4 月 19 日，托伊根（Teugen）战斗中，由于没有时间列队，达武就让第 3 战列步兵团的散兵直接冲上前去，这一行动为第 57 战列步兵团争取了列成冲击纵队的时间，它随后攻占了一道山脊，冒着敌军火力在山顶上展开成横队。这次攻击反过来又让第 3 团能够重整部队，在第 57 团右侧列成横队。此时，由于若干奥军骑兵构成了威胁，第 57 团——大部分人员还在横队当中——将左翼折回，形成了方阵。

西班牙战场的体验

在西班牙，情况就截然不同了。在那里，法国将军们似乎被一种对冲击纵队的热情攫取了。尽管如此，混合队形的例证还是可以找到。在阿尔武埃拉（Albuera），吉拉尔将他的师列成混合队形，让 2 个营排成横队，队形中部是 8 个列成冲击纵队的营，而在 2 个展开的营外侧，还有 2 个列成全间距冲击纵队的营。[26] 在丰特斯德奥尼奥罗（Fuentes de Oñoro），法军派出了 2 个营列成横队、3 个营列成纵队的混合队形。在阿尔莫纳西（Almonacid），法军列出了另一种混合队形，不过，这个队形中的横队太长了，纵队又太深了——它让 4 个营展开成横队，还有 3 个分别由 3 个营组成的紧密纵队。

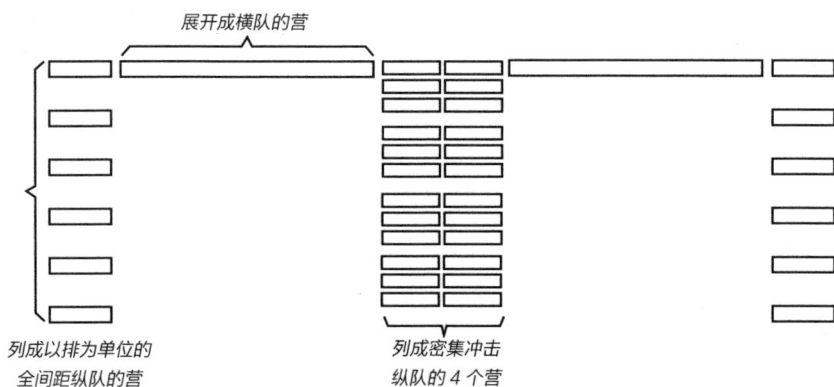

图 6.13 阿尔武埃拉会战中吉拉尔的混合队形。

尽管法军通常用一条散兵线掩护冲击纵队，但战况并非总是如此。1813 年 7 月 23 日，在距离潘普洛纳（Pampluna）不远处，苏尔特用紧密纵队攻击英军，鉴于英军火力猛烈，他使用散兵掩护纵队，其目的是掩护行进中的纵队，让英军不能通过机动迎击法军。不过，事实证明，随着战争的发展，提供这道屏障是没有必要的，因为法军纵队只需依靠向前猛扑和冲力就足以击穿普军、俄军和奥军战线。在某些场合，法军甚至可以不发一枪就成功运用这种战术。

然而，英军总是拥有一道散兵线的掩护，而法军时常做不到这一点，这让法军一开始便处于不利地位。鉴于法军在西班牙通常用以连为单位的纵队前进，偶尔也会使用以分营为单位的纵队，那么当各连排成三列的法军击穿英军散兵线时，其正面宽度将是40—80人，纵深是9—18人。后方各列只能为纵队提供士气上的推动力，对火力则毫无贡献。在一个列成横队的英军步兵营当中，每支步枪都可以展开射击，纵队则提供了很难错过的目标，当法军面对这种敌人时，他们的唯一希望就是己方攻击的冲力能够像对付西军、奥军、普军和俄军时一样，在英军身上收到同样的效果。然而，不知何故，法军似乎从未意识到英军绝对不会让自己仅仅因为冲力就陷入动摇。

在法军的确用浓密的散兵线作为攻击先导的场合——如塔拉韦拉（Talavera）和布萨库，他们也依然未能取得成功，还有阿尔武埃拉，当时苏尔特将他的军队部署在制高点上，可3个英军步兵旅就将两倍于己的法军逐出了制高点。英军之所以能做到这一点，凭借的并不是刺刀或冲力，而是射击中的十足火力与准度。

方阵

法国大革命与拿破仑战争的战术史充斥着关于步兵列成方阵的诸多评论。方阵的用途非常简单易懂，关于它的使用实际上也没什么疑问。不过，这里还须要回答几个小问题：第一个问题是方阵的机动性如何，它在行军时能够达到何等速度。在描述法军对盖斯贝格（Geisberg）发起的一场攻击时，吉拉尔东表示，肖蒙营使用以连为基准的纵队在平地上运动，直到进抵盖斯贝格下方为止。由于地势开阔且存在敌方骑兵的重大威胁，肖蒙营当时列成了方阵。第33战列步兵团[27]2营也在肖蒙营左侧列成了方阵。

这两个营合在一起上刺刀"冲击"敌军，将它们展开（成横队），以冲锋步法越过高地，猛攻两个奥地利营。法军可能以横队继续追击，鉴于没有资料提及法军在抵达盖斯贝格城堡前进行过队形变换，而他们到了那里才重整成横队，这就意味着冲击可能是以方阵而非纵队或横队完成的。

而且，如果这种机动可以由革命军的一个营完成，那么就没有理由怀疑整个时段的任何一个正规步兵单位都能完成它。不过，这种机动是否得到过频繁使用还值得探讨。

1813 年的吕岑会战为方阵的几种用途提供了良好的案例。应当注意的是，法军在 1813 年春季极度缺乏骑兵，也时常受到联军骑兵的威胁。

马尔蒙在前往战场，向佩尔高（Pergau）行军途中，根据拿破仑的指示，把自己的部队分成 9 个纵队前进，将其分为几条战线，准备随时列成方阵并以梯队向前推进。第 20 师以快步①穿过施塔西德尔（Starsiedel），博内（Bonnet）的第 21 师在它左侧列成梯队，弗里德里希斯（Friederichs）的第 22 师则位于后方。

马尔蒙军遭到了普鲁士骑兵的攻击，而且普军发动的是突袭。第 37 轻步兵团列成方阵，可它还是被攻破了，士兵们在恐慌中溃逃。已被编组为步兵团的第 1 海军炮兵团在施塔西德尔以东列成了多个方阵，此时，该团遭遇了勃兰登堡胸甲骑兵团的冲击。尽管勃兰登堡团攻破了第 37 轻步兵团，第 1 海军炮兵团却轻易地击退了胸甲骑兵。毫无疑问，攻击的突然性已经消失了，第 1 海军炮兵团有足够的时间去巩固方阵。

马尔蒙把孔潘（Compans）的第 20 师撤到施塔西德尔的边缘，将他的部队列成几个方阵，这样，即便遭遇任何新的攻击，该师也不可能陷入与第 37 轻步兵团一样的混乱。这些方阵摆得相当近，近到除非真有骑兵从方阵间穿过，不然根本无法开火。

以方阵行进的部队如何应对难以通行的地形？我们同样可以在吕岑看到一个案例。下午 3 时许，第 4 军缓慢地朝波布勒斯（Pobles）和格吕纳巴赫（Grünabach）溪渡口前进。直面第 4 军的是温青格罗德（Winzingerode），他率部占据了格吕纳巴赫溪东岸。尽管面前出现了敌军炮兵，但由于骑兵威胁的存在，法军还是以方阵前进。在法军炮火的掩护下，莫朗的第 12 师拆分成多个纵队，越过小溪，重整成方阵，继续前行。

有一个案例是随同第 4 军作战的莱茵邦联部队使用方阵，它也富有启发性，在评估方阵用途时应当加以考虑。

---

①原注：快步（pas accéléré）是一种每分钟 250 步的行进步法，它本质上是一种有节奏的跑动。[28]

两个黑森团正在朝小格尔申（Klein-Görschen）运动。黑森近卫团（Leib-Garde Regiment）列成了方阵向小格尔申推进，黑森禁卫团（Regiment du Corps）[29] 在位于左侧的第二条战线上运动，黑森燧发枪兵团在最左侧列成了纵队，掩护整个行进。黑森散兵形成了一道掩护后方部队的散兵幕，支援炮火也得到了加强。部队以Sturmschritt（"突击步法"）朝小格尔申推进，想要夺取桥梁。在这里，我们看到步兵在攻击和行进时都采用了突击步法，这种黑森步法就相当于冲锋步法。虽然有现代人认为方阵比其他队形慢，可它显然并不算慢。

在另一场讨论中，科林展示了绍恩堡训练他麾下的师时采用的纵队战术。绍恩堡至少两次在大规模训练中让他的师从多个步兵营组成的横队变成一个巨型四边方阵。这种队形和麦克唐纳的瓦格拉姆纵队非常相似。然而，这些方阵的预期用途并不明确。

绍恩堡在注释中并没有表明这种队形是打算用来防御骑兵还是用于实现并未提及的其他目的。

在用营替代连组成巨型方阵的一个案例中，横队向后收拢成一个方阵，每个营都要向后行进到规定距离处，朝中央展开直角转弯，再向最终目的地行进。方阵正面由留在原地的营组成，背面由位于侧翼的营组成，它们须要直接向后行进，在规定距离处停下来，向内转动，以横队赶往最终目的地。这和将横队收拢成冲击纵队非常相似。

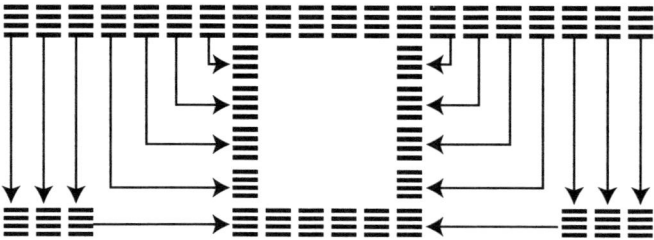

图 6.14 由营纵队组成多营方阵。

在第二种机动中，绍恩堡采用了一种让横队朝中央收拢的列阵方法，这很像普军根据 1788 年的条令由横队变为方阵的方法。横队就像此前的案例一样，会以中央各营为基准收拢成方阵。不过，法军的步兵营在赶往目的地的大回转行进时是各自独立的。

　　这种机动乍看起来可能非常不切实际，直到意识到这种机动方式实际上就是麦克唐纳在瓦格拉姆会战中运用的队形后才会明白事实并非如此。这种队形还有其他若干使用案例，不过麦克唐纳的用法最为出名。

译注：

[1] 根据本书参考文献选目，此处提到的"大德东"著作系《莱茵与摩泽尔军团共和四、五年战局简史》（Précis historique des campagnes de l'armée de Rhin et Moselle pendant l'an IV et l'an V）中收录的《关于步兵条令的论述》（Dissertation sur l'ordonnance d'infanterie）。但根据本书中摘引的内容，这本著作应当是默尼耶出版于 1805 年的《关于步兵条令的论述》。纳夫齐格在《旅级将军默尼耶所著关于法军步兵条令的论述》（A Treatise upon the Regulations of the French Infantry by Général de brigade Meunier）再版序言中认为默尼耶抄袭或借用了洛朗 - 巴纳贝·德东（Laurent-Barnabé Dedon，1765—1810 年）出版于 1803 年的《莱茵与摩泽尔军团共和四、五年战役简史》中的《关于步兵条令的论述》部分，但洛朗 - 巴纳贝·德东是"小德东"。《莱茵与摩泽尔军团共和四、五年战局简史》作者"大德东"是弗朗索瓦 - 路易·德东（François-Louis Dedon，1762—1830 年），此书出版于共和七年，并非 1803 年，而且法国国图、奥地利国图、拜恩州图书馆、苏黎世联邦理工学院图书馆藏本中均未包含《关于步兵条令的论述》相关内容。参见 Meunier H. A. J., MacGregor G. (transl.) A Treatise upon the Regulations of the French Infantry by Général de brigade Meunier. West Chester OH: The Nafziger Collection, 2000. Meunier H. A. J. Dissertation sur l'ordonnance d'infanterie. Paris, 1805. Dedon F.-L. Précis historique des campagnes de l'armée de Rhin et Moselle pendant l'an IV et l'an V. Paris, An VII。

[2] 在法军当中，一个连（peloton）辖 2 个排（section），但在此处引述的《关于步兵条令的论述》一书中，作者主张让一个连辖 2 个半连（demi-peloton），一个半连辖 2 个排。参见 Meunier, 1805, p. xiv, 1。

[3] 此处本书行文有误，据法文原版修正，参见 Ibid., p. 9。

[4] 让 - 夏尔·德·福拉尔（Jean-Charles de Folard），法国战术理论家，生于 1669 年，卒于 1752 年。福拉尔 18 岁时加入法军，此后在军中服役 36 年之久，曾参与奥格斯堡同盟战争、西班牙王位继承战争，在 50 岁时晋升为少将。福拉尔是瑞典国王卡尔十二的狂热崇拜者，他主张攻势，并从古典著作中得到启示，因而极力推崇类似古典方阵的厚重纵队，其战术代表作是 1724 年在布鲁塞尔和巴黎出版的《关于战争的新发现》（Nouvelles découvertes sur la guerre，书中包括了名为《纵队论》（Traité de la colonne）的重要组成部分。参见 Lauerma M. Jacques-Antoine-Hippolyte de Guibert (1743-1790). Helsinki, 1989, p. 135。

[5] 一般认为法国大革命始于 1792 年 4 月 20 日法国立法议会对奥地利宣战，但也有史学家认为革命战争始于 1787 年英国、普鲁士干涉荷兰革命或其他年份。参见 Blanning T.C.W. The French Revolutionary Wars 1787-1802. New York: St. Martin's Press, 1996。

[6] 原注中将 tête baissée 误作 tête bassée。参见 Colin, 1902, p. lxiii. La Jonquière C. de La Bataille de Jemappes. Paris, 1902, p. 156。

[7] 原文此处误作费朗，实际上应作当皮埃尔。参见 La Jonquière, op. cit., p. 165。

[8] 奥军并未参与皮尔马森斯会战，此处应作普军。参见 Colin, 1902, vol. 1, p. 395-415。

[9] 安托万·吉拉尔东（Antoine Girardon），法国将领，1758 年 2 月 1 日生于上马恩省肖蒙（Chaumont），1776 年加入法军，1780—1783 年间随军远征北美，曾参加约克敦（Yorktown）围城战，1783 年 7 月 12 日逃亡，1789 年 8 月任肖蒙国民自卫军营营长，1793 年 9 月 2 日任肖蒙第 1 征召兵营少校营长，曾在莱茵、意大利参与革命战争，1799 年升为旅级将军，1805 年升为师级将军，同年 10 月参加卡尔迪耶罗（Caldiero）会战，1806 年加埃塔（Gaeta）围城战期间染病，1806 年 12 月 5 日死于巴黎。参见 Six, 1934, vol. 1, p. 506。

[10] 菲利贝尔 - 纪尧姆·迪埃姆（Philibert-Guillaume Duhesme），法国将领、战术理论家。1766 年 7 月 7 日生

于索恩和卢瓦尔省布尔格讷夫瓦勒多（Bourgneuf-Val-d'Or），1789 年加入国民自卫军，1792 年成为某义勇连上尉连长，1794 年先后升为旅级将军、师级将军，1815 年战局中负责指挥青年近卫军，滑铁卢会战中身负重伤，1815 年 6 月 20 日因伤卒于比利时热纳普（Genappe）。迪埃姆是著名的轻步兵专家，代表作是出版于 1814 年的《轻步兵论》（Essai sur l'infanterie légère）。参见 Ibid., vol. 1, p. 387-389。

[11] 西蒙 - 皮埃尔·布罗西耶（Simon-Pierre Brossier），1756 年 1 月 9 日生于凡尔赛，曾从事测绘工作，1779 年成为龙骑兵少尉，1788 年晋升为上尉，1800 年晋升为参谋少校，以临时参谋上校身份跟随预备军团司令贝尔蒂埃（Berthier）参与 1800 年意大利战局，同年晋升为工兵上校，1817 年升为少校，1832 年 4 月 5 日卒于巴黎。参见 Quintin D., Quintin B. Dictionnaire des colonels de Napoléon, S.P.M., 2013, BROSSIER (Simon Pierre, chevalier)。

[12] 布罗西耶日志原文为：“（马伦戈会战中）由几位少将指挥的奥军第一线并没有像平常那样，在发动攻击的战线前方部署乌云一般的散兵。”这段描述与 1792 年无关。参见 Cugnac J. de Campagne de l'armée de réserve en 1800. Paris, 1900-1901, vol. 2, p. 431。

[13] 即英军第 55 步兵团 1 营、第 69 步兵团 2 营，第 55 团 1 营曾长期在西印度群岛服役，但第 69 团 2 营在开赴低地战区之前始终作为向 1 营提供人员的补充营，缺乏老兵，1813 年 10 月的一份报告称该营人员“总体来说适合服役，但非常年轻”。参见 Bamford A. A Bold and Ambitious Enterprise: The British Army in the Low Countries, 1813-1814. Barnsley: Frontline Books, 2013, p. 61-63。

[14] 克里斯托夫 - 米歇尔·罗盖（Christophe-Michel Roguet，1800—1877 年），弗朗索瓦·罗盖（François Roguet）将军之子，曾在《军事观察家》（Spectateur militaire）杂志发表《垂直队形研究》（Étude sur l'ordre perpendiculaire）一文，认为混合队形最早由拿破仑用于塔利亚门托河之战。参见 Roguet C.-M. "Étude sur l'ordre perpendiculaire" //Spectateur militaire, XVIII (1834-1835), p. 484-527。

[15] 科林书中认为派出散兵是为了迟滞奥军步兵的推进，并未提及奥军火力，他引用的布代战报称：“我们决心出动我的第一旅，它由第 9 轻步兵半旅组成……我向前推进，直至迎着敌军正面进入其步枪射程以内，敌军显然是在迫近我军。为了拖延敌军的行进，我被迫出动了散兵。”参见 Colin, 1902, p. lxxviii。

[16] 此处原文误作第 40 半旅。法军于共和十二年葡月 1 日（1803 年 9 月 24 日）将正规步兵的“半旅”单位统一改称为“团”。鉴于本书耶拿会战相关部分大面积出现半旅误称，译者将对应部分的半旅均改为团，以防读者产生误解。参见 Pigeard A. Dictionnaire de la Grande Armée, Paris, 2002, p. 208。

[17] 此处原文为 100 法寻，约合 194.9 米。参见 Colin, 1902, p. lxxxvi。

[18] 此处科林摘引的絮歇战报原文作“两个旅”。出处同前。

[19] 本书原文误作 2 个小时，与科林引用的第 105 战列步兵团战报不符，经纳夫齐格格先生确认，此处应改为一刻钟。参见 Ibid., p. lxxxvii。

[20] 多面堡（redoubt），一种闭合的野战工事，此处的“多面堡”指法军所称的大多面堡（Grand Redoute），亦即俄军所称的拉耶夫斯基炮垒（Батарея Раевского），它是俄军中部的防御要点。

[21] 此处本书原文误作萨尔（Saal）河，根据科林原文和地图，经纳夫齐格格先生确认，应修正为萨勒河。参见 Ibid., p. lxii。

[22] 关于中央分营的火力掩护，可参见拿破仑于 1813 年 3 月 2 日下达的指示，“让各个营列成冲击纵队，它们将以攻击纵队发起冲击，在第 1 分营（即中央分营）火力掩护下展开，其余部队进入横队后立刻射击。在编组攻击纵队时，也得由中央分营发起按伍射击，将纵队展时同样要以按伍射击掩护。”参见 Correspondance

de Napoléon Ier, Paris, 1858-1870, vol. 25, p. 12。

[23] 这段话并非出自迪埃姆之口，在迪埃姆出版的相关著述中均无类似语句，而是源自科林的评论。参见 Colin, 1902, p. lxix。

[24] 圣西尔并非这段话的作者，以下叙述实际上出自谢雷将军共和四年雨月 24 日（1796 年 2 月 13 日）下达给意大利军团各师师长的教令。亚历山大 · 列昂尼多维奇 · 日莫季科夫在其著作《"制胜的科学"：拿破仑战争中的俄军战术》("Наука побеждать". Тактика русской армии в эпоху наполеоновских войн）中率先指出了本书的讹误。参见 Ibid., p. lxxiv. Koch J. Mémoires de Masséna. Paris, 1848-1850, vol. 2, p. 421-427. Жмодиков А.Л. "Наука побеждать". Тактика русской армии в эпоху наполеоновских войн. СПб., М., 2015, с. 186-187。

[25] 本书原文误作第 11 半旅，此处直接据科林著作更正。参见 Colin, 1902, p. lxxxviii.

[26] 据盖伊·登普西（Guy Dempsey）考证，吉拉尔师在阿尔武埃拉仍然将各个团列成密集纵队，并未采用混合队形。本书中描述的混合队形系战后分析时提出的替代做法。参见 Dempsey G. Albuera 1811: The Bloodiest Battle of the Peninsular War. Barnsley: Frontline Books, 2011, p. 110。

[27] 盖斯贝格战斗发生于共和二年霜月 11 日（1793 年 12 月 1 日），法军的步兵团此时已改称为半旅，但吉拉尔东在日志中仍使用团的称呼。参见 Colin, 1902, p. lxv-lxvi.

[28] 原注此处说法有误，快步是每分钟 100 步的步法，只有跑步（pas de course）才可能达到每分钟 250 步。

[29] 黑森禁卫步兵团德文原名为 Leib Regiment，纳夫齐格在本书中根据索泽（Sauzey）著《法兰西鹰旗下的德意志人》（Les Allemands sous les aigles françaises）给出其法文译名 Régiment du Corps。参见 Röder von Diersburg C. C. Frhr. Geschichte des 1. grossherzoglich hessischen Infanterie-(Leibgarde-) Regiments Nr 115. Berlin, 1899, p. 216. Sauzey J.-C.-A.-F. Les Allemands sous les aigles françaises. Paris, 1902-1912, vol. 6, p. 124。

法国大革命与拿破仑战争期间的骑兵战术与骑兵质量

要搞明白 1792—1815 年间的骑兵战术行动，就得从组织结构入手。战术或许可以决定组织，但组织决定战术的情况更为频繁。如果不能理解用于执行战术的单位，就很难理解战术——因此，任何研究都必须从组织开始。

须要研讨的组织特征有很多，第一个是士兵与军官、军士间的比例。这就是"领导层比例"。

表 7.1 各国领导层比例对比 [1]

	军官	军士	士兵	领导层比例	中队数量
黑森 - 卡塞尔（1796—1806）					
龙骑兵	5	11	122	7.625	3
胸甲骑兵	5	11	122	7.625	3
骠骑兵	5	13	132	7.333	4
萨克森（1810—1815）					
全体	11	12	164	7.130	4
普鲁士（1787—1808）					
龙骑兵	7	15	144	6.545	4
胸甲骑兵	7	15	144	6.545	4
骠骑兵	5	15	144	6.545	4
普鲁士（1812—1815）					
龙骑兵	6	12	101	5.600	4
胸甲骑兵	6	12	101	5.600	4
骠骑兵	6	12	101	5.600	4
法国（1799—1803）					
重骑兵	8	16	114	4.750	3
龙骑兵	8	28	192	5.333	4
胸甲骑兵	8	28	192	5.333	4
骠骑兵	8	27	192	5.333	4
法国（1803—1815）					
胸甲骑兵（1803—1806）	8	16	150	6.250	4
胸甲骑兵（1806—1812）	8	16	166	4.611	4
胸甲骑兵（1812—1815）	8	16	204	5.777	4
龙骑兵（1803—1811）	8	28	184	5.111	4
龙骑兵（1811—1815）	8	28	242	6.722	4
枪骑兵	8	28	220	6.110	4
骠骑兵	8	28	174	4.833	4
猎骑兵	8	28	174	4.833	4

---

[1]原注：表示组织存在时段的年份是组织结构有效的年份。与此相反，带有如"（1812）"之类年份的国别则只是指该国骑兵在那一年的组织结构。

	军官	军士	士兵	领导层比例	中队数量
华沙大公国（1807—1813）					
全体	8	28	162	4.500	4
英国					
近卫龙骑兵	8	20	172	6.143	4
轻龙骑兵团	8	20	172	6.143	4
俄国（1802—1812）[1]					
龙骑兵	3	14	150	8.824	5
胸甲骑兵	3	14	132	7.765	5
骠骑兵	3	12	132	8.800	10
俄国（1812—1815）					
龙骑兵	3	14	132	7.765	5
胸甲骑兵	4	14	140	7.778	5
骠骑兵	7	13	132	6.600	10
枪骑兵	7	12	132	6.974	10
拜恩（1803—18175）					
全体	4	9	134	10.31	4
巴登（1812）					
骠骑兵	8	26	164	4.824	4
黑森－达姆施塔特（1812）					
全体	3	11	66	5.500	4
北意大利王国（1812）					
全体	8	16	150	6.250	4
那波利（1812）					
全体	6	28	154	4.529	4
威斯特法伦（1807—1814）					
胸甲骑兵	8	16	136	5.667	4
轻骑兵	8	28	122	3.389	4
骠骑兵	8	28	122	3.389	4
符腾堡					
管区龙骑兵团（1793）	6	10	124	7.75	4
猎骑兵（1805）	4	8	90	7.50	4
轻骑兵（1806）	3	9	113	9.41	4
轻骑兵（1807）	4	13	124	7.29	4
轻骑兵（1809）	4	11	111	7.92	4
轻骑兵（1813）	5	14	100	5.26	4
奥地利（1807—1815）					
胸甲骑兵	6	12	140	7.77	6
龙骑兵	6	12	140	7.77	6
骠骑兵	6	12	150	8.33	8
枪骑兵	6	12	150	8.33	8

观察表 7.1 中的领导层比例后，就可以有理有据地对任一指定骑兵单位的质量做出准确评估。可以这样假设：如果军官和军士较士兵的占比更大一些，那么领导层就能较好地控制部队。然而，并不能认为单领导层比例这一点就足以决定哪个团最为出色。它只是个指标而已。有的国家以军队的马术闻名，另一些国家则以不服从纪律闻名，国家特征可以抵消领导层比例指标上的差异。

应当认识到的另一个变量是，这一分析纯粹基于理论兵力。在战场上，人员会出现损失，这些数字也会发生变化。然而，历史证据表明军官和军士在军队中服役时间会更久，往往拥有高于士兵的生存率。这表明战争中的损失将会提高而非降低领导层比例。

从表 7.1 出发，根据领导层比例重新排列，我们可以得出如下表格：

表 7.2 各国（各地区）的领导层比例

领导层比例		
威斯特法伦（1807—1814）	轻骑兵	3.389
威斯特法伦（1807—1814）	骠骑兵	3.389
华沙大公国	全体	4.500
那波利（1812）	全体	4.529
法国（1806—1812）	胸甲骑兵	4.611
法国（1799—1803）	重骑兵	4.750
法国（1803—1815）	骠骑兵	4.833
法国（1803—1815）	猎骑兵	4.833
巴登（1812）	骠骑兵	4.824
黑森－达姆施塔特（1812）	全体	5.500
法国（1803—1811）	龙骑兵	5.111
符腾堡（1813）	轻骑兵	5.26
法国（1799—1803）	龙骑兵	5.333
法国（1799—1803）	骠骑兵	5.333
法国（1799—1803）	猎骑兵	5.333
普鲁士（1812—1815）	胸甲骑兵	5.600
普鲁士（1812—1815）	龙骑兵	5.600
普鲁士（1812—1815）	骠骑兵	5.600
威斯特法伦（1807—1814）	胸甲骑兵	5.667
法国（1812—1815）	胸甲骑兵	5.777
法国（1811—1815）	枪骑兵	6.111

领导层比例

英国	近卫龙骑兵	6.143
英国	轻龙骑兵	6.143
北意大利（1812）	全体	6.250
法国（1803—1806）	胸甲骑兵	6.250
普鲁士（1787—1808）	骠骑兵	6.545
普鲁士（1787—1808）	胸甲骑兵	6.545
普鲁士（1787—1808）	龙骑兵	6.545
俄国（1812—1815）[2]	骠骑兵	6.600
法国（1811—1815）	龙骑兵	6.722
俄国（1812—1815）	枪骑兵	6.974
萨克森（1810—1815）	全体	7.130
符腾堡（1807）	轻骑兵	7.290
黑森－卡塞尔	骠骑兵	7.333
符腾堡（1805）	猎骑兵	7.500
黑森－卡塞尔	龙骑兵	7.625
黑森－卡塞尔	胸甲骑兵	7.625
符腾堡（1793）	管区龙骑兵团	7.750
俄国（1812—1815）	胸甲骑兵	7.765
俄国（1802—1812）	胸甲骑兵	7.765
俄国（1812—1815）	龙骑兵	7.778
奥地利（1808—1815）	胸甲骑兵	7.778
奥地利（1808—1815）	龙骑兵	7.778
符腾堡（1809）	轻骑兵	7.920
符腾堡（1812）	轻骑兵	8.070
俄国（1802—1812）	龙骑兵	8.824
俄国（1802—1812）	骠骑兵	8.800
奥地利（1808—1815）	骠骑兵	8.333
奥地利（1808—1815）	枪骑兵	8.333
符腾堡（1806）	轻骑兵	9.410
拜恩（1803—1815）	全体	10.31

　　根据这一分析，威斯特法伦轻骑兵应当是拿破仑时代欧洲最优秀的骑兵。然而，正如前文所述，国家特征也可能产生影响。能够支持给这支骑兵打出高分的一个历史事实是，威斯特法伦是德意志的产马区之一，那片土地上应当存在着马术传统。遗憾的是，这支部队的军事活动记录还不够好，不足以为这么高的排名提供充分理由。

　　排在第二的是波兰人，这并不奇怪。波兰人生活在草原边缘，有马术传统。他们的军队拥有 16 个骑兵团和 12 个步兵团，这表明波兰存在一种明白无误的偏爱骑兵的倾向。

有人接下来会凭借逻辑推断生活在草原上的俄国人也拥有类似的传统，并具有较高的领导层比例。可正如我们所知，这种推测并不正确。普通的俄国农民在被征入骑兵团之前连骑马都不会。这可以为俄国在列表中较低的排名提供合理解释。

萨克森人在表格中的位置非常有趣，因为他们的骑兵名声很好，这样的名声既源于萨克森马匹的品质与活力，也源于萨克森骑手的骑术。尽管如此，萨克森骑兵在列表上的排名却低得不可思议，这与他们的声誉并不相符。

最糟糕的领导层比例属于拜恩。这让人很吃惊，但拜恩人可能不算好骑手就没那么令人吃惊了。拜恩是个多山地区，并不是人们会期望找到骑手的地方。与之相比，和拜恩一起垫底的符腾堡山地比例就没有那么高，这也可以支持它在表 7.2 中的排名。

法国的名次也很有趣。它看上去非常接近榜首，而且显然遥遥领先于它的主要对手。法、英两国排名间的比较就更有趣了。英国人是著名的骑手，他们的马匹质量也赫赫有名。英军骑兵训练有素且高度职业化，这原本会让这种对比看上去很不可思议，可是，有关法英骑兵交战的历史记载表明这种比较关系是合理的。

有一条著名语录可以支持这样的对比。这条语录源于威灵顿："……我认为我军的 1 个中队与 2 个法军中队相当，然而我不希望看到 4 个英军中队对付 4 个法军中队，参战中队数目越多，我就越不情愿……"威灵顿继续补充道："他们（英军骑兵）能够跑步，但无法维持队形。"英军不能维持队形无疑与他们的指挥、控制结构直接相关。

普军位于领导层比例图表的中部。普军在耶拿 - 奥尔施泰特惨败后提高了领导层比例，这一点会让人产生兴趣。然而，尽管出现了这一进步，作为骑兵的普军仍然没有什么特别之处。奥军在这一榜单中的排名也令人吃惊，惊讶的主要原因在于他们的匈牙利骠骑兵拥有出色骑手的名声。然而，这种名声很可能源于个人骑术而非作为有组织的骑兵整体时的作战技能。有诸多文献证实法军骑兵经常击败奥军，但位于榜单底部似乎还是不够公正。

有个国家在列表里排名很高，但不应当排到那么高，这个国家就是那波利。它的组织结构或许可以有这么高的排名，可那波利骑兵在历史上根本不曾拥有得到证实的军事才能。他们的军队里充斥着秘密社团，这削弱了军官的权威，而且这支军队还有逃亡的历史。事实上，当那波利军队在西班牙选择逃亡时，他们还有转变为盗匪的恶习。那波利军队在历史上的声誉实在太差了，他们应该排到榜单末尾。

表 7.2 须要经过提炼和概括才能让人较为容易地理解它所呈现的情况。计算各国平均值后，可将表 7.2 压缩成表 7.3。

表 7.3 计算平均值后得到表 7.2 的一个压缩版

平均领导层比例	
威斯特法伦	4.148
波兰	4.500
那波利	4.529
巴登	4.824
法国	5.416
黑森－达姆施塔特	5.500
英国	6.143
北意大利	6.250
普鲁士	6.473
萨克森	7.130
黑森－卡塞尔	7.528
俄国[3]	7.787
奥地利	8.050
符腾堡	8.070
拜恩	10.310

如表格所示，威斯特法伦和华沙大公国依然高居榜单顶部，符腾堡和拜恩仍然位于底部。

如果有人观察过中队的实际队形，那么，观察结果还可以为这一排名提供进一步的支持。图 7.1、图 7.2 和图 7.3 提供了关于军官、军士和士兵实际位置的案例。

图 7.1 展示了法军在 1799—1815 年间使用的列队方法。这一方法和图 7.2、图 7.3 中展示的其他中队的关键特征在于：

1. 居前的领导层；

2. 中队主体兵力；

3. 一列队列收拢人。

a) 龙骑兵、猎骑兵和骠骑兵团（应作中队），1799 年。

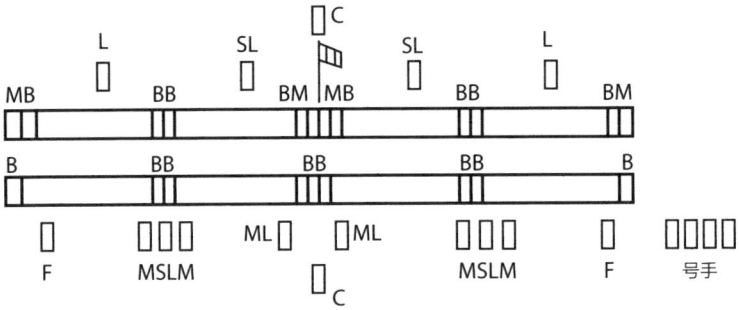

C

L SL SL L

MB BB BM MB BB BM

B BB BB BB B

F MSLM ML ML MSLM F 号手

C

b) 重骑兵中队，1799 年。

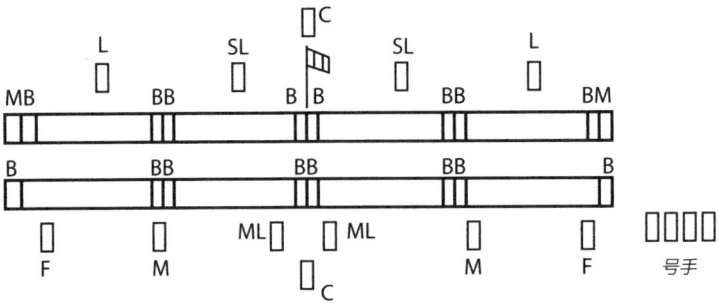

C

L SL SL L

MB BB B B BB BM

B BB BB BB B

F M ML ML M F 号手

C

c) 骑兵中队，1812 年。

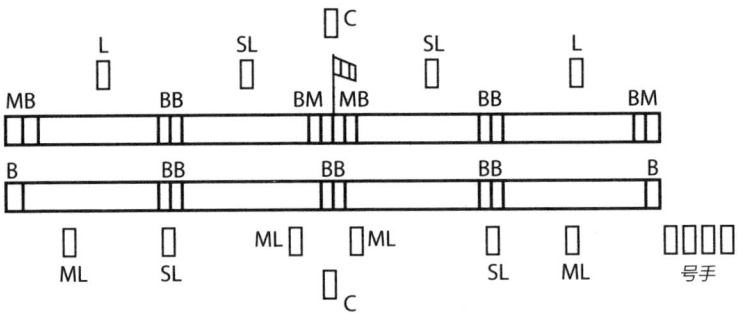

C

L SL SL L

MB BB BM MB BB BM

B BB BB BB B

ML SL ML ML SL ML 号手

C

C = 上尉 F = 军需下士 M = 中士 SL = 少尉 ML = 上士 L = 中尉 B = 下士

图 7.1 法军骑兵中队队形。

a) 威斯特法伦轻骑兵中队。

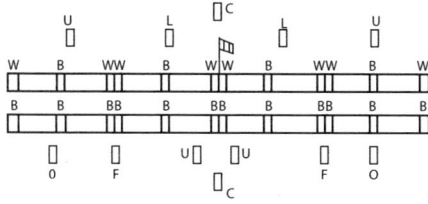

b) 威斯特法伦胸甲骑兵中队。

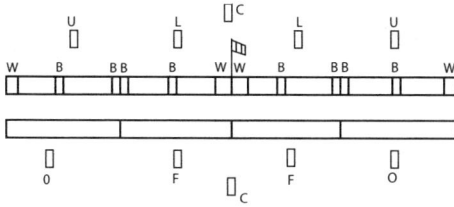

C = 上尉 W = 中士 L = 中尉 B = 下士 U = 少尉 O = 上士 F = 军需士

c) 华沙大公国骑兵中队。

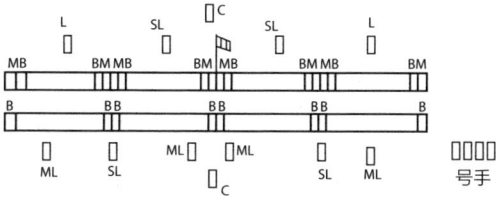

C = 上尉 F = 军需下士 M = 中士 SL = 少尉 ML = 上士 L = 中尉 B = 下士

d) 萨克森骑兵中队。

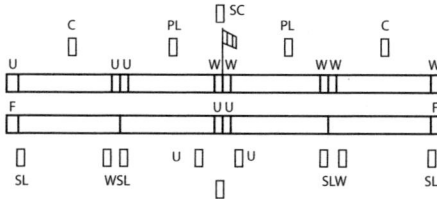

SC = 中队指挥官 W = 上士 C = 上尉 U = 中士或下士 PL = 中尉 F = 军需士 SL = 少尉

图 7.2 法方联军骑兵中队队形。

195

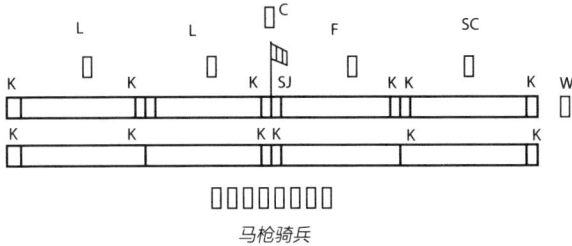

马枪骑兵

C = 上尉　SC = 二等上尉　F = 准尉　W = 上士　L = 中尉　SJ = 执旗容克　K = 下士

b) 普鲁士骑兵中队，1812 年。

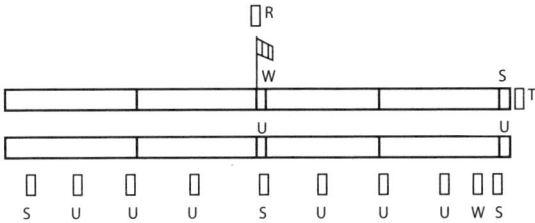

R = 上尉　W = 上士　P = 中尉　U = 中士或下士　S = 少尉　T = 号手

图 7.3（1）联军骑兵中队。

　　在法军体系中，领导层前置的做法得到了充分的发展。在中队的 4 个机动单位中，每个单位前方都有一名军官，他引领单位前行，并掌控单位正面。军官在每个机动单位前方的做法确保了对应单位准确地沿着机动所需方向行进。这也确保了士兵不会向前推进得太远，从而保证队列的平齐。

　　中队主体里有 4 个机动单位，每个单位的两翼都各有一位军士。这提供了侧向控制——不管各伍之间变得多松散，他们也会充当机动单位的基准兵，让各个单位在"侧"向上保持平直。

　　中队主体之后的一列队列收拢人紧跟着中队。这一列的职能是推动士兵前进，确保他们能够"收紧"队列。它要阻止士兵在面对敌人时停滞不前或逃离队列。

c) 俄军骑兵中队，1802—1815 年。

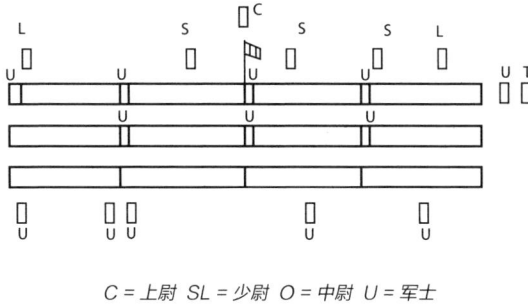

C = 上尉 SL = 少尉 O = 中尉 U = 军士

d) 英军骑兵中队，1812 年。

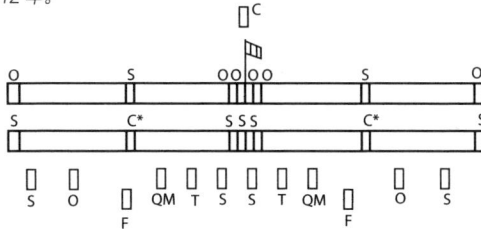

C = 上尉 QM = 军需士 O = 中尉或少尉 S = 中士 C* = 下士（仅出现在轻龙骑兵中）T = 号手 F = 蹄铁匠

图 7.3（2）联军骑兵中队（续）。

法军体系给中队两翼和正面提供了较强的控制力，这就确保了它在战斗中的表现一如所愿，完成冲击后还能以较快速度集结。

图 7.2 展示了法国多个仆从国军队的情况，它们要么是根据法军模板组建的，要么受到了法军骑兵体系的极大影响。对其进行的研究表明，这些军队的结构基本上与法军相同。

图 7.3 展示了其他 5 个国家的情况，每个国家都拥有一套与别国不同的骑兵体系。它们都拥有 3 个同样的要素：

1. 居前的领导层；

2. 中队主体兵力；

3. 一列队列收拢人（各国程度有所差异）。

黑森 – 卡塞尔的骑兵体系与七年战争时期使用的旧组织结构存在一定关联。它拥有与法军相同的位于队形前方的领导层人员。主要机动单位——排——两翼也都安排了军士。然而，它的队列收拢人一列并没有发展成熟。

黑森军队中也存在马枪骑兵，但黑森的《1796年条令》并没有特别指定他们的具体位置，也没有表示他们是否是队列收拢人。事实上，马枪骑兵的名称暗示他们是装备马枪的散兵，是中队抽调出去独立执行勤务的。最有可能出现的结果是，黑森骑兵中队能够很好地掌控除了后方以外的任一方向。

俄军体系与法军体系非常类似。前置的领导层人员与法军极为类似，因此应当能够提供与法军相当的前向控制力度。

俄军把军士分配到中队主体里的做法整体上也和法军类似，但是俄军并没有那么多的军士。少数几个投入其中的军士位于机动单位两端，然而在机动单位中，也有几列骑兵的两侧没有部署任何军士。有理由假定俄军控制中队"侧向"齐平的能力不如法军。

在俄军骑兵中，队列收拢人这一列完全由军士组成，而且俄军的军士人数也没有法军多。因此，俄军对中队后方的控制能力是不如法军的。普军的体系也是基于法军体系核心的一个变种。不过，普军军官除去中队指挥官之外都直接排进了中队的第一列里。这就意味着普军的前置领导层仅限于中队指挥官一人。在这种情况下，他须要做的事情实在太多了，以至于他没法做好其中任何一件。他得观察敌情，在意识到威胁时让整个中队沿适当的方向运动。他还得给中队的各个机动单位指出方向，确保没有士兵会冲到中队第一列之前。他在处理上述所有任务时必定会出问题。

中队主体里的军官和军士分布得相当散。此外，机动单位左翼并没有任何军官或军士，这让那些单位就像在空中晃荡一样。法军会在那里安排一位军士控制局面，以免发生这种情况。这表明普军的侧向控制能力薄弱，各伍之间可能会出现空隙。

普军的队列收拢人员相当充足，应能不负众望地执行他们的职能。然而，这种安排表明了普军的一种观念，他们宁愿推着中队朝前走，也不愿领着中队往前冲。

英军的体系与普军非常相似，但它已经朝着法军的方向进化了，也就是介于普、法两军之间。英军只让中队指挥官一人位于中队前方。这种体系和普军一样，只能给中队第一列提供很少的前向控制力，而且也让中队指挥官本人有太多事要做。

法军将军官放到中队第一列之前，让他们能够约束士兵，让士兵在激战当中不至于昏了头乱冲一气。历史上，英军骑兵时常会出现军官无法控制前列人员的情况。

然而，英军还是把大约60%的中队军官塞进了中队第一列。这表明他们应当拥有出色的侧向控制能力。机动单位应当能够受到严格控制，旋转等机动可以很好地执行。就像法军体系一样，英军体系的确是把士兵在横向上压缩到一起，让各伍之间保持紧凑。英军队列收拢人那一列非常密集，应能提供足够的后向控制力。

由于英军和普军体系里中队前方都比较空旷，这两个国家很可能出现这样的情况：它们的骑兵不仅很难中止冲击，就连在冲击后重整中队时，碰到的困难都比运用法军体系或效仿法军体系的国家多。

奥军的体系比英军还要极端，它在中队前方根本不设置军官。即便在最好的情况下，这也会让前向控制变得非常困难。不过，奥地利的侧向控制强于其他任何国家，每两名军士之间有14名士兵，这两名军士的注意力完全在控制这14名士兵上。后向控制则和其他大部分国家基本相同。

表7.4提供了其中几个国家的数据概要。表格中展示的"前向控制""后向控制"和"侧向控制"相关数据都基于特定单位在对应年份的队形。

前向控制比例是由中队里的士兵人数除以中队前方的军官等领导层人数得出的。后向控制比例以同样的方式产生，侧向控制比例仅是中队士兵人数除以部署在中队主体部分内部或两翼的军官等领导层人数。

表 7.4 数据概要

国别	年度	部队类型	领导层比例	前向控制比例	后向控制比例	侧向控制比例
威斯特法伦	1807—1814	轻骑兵	3.389	24.40	17.43	12.20
威斯特法伦	1807—1814	骠骑兵	3.389	24.40	17.43	12.20
波兰	1807—1813	全体	4.500	32.40	23.14	6.75
法国	1806—1812	胸甲骑兵	4.611	33.20	23.71	16.60
法国	1899—1803	重骑兵	4.750	22.80	16.29	11.40
法国	1803—1815	骠骑兵	4.833	34.80	24.86	7.25
法国	1803—1815	猎骑兵	4.833	34.80	24.86	7.25
法国	1803—1811	龙骑兵	5.111	36.80	26.29	7.67
法国	1799—1803	龙骑兵	5.333	38.40	17.45	8.00

国别	年度	部队类型	领导层比例	前向控制比例	后向控制比例	侧向控制比例
法国	1799—1803	骠骑兵	5.333	38.40	17.45	8.00
法国	1799—1803	猎骑兵	5.333	38.40	17.45	8.00
普鲁士	1812—1815	胸甲骑兵	5.600	101.00	9.18	20.20
普鲁士	1812—1815	龙骑兵	5.600	101.00	9.18	20.20
普鲁士	1812—1815	骠骑兵	5.600	101.00	9.18	20.20
普鲁士	1812—1815	枪骑兵	5.600	101.00	9.18	20.20
威斯特法伦	1807—1814	胸甲骑兵	5.667	27.20	27.2	11.33
法国	1812—1815	胸甲骑兵	5.777	40.80	29.14	20.40
法国	1811—1815	枪骑兵	6.111	44.00	31.43	9.17
英国	1800—1815	近卫龙骑兵	6.143	172.00	15.64	12.29
英国	1800—1815	轻龙骑兵	6.143	172.00	15.64	12.29
法国	1803—1806	胸甲骑兵	6.250	30.00	21.43	15.00
普鲁士	1787—1808	骠骑兵	6.545	144.00	28.80	14.40
普鲁士	1787—1808	胸甲骑兵	6.545	144.00	28.80	12.00
普鲁士	1787—1808	龙骑兵	6.545	144.00	28.80	12.00
俄国 [4]	1812—1815	骠骑兵	6.600	18.86	16.65	26.40
法国	1811—1815	龙骑兵	6.722	48.4	34.57	10.08
萨克森	1810—1815	全体	7.130	27.33	27.33	12.62
卡塞尔	1796—1808	骠骑兵	7.333	26.4	—	10.15
卡塞尔	1796—1808	胸甲骑兵	7.625	24.4	—	11.09
卡塞尔	1796—1808	龙骑兵	7.625	24.4	—	11.09
俄国	1812—1815	胸甲骑兵	7.765	44.00	16.50	22.00
俄国	1802—1812	胸甲骑兵	7.765	44.00	16.50	22.00
俄国	1812—1815	龙骑兵	7.778	35.00	17.50	23.33
奥地利	1808—1815	胸甲骑兵	7.778	—	22.40	7.00
奥地利	1808—1815	龙骑兵	7.778	—	22.40	7.00
俄国	1802—1812	龙骑兵	8.824	50.00	18.75	25.00
俄国	1802—1812	骠骑兵	8.800	44.00	16.50	33.00
奥地利	1808—1815	骠骑兵	8.333	—	25.60	8.00
奥地利	1808—1815	枪骑兵	8.333	—	25.60[5]	8.00

　　尽管看似混乱，这张表格却和起初研究的领导层比例高度相关。表 7.5 将表 7.4 中的排名与表 7.3 进行了对比。

表 7.5 排名比较

表 7.4 总结	表 7.3 总结
威斯特法伦	威斯特法伦
波兰	波兰
法国	法国
普鲁士	英国
英国	普鲁士
萨克森	萨克森
卡塞尔	卡塞尔
俄国	俄国
奥地利	奥地利

正如表格所示，从领导层总体占比中发现的排名和前向、后向、侧向控制分析中得出的数据排名明显存在相似之处。只有英军和普军调换了位置，其他所有国家在排序中的位置均未发生变化。

根据对组织结构进行的这一数据分析，有理由假定表 7.5 中显示的对比关系与各国骑兵间的相对战斗力紧密相关。然而，这是一个基于中队和团层面的分析，并没有从士兵个人层面出发。

同样应当承认的是，这一分析完全基于理论层面。人们通常会承认一点：在各个大国的军队中，法国骑兵是全欧洲最优秀的。它并没有在对敌作战时灭亡，而是被俄国战局和冬季毁灭了。毁灭它的因素还包括若干将领的行为，缪拉就是其中的著名人物之一，他喜欢让骑兵到处冲击，追逐出现在他视野中的一切，在 1812 年战局造成的困境中，他也没有给骑兵足够的恢复时间。截至 1812 年 12 月，大部分法国骑兵已经不复存在，缺乏强有力的骑兵兵种导致法军输掉了 1813 年和 1814 年战局。法军 1813 年带上战场的骑兵由一小批来自西班牙的骑兵老手、少量再度上马的 1812 年战局幸存者和许多新兵组成。

从历史的角度来看，就团以上的战术层面而言，1813 年之前的法军在交手时总能取得胜利。的确存在法军被其他骑兵击败的个别案例，可在绝大部分骑兵大战中，法军的组织结构和控制力似乎总能带来骑兵战的胜利。

法国骑兵在弗里德兰、艾劳（Eylau）和博罗季诺击败了俄国骑兵。博罗季诺会战以发生在法军左翼的大规模骑兵战闻名。1805 年和 1809 年，奥地利骑兵一再被法国骑兵击败。普鲁士骑兵在 1806 年并没有与法国骑兵发生大规模交锋，纯骑兵交战也不算多。不过,普鲁士骑兵完全不能在耶拿-奥尔施泰特会战后阻挡法国骑兵的追击。

似乎只有英国骑兵能够在团与团的对决中击败法国骑兵,但他们经常在获胜后像一队猎狐者一样乱冲,丢掉到手的胜利。一旦英军在追击中跑散,更有组织的法国骑兵往往就能利用他们的预备队痛宰英军。这种情况以滑铁卢的案例最为著名,当时,法国骑兵歼灭了气喘吁吁的联合旅。黑森-卡塞尔骑兵在 1800 年之前几乎不存在,而威斯特法伦骑兵又少到难以评估。

有一个由威斯特法伦、波兰和萨克森骑兵组成的师曾在博罗季诺作战。正是这支部队最终攻破了大多面堡。他们无疑是能力极强的骑手。不幸的是,围绕大多面堡的交战实在太过混乱,关于这个师的质量,能够得出的唯一结论就是他们击败了在那里遭遇的俄国骑兵。

在米尔(Mir/Мир)和其他规模较小的前哨战中,也有波兰骑兵与俄国骑兵交战的记录。那些战斗的最终结果通常是平手。参与交战的双方骑兵数量多数时候并不均等,突袭、伏击的因素对结果影响很大。不过,在奥斯特罗夫诺(Ostrovno/Островно)会战中,有一个团的波兰枪骑兵轻易地在正面激战中击败了对面的俄国骑兵。

波兰人或许是比俄国人更好的骑手,但与此相关的文献相当稀缺。鉴于英国骑兵和波兰骑兵之间似乎并没有什么交锋,波兰骑兵的相对优势也难以证实或证否。

在 1809 年战局中,波兰骑兵与奥地利骑兵交过手,但波兰军队是新近建立的,拿这些稚嫩的部队和经验丰富的奥军骑兵比较战绩明显不合理。何况,在奥军当中还能找到匈牙利骑兵,他们是历史悠久的出色骑手。1813 年之后,幸存下来的波兰骑兵多数都是老兵了,鉴于华沙大公国大部地区已被推进中的俄军占领,它也不大可能得到多少用于重建部队的新兵。它在 1813 年战局中的表现非常出色,试举一例,在莱比锡会战中,波兰骑兵与奥军胸甲骑兵交手,并将其击败。[6]

萨克森人在历史上就是出色的骑手,也享有这样的好名声。他们在 1806 年战局中打得很好,但还是被得胜的法军剥夺了战马——这是为了让法军的那几个步行骑兵团骑上马。战争结束后,法军归还了这些马匹。此举可能有两个原因:一、将财产归还给一个已成为法国新盟友的国家含有一定的政治寓意;二、常有人认为这些马匹太烈,到了法军无法驾驭的地步。归还的原因并不算特别重要,但它的确让萨克森骑兵能够继续优秀,他们的质量要到 1813 年才出现下滑。

威斯特法伦骑兵从未与英军交战,他们在 1812 年的战争中被彻底消灭了。之后,那些老牌骑兵团完全是由新兵再度填满的。到了1813年年末，这些骑兵团里只有一个不曾逃到联军那边去。除了近卫轻骑兵团（Guard Chevaulégers），威斯特法伦骑兵的质量并不算很高。类似的说法也可以用于拜恩骑兵，但与威斯特法伦骑兵不同，他们是根据君主的命令倒戈的。另一方面，黑森 - 达姆施塔特、符腾堡和巴登的骑兵在战场上的表现可以与其他任何国家的骑兵一样出色。

表7.6展示了这一时期欧洲骑兵可能的相对排名总结。每一等级内部的骑兵质量是大致相当的。

表7.6 欧洲骑兵可能的相对排名总结

第一等级骑兵	第二等级骑兵	第三等级骑兵	第四等级骑兵
波兰	英国	奥地利	瑞典
萨克森	普鲁士	威斯特法伦	西班牙
巴登	俄国	符腾堡	葡萄牙
法国	北意大利	拜恩	那波利
黑森 - 达姆施塔特		黑森 - 卡塞尔	

尽管此前并未讨论过瑞典、葡萄牙和西班牙骑兵，但这里还是应该简单探讨一下。瑞典马匹体格不算好，也不适合供骑兵使用。自古斯塔夫时代以来，瑞典还没有什么值得载入史册的骑兵作战行动，而且根据英国方面的拿破仑时代资料，瑞典骑兵质量非常低劣。西班牙和葡萄牙人的军事声誉褒贬不一，而西班牙军队可能是最糟糕的。这两个国家都受到马匹数量少、质量差的困扰。这两个国家的骑兵在这一时期都不能执行任何重大行动，从整体上看，这两国的军事史实在太糟糕了，糟糕到人们公认在欧洲只有那波利军队比西、葡两军更差的地步。

战术理论运用

这一时期的骑兵有三种主要类型：重骑兵、龙骑兵和轻骑兵。它们是截然不同的部队，也有着各自迥异的功能。拿破仑在共和十二年霜月30日写给陆军部长[7]的信中说："我希望你将胸甲骑兵、龙骑兵和骠骑兵看成3个独立的兵种，所以，不要再向我提议将其中一支部队的军官调到另一支去。"

重骑兵有时会被更恰当地称作"战列骑兵"[8]，它的作用是集中力量冲锋，粉碎敌军队形。它是在决定性时刻投入使用的预备队。在驱散敌军骑兵后，重骑兵就要调转方向，攻击敌军步兵的侧翼。它的队形、组织和战术都是根据这一目的发展起来的。

轻骑兵经常被用作"战列骑兵"，它也的确能够在战列中坚持作战，但它的主要任务还是侦察和大举追击已被击败的敌军。它会充当军队的前卫、后卫和侧卫以防备伏击。它还要分拆成更小的单位，作为符合其侦察角色的前哨或岗哨。法军轻骑兵中的中士、下士比例之所以会高于重骑兵，原因正在于此。在其他国家当中，这种数量差异可能并不总是那么明显，但轻骑兵的作用还是一样的。

在这种划分体系中，关于龙骑兵的定位，目前的术语时常存在歪曲。时常可以听到有人用"中"骑兵那个名词称呼龙骑兵，可笔者迄今为止查阅过的所有该时期文献都没有用过它。值得注意的有趣之处在于：法军的确在法国大革命时期将龙骑兵划入"轻"骑兵类别，以此缓解轻骑兵短缺的情况。这种称呼后来似乎逐渐消失了，龙骑兵的双重性变得颇为明显，他们也继续保持其特色。然而，龙骑兵并不是"中"骑兵。

拿破仑认为龙骑兵的职能介于重骑兵和轻骑兵之间。它可以在作战中辅助更加专门化的前两种骑兵，而它实际上也是这么做的，当轻骑兵掩护主力军时，龙骑兵能为轻骑兵提供很大的帮助。

鉴于龙骑兵源于骑马步兵，它在此时依然可以用作骑马步兵。在法国大革命之前，龙骑兵身穿的制服证实了骑马步兵的传统早已衰微。他们的制服很不适于步兵作战。然而，龙骑兵的装备并没有发生太大变化。1792—1815 年间，大部分国家的龙骑兵似乎仍然携带着刺刀。

当然也存在例外。1812 年，俄军收缴了所有骑兵部队的龙骑兵步枪和刺刀，将它们配发给步兵。[9] 但这是因为步兵缺乏武器，并不是由于战术理念上发生了变化。唯一真正的组织变化是鼓手的消亡，在某些龙骑兵部队当中，鼓手编制一直持续到1806 年为止。[10] 和鼓手不一样的是，直到 1815 年之后很久，法军仍然在他们的龙骑兵团里保留着一些被称作工兵的龙骑兵。

法军时常让龙骑兵充当历史上的步兵角色。龙骑兵接受了诸多步兵战术训练，而且在 1805 年、1806 年战局期间，法军还组建了步行龙骑兵团。大革命战争期间也组建过步行骠骑兵团，但这类部队源于缺乏马匹，一找到战马，步行骠骑兵就消失了。

在西班牙战局中，龙骑兵在与游击队或英军交手时常常徒步作战。最著名的例子发生在英军撤离科伦纳[11]期间。那座城镇及周边地区并不适合骑兵运用马上战术，因此龙骑兵选择下马，步行投入战斗。在这一时期，所有国家的龙骑兵条令都规定要将部分时间——即便不是大量时间——用于操练步行机动。

法军龙骑兵团的结构仍然保持着双重性，它既类似于轻骑兵，又类似于胸甲骑兵。观察表 7.7，比较各个时期龙骑兵和轻骑兵的军官、军士数目，就会发现龙骑兵军官数量与胸甲骑兵相当，军士数量则介于另两种骑兵之间。

表 7.7 1805 年的骑兵中队兵力

	法国轻骑兵	法国龙骑兵	法国胸甲骑兵
军官	8	6	6
军士	28	22	16
士兵	192	144	148
号手	4	2	2
总人数	232	176	172

龙骑兵保持较高的军士数量无疑是出于巡逻、前哨或岗哨目的。这在一定程度上体现了法军预期的龙骑兵用途。然而，当龙骑兵以旅、师级单位投入使用时，他们常作为重骑兵与胸甲骑兵一同作战。事实上，在 1804 年之后，纯龙骑兵师总是被称作"重骑兵师"。他们在多数交锋中被用作战列骑兵。

1800 年之后，当法军骑兵编组成旅时，胸甲骑兵和龙骑兵总是被纳入由同类部队组成的旅当中。某个"重骑兵"师的某个旅偶尔也会加上一个轻骑兵团，以提供一定的侦察能力，但这种做法的行政管理意义要盖过战地行动意义。

在 1800 年之前，法军组织的旅并不总是由同类部队组成，而是把少许各类骑兵混合在一起。骑兵并不总是按照类型集中到一起的。似乎是在 1800 年左右，有人意识到将重骑兵集中到一个单位中的价值，法军随后采纳了这一意见。

法军轻骑兵似乎一直不受约束地处于混杂状态。骠骑兵、枪骑兵和猎骑兵功能总是相互重叠。

1807 年之后，俄军似乎采用了与法军相同的体系，组建了由同类部队组成的重骑兵旅、师和军。在此之前，他们组织了由各类骑兵混编而成、成分混杂的旅，而到了 1813 年，俄军又把他们的轻骑兵编组成骠骑兵、猎骑兵和枪骑兵师。

在 1805 年之前的某个时候，奥军也学习了法军的做法，从混编轻重骑兵变为组建纯粹的重骑兵旅和轻骑兵旅。

1808 年之后的普军骑兵规模似乎太小，因此无法像法军、俄军和奥军那样组建大规模的骑兵军。他们的确将自己的 4 个胸甲骑兵团编成了 2 个旅，并在 1813—1814 年间将它们分配到联军的近卫军当中，可在耶拿 - 奥尔施泰特战前，普军的做法是将不同种类的骑兵混编成旅或师。

英军并没有组织过骑兵大部队，在这支军队中，直到西班牙战局晚期，就连编组旅都是一个问题。彼时，英军似乎总是将轻龙骑兵编成轻龙骑兵旅，将他们更重的兄弟编组成重骑兵旅。

攻击队形

一旦选定目标，团级或中队级指挥官就要决定采用何种队形攻击敌军目标，研究将要通过的地形，估算可能出现在这一地区并造成威胁的敌方单位。为了发动符合指挥官设想的攻击，中队会尽快列成合适的队形。单位指挥官可以选择一系列攻击队形，图 7.4(a)—(e) 展示了这些队形。

横队

骑兵使用的主要战斗队形是横队。这种队形让骑兵团能够将自己拉到最长，最有效地利用每一把马刀。它也让骑兵团有可能完全依靠战线宽度包抄一个规模相对较小的团。

横队的主要特征在于全团实际上是在同一时间冲入敌军。这种巨大的冲力带来的震动理论上可以粉碎敌军战线。图 7.4(a) 中描绘了一个骑兵横队。每个国家的骑兵都普遍采用了这种横队。

英军和其他若干军队采用了双战列线体系。第一条战列线是主要战线，第二条战列线是预备队。关于这一体系，英军 1799 年条令里的一个片段给出了最佳描述：

> 有时会出现一支骑兵小部队——比如说两三个中队——攻击规模相当的敌军骑兵的情况，它就要依靠自己在运动和速度上的优势。出于这一目的，它可

以分成若干小队，每个小队由 14 或 16 个伍组成，它们的横向间隔与小队正面宽度相当，第二条战列线或者说预备队必须在第一条战列线后方 150 步处填补间隔。这让它能够依靠更宽大的正面和若干轻快机动的单位快速包抄敌军侧翼。如果小部队包括 3 个中队，第一条战列线可以由 6 个小队组成，第二条则包括 3 个，后者中的每个小队又可以再分成两部分；其中 5 个部分用以填补前方间隔，第六个则遵照命令延伸到右翼或左翼。如果只有 2 个中队，第一条战列线就由 4 个小队组成，第二条包括 2 个，这 2 个小队还要继续分割，让其中 3 个单位填补间隔，1 个延伸到侧翼。

第二条战列线不仅可以作为支援部队，有时也可以在向前发动攻击时将它的部分兵力投入第一条战列线的侧翼，以此突然包抄敌军侧翼。如果第一条战列线中有 6 个小单位，第二条战列线中有 6 个小单位对其加以保护，那么后者可以从一翼抽出 2 个小单位突然包抄敌军——这会导致 1 个间隔无人保护，如果从第二条战列线抽出的 2 个小单位来自它没有延伸过去的那一翼，那么，这条战列线就该再移动一个间隔，让此前延伸出去的小单位填补间隔。有时候，通过迂回敌军取得的优势可能非常大，大到让第二条战列线抽出一半兵力用于包抄的地步，如果为了实现这一机动，让敌军陷入混乱，就可以留出几个间隔不加保护。

在 1806 年之前，普军使用一种人称 Attacke mit drei-gliedern 或 "三列攻击" 的线式攻击方式。这是由《1796 年条令》确立的方式。从战术上讲，它是由二列横队和在横队之后列队、作为侧卫部队的第三列组成的。这个后列是从每个骑兵排左翼抽出 4 个伍组成的，第三列随后还要分成两组，分别部署到全团战线两翼之后。它随后会向外转动，伺机攻击敌军侧翼。

普军 1812 年的条令中给出了严格的指示，要求中队两翼必须各自编组一支小预备队，以保护中队，使其免遭侧击，此外，预备队在进攻中也要向外转动，攻击敌军暴露的侧翼。右翼预备队由第 1 中队的第 1 排组成，左翼预备队则由第 4 中队的第 3、第 4 排组成。

在 1806 年之前，普军也使用一种人称 en murial[12] 或 "墙式攻击" 的横队攻击方式。这种攻击是一种大规模的线式攻击，它最初与敌军间的距离可以长达 1500 步，最后 700—1000 步是以跑步完成的。

这种攻击方式同时存在优点与缺点：大规模的横队会倾向于形成团块，在根据预期前进1500步的过程中也会出现解体。等到冲击完成的时候，它让马匹彻底筋疲力尽。一旦冲击完成，此时敌军留下的任何预备队都会对它造成重大杀伤。然而，不管这种冲击途中会碰到什么敌人，它往往都能将对方一扫而空。

在较大规模的行动中，轻重骑兵时常一同作战。轻骑兵那时会负责掩护重骑兵或充当第二条战线。

当轻骑兵引领重骑兵前进时，它能够掩护重骑兵，使其免遭敌军火力攻击，还能让预定目标无法发觉重骑兵的推进。

如果轻骑兵在重骑兵之后推进，它就要在重骑兵两翼后方列队。当重骑兵在混战中缠住敌军时，轻骑兵就要向外转动，攻入敌军侧翼。这将不可避免地导致敌军崩溃，让他们在混乱中撤退。可以在许多国家的作战记录中找到这样的案例，其中俄军的战例尤其令人瞩。

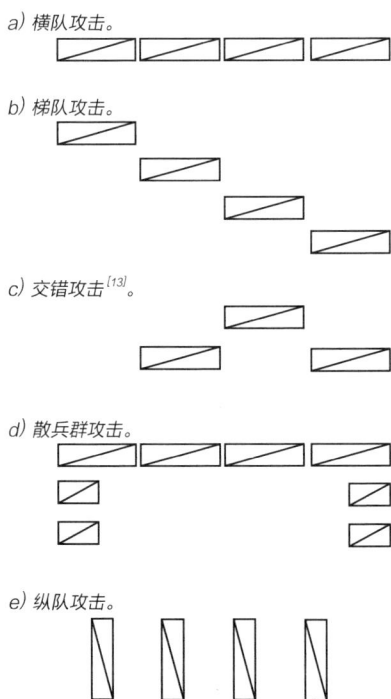

图7.4 各类骑兵攻击队形。

梯队攻击与交错攻击

梯队攻击和交错攻击都是横队攻击的变种。在这两种攻击方式中，攻击队形的先头单位都会比其他单位更早地接触敌军。

粉碎防守单位完整战线的进程始于这一初步冲击。随着敌军战线开始陷入不稳定状态，第二批（新锐的）部队将投入打击，加速其瓦解。在梯队攻击中，将会出现连续多次打击，这在理论上可以确保敌军陷入毁灭。

尽管英军 1799 年的条令中提到的是由几个团展开的梯队攻击，但理论和事实也都适用于单个团发动的攻击。条令表示：

> 一支大部队的梯队运动会让它处于有利地位：它可以用于扰乱敌军，可以发动局部攻击，也可以展开逐步退却。应当（预先）采用不同机动吸引敌方注意力，使其无法确认我军攻击地点。梯队可以加强中央或任意一翼：如果成功突破，各个部分就要上前攻入敌方战线以发扬优势；如果被击退，梯队就可以很好地掩护退却。在前进中，各个部分独立运动，自由行动，随时准备好互相援助。在退却中，它们须要逐个交替退却，这样就可以互相协助、支援。

> 战线中的每个梯队根据其具体兵力由 3 个、4 个或 5 个中队组成。

> 尽管侧翼的数量似乎成倍增加了，但这些侧翼并没有暴露出来，因为各梯队可以互相掩护。

> 从远处看去，各个梯队就像是一个完整的横队：作为宽度较短、较为独立的战线，它们可以比较容易地斜向行进包抄敌军或为一翼保留支撑点，而且这样的运动可能不易被敌军察觉。

黑森 - 卡塞尔的《1796 年条令》包括了梯队攻击和交错攻击。它指出这两种攻击形式的主要优势之一就是各个单位独立行动，可以在出现侧击战机时充分加以利用。它还表示不在最前线的梯队承受的敌方火力较少，也就更有可能在接触敌军时保持新锐势头。

1806 年之前的普军大量运用了梯队攻击。《1796 年条令》中描绘了这种攻击进程。各个梯队之间相隔 30 步。普军发现，比起漫长且不加分割的横队攻击，梯队攻击自然是易于控制和机动的。让人惊讶的是，普军 1812 年的条令并没有提到梯队攻击。

萨克森军队就像普军、英军和黑森军队一样，在前进和退却中使用梯队。法军的《1805 年条令》也提到了梯队队形，不过它并没有提及交错队形，条令中并未讨论如何利用梯队，也没有谈及梯队战术理念。[14] 不过，在《威斯特法伦军队》（Die westphälische Armee）[15] 一书中，可以发现梯队攻击出现在骑兵进攻步兵横队或方阵的场合。鉴于威斯特法伦是法国的仆从国，它的军队高度效仿法军，有理由推测这种战术理念源自法军骑兵的战术信条。

奥军 1808 年的条令提供了某种梯队风格攻击的一幅图解，可不幸的是，条令中除了阐述纵队如何后转、前转的图片注释外，并未提供有关这种攻击的讨论。

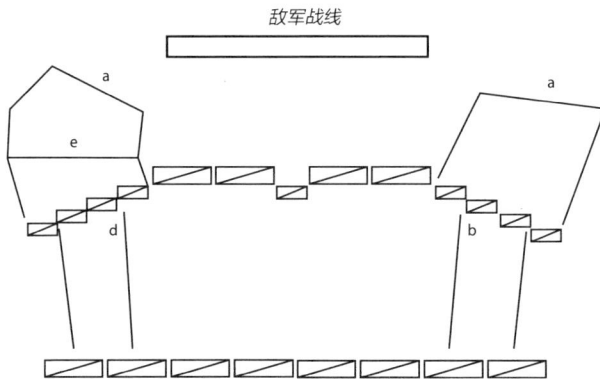

图 7.5 骑兵以 4 个分团发起攻击，其中的侧翼分团折回内侧。
《皇家与王家骑兵勤务条令》，维也纳，1808 年，图版第 21。

散兵群攻击

图 7.4(d) 描绘了普军的散兵群（schwarm）攻击。1796 年的骠骑兵条令中出现过这种散兵群攻击，而它在此之前可能就已存在。编组散兵群队形有两种方式：接到组成散兵群攻击队形的信号后，每个中队都要抽出第 4 排上前，列成掩护前进的散兵幕。这些散兵要利用其火力吸引敌军朝他们开火，掩护位于后方的大部队。它是一种主要用于攻击步兵方阵的方法。

普军还依靠混编轻重骑兵组成散兵群。一个重骑兵团先朝步兵推进，诱使其开火。隐藏在重骑兵后方的轻骑兵此时就向外转，在步兵有机会重新装填之前发起攻击。这种攻击的目的在于让骑兵能够在步兵无法射击的时候通过危险的交火区，直接与敌军接触，不用遭到敌军射击就能与其展开混战。

萨克森军队也采用这种攻击方式，专门用来对付步兵。侧卫骑兵战线位于骑兵主战线前方 50—80 步处。[16] 侧卫骑兵要向前推进，直到能够朝敌军步兵开火为止，随后骑兵主力就会上前攻击步兵。

纵队攻击

纵队攻击是一种较为古老的攻击方式，主要用于对付步兵。在《威斯特法伦军队》一书中可以找到如下引用内容：

> 法军骑兵在大革命战争中频繁运用纵队攻击，不过在 1804 年之后，它只用于对付步兵纵队和重骑兵。到了 1813 年，由于法军骑兵训练不佳，横队相比纵队更难控制，纵队攻击才重新得到广泛运用。骑兵可以用快步执行这种攻。

1806 年之前的普军也采用纵队攻击。他们主要用纵队对付步兵，而且是把骑兵列成以排为单位的纵队。纵队攻击的主要内容在《1759 年 3 月 16 日给诸位骑兵少将的教令》（Instruction for the Generalmajors of Cavalry of 16 March 1759）中得到确立。普鲁士 1812 年的条令确立了以中队为单位的纵队。它依然主要用于对付方阵。

当人们研究骑兵攻击步兵方阵时，就会很快发现使用纵队的某些理由是显而易见的。一个典型的俄国步兵营列成方阵后正面有 50 名士兵，或者说大约 86 英尺。一个由 100 名士兵组成的骑兵中队列成二列横队后正面也有 50 名士兵。如果将一人一马的宽度定为 3 英尺，我们就会发现骑兵中队的正面宽度是 150 英尺。也就是说骑兵中队的宽度大大超过了步兵营。如果将骑兵团列成横队攻击步兵营，除去大约半个中队之外，其余所有部队都会错过目标。

纵队的正面宽度相当于一个中队或更少。中队的正面宽度也会超过方阵，但并不会超出太多。在纵队中，其余的中队就可以免遭敌军步兵射击——这种保护甚至优于梯队和交错队形，因此，它们有望在打到目标方阵之前依然保持新锐势头和良好秩序。

散阵攻击

　　萨克森军队还有一种特殊的攻击方式,它被称作散阵(à la débandade)攻击。[17] 这种攻击主要用于轻骑兵,攻击时要将人与人的横向间隔拉得尽可能大。不过条令也的确提到过胸甲骑兵偶尔可以使用这种攻击方式。它用来对付的是尚未列队的步兵或枪骑兵。在对付枪骑兵时,它可以让萨克森骑兵攻入枪骑兵后方,也可以削弱骑枪的杀伤效力。有人认为,由于目标分散了,枪骑兵须要不断把骑枪对准特定移动目标,不能仅仅端着骑枪向前攻击集群目标,所以,骑枪的杀伤效果就会减弱。

拉瓦攻击

　　研究表明还存在另一种攻击方式——哥萨克著名的拉瓦攻击。这种攻击与萨克森军队的散阵攻击存在惊人的相似之处。

　　巴尔克上校(Oberst Balck)[18] 在他关于战术的著作中说:

　　　　或许只能在有限的局部意义上将拉瓦定义为一种疏开队形的冲击方式,因为它既是一种机动(侦察和掩蔽)方式,又是一种实际攻击方式。拉瓦是哥萨克的战斗队形,最初由亚洲的游牧部落骑手传给他们。[19] 哥萨克以散开的队形从环绕着敌军的各个方向涌向敌军,同时还发出吼声,展开射击,这是为了诱使敌军也散开队形,让哥萨克能够展开近身肉搏,以便发挥他们在骑术和武艺上的优势。

　　发动拉瓦攻击的既可以是横队,又可以是纵队。在编组拉瓦攻击队形时,第一个sotnia(Сотня,百人队,相当于中队)以中央排为基准、以半排为单位[20] 在大部队正面前50步处列成一道战线,然后展开部队,让战线上的每两名相邻哥萨克之间距离达到4步。这样展开后,一个普通的百人队一般可以覆盖大约400步的正面。

　　一个骑兵排或百人队[21] 要以密集队形位于这个展开后的百人队之后,其距离可达350码。如果这个排也要展开,就得有1名军士和6名哥萨克携带军旗留下作为集结点,他们被称为"Majak"(Маяк,意为灯塔)。

　　拉瓦队形极为绵长,这让哥萨克能够同时既包抄敌军一翼或两翼,又从敌军前后方向加以攻击。敌军队形出现的任何缺口随后都会被哥萨克利用。

哥萨克并不打算使用拉瓦攻击与已经列队的敌军骑兵部队接触,而是要通过持续不断的骚扰消耗敌军。拉瓦也可以用于追击败退的敌军或掩护其他部队的机动。

攻击前的侦察

雅里 [22] 在关于行军的论述中提供了与攻击之前使用骑兵进行侦察相关的若干真知灼见。他表示,在没有预先派出散兵确定有无尚未被观察到的障碍物——比如说滑铁卢的凹路 [23]——之前,一名骑兵指挥官绝不应当下令冲击或前进。然而,这条准则时常遭到忽视。因此,参谋军官有责任去勘察地形,以克服某些将领或团级军官过于好斗的天性。

雅里认为,即便在敌方骑兵战线的手枪射程之内,也可以自信地展开侦察。敌军骑兵部队不会朝着一个人大举冲锋。预期中最可能出现的情况是一名军官上前用手枪射击,"这算不上很危险"。

如果要由多名骠骑兵或龙骑兵完成侦察,就应当挑选拥有勇武名声且坐骑优良的士兵。当然,一位配备好马的参谋军官也可以亲自进行侦察。

越线换防

这一机动的目的在于让一个新锐的骑兵团通过一个已经疲倦或垮掉的单位,并接替它原先在前线的位置。这种机动由前进或后退中的任意一个单位执行,它要从另一单位各中队的横向间隔中通过。在法军中,机动的单位将它的各个中队都分别列成以排(peloton)[24] 为单位的纵队,这 4 个独立的纵队从静止的团的间隙里通过,它们或旋转或沿垂直于静止单位的方向行进,而后重新展开成与静止的团平行的横队。

骑兵对方阵

除非步兵的士气已被削弱,不然骑兵很难突破一个已经列阵完毕的步兵单位。只有当步兵在战前或战斗中损失惨重,其士气已经衰竭时,骑兵才有较大概率攻破步兵。在此情况下,骑兵往往只用出现在步兵面前并以坚定步伐朝步兵推进,就能取得战果。在步兵"士气"未受损耗的情况下,以单一战线发起的冲击很少能够取得成功。

因此,骑兵在发动冲击前总想让己方的霰弹或子弹朝着作为目标的步兵队形猛烈射击。同样，如果步兵占据地形优势，那么就要始终避免对它发动攻击。

然而，当骑兵成功攻破一个方阵或其他步兵队形时，步兵总会不可避免地遭遇彻底毁灭。1814年3月25日，在拉费尔尚普努瓦斯会战中，几个法军方阵不仅被打垮，还被彻底驱散。在1813年9月6日的登讷维茨（Dennewitz）会战中，普军骑兵粉碎了两个法军方阵。1809年5月1日，海姆罗特（Heimroth）上校指挥的巴登龙骑兵在里道（Riedau）打垮了一个方阵。[25]1794年4月26日，奥军上校施瓦岑贝格[26]侯爵在卡托（Cateau）会战中率领6个奥军中队和12个英军中队攻击一个法军步兵纵队，一共杀死2000人，俘获火炮22门、弹药车29辆、官兵277人。当然，还可以给出无数个法军骑兵碾碎联军方阵的案例，比如说艾劳、瓦格拉姆和博罗季诺。

另一方面，历史上同样充斥着骑兵攻击一无所获、惨败收场的例证。滑铁卢可能是最好的案例，在这场会战中，奈伊派出了法军胸甲骑兵，他们撞上了英军方阵，其结果就像浪花拍击岩石一般。

在骑兵对付方阵时，成败取决于双方部队的坚定程度。然而，人不能强迫马匹冲向刺刀，因此关键就在于步兵在抵抗骑兵时是否能够保持稳定。如果步兵缺乏经验，对己方列成方阵自卫的能力信心不足，就会出现问题。如果步兵在遭遇骑兵攻击的同时受到步兵火力或炮火的打击，那么，步兵挡住骑兵攻击的概率也会降低。此外，步兵在骑兵攻击前蒙受的伤亡累枳程度也会影响它的抵御能力。

旅级规模的攻击

在团以上级别的交战中，拿破仑战争中的骑兵会组织一系列前后相继的连续战线。通常情况下，每条战线由1个团或1个旅组成。这些战线要展开成横队，而这些一个接一个前后排列的团或旅就形成了一个密集纵队，各列之间几乎没什么前后间距。

第一条战线几乎总是由轻骑兵组成，龙骑兵紧随其后，最后则是胸甲骑兵。骑兵按照这种队形运用并投入攻击，它并不是一个单独的实心团块，而是多条骑兵战线的连续波次攻击。在攻击当中，各列的间距会明显增大。

当位于最前方的战线攻击敌军却陷入停顿后，它就要转到由推进中的战线组成的"纵队"侧翼，在侧翼重新集结，也可以执行"越线换防"。在抵达队形后方后，他们就要重整成横队，在必要情况下尽量前进并投入攻击。

这种战术在霍夫[27]就使用过，当时，缪拉让他的轻骑兵师向前推进，让一个龙骑兵师紧随其后提供支援。当它们均被击退后，第二个龙骑兵师在格鲁希（Grouchy）指挥下前进，可这还是不够，因此多特普尔（d'Hautpoul）的胸甲骑兵也缓慢地逐步投入战斗。

在艾劳，正如我们此前所见，缪拉将 80 个中队 [28] 编组成一个以旅为单位的庞大纵队，前后有 10 条骑兵战线连续发动冲击。在埃斯灵（Essling）和瓦格拉姆，我们可以找到由各条前后相继的战线发动的 8—9 次冲击。在滑铁卢，米约（Milhaud）、克勒曼（Kellermann）的胸甲骑兵和勒菲弗 - 德努埃特（Lefebvre-Desnouëttes）的枪骑兵前后冲击多达 11 次。

攻击流程

不管团级军官在冲击中采用何种队形，他们让麾下部队行进的步法次序都是固定的。骑兵刚开始推进时采用慢步（walk），然后依次是快步（trot）和跑步（gallop），最后发起冲锋并撞击敌军。在冲撞完成后，胜利者就要在条件允许的情况下追击战败部队，双方都会试图集结，重整部队。每个国家都遵循这种普遍的冲击次序。然而，各国之间还是存在着如下所示的差异：

表 7.8 冲击次序与距离

	慢步	快步	跑步	冲击
法军	未规定	未规定	230 步	80 步
普军（1806 年之前）	1000 步	750—950 步	450—650 步	200—300 步
普军（1812 年）	600—800 步	未规定	220 步	80—100 步
黑森军	600—800 步	400—600 步	200 步	70—80 步
英军	未规定	未规定	250 码	80 码

※ 骑兵和冲击目标之间的距离单位为步，它是骑兵开始转入对应步法的距离范围。

在英军 1812 年的条令中，我们可以发现关于冲击的如下讨论：

> 在步兵或骑兵发动的冲击中，尽管可能会出现暂时的混乱，但在敌军退却的时候，主力部队就必须再度列成横队，仅以轻型部队或分遣的骑兵排、步兵连继续追击。这些部队要以最猛烈的气势追击敌军，而且一旦横队恢复秩序，就要继续向前推进，彻底将敌军击败。

普鲁士军队和其他国家的军队也指定了特定的小规模部队用于追击败退的敌军：

当骑兵攻击骑兵时，各个中队必须保持稳固和紧凑，但在攻击步兵时，骑兵各伍之间就可以留有间隙，这样士兵就可以弯腰靠近马颈以便攻击下方的步兵。

可以预见的是，在猛烈的火力打击下，骑兵与步兵在接敌之前都会在一定程度上偏离规整队形，但在骑兵间的对抗中，机动和队形直到最后时刻都能收到很大的成效，因为直到马头迎面对冲之前，都没有什么能够阻止骑兵士兵在队列中像日常训练一样保持稳定。

在另一个章节中，英军条令继续指出：

无论骑兵中队须要通过多长的距离，它都要以敏捷的快步进至距敌 250 码以内，然后开始跑步。——"冲击"的口令在距敌 80 码以内下达，部队要在保持良好队形的前提下尽可能加快跑步速度。——在冲击瞬间，任何收拢各伍的企图都只会拉大战线上（各单位）的横向间隔并妨碍每匹马的自由行动，战马竭力飞奔的时刻就是它最须要独立行动的时刻，左右两侧出现的任何摩擦都会在一定程度上削弱它的冲力。

在冲撞瞬间，（骑兵）的身体必须向后靠，战马不应当受到马勒的约束，而应当由马刺催动前行，立在马镫上并举起刀剑总会在中队里引发震动，它得在必要时刻自然完成。

中队的作战效力在于它的统一速度，在击破当面之敌时，马刺和刀剑起到的作用同样巨大，当其中一个接近完成目标时，另一个就可以将剩余工作补充完毕。

在冲击和快速运动的每一个环节中，军旗都必须紧随指挥官，骑兵须要特别注意跟随军旗并根据它对齐。他们要用手控马，让马正对前方，马头高抬，这会让它们始终处于掌控之中。——士兵必须在马鞍上保持稳定，一个不稳定的骑手总会造就一匹不稳定的战马，一个这样的骑兵就会影响到整个中队的运动和作战效力。

当中队的冲力已经破坏了当面之敌的队形时，就可以命令部分兵力追击敌军，以此保持优势，但中队的主要目标是立刻集结起来整理队形，重新作为一个整体参与战斗，它可以继续前进，也可以转向其他中队侧翼。

如果中队的攻击遭遇失利，它本身也处于混乱或无序，就必须以尽可能好的秩序退却，给支援它的那些中队让开道路，必须在其他中队保护下尽快重整队形。如果未能退却，就会让这个单位在敌军的反攻面前显得极为虚弱，会招致各个击破。

中队永远不该匆忙到让体力耗尽的战马参与冲击的地步，出动战马在很大程度上取决于周围环境和它们所处的队形。

在冲击过后，中队的一部分兵力散开队形，展开追击，他们应当拉开距离，覆盖中队正面和中队的横向间隔。当追击兵力返回本队并重整队形时，每名士兵都应当注意到他的集结点，绕到他应该在的那一翼，从后方进入所在的那一列，绝不能横穿接近中队正面的地方。

每一名遭遇攻击且队形已被打乱的士兵都将自己视为战败者，如果敌军充分利用了有利态势，那么重整士兵就困难重重，何况在士兵后退之后，重整队形本身就变得相当困难。——可是，对发动攻击的部队而言，就算它陷入混乱，只要还保持着向前运动的态势，就能够轻易地集结起来，以在静止不动的部队身上永远找不到的自信与努力参与战斗。

此外，英军条令还提到了其他一些极为有趣的观点。其中一条评论称："尽管受到具体战况限制，一条（骑兵）战线有时候不能前进太远，但它永远不应该完全静止下来遭受冲击，否则就会不可避免地招致失败。"

法军条令也提到了这一点，但记载中有多个案例表明法军骑兵选择原地不动等待冲击，并在遭到冲击之前打出一轮防御性齐射。笔者在准备撰写本书的过程中阅读了若干与此相关的历史事件，在每一个事件中，静止不动的骑兵总是无法用它的防御性齐射阻止敌军的攻击，总是会被冲击打垮。然而，鉴于法军在这么多年里这么频繁地采用这一做法，这就向人们热烈地提出了一个疑问：如果它注定总是失败，为什么法军还一直持续不断地进行尝试呢？[29]

冲击后的集结重整似乎完全是由军号发出的命令和军旗位置控制的。在发出合乎当时情况的号声后，就可以等待骑兵回到他们的中队旗或团旗周围。

骑兵散兵战

在近距离混战之外，骑兵还时常携带马枪（carbine）或短枪（musketoon），他们接受了使用这类枪支的训练。使用这种枪支的往往是特定人员，如黑森 - 卡塞尔军队就将团里的一部分人指定为马枪手。黑森马枪手位于中队大部队前方 30 步处，马枪手之间留出了疏开的间距。他们既要掩护大部队，也要在命令下展开齐射。

法军并没有把某些特定个人指定为散兵，而是会让某些骑兵排列成散开队形。他们被称作侧卫骑兵。和步兵中的同行一样，骑兵中的散兵似乎也是成对活动的。散兵线位于大部队前方 60 步处，在一对散兵当中，一名散兵居前，另一名就位于他左后方。重骑兵也要用他们的手枪或马枪承担散兵战任务。希瓦利埃·默瑟（Chevalier Mercer）[30] 关于滑铁卢的记载就为这种做法提供了证明，他提到有单个胸甲骑兵乘马赶到他的炮兵连附近，朝他的炮手开火，然后冷静地乘马离开，以便装填子弹。

法军骑兵散兵线的火力似乎并不是受到控制的齐射，而是一种自由射击。不过，法军散兵线的第二列人员并不开火，相反，第二列要保留火力，以便在第一列遭遇攻击时提供保护。就像步兵一样，一对骑兵散兵也会交替装填和射击，这样就总有一个人手中的武器已经装填完毕。射击的发起和结束由军号声控制。

侧卫骑兵在执行各类机动时都使用跑步。他们要在赶到大部队前方且散开后才把火器拿在手上。这是为了预防走火。

在必要情况下，法军条令也允许一个已经列成密集队形的骑兵排上前支援散兵。

英军的散兵战方式略有不同。他们将散兵派到中队前方 200 码处，中队里的其余人员总是已将刀剑拔出，准备好支援散兵。英军认为，"所有射击都以行进间射击最好，没有必要只是为了射击而停下来"。这几乎让英军骑兵根本无法在散兵战中采用准确的瞄准射击。

英军散兵以两列队形运作。第一列开火，第二列随后赶到第一列之前，已经射击完毕的第一列则开始装填。英军非常细致地命令前列人员要在确保后列装填完毕后才能射击。英军同样也不希望散兵线在枪支尚未填装的情况下遭到敌军攻击。英军有时也会派出小规模的散兵分遣队。这种分遣队与散兵线并不一样，他们部署在距离中队 250 码处。不过，他们的作战方式似乎和其他散开队形是一样的。

奥军的散兵战方法与前述方法存在类似之处。图 7.6 出自奥军 1808 年的条令，它是笔者在所有条令中发现的唯一一份描绘了如何进行骑兵散兵战的正式图解。[31]

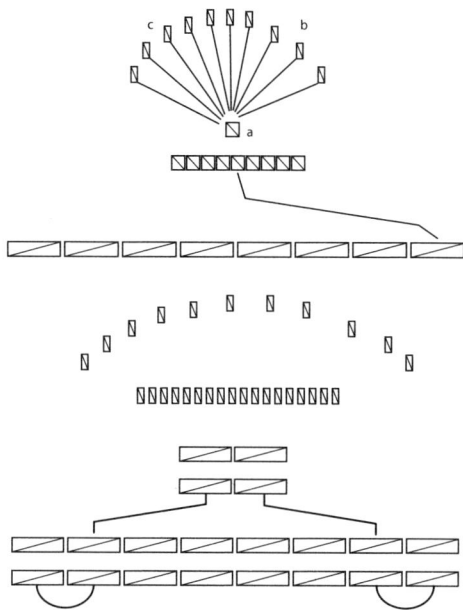

图 7.6 奥军骑兵散兵。《皇家与王家骑兵勤务条令》，维也纳，1808 年，图版第 22，图 1、图 2。

译注：

[1] 本书中的俄军骑兵中队相关数据存在讹误。1802—1809 年间俄军每个胸甲骑兵中队拥有 6 名军官、14 名军士、132 名士兵，龙骑兵中队拥有 6 名军官、14 名军士、140 名士兵，骠骑兵中队拥有 5 名军官、12 名军士、132 名士兵。1810 年后改为每个骑兵中队均拥有 7 名军官、15 名军士、148 名士兵。参见 Жмодиков, 2015, c. 457, 462, 654, 666。

[2] 由于此前表 7.1 中引用的俄军数据有误，此处领导层比例计算也存在问题。1802—1809 年间，俄军骑兵领导层比例应为胸甲骑兵 6.600、龙骑兵 7.000、骠骑兵 7.765，1810 年后应均为 6.727。出处同前。

[3] 表 7.3 中的俄军相关数据依然受到表 7.1 中数据的影响，据实际情况修正后应为 7.023，即上升到普鲁士与萨克森之间。出处同前。

[4] 此处俄军相关比例计算仍受到表 7.1 和图 7.3 的影响。实际情况应为（骠骑兵军官、军士分布情况不明）：

年度	部队类型	领导层比例	前向控制比例	后向控制比例	侧向控制比例
1802—1809	胸甲骑兵	6.600	26.40	14.67	26.40
1802—1809	龙骑兵	7.000	28.00	15.56	28.00
1802—1809	骠骑兵	7.765	—	—	—
1810—1815	全体	6.727	24.67	18.50	16.44

出处同前。

[5] 此处原文为 2.560，根据表 7.1 与图 7.3，应作 25.60。

[6] 即 1813 年 10 月 16 日，波兰第 8 枪骑兵团的 2 个中队和法军第 1 胸甲骑兵师（含萨克森胸甲骑兵旅）在莱比锡战场南部击败奥军索马里瓦（Sommariva）胸甲骑兵团。参见 Nafziger G. Napoleon at Leipzig. Chicago: The Emperor's Press, 1996, p. 121。

[7] 时任陆军部长系贝尔蒂埃。参见 Correspondance de Napoléon Ier. 1858-1870, vol. 9, p. 168.

[8] 战列骑兵，英文作 battle cavalry，法文作 cavaleire de bataille，德文作 schlachtenkavallerie。巴尔丹在其《陆军辞典》"重骑兵"词条中指出，这里的 bataille 指的并不是字面上的战斗，而是战术意义上的"战列"。参见 Bardin, 1851, vol. 1, p. 666, 1104-1105。

[9] 1812 年俄历 7 月底（公历 8 月初），俄军命令第一、第二西方军团的所有骑兵团上交龙骑兵步枪（龙骑兵团）、马枪（骠骑兵团）、线膛短马枪（胸甲骑兵团、枪骑兵团），只给每个中队的侧卫骑兵留下 10（一说 16）支步枪或马枪用于散兵战。同年俄历 11 月 10 日（公历 11 月 22 日）正式规定全军所有骑兵团均应上交步枪和马枪，仅给每个中队留下 16 支散兵战用枪。参见 Жмодиков, 2015, c. 659。

[10] 以法军龙骑兵为例，共和十二年葡月 1 日（1803 年 9 月 24 日）法令规定每个龙骑兵连需设置一名鼓手，1807 年 3 月 10 日法令废除鼓手编制，代之以 2 名号手。参见 Pigeard, 2002, p. 554。

[11] 即西班牙西北部海港拉科鲁尼亚（La Coruña），英文称作科伦纳（Corunna）。

[12] 此处应作 en muraille。参见 Guddat, 2011, p. 70。

[13] 原文误作 a) 横队攻击。

[14] 比对参考文献选目，可知正文中提到的《1805 年条令》实为共和十三年葡月 1 日（1804 年 9 月 23 日）颁布的《奉陆军部命令编纂的共和十三年葡月 1 日骑兵训练与机动临时条令》（Ordonnance provisoire sur l'exercice et

les manœuvres de la cavallerie rédigée par order du ministre de la guerre du 1er Vendémiaire an XIII）。这部条令在与机动 18 相关的讨论中指出，在节约兵力或发动连续冲击时应运用梯队攻击，并提到了梯队在对付步兵横队时可以导致步兵匆忙开火的优势。参见 Ordonnance provisoire sur l'exercice et les manoeuvres de la cavallerie rédigée par order du ministre de la guerre du 1er Vendémiaire an XIII. Paris, 1804, p. 469-470。

[15] 据本书参考文献选目，该书书名应作 Die westfälische Armee，其完整书名为《威斯特法伦王国军队，1807—1813 年》（Die Armee des Königreiches Westfalen 1807-1813）。

[16] 本书原文误作"侧卫骑兵战线位于骑兵主战线前方 50—60 步处"，而萨克森骑兵条令原文为"侧卫骑兵战线位于团正面前方 50—80 步处"，经纳夫齐格先生确认，此处应改为"50—80 步"。参见 Exercir-Reglement für die Königlich Sächsische Cavalerie. Dresden, 1810, p. 91。

[17] 萨克森军队的散阵攻击相当于法军的散乱冲击（charge en fourrageurs），fourrageur 本意为征收草料的骑兵，"散乱冲击"因骑兵在冲击时像征收草料一样散乱而得名。法军 1812 年颁布的教令规定枪骑兵在追击敌军时应当采用散乱冲击，各类轻骑兵也都广泛运用过这种冲击。参见 Guibert, 1772, vol. 1, p. 101. Journal militaire. Paris, 1812/2, p. 10。

[18] 康拉德·弗里德里希·奥古斯特·亨利·威廉·巴尔克（Konrad Friedrich August Henry William Balck），通称威廉·巴尔克（William Balck），德国将领、战术家，1858 年生于奥斯纳布吕克（Osnabrück），1876 年加入普军，曾参加第一次世界大战，1917 年升中将，1918 年退休，1924 年卒于奥里希（Aurich）。巴尔克代表作为《战术》（Taktik），该书尽管卷帙浩繁，前后共有六卷，却颇受读者欢迎，屡次再版修订，并存在多个译本，其日译本《巴尔克战术书》和从日文转译的汉译本《巴尔克战术》对日本、中国军队均有一定影响。参见 Orden und Ehrenzeichen Der Nachlaß der Offizierfamilie Balck, Osnabrück, u. a.. Numismatischer Verlag Künker, 2013, p. 29。

[19] 巴尔克注释称："拉瓦是鞑靼语词汇 oblawa 的缩略形式，意为'驱赶进包围圈'。"参见 Balck W. Taktik. Berlin, 1910, vol. 2, p. 157。

[20] 一个哥萨克百人队包括 4 个排，即 8 个半排。

[21] 根据上下文和巴尔克原文，此处的"或百人队"应当删去。参见 Balck, 1910, vol. 2, p. 158。

[22] 弗朗索瓦·雅里·德·弗里尼·德·拉维莱特（François Jarry de Vrigny de la Villette），通称雅里，1733 年生于法国，后进入法军测绘部门，1763—1791 以拉维莱特的姓氏为普军效力，其间曾协助比利时革命，1791 以参谋上校身份加入法军，1792 年升为少将，同年流亡国外，1793 年加入英军，是位于桑赫斯特的王家军事学院（桑赫斯特军校）的创始人之一，1806 年退役，1807 年卒于英国。雅里参谋工作经验丰富，著述颇丰，代表作有《作战中的轻步兵相关教令》（Instruction concernant le service de l'infanterie légère en campagne）、《关于军队行军和运动的论述》（Treatise on the marches and movements of armies）。参见 Marquis H. "Le général François Jarry au service de l'Angleterre (1793-1806)" //Annales historiques de la Révolution française, 2 (2009), p. 93-118.

[23] 在滑铁卢会战当中，法军和英军均有若干骑兵因掉进奥安（Ohain）凹路或死或伤。法军第 1 胸甲骑兵团团长奥德内（Ordener）上校称："英军炮群部署在一条凹路的上方，我和我们团的前几排士兵滚了进去（我拽着一名胸甲骑兵的马尾得以脱身）"。英军第 1 近卫龙骑兵团上尉埃尔顿（Elton）称："和我们一起冲锋的萨默塞特勋爵越过了沟壑，马匹能够在如此湿滑的地面上跃起的骑兵也跟了上去。许多龙骑兵掉进去没了性命，其他人继续前进。"参见 Lot H. Les deux généraux Ordener. Paris, 1910, p. 93. Glover G. The Waterloo Archive Volume IV. Barnsley: Frontline Books, 2012, doc. 13。

[24] 法军每个中队（escadron）下辖 2 个作为行政单位的连（compagnie），战时 2 个连重新编组成 2 个人数大体相当的作战单位———分队（division），每个分队又下辖 2 个排（peloton）。参见 Sokolov O. L'Armée de Napoléon. Paris, 2003, p. 205-206。

[25] 此处原文误作"奥地利龙骑兵"，经纳夫齐格先生确认后修正为"巴登龙骑兵"。海姆罗特（Heimrodt/Heimroth）系巴登军队中校，他指挥巴登轻龙骑兵团以法军盟友身份参与里道战斗。此战中巴登、符腾堡骑兵以战死 3 人、伤 12 人的代价歼灭了奥军若尔迪（Jordis）步兵团（第 59 步兵团）3 营的方阵，击退了奥军金迈尔（Kienmayer）骠骑兵团的 2 个中队，俘获奥军 800 余人。参见 Gill J. With Eagles to Glory. Barnsley: Frontline Books, 2011, p. 148-149, 174, 190, 213. Gill J. Thunder on the Danube. Barnsley: Frontline Books, 2008-2010, vol. 2, p. 48-50, 392。

[26] 本书原文及俾斯麦原文误作 Schwarzenburg（施瓦岑堡），经纳夫齐格先生确认后修正为 Schwarzenberg（施瓦岑贝格），即 1813—1814 年的反法联军统帅。参见 Bismark F. W. von Vorlesungen über die Taktik der Reuterey. Karlsruhe, 1818, p. 60. Prokesch A. Denkwürdigkeiten aus dem leben des feldmarschalls fürsten Carl zu Schwarzenberg. Wien, 1861, p. 37-41。

[27] 霍夫（Hoff），一作霍夫（Hof）、霍弗（Hoofe），今波兰瓦尔米亚 - 马祖里省德武日诺（Dwórzno）。法军与俄军于 1807 年 2 月 6 日在霍夫交战。

[28] 艾劳会战中缪拉实际投入大冲锋的骑兵仅 40 个中队，即 80 个连，80 个中队是梯也尔（Thiers）等人混淆了中队与连所致，如果将后来加入战斗的近卫骑兵计算在内，先后参与冲锋的中队数量至多为 52 个。参见 Bastard "Campagne de 1807. La manœuvre d'Eylau" // Revue d'histoire publiée par la Section historique de l'état-major de l'armée, 170 (1939), p. 164. Arnold J., Reinertsen R. Crisis in the Snows. Lexington: Napoleon Books, 2007, p. 312。

[29] 事实上这种防御性齐射也不乏成功战例。如普军少尉霍肯（Hoeken）就在日记中记录了 1815 年 6 月 16 日傍晚，法军骑兵以防御性齐射击退普军骑兵的战例："我们向前以慢步行进了一会儿，突然，我们看到前方 100 步远处有一条法军胸甲骑兵战线，他们用一轮马枪齐射迎接我们，我们立刻掉头狂奔。尽管军官和士兵不断吼叫'停下''停下'，可阻止溃逃人流的努力还是落了空，包括我本人在内，我们全都陷进了沼泽里……"此外还存在利用地貌展开防御性齐射、完成齐射后立刻以慢步展开冲击的多种做法。参见 Lettow-Vorbeck O. von Napoleons untergang 1815. Berlin, 1904, vol. 1, p. 340. Nosworthy B. Battle Tactics of Napoleon and His Enemies. London: Constable, 1995, p. 351-352。

[30] 即亚历山大·卡瓦利耶·默瑟（Alexander Cavalié Mercer）或卡瓦利耶·默瑟，英国将领，生于 1783 年，1799 年以少尉身份加入英军炮兵，曾在滑铁卢会战中指挥王家骑炮兵 G 连，1865 年晋升为上将，卒于 1868 年，他的回忆录《滑铁卢战役日志》（Journal of the Waterloo Campaign）在死后发表。胸甲骑兵投入散兵战的相关内容参见 Mercer A. C. Journal of the Waterloo Campaign. Edinburgh, London, 1870, p. 318-319。

[31] 拿破仑战争期间各国官方条令中描绘骑兵散兵战的图解实际上并不止这一幅，以法军为例，《奉陆军部命令编纂的共和十三年葡月 1 日骑兵训练与机动临时条令》第三版中的图版第 99 即给出了骑兵中队抽出第 4 排展开散兵战的图解。

骑兵战术理论与实践

有个问题时常被人问起：得到条令支持的理论实际上能否用于战场实践？为了探究真相，我们只能查阅关于诸多交战的历史记载。不幸的是，这些记录都太简略了，有细节的材料极少。

让我们从研究 1812 年战局中的骑兵行动开始。这些引用文字都经历过摘录和删减，以便涵盖我们感兴趣的各个方面。它们既不能提供任何一场会战的全景图，也不是完整的引述。

在奥斯特罗夫诺会战之前和会战当中发生了一系列骑兵交战，其中有两场是我们在进行此次骑兵研究时感兴趣的：

随着会战的持续，第 16 猎骑兵团在通过凹凸不平的地带且在那里遭到对面哥萨克的攻击后，已经重整完部队并准备好战斗了。他们牢牢钉在原地，尝试用马枪火力打乱俄军的冲击，但并未取得成功。他们直到俄军进到还有 30 步远时才开火，打出了一轮齐射。尽管法军的射击很有成效，俄军还是接近了法军，把混乱的法军撵了回去。

第 16 猎骑兵团在匆忙逃跑的过程中遭到了冲沟的阻碍，该团余部在第 53 战列步兵团之后重新集结，这个团隶属于布鲁西耶（Broussier）将军的师，它在匆忙之中列成了多个呈梯队排列的方阵。第 53 团的火力逐退了俄军哥萨克，拯救了就要落入俄军手中的法军炮兵。俄军骑兵反复冲击方阵，但最终还是被击退了。

俄军哥萨克的冲击把他们带到了拿破仑的观察点所在的小丘底部。部署在那里保护拿破仑的一些近卫猎骑兵（Chasseurs à Cheval de la Garde）用几发瞄得很准的射击赶走了一些好斗的哥萨克。俄军哥萨克撤退了，他们直接穿过了第 18 轻步兵团的腾跃兵。[①]

这一段为此前已在文章中讨论过的议题——骑兵永远不能凭借其防御性火力挡住并打垮发动冲击的骑兵——提供了历史战例。钱德勒博士（Dr Chandler）在其著作《论拿破仑战争》（On the Napoleonic Wars）中还提供了一份记录，它指出法军在

①原注：所有关于 1812 年的段落都摘自 G. F. 纳夫齐格格著《拿破仑入侵俄国》（诺瓦托，加利福尼亚州：驻防地出版社，1988 年）〔Napoleon's Invasion of Russia（Novato, CA: Presidio Press, 1988）〕。

1808 年的萨阿贡（Sahagún）会战中尝试以枪击对付冲击中的骑兵。恼人的是，关于此类事件的记载一再出现。显然，法军认为骑兵在防御中可以凭借射击挡住敌军骑兵的冲击。我强烈怀疑文献中存在漏洞，而这个战术就陷入了这个漏洞。如果它这么频繁地遭遇失败，为什么法军还要这么频繁地运用它？这种战术很可能的确存在某些益处，而且可以取得成功。作为一种战术，如果它从未得到过成功运用，那么它很快就会被抛弃。

它也相当清楚地表明，由于一部分哥萨克的冲击被步兵火力击退，另一部分却依然和拿破仑的私人卫队发生交战，那么哥萨克就一定不会是紧密排列的。这可能就是著名的拉瓦攻击。

法军将俄军逐出斯摩棱斯克（Smolensk/Смоленск）后便着手展开追击，在距离斯摩棱斯克不远处赶上了俄军，瓦卢季诺 - 卢比诺（Valoutina-Loubino/Валутино-Лубино）会战就此打响。在会战当中，朱诺（Junot）指挥的威斯特法伦军队执行了一次侧向大战术机动，出现在俄军后方。会战中出现了一系列步骑兵交战："威斯特法伦骑兵指挥官哈默施泰因（Hammerstein）将他的骑兵列成梯队，攻击在兵力上占据优势的俄军骑兵。他的攻击算不上很成功。近卫轻骑兵团有 1 名军官战死、7 名军官负伤，士兵战死 36 人、伤 93 人、被俘 5 人。"

这是少数几个实际上描述了骑兵队形的战例之一。它表明梯队攻击既用于对付步兵，也用于对付骑兵。不幸的是，关于威斯特法伦骑兵位列欧洲骑兵佼佼者这一猜想，它既不能被证实，也无法被否定。在准备此次研究的过程中，这是笔者碰到的唯一一份详细描述威斯特法伦骑兵作战行动的记载。

接下来的一系列骑兵战都源自博罗季诺会战。这场会战是骑兵交手记载最为丰富的会战之一，因此对我们的研究目的非常有用。

符腾堡的欧根亲王（Prince Eugene of Württemberg/Prinz Eugen von Württemberg）率领第 2 步兵军的第 17 师向南赶往箭头堡群[1]，上午 10 时在多面堡后方停下来，就在那时，法军对他展开了攻击。欧根在休整部队时发觉自己遭到法军第三预备骑兵军的攻击。3 个胸甲骑兵团和 4 个龙骑兵团向前推进，法军的轻骑兵旅则负责掩护。这个骑兵集群涌到俄军步兵周围，迫使它迅速结成方阵。

这个次序相当有趣，它清楚地表明轻骑兵在战术上是用来掩护重骑兵的：

> 以弗里昂的第 2 师为先导，法军对谢苗诺夫斯科耶 [2] 周围的俄军阵地中心发动攻击。第 1、第 4 预备骑兵军的重骑兵在侧翼保护着他。这支部队直接前进，越过了已经变成废墟的谢苗诺夫斯科耶。一场极为猛烈的密集炮击宣告攻击的到来，它进一步破坏了已被毁灭的村庄。

在诸兵种合成的攻击中，骑兵要保护行进中的步兵侧翼，节选部分便描述了这一战术功能，这是十分常见的骑兵用法：

> 俄军炮兵展开还击，向法军骑兵倾泻了大量火力。大约上午 10 时许，法军发起了攻击，骑兵迅速开始推进。拉图尔 - 莫堡（Latour-Maubourg）的部队以半中队 [3] 为单位前进，他将自己的兵力分成两个纵队。在他越过谢苗诺夫斯基溪时，右翼纵队就是由洛尔热（Lorge）指挥的第 7 胸甲骑兵师。
>
> 右翼纵队包括萨克森胸甲骑兵团——近卫骑兵（Garde du Corps）团和察斯特罗（Zastrow）团（8 个中队）、波兰第 14 胸甲骑兵团（2 个中队）[4]、威斯特法伦第 1 和第 2 胸甲骑兵团（8 个中队）。
>
> 左翼纵队由第 4 轻骑兵师组成：波兰第 3、第 11、第 16 枪骑兵团（12 个中队）。
>
> 作为萨克森近卫团先头部队的 2.5 个中队在越过溪水时遇上了一个俄军炮群，俄军第 2 掷弹兵师还列成方阵支援炮兵。蒂尔曼（Thieleman/Thielmann）将军将剩余的中队列成梯队朝左行进，对俄军发起冲击。一个方阵被击溃了，其余的方阵也被迫退却。

如前所述，这里描述的纵队是展开成横队的骑兵团前后相继形成的纵队。可以设想把图 7.4(e) 中纵队里的 4 个中队变成 4 个团，每个团又列成由 8 个"半中队"组成的纵队。我们既可以看到骑兵运用梯队对付步兵方阵，也可以看到准备就绪的稳固方阵被一次骑兵冲击打垮：

> 在追击退却中的俄军步兵时，他们遭遇了（俄军）西弗斯（Sievers）将军

第 4 骑兵军的龙骑兵。第 2 近卫轻炮连为这些龙骑兵提供了火力支援。这批部队是不足以阻挡萨克森骑兵的，萨克森人一直推进到村庄之外，然后发觉他们正好面对着列成 6 个营方阵的伊斯梅洛沃近卫步兵团和立陶宛近卫步兵团。

法军骑兵的攻击相当猛烈，但伊斯梅洛沃近卫团挡住了骑兵。伊斯梅洛沃近卫团实际上还对攻击中的骑兵发动了刺刀冲击，这是历史上有记载的 3 个步兵冲击骑兵的战例之一。这个团是在第 1 近卫轻炮连和 2 个近卫重炮连（阵列炮兵连）的火力支援下完成冲击的。

尽管并没有明确提到骑兵混战，这部分节选文字还是提到了拿破仑战争历史上最非同寻常的战例之一。这一段里有一处错误，它提到历史上只有 3 个像这样的步兵对骑兵发动刺刀冲击的案例，事实上，在最近几年里，又有几个这样的案例已经被发现了，具体内容可见第一章中关于刺刀的讨论：

与此同时，博罗兹金第二（Borosdin II/Бороздин 2-й）将军率领他的第 1 胸甲骑兵师（皇帝、皇后、阿斯特拉罕胸甲骑兵团）从正面攻击萨克森骑兵，阿赫特尔卡骠骑兵团则展开侧击。萨克森人在随后的骑兵战中伤亡惨重，因为他们已经把胸甲留在了萨克森。[5] 他们被驱赶到谢苗诺夫斯基溪右岸一座山坡的后坡上。

我们在这里看到了与轻骑兵协同作战的重骑兵。重骑兵从正面攻打萨克森骑兵，俄军骠骑兵则从侧翼入手。随后的一系列段落会跳到博罗季诺会战的北翼。俄军将他们的骑兵预备队投入到大战术层面的一场大规模翼侧迂回中：

俄军派出了一支庞大的骑兵部队，企图包抄法军左翼。他们于上午 11 时许在马洛耶（Maloe/Малое）附近跨过科洛恰河。

他们遭遇到的第一支法军部队是第 84 战列步兵团和奥尔纳诺（Ornano）将军的拜恩、意大利轻骑兵。

俄军让伊丽莎白格勒（Elisabethgrad/Елисаветград）骠骑兵团和近卫哥萨克团在最前面列队，近卫龙骑兵团、近卫枪骑兵团、近卫骠骑兵团、涅任（Niejine/

Нежин）龙骑兵团和第 2 近卫骑炮兵连在他们后方列队。近卫骠骑兵团向列成方阵的第 84 战列步兵团发起攻击。他们在毫无炮火准备的情况下 3 次发起攻击，均未取得成功。

我们在这里发现了一个骑兵攻击准备就绪的步兵方阵遭遇失败的典型战例。在阅读节选文字的过程中，我们会发现，针对骑兵不能突破方阵的问题，解决方法就是出动骑炮兵，让它去击破方阵。

　　俄军最终将火炮从前车上卸下来，迫使第 84 战列步兵团退到河流后方，致使它扔下了 2 门团属火炮。其他俄军骑兵则击退了拜恩和意大利骑兵。
　　帕夫洛夫（Pavlov）[6] 率领 9 个哥萨克团越过科洛恰河，企图机动到法军后方，但与他们配合作战的正规骑兵被德尔宗（Delzon）师和重整后的意大利、拜恩骑兵挡住了。法军让骑兵向北运动以支援北翼。格鲁希将军的第三预备骑兵军是第一个北进的。由第 6 骠骑兵团和第 8 猎骑兵团组成的第 11 轻骑兵旅在交锋中有效地杀伤了俄军。

我们在这里发现了一个战例：一支规模较小的正规骑兵挡住了一支规模庞大的哥萨克部队。它与前文收录的与奥斯特罗夫诺会战相关的记载形成了鲜明反差，在那场会战中，哥萨克曾击败过一个正规骑兵单位。以下的一系列记载片段涵盖了博罗季诺会战中规模最大的骑兵交战。在这次交战中的关键时刻，多达 4 个骑兵军卷入了战斗。在第一段中，我们会发现一方出动两条乃至更多的骑兵战线对付另一方的骑兵编队。我们还可以看到第二个骑兵发起冲击并夺占土木工事的战例，它也是最著名的此类战例 [①]：

　　近卫骑兵团被拉到左侧，直接朝多面堡的胸墙推进，这就让察斯特罗胸甲骑兵团显露出来。近卫骑兵团以及察斯特罗胸甲骑兵团最靠近它的几个中队向

<hr>

①原注：笔者所知的第一个骑兵攻占土木工事战例发生在 1792 年的热马普会战当中，是由尚博朗（Chamborant）骠骑兵团 [7] 完成的。

前涌动，越过了胸墙，其他中队则从后方和胸墙上的炮口处强行突破。

在牢牢掌握了多面堡之后，欧仁开始将所有能够动用的骑兵都集结到它的后方，其中包括第 2、第 4 预备骑兵军。当俄军对北翼的威胁消失后，格鲁希的第 3 预备骑兵军就腾出手来。那时，格鲁希的骑兵也加入了多面堡后方的其他骑兵当中。在这 3 个骑兵军彻底完成重整后，他们就向前推进，越过多面堡，再度面对俄军。

巴克莱（Barclay/Барклай）亲自指挥位于戈尔基（Gorki/Горки）谷地的兵力，命令第 24 师着手夺回多面堡。然而，在反击开始之前，第 14 波兰胸甲骑兵团就以三路纵队攻入谷地，阻止了反击，将俄军赶了回去。

三路纵队是一种行进队形，它并不是战斗队形。一旦进入谷底，波兰人必定至少要重组成以半排为单位的纵队。三路纵队完全不适合这种战斗情况，使用它会导致波兰胸甲骑兵迅速陷入毁灭：

骑士近卫团（Chevalier Guard/Кавалергардский полк）以中队为单位列队，形成了两条战线，第一条战线中的两个中队之间留出了空隙，足以让第二条战线的中队从中通过。骑马近卫团（Horse Guard/Конный лейб-гвардии полк）以横队部署在骑士近卫团左侧。这两个团面对的是萨克森近卫骑兵团，其后还有察斯特罗胸甲骑兵团和第 14 波兰胸甲骑兵团。骑马近卫团展开机动，想要攻击行进中的萨克森骑兵侧翼，又遭到第 14 胸甲骑兵团的反击。波兰人已经经历了激战而且损失很大，他们并不能挡住俄军。萨克森和波兰骑兵都被击退了。

在这段记载中，我们发现俄军在对付以交错队形发动攻击的波兰和萨克森军队时使用了梯队攻击和翼侧攻击相结合的打法。[8] 当俄军在侧翼构成威胁时，波兰骑兵能够做出及时机动的反应，并与俄军展开近身混战。同样值得一提的是，萨克森和波兰骑兵在较早发生的一场肉搏战中曾被击退，可他们还能重整部队并继续投入此后的战斗——这场战斗和夺取大多面堡。"就在这时，第 2 骑兵军抵达了战场，伊久姆（Isoum/Изюм）骠骑兵团和波兰枪骑兵团 [9] 向瓦捷（Wathier）和德弗朗斯（Defrance）所部发起攻击。俄军并不能阻挡法军的推进，他们自己反而被第 1 胸甲骑兵团和半个枪骑兵中队打退了。"

这是一份法军轻骑兵配合重骑兵行动的记录。尽管它并没有表示如何作战，但可能还是让重骑兵正面攻击、轻骑兵翼侧突击。那么，这就和前文记载的俄军战术很相似了。

俄军第 3 骑兵军抵达战场，从它的 6 个团里抽出 5 个投入战斗——这很快演变为持续 2 个小时的大混战。两军的骑兵混杂在一起，扬起的尘土让所有人的视野都模糊不清。不断有小队骑兵投入战斗，而后又被拉出来集结、重整、冲击，再度卷入战斗。会战控制权从将军手中转到了小群士兵身上。

这是一个非同寻常的段落。它乍看起来像是在说一场持续 2 个小时的骑兵混战，可事实并非如此，相反，它是共包括 4 个完整骑兵军的诸多骑兵单位进行的一系列混战。

这份记载为大规模骑兵混战的进程提供了颇为有趣的若干洞见：小队骑兵脱离战斗，重组队形，又冲入混战中的描述表明，如果骑兵并未遭到追击，那就可以相当快地进行冲击、重整和再度冲击。

关于半岛战争中骑兵交战的探讨就相对轻松一些，我们可以直接引用奥曼[10]的一段话，它足以直接说清楚手头的问题。

奥曼说：

毫无疑问，英国的骑兵团在许多场合因对冲击的盲目热情而丧失了战机，要么是在起初取得优势后由于穷追不舍反而被敌军重创，要么是由于兵力过度分散或跑到战场之外而在某种程度上丧失了战机。可以在威灵顿初次登陆半岛后不久的维梅鲁（Vimeiro）会战中观察到最早的案例，当时，第 20 轻龙骑兵团的 2 个中队在成功打垮一个已被击退的步兵纵队后，在极度混乱的情况下推进了半英里，想要冲击朱诺的骑兵预备队，结果遭到了可怕的屠戮——损失了大约四分之一。

这段摘录的战例清楚地表明英军有一种相当狂野的冲击习性，而且一旦冲击开始就会丧失控制力。它证实了前文提出的观点：英军骑兵中队的组织导致军官的前向控制力相当差，一旦开始冲击就无法掌控他们的单位。

一场同样缺乏理性的战斗发生于塔拉韦拉（Talavera）会战期间，第 23 轻龙骑兵团在一次冲击中打退了奉命发起攻击的一个法军方阵，然后冲过方阵，遇上了一连几道法军骑兵战线，它虽然击穿了第一条战线，却被第二条挡住了，不得不在付出死伤 102 人、被俘 105 人的代价——也就是损失了将近一半兵力——后才杀回本阵。

在这个战例当中，英军骑兵攻入了一个方阵并将其击退。它随后重组队形，恢复到足以发起攻击并击败若干法军骑兵的地步。然而，它又一次在丘陵和谷地里冲得太过疯狂，完全脱离了控制，然后就轮到它被控制力更强的法军踩蹒了。听起来法军骑兵似乎即便被击败，也可以在英军完成冲击后快速重整部队并紧跟在英军背后：

一个同样鲁莽的事件是 1811 年 3 月 25 日坎波马约尔（Campo Mayor）战斗中第 13 轻龙骑兵团发动的冲击，当时这个团在正面对决中打败了法军第 26 龙骑兵团，俘获了正在撤退道路上的 18 门攻城炮，疾驰了至少 6 英里，一路砍杀被冲散的逃兵，直到在巴达霍斯（Badajoz）要塞的炮火面前停下来为止——轻龙骑兵一直冲到了这座要塞的斜堤上。法军步兵跟在被击溃的骑兵之后撤退，他们在英军冲杀期间捡回了被英军缴获的火炮，并把它们带到了安全地带——第 13 轻龙骑兵团没有留下一个人看守火炮。无论如何，英军这一回虽然错过了重大缴获战果，却没有蒙受多少损失。然而，类似的疾驰战术给 1812 年 6 月 11 日的曼吉利亚（Manguilla）战斗带来了彻头彻尾的灾难。

此战的记载中提到冲击中的骑兵丧失了控制力，它比上文提到的事例更不可思议。他们不仅击败了一个法军龙骑兵团，俘获了一个攻城辎重队，而且还一路狂奔了 6 英里，丧失了一切队形和控制力，完全忘记去看守他们的战利品。人们只能猜测恐怕连军官也被冲击的热情带动了。呔嗬！！！[11]

斯莱德（Slade）的重骑兵旅（第 1 王家龙骑兵团和第 3 近卫龙骑兵团）与拉勒芒（L'Allemand）的法军骑兵旅——它包括第 17、第 27 龙骑兵团——交了手。双方都列队战斗，但拉勒芒已经将一个中队远远地留在地平线和视野之外作为预备队。斯莱德发起冲击，立刻击败了他对面的 5 个中队，然后（既没有重整队形，也没有留下什么部队作为支撑点）跟在已被击溃的法军骑兵旅身后推进了 1 英里，陷入了彻底的混乱之中，一直冲到与作为预备队且未被察觉的法军骑兵中队平行为止，这个中队从英军的侧翼和后方发起冲击，法军的其余部队也停下来回头展开反击。斯莱德没法坚持下去，他的部队被击溃了，有 40 人伤亡，118 人被俘。威灵顿在给希尔（Hill）的信中提及此事："从没有什么比斯莱德这桩事更让我恼火。我们的骑兵军官染上了一种朝一切飞驰过去的毛病。他们从不考虑战况，也不思考如何在敌军面前机动，从不保留或设立预备队。所有骑兵都应当以两条战线发起冲击，在发动冲击、击溃敌军的时候，还要预先命令至少三分之一的人员停下来重组队形。"

这是英军骑兵完全失控的又一个突出战例。当最后一段节选文字提到"我们的骑兵军官染上了一种朝一切飞驰过去的毛病"时，它就相当清楚地表明了英军骑兵高级指挥官对己方骑兵的认知。在这个战例和此前节选的一个战例中都明确使用了"混乱"这个词，而且把它和副词"极度""彻底"搭配使用。

关于拉瓦攻击的实际运用与效果，巴尔克的战术研究著作中有三份相关记载：

1813 年 8 月 19 日，一个法军胸甲骑兵团[12]列成以中队为单位的纵队，以快步向前推进，它在卢肯瓦尔德（Luckenwalde）遭到了哥萨克的攻击，派出的侧卫骑兵被击退。法军朝俄军战线中部推进。后者的稀疏战线立刻散开，所有哥萨克都朝法军的侧翼和后方冲了过去。当法军纵队面前再没有一个敌人的时候，它便停下来。与此同时，哥萨克朝着位于法军胸甲骑兵侧翼的各个伍展开戳刺或射击，对法军后方各列也如法炮制。不久，法军纵队就变得极为混乱，甚至到了根本无法进行有序运动的地步。哥萨克尽管在数量上处于劣势，也不能用密集队形展开冲击以驱散法军纵队，但情绪非常高，因为他们认为自己是比法军更优秀的骑手，继续高度兴奋地向着法军队列举起枪支射击，挥舞骑枪戳刺。法军侧翼各伍和后方各列最终转向侧翼，抓住了他们的马枪。直到骑兵生力军抵达后，胸甲骑兵才得以脱离这令人不快的窘境。

1813 年 9 月 19 日，1200 名哥萨克在博拉克（Boragk）攻击了 2000 名法军龙骑兵 [13]。后者始终处于被动境地，他们用举枪射击的方式迎击哥萨克，打算列成横队以避免哥萨克包抄侧后方。此次战斗以法军骑兵被击溃告终。哥萨克在一刻钟内就俘虏了 19 名军官和 400 名士兵。

1812 年 8 月 8 日，在鲁德尼亚（Rudnia/Рудня）战斗中，俾斯麦伯爵 [14] 让他的骑兵列成马上方阵，停在原地击退了哥萨克的攻击。[15] 可是，他要等到援军抵达战场才能脱离危险，不然无疑会被打垮。

从这三份记载中可以看出，如果正规骑兵没有得到步兵或其他骑兵的支援，又面对数量相当的哥萨克，那么，当时的战术是无法应付哥萨克的。

这个段落的有趣之处还在于它表明法军胸甲骑兵团的确会抽调部分兵力充当散兵。另一个有趣的地方是冯·俾斯麦伯爵的战术——将他的骑兵列成方阵。这种机动是非同寻常的，因为列方阵是一种步兵机动，通常情况下，方阵也不会被骑兵用作防御队形。

我们在前文中以训练条令为纲讨论了诸多战术，而在这些多种多样的历史战例中，我们可以看到许多种在讨论里描述过的攻击方法。威灵顿勋爵本人对英法骑兵的比较评价也强有力地支持了对领导层质量和控制力的讨论结果。由于篇幅和历史文献所限，根据领导层质量和控制力推断出的其余排名尚不能得到特定战例的证明，不过，除了那波利骑兵之外，其他国家骑兵的排名可能还是比较合理地反映了它们的相对战斗力。

以下文字译自博尼（Bonie）将军的一部著作。他这本《战斗中的骑兵》（Cavalerie au Combat）是为了给 1870 年普法战争之后的法军骑兵讲授战术而撰写的。因为出现年代较晚，将他的作品纳入战术讨论范畴看似不算明智，可就拿破仑时代的骑兵战而言，他在书中收录了大量值得一提的详细资料。这些资料的特殊价值在于它们涉及法军如何在旅、师层面运用骑兵。第一份资料源自马伦戈会战。它之所以值得一提，是因为文中描述了骑兵对某支敌军部队展开连续波次的冲击、清扫战场并再度展开攻击以便彻底予以歼灭的过程。

在马伦戈会战中，克勒曼将军指挥的部队包括第2、第6、第20战列骑兵团[16]和第8龙骑兵团，此外还有第12猎骑兵团的一个中队。大约到了中午，他发觉奥军骑兵出现在皮拉蒂（Pilati），正在跨过丰塔诺内（Fontanone）溪，便转过头来应对这一威胁。

克勒曼让他的团列成两条战线发起攻击。他命令第8龙骑兵团展开成横队发起冲击，让同一战线上的其他中队提供支援。

第8龙骑兵团攻入了敌军纵队先头部分，将其击退，但自己的队形也出现了混乱。

克勒曼命令它与奥军脱离接触，在其余部队之后重新整队。

他随后指挥自己那个旅的其余人马列成横队攻击敌军，让他的部队冷静地推进到距离奥军只有50步远的地方，然后命令他们冲击在数量上明显占据优势的敌军。奥军崩溃，逃跑了。

在博尼关于奥斯特利茨会战的讨论中，我们发现了关于骑兵战的如下记载：

克勒曼师组成了法军左翼的先头部队。它列成了两个以中队为单位的纵队（也就是说，它让下属各旅列成了"密集"纵队，旅纵队之间留出了可以展开的间隔），上午7时，这个师朝着俯瞰战场的高地推进。

博蒙（Beaumont）、南苏蒂（Nansouty）、瓦尔特（Walther）和多特普尔（d'Hautpoul）师都在克勒曼师之后让下属各团列成"密集"纵队，将部队列成两条战线。前两个师的6个团以及后两个师各自出动的1个旅组成了第一线。后两个师的剩余2个旅组成了第二线。特雷亚尔（Treilhard）旅和米约旅在军队左侧列成了一条单独的战线。

当克勒曼的部队抵达高地顶部时，他们遭遇了2500名敌军骑兵，被迫朝列成两条战线的主力部队退却。

就在克勒曼退却途中，俄军攻击了第4骠骑兵团。在此次冲击中，克勒曼执行了"以第2旅第1排为基准，以跑步向右变换正面"的机动。他随后指挥其余3个团攻入俄军骑兵侧翼。俄军的埃森（Essen）将军看到法军的这一机动，率领一个枪骑兵团前进，击退了克勒曼，将他的部队驱赶到卡法雷利（Cafarelli）

的步兵所在地。克勒曼的骑兵在混乱中通过了步兵队列的间隙。步兵的射击挡住了俄军的攻击，在步兵火力的掩护下，克勒曼将他的师重整成两条战线，率领它"以右翼团为先导，以梯队队形前进"。克勒曼的骑兵攻入了俄军枪骑兵中，将他们赶回俄军步兵那里。

约翰·冯·利希滕施泰因（Johann von Liechtenstein）侯爵出动了乌瓦罗夫（Uvarov/Уваров）的几个团，克勒曼所部的第一梯队遭到了包抄。另外 3 个梯队迅速展开还击，攻入俄军骑兵侧翼。此次攻击还得到了塞巴斯蒂亚尼（Sébastiani）将军的支援，他当时率部冲向正要攻打法军右翼的联军骑兵。乌瓦罗夫的骑兵被击退了。克勒曼迅速将部队重整为"以最前方的中队为基准的梯队"，再让部队列成一条战线清扫逃敌。

联军出动了预备队。克勒曼将他的骑兵拉到塞巴斯蒂亚尼所部后方，二人的骑兵重整成两条战线。瓦尔特师在这支部队后面列队，以便提供支援，保护侧翼。克勒曼和塞巴斯蒂亚尼合编起来的骑兵攻入了正在前进的联军预备队，一场极大的混战就此产生，克勒曼负伤后，法军就退到瓦尔特师之后重整队形。瓦尔特率领他的三个旅以两条战线发起攻击，以便掩护克勒曼退却。

克勒曼的师重整成两条战线，在塞巴斯蒂亚尼旅和瓦尔特师的另外 2 个旅的支援下再度前进。巴格拉季翁的骑兵预备队再次出动投入战斗，又再次被击退。

利希滕施泰因又将 3 个骑兵旅调到一起，将它们组织成两条战线。他让两个旅位于第一线，第三个旅位于第二线，前后留出一个旅的间距。[17]

法军的攻击击退了第一线。南苏蒂的第 2、第 3 胸甲骑兵团追击逃敌，把他们撵到联军步兵后方，其余的法军骑兵则着手重整队形。

中午 11 时，即克勒曼发起进攻 4 个小时后，联军编组了一支由 82 个骑兵中队组成的大部队。就在联军朝卡法雷利师右翼发起攻击时，法军正在卡法雷利师后方编组骑兵主力。

多特普尔和南苏蒂的胸甲骑兵运动到卡法雷利右侧。他们将部队列成两个平行排列的"以排为单位的纵队"，以快步穿过卡法雷利的步兵队列。一旦通过，队列就向右展开成横队，向联军骑兵发起攻击，将其击退。

多特普尔的骑兵向前行进，与瓦尔特师合编成两条战线。塞巴斯蒂亚尼旅组成第一线，罗热（Roget）旅位于第二线充当预备队。

在左翼提供支援的是特雷亚尔旅，右翼是克勒曼师。多特普尔师位于编队中部后方。当联军向前推进时，法军重新部署了战线，让多特普尔的胸甲骑兵组成第一线，特雷亚尔支援右翼，克勒曼支援左翼。两人（特雷亚尔和克勒曼）都将部队排成两条战线。

这一段让人颇感兴趣，原因有三：第一点是每次攻击中都反复将骑兵列成两条战线并留出一定的间距，其中一次还提到了一个"旅间距"。这两条战线的功能在于波次攻击。第一线攻破敌军队形将其打乱，而后迅速让开道路，作为生力军的第二线攻击已然混乱的敌军，将其逐出战场。第二点是冲击的次数。克勒曼师在 4 个小时内参与了至少 5 次冲击和 5 场混战，接着又支援了另一次冲击。这为战斗中的疲劳状况提供了令人颇感兴趣的说明。在 4 个小时内参与 5 次冲击和 5 场混战会将疾驰和战斗总量积累到不可思议的地步。它表明克勒曼的部队要到第 5 次攻击之后才疲乏到退居二线。值得注意的第三点是骑兵与步兵配合作战，穿过步兵，退到步兵后方并在步兵遭遇敌军骑兵攻击时提供支援。

任何关于骑兵战术的讨论都须要提及艾劳会战中的大规模骑兵攻击。博尼给我们提供了如下细节：

法军面前矗立着颇具威胁的俄军中部战线。拿破仑命令缪拉组织 80 个中队的猎骑兵、龙骑兵和胸甲骑兵，准备发起攻击。这些中队列成了几条强大的战线，每条战线都由一个展开成横队的旅组成。格鲁希的龙骑兵引领着纵队，其后出现的是胸甲骑兵。当时下达的命令是：当冲击信号发出时，每个梯队都要向纵队左侧集结，显露出后续梯队。近卫骑兵也被派去参与攻击。

在缪拉编组骑兵的时候，敌军步兵在骑兵支援下进抵公墓前方。缪拉率部以跑步通过公墓和罗滕恩（Rothenen）之间的隘路。格鲁希的龙骑兵刚脱离隘路，就展开成横队攻击俄军。

虽然格鲁希摔下战马，但他再度上马指挥他的第 2 旅，率领它上前增援第 1 旅。第二次冲击突破了俄军骑兵的队形，为其余纵队的推进铺平了道路。

多特普尔所部胸甲骑兵的 24 个中队 [18] 跟在龙骑兵之后行进。虽然他们的攻击相当有力，但第一批投入战斗的旅并没有彻底攻破俄军，这些旅随后折返到纵队后方重整人马。

第4个旅一路攻击俄军骑兵，打开了一个通往俄军步兵的缺口，给后续的法军骑兵开辟了通道。俄军的第二条骑兵战线发觉自己即将被法军压垮，便在炮兵的掩护下向后退却。

俄军第二线再度发起攻击，帝国近卫军的掷弹骑兵在勒皮克（Lepic）将军的指挥下向前推进，支援龙骑兵和胸甲骑兵。

最引人注目的一点在于格鲁希率领他的师以跑步通过隘路并展开成横队。这表明，就战场上的机动速度而言，还存在着一些非常有趣的分析结果。我们在前文的确看到了与奥斯特利茨之战克勒曼部骑兵有关的评论，当时，克勒曼部以跑步转向侧翼发起攻击，可要是与让横队通过隘路相比，那只是一个非常简单的机动而已。

除此之外，我们能够看到法军持续不断地运用多条战线，还看到了多少有些不同寻常的评论：多波次纵队的先头部队就像是在进行回转射击一样外转并折返到纵队后方，在那里重组、重整并再度发起冲击。

译注：

[1] 箭头堡（flèche），一译眼镜堡，一种后方敞开的 V 字形野战工事，因外形类似箭头而得名。此处的"箭头堡群"指俄第 2 西方军团守卫的巴格拉季翁箭头堡群，它们位于科洛恰（Колоча）河支流谢苗诺夫斯基（Семёновский）溪西岸（左岸），是博罗季诺会战俄军左翼的防御要点。

[2] 谢苗诺夫斯科耶（Семёновское）村，博罗季诺战场上俄军左翼的主要村落据点，位于科洛恰河支流谢苗诺夫斯基溪东岸（右岸），一作谢苗诺夫斯卡娅（Semenovskaya/Семёновская）村。

[3] 此处的半中队即为分队（division），因法军的 1 个中队在战时需划分为 2 个人数大致相当的分队。

[4] 华沙大公国军队各类骑兵团采用统一排列的数字番号，第 1、第 4、第 5 团系猎骑兵团，第 2、第 3、第 6、第 7、第 8、第 9、第 11、第 12、第 15、第 16 团系枪骑兵团，第 10、第 13 团系骠骑兵团，第 14 团系胸甲骑兵团。参见 Nafziger G., Wesolowski M. T., Devoe T. The Poles and Saxons during the Napoleonic Wars. Chicago: The Emperor's Press, 1991, p. 19。

[5] 萨克森近卫骑兵团并未配备胸甲，预定装备该团的法式胸甲也只运到了华沙，但察斯特罗胸甲骑兵团一直都配备胸甲，且在博罗季诺身穿的黄色外套、衣领及黑色胸甲与俄军胸甲骑兵类似而险些遭到法军卡宾枪骑兵误击。这两个萨克森骑兵团在博罗季诺会战中合计死伤军官 35 人、士兵 433 人。参见 Minckwitz A. von Die Brigade Thielmann in dem Feldzuge von 1812 in Rußland. Dresden, 1879, p. 3, 9, 17。

[6] 此处有误，指挥这 9 个哥萨克团的是普拉托夫（Платов），俄军当时并没有姓帕夫洛夫的将领。

[7] 尚博朗骠骑兵团即法军第 2 骠骑兵团前身。

[8] 据俄军骑士近卫团团史记载，该团在此次战斗中还使用了第 1、第 4 中队快步前进，第 2、第 3 中队在后的交错队形（en échiquier）。参见 Панчулидзев С.А. История кавалергардов 1724-1799-1899. СПБ, 1899-1912, т. 3, с. 212。

[9] 此处的波兰枪骑兵团属于俄军。它始建于 1797 年，主要由波兰小贵族组成，是俄军资格最老的枪骑兵团之一。建立时名为波兰骑兵团（Конно-Польский полк），1807 年底改名为波兰枪骑兵团（Польский уланский полк）。

[10] 查尔斯·奥曼（Charles Oman），英国史学家，生于 1860 年，卒于 1946 年。代表作为七卷本《半岛战争史》（A History of the Peninsular War），它是英语世界迄今为止关于半岛战争军事史最重要的研究著作。

[11] 呔嗬（Tally ho），拟声词，是猎狐者看到狐狸后发出的叫声。

[12] 法军乌迪诺元帅的柏林军团中仅包括第 13 胸甲骑兵团的一个胸甲骑兵中队，因而卢肯瓦尔德战斗中不可能出现一个胸甲骑兵团，此处可能是将重骑兵师中的龙骑兵团误认为胸甲骑兵团。参见 Fabry G. Étude sur les opérations du maréchal Oudinot, du 15 août au 4 septembre 1813, Gross-Beeren. Paris, 1910, documents: p. 116-125。

[13] 博拉克战斗中法方参战部队为拉图尔 - 莫堡第 1 骑兵军沙泰尔（Chastel）第 3 轻骑兵师的第 1、第 8、第 19 猎骑兵团。参见 Weil, 1886, p. 154. Quistorp B. von Geschichte der Nord-Armee im Jahre 1813. Berlin, 1894, vol. 2, p. 31-33。

[14] 弗里德里希·威廉·冯·俾斯麦（Friedrich Wilhelm Graf von Bismark）伯爵，Bismark 一作 Bismarck，符腾堡将领、战术家，1783 年生于今北莱茵 - 威斯特法伦州温德海姆（Windheim），1796 年以少尉身份加入汉诺威军队，其后多次改换效忠对象，最终于 1807 年转入符腾堡军队，以法军盟友身份参与 1809 年、

1812—1813 年战争，1830 年晋升为符腾堡中将，1848 年退役，1860 年卒于今巴登 - 符腾堡州康斯坦茨（Konstanz）。俾斯麦是著名的骑兵专家，其代表作为 1829 年出版的《骑兵战术思想》(Ideentaktik der Reuterei）和 1825—1831 年间编纂出版的《骑兵图书馆》(Reuterbibliothek），其著作存在多种语言的全译本或节译本。参见 Allgemeine Deutsche Biographie, 1875-1912, vol. 2, p. 678-680。

[15] 此战中俾斯麦少校指挥的是符腾堡第 2 禁卫轻骑兵团的一个中队，它以方阵挡住哥萨克后，在符腾堡骑炮兵协助下得以脱身，仅有 2 匹战马战死、2 匹战马负伤。参见 Попов А. И. Война 1812 г. Хроника событий. Львиное отступление. М., 2007, с. 20-21. Starklof R. Geschiechte des königlich Württembergiscen vierten Reiterregiments Königin Olga. Stuttgart, 1867, p. 59-60。

[16] 本书此处原文作骑兵团（Cavalry Regiments），但这里的"骑兵"实际上是"战列骑兵"（cavalerie de bataille）的习惯性简称，为避免"骑兵团"这个称呼引发混淆，此处及后续译文均将全称译出。参见 Pigeard, 2002, p. 129。

[17] 博尼此处存在笔误，利希滕施泰因应作南苏蒂，安贝尔、博尼认为南苏蒂师以第 1、第 2 卡宾枪骑兵团和第 9、第 12 胸甲骑兵团作为第一线，第 2、第 3 胸甲骑兵团作为第二线。皮卡尔则认为南苏蒂师第一线为第 1、第 2 卡宾枪骑兵团和第 2 胸甲骑兵团，第二线为第 3、第 9、第 12 胸甲骑兵团。参见 Bonie T. Tactique française. Cavalerie au combat. Paris, 1887, p. 65. Ambert J. Études tactiques pour l'instruction dans les camps. Paris, 1865, p. 213. Picard L.-A. La cavalerie dans les guerres de la Révolution et de l'Empire. Saumur, 1895, vol. 1, p. 314-315。

[18] 多特普尔的第 2 胸甲骑兵师包括第 1、第 5、第 10、第 11 胸甲骑兵团，共 16 个中队。参见 Arnold, Reinertsen, 2007, p. 431。

一个骑兵团的机动

第九章

在对骑兵机动的时间与运用的研究不可能像研究步兵那样细致。理由有二：一、战马不能在某一特定距离上校准其步法，也不能按照步调行进；二、正是因为理由一，所以骑兵行动时的速度相对而言是难以控制的。因此，用于本次分析的机动速度源于主观选择，且基于同时期的文献。事实上，由此生成的数据仅能用于比较不同机动体系，或许只能勉强代表在战场上可能发生的情况。

为了进行此次研究，事实证明法军的《骑兵训练与机动临时条令》（Ordonnance provisoire sur l'exercice et les manoeuvres de la cavalerie）是一处充盈着有用信息的源泉。它提供了马匹在每种行动下的标准间隔和速度，它们将用于下文中的所有时间与运动研究。它还提供了法军骑兵军官在估算中队与团的机动时采用的标准尺寸。结果，在普鲁士战马与法国战马差别并不算大的前提下，这些尺寸将用于各个国家。《条令》在第三篇第二条第 347 段中提供了下列机动速度：

表 9.1 马匹速度

步法	每分钟行进距离（米）
慢步	97—107
快步	194—214
跑步	300

第三篇第七条第 404 段表示，骑兵二列横队的深度是 6 米。第一篇第十二条表示各列之间的距离是 0.666 米。这是从前一列战马的尾巴到后一列战马的鼻子之间的距离。最后，第一篇第十四条表示，在计算一个中队的队列大小时，每匹马所占宽度应当视为其长度的三分之一。《条令》由此分配给每匹马 1 米的宽度。它继续指出，一个由 12 个伍组成的骑兵排实际上应当占据 9—10 米的正面。它随后又提供了下列数据：1 个重骑兵中队占据 37—38 米的正面宽度，龙骑兵中队 36—37 米，猎骑兵或骠骑兵中队 35—36 米。然而，这些数据是基于一个中队拥有大约 100 名骑兵和 100 匹战马得出的。要是考虑到实际上的组织结构和战地情况，这种算法并不准确，因此会进行相应的调整。

毫无疑问，中队宽度间的细微差别源自各种骑兵挑选马匹时大致选取的肩高范围。表 9.2 摘自马尔格龙（Margueron）[1] 的著作，它提供了法军各个骑兵团的马匹肩高。

表 9.2 根据骑兵团类型划分的马匹肩高

骑兵团类型	马匹肩高（米）
卡宾枪骑兵 / 胸甲骑兵	1.556—1.597
龙骑兵	1.529—1.556
骠骑兵 / 猎骑兵	1.488—1.529
枪骑兵	1.461—1.502

从中可见，最矮小的战马属于猎骑兵、骠骑兵和枪骑兵团。鉴于枪骑兵是在《条令》最初颁布后很久才组建的，而且《条令》直到 1815 年后才加以修订 [2]，1805 年的《条令》中并没有提到枪骑兵。

为了进行这一分析，所有度量都要改成以英尺为单位，并在表 9.3 中加以概括。如果无法得到某个国家的相关数据，就要使用表 9.3 中的数据。

表 9.3 供分析采用的速度与距离

十二个伍的宽度	10 英尺
二列的厚度	20 英尺
列间距离	2 英尺
慢步	每分钟 330 英尺
快步	每分钟 660 英尺
跑步	每分钟 990 英尺

其他考量因素

在另一份材料 [3] 中，我们发现了关于机动过程中另一个细节的研究，而且，如果人们的体验仅仅局限于步兵的密集队形训练，这个细节通常是不会被考虑到的，它与各国骑兵机动时的"三个伍一组"和"四个伍一组"有关。

在这一过程中，一匹马的占地面积会被估算为 1 步宽、3 步长。第二列的位置通常在第一列马尾之后大约 2 英尺处，这就让每匹马占据 1 步宽、4 步长的面积。根据这一计算，队形变换是以"四个伍一组"完成的，因为这样一个战马集群恰好形成一个正方形机动单位。

以"三个伍一组"完成队形变换的想法源自普鲁士将领卡尔克罗伊特（Kalkreuth）。这种方法最早用于普军，最终被欧洲多数国家采用。然而在拿破仑战争时期，俄军并没有采用它。

在列成紧密纵队（colonne serrée）时，在侧向行进当中，四个伍一组和三个伍一组的机动方法带来了相同的困难。

这种机动方法通常用于 demi-tour 即向后转当中。此时，位于侧翼的战马保持在原地，位于它旁边的三匹马像玩具风车一样左转或右转，直到它们转过 180 度，变成面朝后方为止。这一机动导致队列收拢人和第二列人员位于前方，第一列人员位于中部，团、中队军官位于后方。

当敌军出现时，以四人或三人为一组向后转并不算一种实用的队形变换，因为排指挥官就要位于部队之后，而且团长的位置还得依靠第二列的配合。通常情况下，在敌军面前要以排为单位完成这样的后转机动。

这样一种队形变换似乎只在一个场合完成过——而且取得了成功。它发生在登讷维茨会战（Battle of Dennewitz）（1813 年 9 月 6 日）中，奈伊军的一个轻骑兵团[4] 在敌军的霰弹火力下，在无数敌军骑兵面前完成了向右向后转。这些人之所以能够完成这一机动，完全是因为他们属于一支由老手指挥的老资格部队，这支部队能够井然有序地完成退却。

法军骑兵

在研究法军骑兵时最先遇到的问题就是它的兵力变动很大，而且不可避免地低于额定兵力。在 1812 年战局前夕，每个中队理论上的兵力要达到 250 名士兵和 250 匹战马。不用说，法军不仅没有达到这个理论兵力，而且不管补充了多少人马，都很快消逝在俄罗斯的大雪里。在 1813 年，法军的骑兵依然极其匮乏，1814 年的情况也没有好转。而且 1805—1806 年战局中还存在步行龙骑兵的问题，在此之前甚至有过步行骠骑兵。

在关于步兵的研究中，使用理论上的标准组织结构想来还是较为稳妥的，因为对步兵而言，某支部队达到理论员额并不算罕见。然而，由于此前提到的原因，为了进行本次分析，1 个法军骑兵中队会被视为拥有 166 名士兵。笔者对 1805 年、1806 年和 1809 年战局里的中队平均人数进行了一次快速分析，在此基础上得到了这一数据。值得注意的是，在此次平均计算的过程中，胸甲骑兵中队的人数往往较少，猎骑兵 / 骠骑兵中队的人数往往较多。这一时期中队理论上的兵力如下所示：

表 9.4 理论上的中队兵力，1805—1809 年

胸甲骑兵	172 人
龙骑兵	280 人
猎骑兵 / 骠骑兵	232 人

166 人的数据将一个法军中队的平均宽度定为 83 个伍。将龙骑兵战马作为一般战马，将 48 个伍的龙骑兵宽 36—37 米作为一般宽度，可得 1 个法军中队的宽度应当在 63 米或 208 英尺左右。这应当可以在一定程度上抵消兵力的差异。

在进行此次研究时只分析两种队形——纵队与横队。全间距纵队和紧密纵队会被用于计算。对每支军队而言，只有通常采用的纵队类型才会被探讨。本书并不想尝试强行比较各国骑兵使用同一队形时的情况，因为似乎并没有足够多的同类机动可以用于比较各国的不同机动体系。

由纵队展开成横队

第一个得到研究的法军机动是由以排为单位的纵队变为横队。图 9.1 描绘了这一机动。如图所示，它与步兵以纵队一头为基准、向一翼展开成横队的机动非常相似。

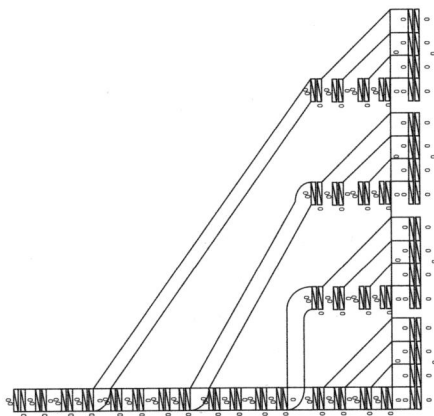

图 9.1 机动五。向前展开成横队，《骑兵训练与机动临时条令》，
巴黎，1800 年，第五篇，第二条，第 551—559 段，图版 107。

在进行分析之前，最后还必须就间隔给出定义。须要注意到团在列成横队时各个中队会留有空隙，纵队内部的各个中队也要留出空隙。

第一篇第十四条定义了团当中的间隔，它表示一个团里的各个中队应当留有 10 米的横向间隔。[5] 不论队形如何，这个间隔都得加以保持，纵队里的各个排也要保持一定间距——要是纵队是全间距的纵队，那么一个中队的先头排和下一个中队里位于后方的排之间也必须包括一个排间距。[6] 这就意味着当一个团列成横队时，它的全长是 932 英尺。

因此，在机动五当中，最后一个排必定要向前行进 3 个排区间（156 英尺），转动 45 度（使用运动旋回轴，40 英尺），横向行进由团正面宽度（减去 2 个排区间，828 英尺）和纵队全长（724 英尺）决定的一段距离——由毕达哥拉斯定理（Pythagorean Theorem）可得这段距离为 1190 英尺。最后，这个排还要再旋转 45 度进入横队（40 英尺）。最后一个排在整个机动中要行进 1387 英尺。鉴于这些机动是以快步完成的，它就得花费 2.1 分钟才能完成。如果这个团以中央为基准，从以排为单位的纵队变为横队，就得采用机动七。在这种机动中，这个团会以位于中部的中队里的某个排为基准列队。

纵队的先头排行进路程最长。它必须转动 180 度（150 英尺），前进 3 个排区间（156 英尺），转动 45 度（40 英尺），沿直角三角形斜边行进 540 英尺〔直角边分别为 8 个排区间或 2 个中队区间（482 英尺）、4 个排区间或 1 个中队区间（241 英尺）〕，转动 45 度（40 英尺），行进 1 个排区间（52 英尺），转动 180 度（150 英尺），行进 1 个排区间就位（52 英尺）。总行进路程为 1138 英尺。以快步行进需 1.7 分钟。

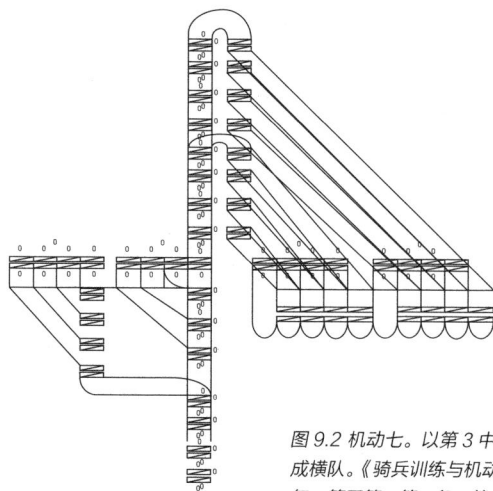

图9.2 机动七。以第3中队第1排为基准向前展开成横队。《骑兵训练与机动临时条令》，巴黎，1800 年，第四篇，第二条，第 560—567 段，图版 109。

下一种由纵队列成横队的方法是以纵队先头部队为基准，向左右两侧展开。图 9.2 展示了如何完成该机动。

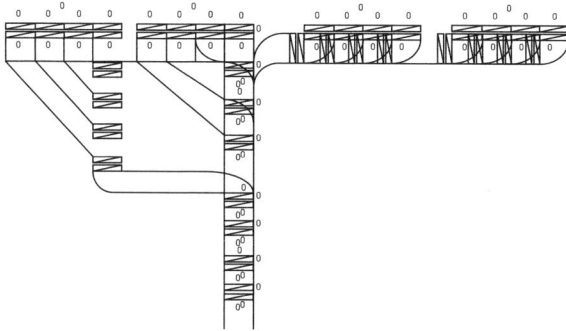

图 9.3 机动八。向左展开成横队，《骑兵训练与机动临时条令》，
巴黎，1800 年，第四篇，第二条，第 568—570 段，图版 112。

这次又是最后方的排行进路程最长。它要前进 3 个完整的中队长度，再加上 2 个 10 米的中队间隙，转动 45 度，侧向运动到战线一端，转动 45 度就位。它行进的总路程是 1263 英尺，以快步完成需 1.9 分钟。

如果这个团想要执行同样的机动并转向后方，它就得完成同样的机动。但在完成此前所述的一切后，它还得向前行进 1 个排区间，完成 180 度旋转，前进 1 个排区间就位。最后一个排须要行进 1519 英尺，以快步完成需 2.0 分钟。

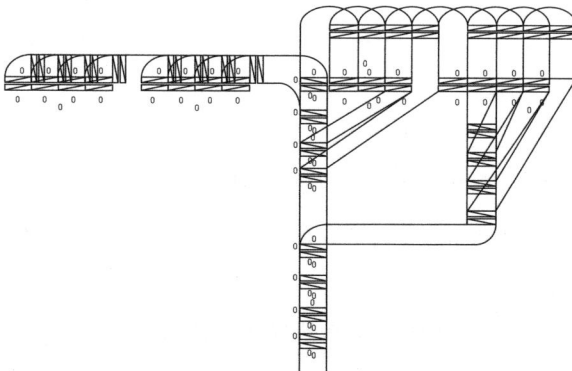

图 9.4 机动八。向左向后列成横队，《骑兵训练与机动临时条令》，
巴黎，1800 年，第四篇，第二条，第 568—570 段，图版 111。

法军使用的另一种纵队队形是紧密纵队。这种队形总是由中队组成，从未由排或其他机动单位组成。它是一种厚重、密集的队形，中队的前后间距要缩减到10米（33英尺）。这种队形的唯一目的就在于掩盖出现的部队的人数。机动九指出了如何将以中队为单位的紧密纵队变为横队。

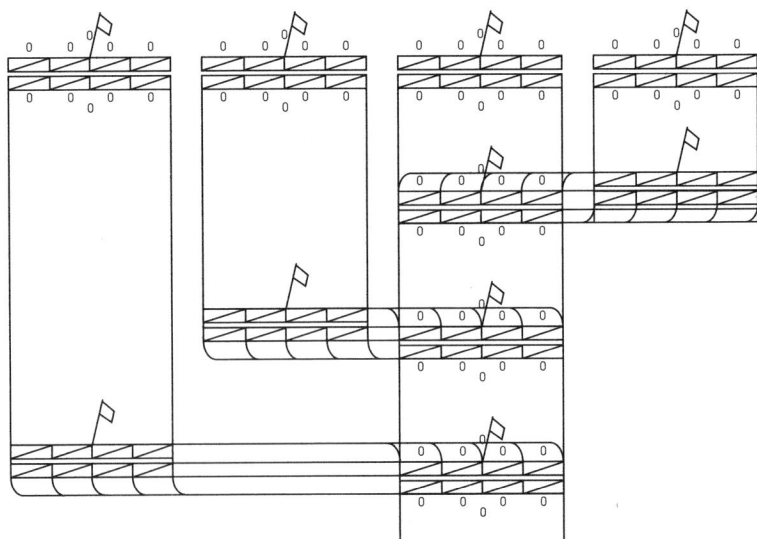

图9.5 机动九。*Deployement en avant de la colonne serr é e*;《骑兵训练与机动临时条令》，
巴黎，1800 年，第四篇，第二条，第 571—573 段，图版 113。

当纵队希望展开成横队时，先头中队须要前进20米（66英尺），后方的每个中队都要像由紧密纵队展开成横队的步兵一样，转向左侧或右侧，完成侧向行进。一旦中队向外行进得足够远，就要转而向前进入预定位置。第 4 中队行进距离最长，它得先向左，再向前，总运动路程为 742 英尺。然而，由于骑兵两人一组地进行旋转，这就和步兵一样会产生手风琴效应。该效应把战线中前后间隔拉长了战马长度的三分之二，此外还要加上前后各列通常存在的 2 英尺间距。这就导致机动路程增加了 510 英尺，整个机动耗时 1.9 分钟。

下一种由紧密纵队完成的机动是从纵队尾部向左（右）展开成横队（par la queue de la colonne à gauche (droite) en bataille）。在这种机动中，紧密纵队向前展开，每个中队从后方开始朝左（或右）旋转，进入与原行进路线垂直的战列线。

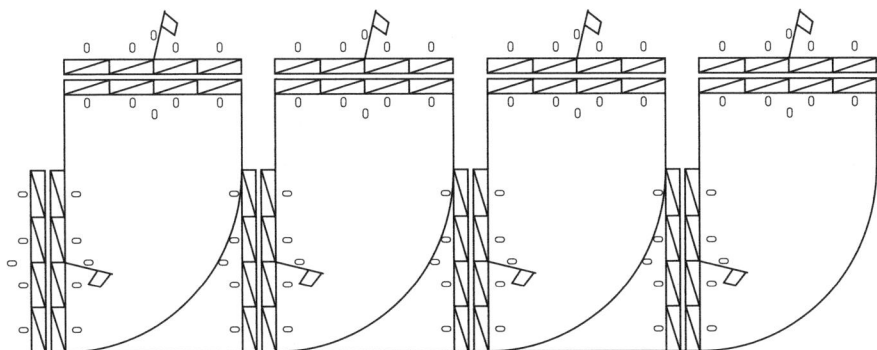

图 9.6 机动十。从纵队尾部向左（右）展开成横队，《骑兵训练与机动临时条令》，
巴黎，1800 年，第四篇，第二条，第 574—578 段，图版 114。

第一个中队必须向外行进 3 个中队区间，此外还要加上维持中队必要间隔的 30 米（100 英尺），旋转 90 度，前进 6 米进入战列线。鉴于后方的中队会立刻转动，第 1 个中队实际上行进的路程要略少于 3 个完整的中队区间。基本的紧密纵队深度为 54 米（180 英尺）。这就意味着第一个中队要行进 3 个中队区间（624 英尺）减去 260 英尺，即 364 英尺。转动时要最外侧的一个伍运动 294 英尺，随后整个编队前进 6 米（20 英尺）进入战列线。整个机动须要中队运动 678 英尺。以快步完成需 1.0 分钟。

由横队收拢成纵队

法军似乎只有一种将横队变为纵队的主要方法。这种机动方法只能在研读中队马上教练（École de l'escadron à cheval）部分时找到，团级机动部分中并未提及。

毫不意外，这种机动是让部队直接旋转 45 度，朝着纵队将要列成的地方直线行进，而后斜向行进就位，旋转 45 度进入纵队当中。位于侧翼的排要向前行进，其后的每个排都要斜向行进，进入侧翼排后方的位置。

这种机动的结果是，先头排导致部队为了列成纵队须要向前行进足够远的距离，而团里的最后一个排恰好要在先头排让出位置之前完成运动，这意味着先头排必须在占据最后一排预定位置之前行进 16 个排区间，而后必须在第 15 个排让出位置之前再行进 16 个排区间。这总共是 32 个排区间和 6 个中队间隙，即 1862 英尺，机动耗时 2.8 分钟。

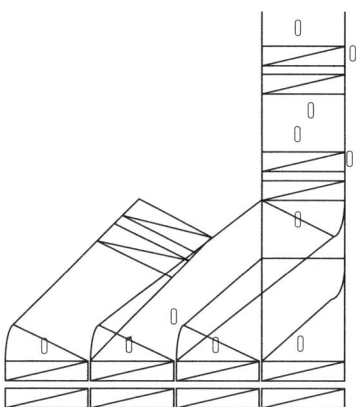

图 9.7 由横队收拢成纵队，《骑兵训练与机动临时条令》，巴黎，1800 年，第三篇，第八条，第 465 段；"中队前进并以排为单位在前进中收拢成纵队"，图版 92。

当然，列成横队或纵队的最快方法是让排（或中队）旋转 90 度，在垂直于原行进路线的方向上列队。这种机动所需时间最少。以排为单位完成这一机动只需要几秒钟，很可能不超过 10 秒或 15 秒。我不打算给出准确数据，因为在机动的头几秒钟里命令须要传递，马匹须要加速，每个人都须要搞清楚自己应当前往何处。

由中队完成的同一种机动必定耗时更长，但完成它所需时间也可能不到 30 秒。对这么快的运动来说，数学计算同样无效。

图 9.8 让一个纵队转向一翼展开成横队，《骑兵训练与机动临时条令》，巴黎，1800 年，第四篇，第二条，机动三，向左展开成横队，第 545—548 段，图版 105。

英军的机动

由于英国议会为陆军提供资金的方式和英国政治的影响，英军骑兵团的兵力差别相当大。这让任何基于理论上的组织结构的研究都变得不切实际。从议会记录中选取的英军各团在 1804—1815 年间的额定兵力如下所示（从中可见，其额定兵力在 415—1152 人之间浮动）：

额定总兵力

年份	1804	1805	1806	1807	1808	1809	1810	1811	1812	1813	1814	1815
第 1 禁卫骑兵团	415	417	416	416	416	416	416	416	417	583	673	473
第 2 禁卫骑兵团	415	415	415	415	415	415	415	415	416	582	672	472
王家近卫骑兵团	482	654	654	654	654	654	654	654	655	816	816	599
第 1 近卫龙骑兵团	1083	1083	1082	1082	1082	1083	1084	1084	1085	1085	1085	726
第 2 近卫龙骑兵团	905	905	904	904	904	905	906	906	907	907	907	584
第 3 近卫龙骑兵团	905	905	904	904	904	905	916	916	917	917	917	585
第 4 近卫龙骑兵团	905	905	904	904	904	905	906	906	917	917	907	584
第 5 近卫龙骑兵团	905	905	904	904	904	905	906	906	917	917	917	584
第 6 近卫龙骑兵团	905	905	904	904	904	905	906	906	907	907	907	584
第 7 近卫龙骑兵团	905	905	904	904	904	905	906	906	907	907	907	584
第 1 龙骑兵团	905	1125	904	904	904	905	916	916	917	917	917	584
第 2 龙骑兵团	905	905	904	904	904	905	904	906	907	907	907	584
第 3 龙骑兵团	905	906	905	905	905	905	907	907	918	918	918	585
第 4 龙骑兵团	905	905	904	904	904	905	916	916	917	917	917	584
第 5 龙骑兵团	905	解散	904	904	904	905	904	906	907	906	906	584
第 6 龙骑兵团	905	905	905	904	904	904	905	906	696	907	907	1097
第 7 龙骑兵团	905	1125	720	904	720	928	928	929	942	942	941	1051
第 8 轻龙骑兵团	720	720	904	904	904	905	696	696	727	727	727	584
第 9 轻龙骑兵团	905	905	904	904	904	905	906	906	907	907	1097	584
第 10 轻龙骑兵团	905	905	904	904	904	905	904	906	917	917	907	584
第 11 轻龙骑兵团	905	1125	904	904	904	905	906	906	917	917	917	584
第 12 轻龙骑兵团	905	905	904	904	904	905	916	916	917	917	917	584
第 13 轻龙骑兵团	905	1125	904	904	904	905	916	916	917	917	917	917
第 14 轻龙骑兵团	905	1125	904	904	904	905	906	906	907	907	1097	584
第 15 轻龙骑兵团	905	1125	904	904	904	905	916	916	917	917	917	584
第 16 轻龙骑兵团	905	905	904	904	890	940	940	1151	1152	1257	l251	1151
第 17 轻龙骑兵团	905	905	904	904	904	905	916	906	907	907	1097	584
第 18 轻龙骑兵团	905	1125	720	904	904	695	485	696	697	697	697	697
第 19 轻龙骑兵团	720	720	904	720	904	905	916	916	917	917	941	721
第 20 轻龙骑兵团	905	905	904	904	904	905	941	941	942	1152	1151	1151
第 21 轻龙骑兵团	905	905	720	904	878	928	928	929	942	1152	1151	1151
第 22 轻龙骑兵团	720	720	904	720	904	905	706	696	697	907	907	584
第 23 轻龙骑兵团	905	1125	720	904	720	928	928	929	1152	1152	1151	1151
第 24 轻龙骑兵团	720	720	711	720	890	940	1150	1151	1152	1152	1151	1151
第 25 轻龙骑兵团	?	720	解散									
第 26 轻龙骑兵团	解散	727										
第 27 轻龙骑兵团	720											
第 28 轻龙骑兵团	解散											
第 29 轻龙骑兵团	720											

理论上的额定兵力的确变化很大，但一般而言每个中队都有 100 个伍。鉴于英军在维持兵力方面往往优于法军，该数据将被用于此次分析，由此得出一个英军中队的理论宽度为 300 英尺。《条令》特别规定每一伍占据的宽度为 1 码，这与法军规定的宽度差别并不算大，在此后关于英军的分析中会使用 1 码这个数据。

英军中队的间隔是中队实际正面宽度的三分之一，不过，英军团或旅的间隔也与中队的间隔相同。这就意味着一个由 4 个中队组成的英国骑兵团总的正面宽度为 1500 英尺。可以注意到法军的四中队制团平均正面宽度为 862 英尺，在满员情况下（每个中队达到最大值 250 人），正面宽度为 1247 英尺，这一点相当有趣。

英军并没有就慢步、快步或跑步的速度给出估算结果，所以这里将会使用法军的速度。值得注意的是，英军条令表示在侧向行进当中，骑兵所占据的前后深度要 3 倍于正向时的深度。同样值得注意的是，英军像法军一样使用运动旋回轴。

由纵队展开成横队

英军使用两种纵队：疏开纵队与紧密纵队。英军的疏开纵队相当于法军的四路纵队，只在正面宽度至少为 6 伍至多为 12 伍时使用。显然，这一队形中的骑兵可以跟随指挥官，沿着一条漫长队列流动，一旦沿着行进路线抵达他们希望列成横队的地点，就以三人一组的方式向右（或左）旋转列成横队。图 9.9 摘自《条令》，它展示了这种机动。

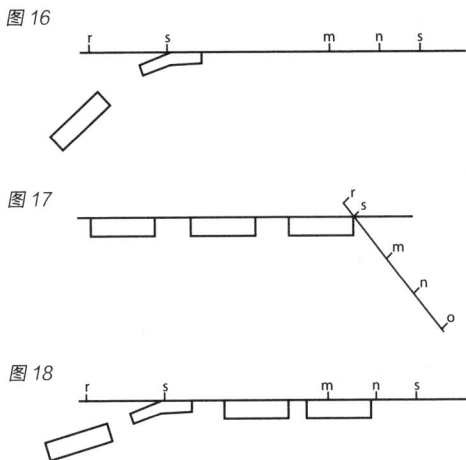

图 9.9 英军的疏开纵队在机动中变为战列线。《骑兵队形与机动教令与条令》，伦敦，1813 年，第 17 章，"疏开纵队"，图版 4，图 16、图 17、图 18。

假定某个骑兵团选择以规定中的最大正面宽度 12 伍执行这一机动，每个中队理论上就得分成 8 个部分。中队依然占据 1 个中队间隔，也就是 300 英尺加上"三分之一的实际长度"，或者说一共 400 英尺。由于每一机动单位都延展了正面，手风琴效应并未发挥作用。

对于一个要进入它希望列成横队的位置的团而言，它只须要行进团的全长，也就是说，只用行进 1500 英尺，然后以 12 人为一组就位，此次转动须要行进 51 英尺，所以整个机动路程为 1551 英尺，耗时 2.35 分钟。

英军也采用直接沿对角线向目的地行进的机动方式，这是法军机动的一个变种。然而，英军各单位并不是向前转动，而是向后转动。一旦对准了正确方向，他们就朝预定战列线行进并转到目的位置。

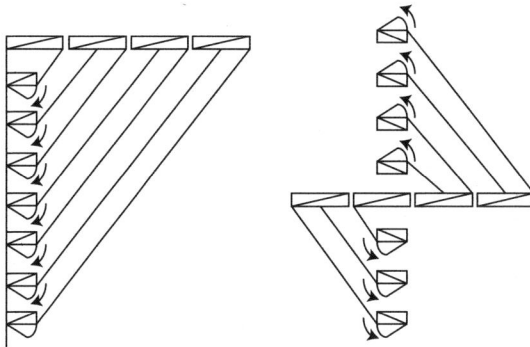

图 9.10 英军的直线行进。《骑兵队形与机动教令与条令》，伦敦，
1813 年，第 20 章，"一个团变换位置"，图版 2，图 7、图 8。

向后转动实际上是一系列个人转动，在这种转动当中，所有骑兵都让其战马向后转、向后走，然后再一次向后转。在一个紧凑的队形当中，这必定是一种相当艰难的机动，甚至与一系列倒塌中的多米诺骨牌类似，从转动中的部队最外侧（也是运动最快的一侧）向内，每匹马都自行转动。此外，这种机动须要以慢步完成。假设一个纵队执行这一机动，那么它转向后方所需的时间可能会多达 30 秒。然而，这是基于最外侧的骑兵必须行进 120 英尺并假设他们都以慢步向后就位计算得出的，在重新列队时，队列中会不可避免地出现推挤情况。若假设由一个以 8 个排组成的骑兵团完成这一机动，那么位于最后的排须要以快步行进 1909 英尺前往战列线，而后转动就位（115 英尺）。整场机动将耗时至少 3.1 分钟。

英军骑兵使用的第二种纵队是"紧密纵队"。根据英军的《1799 年骑兵条令》，紧密纵队的目的在于以最快速度向前列成横队，掩盖己方兵力，让敌军无从知晓实际人数，使部队能够向当时战况所需的任何方向展开——敌军在纵队完全展开之前根本不可能弄清楚这个方向。紧密纵队通常由半中队组成，这与使用完整中队的法军不同。在这种队形中，团之间的距离是 2 个马匹身长（一共 18 英尺），团内部各中队之间的距离是 1 个马匹身长（10 英尺），中队内部的分队 [7] 和队列间的距离是半个马匹身长（5 英尺）。

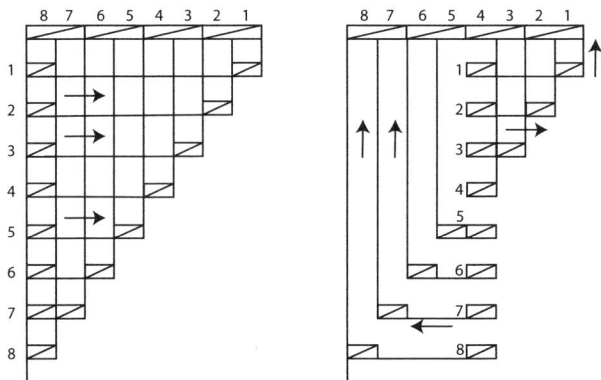

图 9.11 英军密集纵队的机动。《骑兵队形与机动教令与条令》，
伦敦，1813 年，第 55—63 段，图版 6，图 38、图 39。

正如图示中所见，这种纵队有两种展开成横队的方法：第一种是以纵队先头部队为基准，第二种是以中央为基准。这些方法不禁让人想到它们与普军 1788 年的条令中将步兵纵队展开成横队的方法存在惊人的相似之处。

假设一个四中队制骑兵团以紧密间距列成纵队，那我们可以得出从最后一个排的马鼻到纵队先头排的马鼻之间的距离为 205 英尺。

如果采用图 9.11 中的机动方法，位于最后方的半中队的各个伍要两人一组向左运动。它要前进 7 个排区间（1050 英尺），加上 3 个中队间隙（150 英尺），还得受到手风琴效应的影响（450 英尺），就一共得向侧翼运动 1650 英尺。假设转向正前方的耗时为零，剩下的就是让最后的那个半中队前进 205 英尺进入战列线了。这个机动耗时 2.8 分钟。

如果采用图 9.12 中展示的机动方法，位于纵队最前头的半中队就决定了机动步调。如前所述，它得两人一组向侧翼行进，一共要运动 1650 英尺。这一机动耗时 2.5 分钟。

如果采用图 9.19 中所示的机动方法，位于最后方的半中队要向左运动 4 个半中队区间，此外还有 2 个中队间隙和手风琴效应。这总共是 900 英尺。它随后还要前进 245 英尺。这一机动总路程为 1145 英尺，耗时 1.75 分钟。

由横队收拢成纵队

当英军将横队收拢成紧密纵队时，他们采用直线行进的方法。部队以三人一组的方式从距离较远的一翼开始反向行进，从横队后方通过，直接前往目的地。

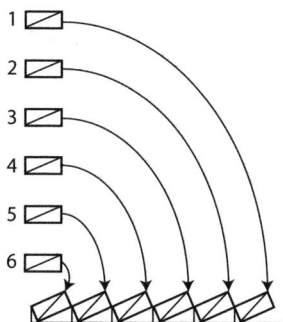

图 9.12 横队变为以排为单位的纵队。《骑兵队形与机动教令与条令》，伦敦，1813 年，第 56 章，"团由横队列成紧密纵队"，图版 6，图 34。

鉴于此次机动是以三人一组的形式完成的，不会存在手风琴效应。位于最后的排再一次须要行进最长的路程。它不得不以快步行进 1514 英尺，这大约需要 2.3 分钟才能完成。

英军也能以中央排为基准列成纵队。如此列队时可以采用直接行进，无须反向行进，因此速度要快得多。

这一机动迫使骑兵团运动 421 英尺，耗时 0.65 分钟，而且和法军一样，英军总能让一个以中队或排为单位的纵队转动 90 度，形成与行进方向垂直的横队（见图 9.8）。对于一个以排为单位的纵队而言，这一机动耗时 0.4 分钟，若是以中队为单位的纵队，那么耗时就是 0.7 分钟。

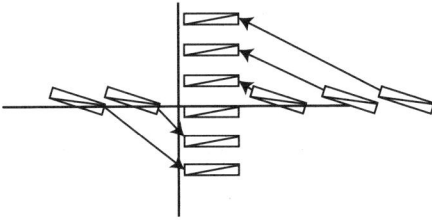

图9.13 横队以中央为基准变为以排为单位的纵队。《骑兵队形与机动教令与条令》，伦敦，1813年，第56章，"团由横列列成紧密纵队"，图版6，图33。

普军骑兵

普鲁士军队在1796年颁布的《骠骑兵与波斯尼亚骑兵条令》（Hussar and Bosniaken Regulation）是一份有趣的文献。[8] 不幸的是，就理论而言，当时的普军认为轻骑兵的正确用途基本上就是作为马上散兵，他们不应当站在战列线当中。虽然条令中的确提到了横队攻击和团级规模的攻击，但它花费在讲述发起协助战列骑兵行动的攻击、从侧面和后方发起攻击、散兵群攻击等战术上的工夫要远多于前者。此外，它仅仅描述了中队级别的机动，除骠骑兵的若干机动——骠骑兵绕过己方骑兵侧翼，攻击敌军骑兵战线侧后方——外并没有提到团一级的机动。

因此，这一分析完全基于1812年颁布的《普鲁士王家陆军骑兵训练条令》（Exercir Reglement für die Kavallerie der Königlich-Prussischen Armee）。不幸的是，分析结果也只对1812—1815年这段时间有效。普军条令有一个恼人的习惯，那就是它会假定读者已经熟悉许多细枝末节，便时常忽略这些细节，不过万幸的是，大部分所需数据还是可以找到的。根据条令中的一处铅笔笔记摘引的1795年2月17日内阁命令，普军骑兵在列队时的列间距是2尺（大约相当于2英尺）。中队之间的间隔是4步（这被认为相当于12英尺）。团之间的间隔是12步。

普军并没有给出马匹的个头，也没有提供马匹的速度，所以在下文计算中将使用法军的数据，因此，1812年的普鲁士骑兵中队——它拥有58个伍——宽度约为145英尺。

由纵队展开成横队

普军拥有两种基本纵队：以半中队为单位的纵队和以中队为单位的纵队。它们又拥有两种间距——"疏开"（geöffneten）和"紧密"（geschlossenen或masse）。

在疏开纵队中，机动单位之间的距离与一个排或中队的宽度相当。此外，在以排或中队为单位的纵队中，各中队之间的距离还要额外多出 4 英尺（在紧密纵队中，这个间距似乎要发生变化）。

当纵队以先头部队为基准展开时，第一个排须要前进 6 步后停下来。其后的每个排向右（或左）转，直接沿对角线赶赴目的地，当它的一翼触碰到纵队中恰好在它前方的那个排的另一翼时，这个排就要向左（或右）转就位。

最后方的排行进路程最长，它须要完成两次 45 度旋转并沿对角线方向行进。这一机动要求它行进 421 英尺，耗时 0.64 分。

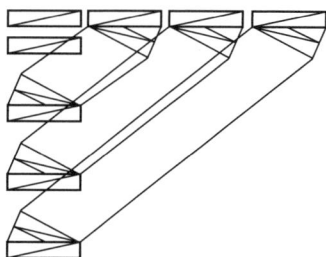

图 9.14 疏开纵队通过旋转展开。《普鲁士王家陆军骑兵训练条令》，第 8 章，纵队的展开，2。"疏开纵队通过旋转展开"。

普军紧密纵队可以由中队或半中队组成。尽管并未特地指出，但纵队执行的机动还是表明它须要列成排间距纵队。当以中队为单位的纵队展开成横队时，第2、第3、第4中队以排为单位向右（或左）转，以平行于预定战列线的方向前行，直到正对目的地为止，它们随后要向左（或右）转，然后向前赶往目的地。

最后一个中队中的任何一个排都要行进相同的距离。它们须要完成两次 90 度旋转，然后侧向行进 12 个排区间和 3 个中队间隔，此后还要前进 3 个排区间。这一机动耗时略多于 1 分钟（1.05 分钟）。

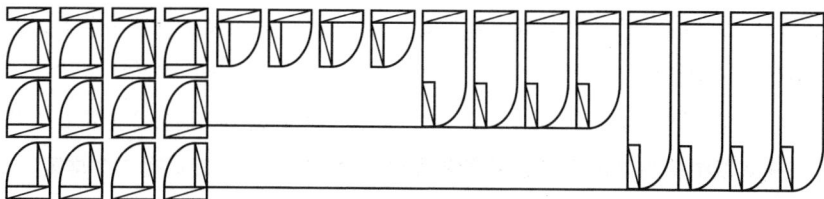

图 9.15 一个团向右展开，中队令各排向右转。普鲁士总参谋部，《关于普鲁士陆军历史的文献论述与研究》[9]，图 17，"团——向右展开！""中队以排为单位向右转——行进！快步！"

如果紧密纵队以中央为基准展开成横队，第1、第2中队以排为单位右转，第3、第4中队则以排为单位左转。它凭借这一方法可以同时向两个方向延展，而且第2、第3中队的结合部就位于原纵队的中央。

第4中队的排行进路程最长。这个排的士兵们须要完成两次90度旋转，向左移动5个排区间和1个中队间隙，最后还要向前行进3个排区间。这一机动耗时0.63分钟。

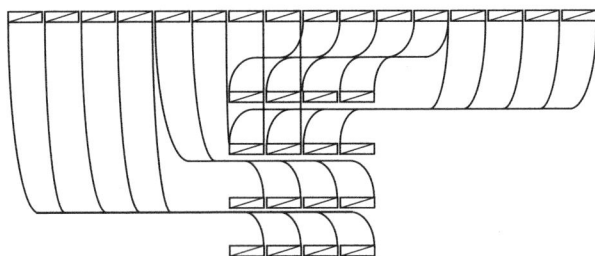

图9.16 以中央为基准、以排为单位展开。《普鲁士王家陆军骑兵训练条令》，第8章，"纵队的展开"，6。"团以中央为基准、以排为单位在行进间展开"。

由横队收拢成纵队

普军使用两种从横队收拢成纵队的基本方法。方法一如下：当部队列成以中队或排为单位的纵队时，让各个机动单位以印第安纵列朝将要编组纵队的地点侧向行进，然后直接向后行进，部队要持续以一路纵队行进，直到中队或排退到它们在目标纵队中的对应深度，它们随后就要直角转弯，朝着纵队最终位置行进，分别进入目的地。

关于这一机动所需时间，主要问题就在于手风琴效应。由于部队以两人一组的方式纵列行进，两人之间原先的2米宽度（2匹马的占地宽度）变成了3米长度（1匹马的纵向占地深度）。此外，在每一对骑兵之间还得插入同一个伍中两匹马间的正常空隙。这让排从宽36英尺变为长173英尺，中队从宽145英尺变为长694英尺。

当横队以中队为单位收拢成紧密纵队时，一个伍须要向后运动3个排区间，然后侧向行进12个排区间和3个中队间隙。这段路程是471英尺。手风琴效应给机动增加了549英尺（694英尺减去145英尺），所以收拢所需时间就是1.5分钟。

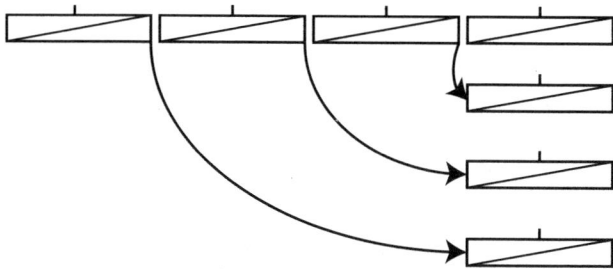

图 9.17 以中队为单位向右列成纵队。普鲁士总参谋部,《关于普鲁士陆军历史的文献论述与研究》,图 14,"团——以中队为单位向右(左)展开!——行进!"

收拢成半连纵队(全间距纵队)略有不同。将要作为纵队先头排的那个排实际上要向前行进 1 个排区间,这样就能减少最后一个排须要行进的路程。最后一个排要旋转 90 度(51 英尺),沿对角线方向赶往目的地(300 英尺),再行进 1 个排区间(36.25 英尺)。加上手风琴效应(173-35=138 英尺)后,机动总路程是 526 英尺,耗时 0.8 分钟。这显然比前一种机动长得多,其原因在于这是一个全间距纵队,并不是间距被压缩过的紧密纵队。[10]

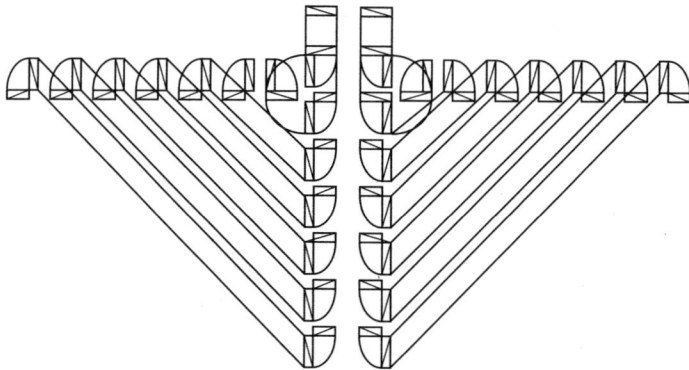

图 9.18 以排为单位、以横队中央为基准,从左右两侧收拢成纵队。普鲁士总参谋部,《关于普鲁士陆军历史的文献论述与研究》,图 16,"团——向中央收拢成纵队!以排为单位向左向右转——行进!直线!"

最后一种机动是从横队收拢成以排为单位的纵队。这种机动与前一种相当类似,耗时为 1.7 分钟。

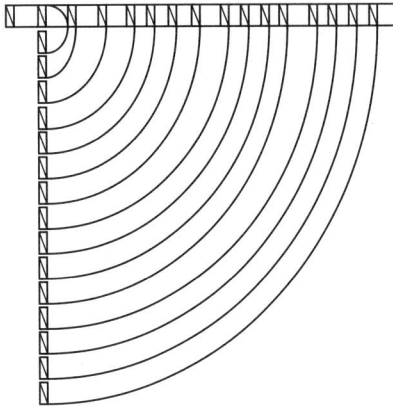

图 9.19 以左翼为基准展开收拢成以排为单位的纵队。普鲁士总参谋部，《关于普鲁士陆军历史的文献论述与研究》，图 15，"团——向右（左）收拢成以排为单位的纵队！——行进！"

奥军骑兵

奥地利骑兵的组织结构与此前探讨过的其他国家骑兵都存在差异。每个奥军胸甲骑兵和龙骑兵团都有 6 个中队。一个轻骑兵或枪骑兵团有 8 个中队，一个骠骑兵团则有多达 10 个中队。在这一整体结构当中，还存在着 4 种略有不同的野战中队组织方式。每个团也会有一个作为兵站部队的后备中队。兵站中队只是略小于野战中队，它在战时会被解散，人员也要分配到各个野战中队里。鉴于条令中并未给出与"战时"组织相关的内容，这里只能假设将后备中队人员分配到野战中队中是准备将后者补充到满员程度。因此，所有计算都会基于"满员"的野战中队。奥军中实际上只存在两种不同的中队组织：重骑兵中队有 134 人，轻骑兵中队则有 150 人。

中队组织、大小与速度

奥军的骑兵中队会排成二列。由于条令并没有就每名骑兵所能占据的空间给出指导意见，也没有提到机动速度，这里将会使用法军的材料。

对胸甲骑兵和龙骑兵（重骑兵）中队而言，我们知道中队里有 112 名士兵，或者说第一列有 64 名士兵。奥军条令并没有就马匹宽度给出任何估算数据，所以我们再次被迫使用法军数据。利用法军给出的胸甲骑兵战马大小，可得一个中队的正面宽度为 160 英尺。

对于轻骑兵、骠骑兵和枪骑兵（轻骑兵）中队，我们知道中队里有 128 名士兵，或者说第一列有 72 名士兵。利用法军给出的猎骑兵 / 骠骑兵战马大小，可得一个中队的正面宽度为 170 英尺。

这些重骑兵中队和轻骑兵中队随后就要以下列方式组织起来：2 个中队组成一个分团（division）。每个中队由 2 个半中队（重、轻骑兵半中队分别宽 80 英尺、85 英尺）或 4 个排（分别宽 40 英尺、42.5 英尺）组成。为了使问题简单化，重骑兵团都会被认为拥有 6 个中队，轻骑兵团也会被认为拥有 8 个中队。在计算完轻骑兵机动时间后，拥有 10 个中队的骠骑兵团数据会以括弧形式放在后面。

值得注意的是，奥军的《1808 年条令》并没有给团级机动提供任何图示，而是将机动局限于分团和中队。这个不难察觉的迹象不禁让人推测奥军的聚焦点是中队而不是团。法军骑兵为何如此频繁地击败奥军骑兵？如果奥军的情况的确如此，那么我们可以给法军的胜利提出一种解释。如果奥军基本上是把骑兵以独立中队的形式投入战斗，那么，那些相互独立的中队将会面对法军占据压倒性优势的团级组织和团级作战，必定会陷入极为不利的境地。

奥军的《1808 年条令》是一份可悲的文件，它花在宗教事务、薪饷名单和点名集合上的时间比作战机动还多。[11] 条令中仅有的真正"军事"材料是书末的图版。不用多说，它并没有提供对马匹速度的任何估算数据，所以我们再一次被迫使用法军数据。[12] 这就意味着一个重骑兵中队要花大约 0.245 分钟以快步走完相当于自身正面宽度的路程，轻骑兵中队则需要 0.260 分钟。重骑兵中队 90 度旋转耗时为 1.257 分钟，轻骑兵中队则是 1.335 分钟。

展开成横队

奥军的机动与其他国家军队的机动非常相似。图 9.20 展示的机动可能是由纵队展开成横队的最快方法。

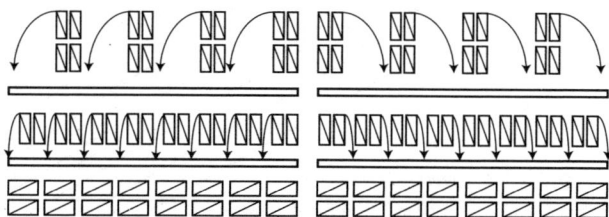

9.20 以转向侧翼的方式由纵队展开成横队。《皇家与王家骑兵勤务条令》，维也纳，1808 年，骑兵分队以排和半中队为单位就位，图版 1。

在这个机动中，整个机动都由转弯时间控制。表 9.5 总结了纵队类型和执行机动所需时间。

表 9.5 对纵队类型和执行展开机动所需时间的总结

	机动时间（分钟）	
纵队类型	重骑兵团	轻骑兵团
以中队为单位的纵队	1.257	1.335
以半中队为单位的纵队	0.628	0.668
以排为单位的纵队	0.314	0.334

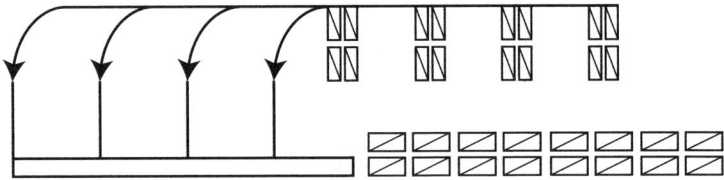

图 9.21 向后展开成横队。《皇家与王家骑兵勤务条令》，维也纳，1808 年，部队向后展开，图版 10。

图 9.21 展示的机动几乎和图 9.20 所示一样简单。等到每个半中队都抵达转弯地点，它们就要各自侧转并停下来。最后的半中队决定了机动所需时间。在一个重骑兵中队[13] 中，它须要先前进 12 个半中队区间，再旋转，然后行进 1 个半中队区间。这 13 个半中队区间（1040 英尺）加上半中队旋转（126 英尺），一共相当于 1166 英尺的路程，以快步行进耗时为 5.83 分钟。对轻骑兵团而言，以快步完成该机动需 7.43分钟（骠骑兵为 9.03 分钟）。

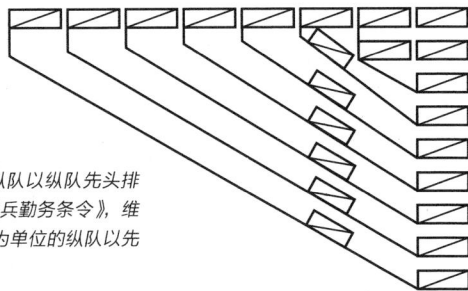

图 9.22 一个以排为单位的纵队以纵队先头排为基准展开。《皇家与王家骑兵勤务条令》，维也纳，1808 年，"一个以排为单位的纵队以先头排为基准展开"，图版 11。

图 9.22 展示的机动与法军步兵从纵队展开成横队时执行的机动完全一样。在笔者的研究历程中，这还是唯一一个由骑兵展开纵列行进的机动案例。在这种机动中，由于马匹的长度是宽度的 3 倍，手风琴效应可能会产生极大的影响。不幸的是，奥军《1808 年条令》并没有就应当以两人一组还是三人一组的方式完成这一机动展开讨论。鉴于这是一种相对常见的实践，虽然并不了解任何实际情况，我们还是被迫假设它是以三人一组的方式完成的。

第 1 排保持不动，其他各排运动到设想中第 1 排所在战列线上的位置。位于最后方的排一如既往地决定了完成机动所需的时间。在重骑兵团展开机动时，位于最后方的排必须沿纵队长度决定的直角三角形斜边行进，也就是要行进 23 个排区间，此外还要加上向前进入横队所需的 1 个排区间。在执行这一机动时，一个重骑兵团须要消耗 6.707 分钟，一个轻骑兵团的耗时则是 9.477 分钟（骠骑兵团为 11.961 分钟）。

收拢成纵队

对条令的研究表明由横队收拢成纵队的方法要比由纵队展开成横队的方法多。然而，这些变种仅仅出于指挥官的意愿——将某个中队、某个分团或某个排放到纵队里的某个特定位置。

图 9.23(a) 以右翼排为基准列成纵队。《皇家与王家骑兵勤务条令》，维也纳，1808 年，以右翼排为基准列成纵队，图版 13，图 1。

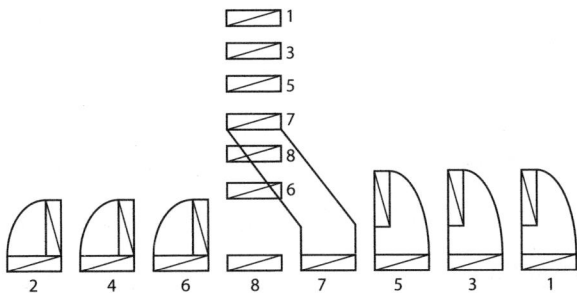

图 9.23(b) 排为基准列成纵队。《皇家与王家骑兵勤务条令》，维也纳，1808 年，以分营第 8 排为基准列成纵队，图版 13，图 2。

图 9.23(a) 中的第一幅图是以右翼排为基准收拢成纵队。这种简单的机动几乎就是图 9.20 的反向过程。尽管这两种机动并不是完全相反的，但它们之间的关系已密切到足以进行比较了。在这种机动中，位于侧翼的排只须要斜向行进，给后续各排留出转动的空间，而后直线行进，其他各排跟在后面。最后一个排决定了机动所需的时间。重骑兵团有 24 个排，所以最后一个排必须行进 23 个排区间并 2 次旋转 90 度。轻骑兵团有 32 个排，所以最后一个排必须行进 31 个排区间并 2 次旋转 90 度。对一个重骑兵团而言，这一机动需花费 5.228 分钟，轻骑兵团则耗时 7.271 分钟（骠骑兵团 8.975 分钟）。这一机动可以是团级规模的机动，但更可能出现的情况是在分团基础上完成机动，参与机动的分团随后就要列队就位，作为团的独立子单位行动，直至列成最终队形。

在图 9.23(b) 中，横队以中央排为基准列成纵队，两翼部队须要转向中央。然而，如果有人研究过各个排的序列，就会发现奇数排会率先到达，偶数排则会以倒序排列跟随其后。这是为了让分团能够收拢起来。在这个纵队中，最后一个排的机动时间与第一幅图是相同的，它必须等待前 7 个排就位。然而，值得注意的是，这种机动可能不是由一个团来执行的。如果一个团去尝试这种机动，不同中队里的排会混在一起，这将造成诸多问题。

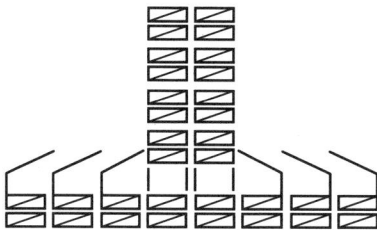

图 9.24(a) 以中央分团为基准、以半分团[14] 为单位列成纵队。《皇家与王家骑兵勤务条令》，维也纳，1808 年，"以中央分团为基准、以半分团为单位收拢成纵队"，图版 17，图 1。

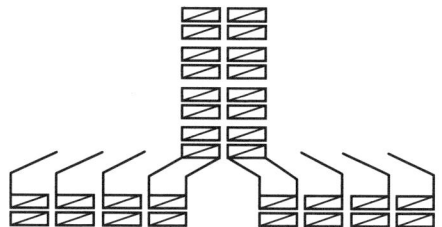

图 9.24(b) 以两分团中点为基准、以半中队为单位列成纵队。《皇家与王家骑兵勤务条令》，维也纳，1808 年，"以两分团中点为基准、以半中队为单位收拢成纵队"，图版 17，图 2。

可以肯定的是，图 9.24(a) 和图 9.24(b) 中的两幅图绝不是由一个团执行的机动。事实上，鉴于条令在分团和中队层面绘制了这些图，有充分理由去质疑它们并不打算将其用在团级机动层面上。

不幸的是，由于条令绝没有对它或其他任一机动提供任何描述性文字，我们被迫就这一机动如何执行做出若干猜测。最可能出现的情况是，各个排转动 45 度，侧向行进到位于最终目的地上方为止，然后再次转动 45 度，前进 1 个排间距就位。

将这一机动扩展到团级机动层面须要做出一些未经验证的假设，因此，关于在团级基础上执行这一机动所需的时间，此处不会进行任何计算。

转动战线

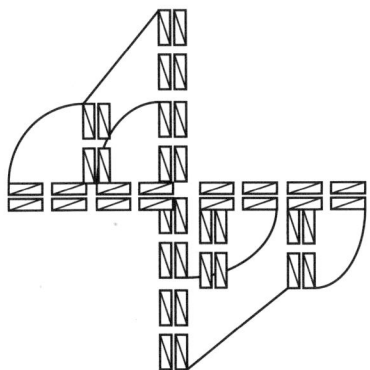

图 9.25(a) 以一翼为基准变换正面。《皇家与王家骑兵勤务条令》，维也纳，1808 年，"以右翼为基准变换正面"，图版 7，图 1。

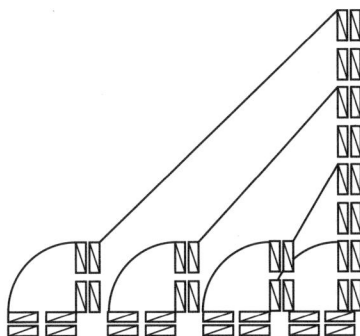

图 9.25(b) 以中央为基准变换正面。《皇家与王家骑兵勤务条令》，维也纳，1808 年，"以分团中央为基准分段转动"，图版 7，图 2。

这类机动是以半中队为单位执行的。图 9.25(a) 中的机动须要最外侧的半中队右转 90 度，左转 45 度，直线行进 4.243 个半中队区间，之后再右转 45 度。对于一个重骑兵分团，这一机动耗时 4.2 分钟，轻骑兵分团耗时为 4.475 分钟。

图 9.25(b) 中的机动须要右转 90 度，左转 45 度，行进 1.414 个半中队区间，最后右转 45 度。一个重骑兵中队耗时为 3.078 分钟，轻骑兵中队则需 3.273 分钟。

译注：

[1] 路易 - 约瑟夫·马尔格龙（Louis-Joseph Margueron），法国将领、历史学家，生于 1851 年，毕业于圣西尔军校，曾就 1812 年俄国战局撰写了四卷本著作，以旅级将军身份战死于 1917 年。本书中的马匹肩高数据摘自马尔格龙著《俄国战局》（Campagne de Russie）一书第 2 部分第 4 卷《大军团穿越德意志在涅曼河畔汇合，2 月 1 日—6 月 24 日》（Marche de la Grande Armee a travers l'Allemagne et sa reunion sur le Niemen, du 1er fevrier au 24 juin 1812）第 27 页。

[2] 《骑兵训练与机动临时条令》在 1805—1815 年间出现过多次修订，涉及枪骑兵的《与轻骑兵团教练及装备骑枪的轻骑兵团训练与机动有关的条令》（Réglement portant instruction aux régimens de chevau-légers, sur l'exercice et les manœuvres de la lance dont ces régimens sont armés）至迟已出现在 1813 年的修订版当中。参见 Ordonnance provisoire sur l'exercice et les manœuvres de la cavalerie, rédigée par ordre du ministre de la guerre, du 1er vendémiaire an XIII. Paris, 1813, p. 453-483。

[3] 即俾斯麦著《骑兵战术讲座》（Vorlesungen über die Taktik der Reuterey），本节对应内容参见该书 1818 年版第 88—90 页。

[4] 该团为符腾堡第 2 骑兵团，即"路易公爵"猎骑兵团，它在反法联军枪骑兵面前完成了四个伍一组向右向后转。参见 Bismark, 1818, p. 89-90. Starklof R. Geschichte des königlich Württembergischen zweiten Reiter-Regiments. Darmstadt, Leipzig, 1862, p. 353-357, 361-371。

[5] 两支相邻骑兵部队的横向间隔定义为一支部队一翼的中士到另一支部队最接近他那一翼的中士之间的距离，更准确地说是两人膝盖之间的距离。参见 Ordonnance provisoire sur l'exercice et les manœuvres de la cavallerie rédigée par order du ministre de la guerre du 1er Vendémiaire an XIII, 1804, p. 119。

[6] 《骑兵训练与机动临时条令》指出，以排为单位的全间距纵队指从某一排第二列的战马臀部到下一排第一列的战马头部之间的距离（6 米），相当于排横队的正面宽度减去二列横队的深度。参见 Ordonnance provisoire sur l'exercice et les manœuvres de la cavalerie rédigée par order du ministre de la guerre du 1er Vendémiaire an XIII, 1804, p. 110。

[7] 分队（division），英军骑兵的作战单位之一，一个中队划分为 4 个分队。参见 Instructions and Regulations for the Formations and Movements of the Cavalry. London, 1796, p. 2。

[8] 这份条令全名为《普鲁士王家陆军骠骑兵团与波斯尼亚骑兵团条令》（Reglement für die Husaren-Regimenter und für das Regiment Bosniacken der Königlich-Preußischen Armee），1796 年 6 月 25 日颁行。普鲁士军队中的波斯尼亚骑兵部队始建于 1745 年，由来自波兰、乌克兰等地的兵员组成，以骑枪为主要武器，"波斯尼亚"的名称来源至今仍有争议。波斯尼亚骑兵原本附属于第 5 骠骑兵团，1771 年改建为第 9 骠骑兵团，1800 年解散，该团是普军第 2 枪骑兵团的前身之一。参见 Dziengel J. D. von Geschichte des königlichen zweiten Ulanen-Regiments. p. 12-16, 475。

[9] 《关于普鲁士陆军历史的文献论述与研究》（Urkundliche Beiträge und Forschungen zur Geschichte des preußischen Heeres）是普军总参谋部发行的一本期刊，本书普军骑兵部分提到的该期刊图片均源自连载于第 21—25 期的文章《1812 年的普鲁士军队》（Das preussische Heer im Jahre 1812），该连载后来作为《解放战争中的普鲁士军队》（Das preußische Heer der Befreiungskriege）第一卷结集出版。参见 Das preußische Heer der Befreiungskriege. Berlin, 1912-1914, vol. 1, p. 190-192。

[10] 本书原文如此，但据本节提供的数据，在收拢成全间距纵队的方法二当中，行进总路程与耗时均少于收拢成紧密纵队的方法一。

[11] 本书提到的《1808 年条令》全称为《皇家与王家骑兵勤务条令》（Dienst-Reglement für die Kaiserlich-Königliche Cavallerie），其性质类似现在的内务条令。奥军骑兵在军事训练中运用的是训练条令［如 1806 年颁行的《皇家与王家骑兵训练条令》（Exercier-Reglement für die Kaiserlich-Königliche Cavallerie）和《皇家与王家骑兵基础训练条令》（Abrichtungs-Reglement für die Kaiserlich-Königliche Cavallerie）］，并非勤务条令。

[12] 奥军 1806 年版骑兵训练条令规定骑兵慢步为每分钟 120 步，按 1 维也纳步 =0.7586 米计，合每分钟 91 米，略低于法军骑兵的慢步速度，但并未给出快步和跑步的具体数值。参见 Exercier-Reglement für die Kaiserlich-Königliche Cavallerie. Wien, 1806, p. 39。

[13] 此处据上下文应作重骑兵团。

[14] 本书原文作 Half Divisions（半分团），但根据后文中的德文原文和图 9.24(a)，此处应为半中队。

拿破仑战争期间的炮兵

第十章

要了解拿破仑时代的炮兵，最简单的入门方式就是研读法国炮兵的演进史和引导演进的诸多理念。

法国王家炮兵当权派使用的火炮在法国大革命前夕的那些年里发生了不小的演化。得益于瓦利埃（Vallière）和格里博瓦尔（Gribeauval）的努力，法国炮兵已经变成了一支统一的、系统化组织的武装力量。格里博瓦尔体系确立于1772年10月3日，一直沿用到1803年才被共和十一年体系取代。1815年的二次复辟后，格里博瓦尔体系得以恢复，最终在1827年被彻底废除，代之以瓦莱（Valée）体系。

格里博瓦尔并没有改动瓦利埃对要塞炮兵和攻城炮兵进行的改革，他的注意力还是集中在建立基于三种标准化武器的崭新野战炮兵体系上。

改革的努力源自七年战争中法国的灾难性体验，由于法国炮兵缺乏机动性，它在这场战争中很大程度上派不上用场。路易十五召回了正在为外军效力的格里博瓦尔。他将最新的技术与自己能获取的最佳军事体验结合起来。路易的目标是博采普鲁士和奥地利炮兵体系的长处，他发现自己那套崭新的炮兵体系的设计师一职正好落在格里博瓦尔身上。格里博瓦尔曾经近乎独立地指挥过奥地利炮兵机构，后来又曾在弗里德里希大王麾下担任普鲁士炮兵的二把手。

格里博瓦尔认为解决法军炮兵问题的关键是让装备绝对统一化，而且要让所有装备部件都以火炮使用部件的方式为依据合理地制造出来。他还打算分离野战炮兵和攻城炮兵。

格里博瓦尔针对法军炮兵装备采取的第一个调整措施是降低火炮身管倍径，将身管长度缩短到18倍径，从而减少了野战炮的全重。他后来又着手减轻了炮车重量，让火炮在战场上能够较为轻易地机动。出于减重目的，他还用铜铸造野战炮，因为铜要比铁轻得多。

下一步就是将一切重炮、攻城炮从野战炮兵辎重队里清除出去。12磅炮就是最大的野战炮，他认为比这更大的火炮都缺乏机动性，因此只会成为累赘。此外，这些重炮射速不够快，在朝列队的敌军射击时并没有足够的破坏力。这两个不利之处就足以表明并没有什么充分理由可以让人们付出代价、克服困难将重炮拖到战场上。

火炮类型

火炮有三种基本类型：野战炮、海岸炮和攻城炮。后两者只在用途上存在差异，它们都由重加农炮、弹重 16 磅以上的臼炮和重榴弹炮组成。攻城炮旨在给要塞造成损伤，一般会非常难以机动。

它们的目的是在土木工事或砖石要塞上打出缺口，这样，攻城方的步兵就不用直接攻击城墙了。七年战争后，攻城炮就很少出现在野战战场上了。当它们的确出现时，有可能是因为火炮正处在运输途中，不幸地在会战开始时来到了战场上，也可能是由于在被围要塞的一次出击行动中给逮了个正着。

野战炮由较轻的火炮组成，弹重为 12 磅或更轻，它们由野战炮车装载，在战场上与步兵和骑兵配合使用。野战炮可以分成两类：步炮和骑炮。

在一个步炮连当中，炮手要在火炮一旁行进，炮手坐在前车上的事情很少发生。在一个骑炮连当中，炮手都乘马或乘车行进。根据国家和时间的不同，炮手可以乘坐前车、炮车、挽马乃至单独乘马。

相对于步炮兵，骑炮兵的优势在于它的机动能力要强得多，也更适合跟随快速运动中的步兵与骑兵。它能够迅速应对敌军的突然袭击，也可以快速增援己方的薄弱地带。另一方面，骑炮兵要比步炮兵昂贵得多，它很少装备 6 磅炮以上的火炮（所以它的火力相对较弱），骑炮连需要的马匹数量众多，骑炮兵炮手接受的训练也要多于步炮兵。

关于骑炮兵的战术理念，可能要数爱德华·辛克莱·梅少校（Major E.S. May）[1]说得最清楚，他在 1896 年写道：

> 在实心弹和霰弹的旧时代，优秀的骑炮兵会在距离敌人 400 码时开火：距敌 200 码则更好。骑炮兵的火炮只在飞驰着投入战斗时才有效，他们的全部精力都要集中在尽可能快地投入近距离射击上。即便在会战战场上，他们也可以不用付出多大代价就疾驰到距离步兵集群仅有几百码的地方，将火炮从前车上卸下，继而投入战斗，然后，一阵无情的霰弹风暴往往会远强于粗劣的火枪打出的步枪火力。

迪尔蒂比[2]表示，由于这种炮兵行动敏捷，它可以配属给骑兵作战，以火力协助骑兵的机动。他主张将骑炮兵连集中或分散开来迷惑敌军，主张用 8 磅炮和 6 寸榴弹炮装备法国革命军的骑炮兵。他认为，对骑炮连而言，就连 12 磅炮也是可以接受的。事实上，在法国大革命战争中，的确有骑炮连配备了12磅炮——尽管这种情况并不算多。他之所以鼓吹使用8磅炮，是因为它哪怕在3600英尺的最大射程上也能够凭借弹重彻底击穿部队的密集队列。12磅炮的问题在于它太重了，这让快速机动变得相当困难。

迪尔蒂比之所以主张使用6寸榴弹炮，是因为当它朝马匹开火时，爆炸性的榴弹会在马匹队列中造成混乱。而且榴弹中还有61颗弹丸[3]，这让它变得尤为凶狠。

在阅读塞吕齐耶的《回忆录》（Mémoires）时，还可以发现和骑炮兵有关的其他若干有趣方面。塞吕齐耶非常明确地表示在海尔斯贝格[4]（与俄军和普军骑兵交战）、瓦格拉姆（他的部队在此战中俘获了一个奥军炮群）和博罗季诺（与哥萨克交战）会战中，他命令自己的炮手们像骑兵一样发动骑乘攻击。有人曾记载英军的某个骑炮连在西班牙战场从一个法军猎骑兵团中杀出一条道路，[5]考虑到塞吕齐耶的说法，可知这一记载既不是历史的错乱，也没有什么特别之处。

关于英军的训练我插不上什么话，不过法军在1794—1798年间组建骑炮兵时抽调的人员是少数受过训练的炮兵专家加上众多受过训练的骑兵。这是努力在训练炮手所需时间和训练骑手所需时间之间做出妥协。训练一位好炮手的时间要长于训练一位好骑手，但法军认为在一位专家的指导下，几名缺乏经验的骑兵依然能够成功地安放火炮并展开射击。由于受过训练的骑兵更常见，也比炮手更易补充，结果法军就抽调了大量的骑兵，将他们充实到各个骑炮连里去。

鉴于许多炮手都曾是骑兵，他们能够像骑兵一样列阵冲击敌军并不意外。然而，这也可能是塞吕齐耶想要着力把自己描绘成英雄。另一方面，我并不知道有谁像古尔戈（Gourgaud）驳斥塞居尔（Segur）一样以书面形式反驳过他的回忆录。[6]如果他的说法不可能真实存在，无疑会有人刊登一些评论意见，然而，缺乏为人所知的反驳意见并不意味着能够完全消除质疑。

因此，有理由认为塞吕齐耶所述内容具备一定的真实性。如果假定这种冲击能力仅仅局限于每名炮手都能够乘马行进的骑炮兵，这看起来似乎也是合情合理的，有些国家的军队让骑炮兵连乘坐香肠车或香肠座[7]，那样的骑炮兵就无法冲击。这使得1800年之前的法军骑炮兵和拜恩、奥地利骑炮兵都不能执行此类机动。

战术组织

各个国家的炮兵战术组织各不相同。不过，总体而言还是存在三种基本战术体系：第一种体系是使用过量的炮手同时负责火炮和炮兵辎重队。第二种体系是让炮手脱离辎重部队形成独立组织。法军及其盟友使用的是最后一种体系，也就是让一个炮兵连搭配一个辎重连。炮兵连完全由火炮和炮手组成，它本身是难以机动的。当辎重连带着驭手和前车与炮兵连合为一体后，它就被人称作炮兵分队（division d'artillerie）并成为机动部队。

炮兵分队的人数是多变的，它与火炮数量和炮兵连种类直接相关。更大的火炮就需要更多的操作人员和更多的拉炮挽马，额外多出的马匹又需要更多的驭手。骑炮连的目的在于快速机动，所以骑炮连当中每门火炮的对应马匹和人员都要多于步炮连，这都是为了尽可能快地操纵火炮。表 10.1 提供了一些国家的若干炮兵分队组织案例以便进行比较。值得注意的是，英军配备给炮兵的人员看上去远远多于其他国家的军队。

表 10.1 步炮兵分队人员

	法军炮兵连，1805 年	英军炮兵连，1803 年	威斯特法伦军炮兵连，1808 年	法军炮兵辎重连，1805 年 [8]	英军炮兵辎重连，1805 年	威斯特法伦军炮兵辎重连，1808 年
军官	4	5	4	1	1	3
军士	9	15	5	1	7	10
炮手	86	116—124	9	—	—	—
乐手	2	3	4	—	—	—
驭手	—	—	—	84	100	86
其他人	4	2	1	2	10	6
总人数	100	142—150	17	99	118	105

	俄军炮兵连，1803 年	拜恩军炮兵连，1811 年	萨克森军炮兵连，1810 年	奥军炮兵连，1805 年	波兰军炮兵连，1812 年	普军炮兵连，1809 年
军官	7	3	7	4	5	5
军官学员	12	—	—	—	—	—
军士	1	0	10	14	18	14
炮手	85	138	96	159	140	116
乐手	2	1	2	2	2	2
其他人	15	1	14	3	8	1
辎重队	31	—	50	—	—	15
总人数	153	151	167	184	172	152

表 10.2 骑炮兵分队人员

	法军炮兵连，1805 年	英军炮兵连，1803 年	威斯特法伦炮兵连，1808 年
军官	4	5	4
军士	10	16	8
炮手	86	116—124	75
乐手	2	3	—
其他人	4	2	3
总人数	106	142—150	90

	法军炮兵辎重连，1805 年	英军炮兵辎重连，1803 年	威斯特法伦炮兵辎重连，1808 年
军官	1	1	3
军士	1	7	10
驭手	84	100	86
其他人	2	10	6
总人数	99	118	105

	俄军炮兵连，1803 年	拜恩军炮兵连，1811 年	萨克森军炮兵连，1810 年
军官	6	3	4
军官学员	12	—	—
军士	1	9	12
炮手	82	138	100
乐手	2	1	2
其他人	9	1	2
辎重队	23	—	4（？）
总人数	135	151	121

	奥军炮兵连，1805 年	波兰军炮兵连，1812 年	普军炮兵连，1809 年
军官	4	5	5
军士	14	10	7
炮手	159	136	132
乐手	2	1	2
其他人	3	9	9
辎重队	—	—	15
总人数	184	161	172

表 10.3 格里博瓦尔体系下的法军炮兵分队装备

八炮制分队

装备	12 磅炮	8 磅炮	4 磅炮	榴弹炮
火炮	8	8	8	8
备用炮车	1	1	1	1
炮兵弹药车	24	18	8	12
步兵弹药车	*	*	*	*
师属车辆	1	1	1	1
铁匠铺	1	1	1	1

六炮制分队

装备	12 磅炮	8 磅炮	4 磅炮	榴弹炮
火炮	6	6	6	6
备用炮车	1	1	1	1
炮兵弹药车	18	12	6	18
步兵弹药车	*	*	*	*
师属车辆	1	1	1	1
铁匠铺	1	1	1	1

步兵弹药车的数量变化颇大，但一般状况下是 1 辆步兵弹药车跟随炮兵连行动，4 辆跟随步兵行动。当团属炮兵解散时，这些弹药车就要返回停炮场。只有 12 磅炮要由 6 匹马拉动，其余火炮都只用 4 匹马，其他所有车辆也都使用 4 匹马。每门 12 磅炮和榴弹炮都有 3 辆弹药车，而 6 磅炮只有 2 辆。在共和十一年体系下，火炮操作人员如下所示：

表 10.4 炮组成员，格里博瓦尔体系 [9]

	每门火炮的操作人员				马匹数量	
	步炮连		骑炮连		步炮连	骑炮连
	军士	士兵	军士	士兵		
12 磅炮	1	10	—	—	6	—
6 磅炮	1	8	1	10[①]	4	6
榴弹炮	1	10	1	10	4	6

---

①原注：包括控制马匹的人员和卫兵。

表 10.5 炮组成员，奥军体系，1792 年

	每门火炮的操作人员			每门火炮的马匹
	下士	炮手	帮工[10]	
团属炮兵 3 磅炮	2 门炮 1 名下士	5	6	2
战列炮兵 6 磅炮	2 门炮 1 名下士	5	8	4
6 磅香肠车	1	5	10	6
预备炮兵 12 磅炮	2 门炮 1 名下士	6	—	6
7 磅榴弹炮[11]	2 门炮 1 名下士	6①	7	3
7 磅香肠车	2 门炮 1 名下士	5	—	4
10 磅榴弹炮	1	2	4	3

炮兵装备

格里博瓦尔的改革让法军炮兵得以标准化，拥有 3 种口径的野战加农炮和 1 种口径的野战榴弹炮，其特性如表 10.6 所示。

表 10.6 格里博瓦尔体系炮兵装备统计数据

火炮	口径（毫米）	管长（厘米）	管重（千克）	弹重（千克）
12 磅炮	121.3	299	880	6
8 磅炮	106.1	200	580	4
4 磅炮	84.0	157	290	2
4 磅炮	84.0	235	560	2
6.4 英寸榴弹炮	165.7	76	330	12
	炮口初速（米/秒）	行军全重（千克）	弹药车重量（千克）	炮组人数
12 磅炮	415	2100	1800	15
8 磅炮	419	1650	1700	13
4 磅炮	416	1050	1500	8
6.4 英寸榴弹炮	170	1450	1600	7

	弹药车数量	挽马数量	弹药车总载弹量	弹药车中的霰弹总数	
				大霰弹	小霰弹
12 磅炮	3	6	153	36	24
8 磅炮	2	4	137	20	40
4 磅炮	1	4	118	26	24
6.4 英寸榴弹炮	3	4	147	13[12]	—

①原注：包括一名投弹手（bombardier）。

此外还有许多已经标准化的攻城炮和海岸炮。这些火炮如下所示：

表 10.7 格里博瓦尔体系攻城炮兵统计数据

	口径（毫米）	管长（厘米）	炮重（千克）
火炮			
24 磅炮	152.7	353	2740
16 磅炮	133.7	336	2000
12 磅炮	121.3	317	1550
8 磅炮	106.1	285	1060
4 磅炮（长管）	84.0	235	560
8 磅榴弹炮 [13]	223.3	94	540
药室为圆筒状的臼炮			
12 磅	324.9	81	1540
10 磅（长距离）	274.0	81	980
10 磅（短距离）	274.0	74	809
8 磅	223.33	58	270
射石炮 [14]	406.1	—	735
药室被截平的臼炮			
12 磅	324.9	91	1320
10 磅	274.0	88	1200
海岸炮			
36 磅	174.6	—	3520
24 磅	152 .7	353	2500
16 磅	133.7	336	1900
12 磅	121.3	317	1510

格里博瓦尔体系引进了一种新式炮车，它拥有两个安放火炮的位置。前一个位置用于发射，后一个用于运输。之所以要设立后一个位置，是为了在机动时增强火炮的平衡性。当火炮投入战斗时，它只须要稍稍前移就可以进入发射位置。然而，经验不足的炮手有时会出现坠炮状况，在将火炮从运输位置转移到射击位置时不慎把炮管从前车上摔下去。

1803 年 5 月 2 日，共和十一年体系取代了格里博瓦尔体系。据说意大利军团在马伦戈会战之后发现火炮出现了严重短缺，这个崭新的体系由此发展出来。阿利克斯（Allix）将军当时奉命在都灵（Turin）建立一支由 250 门火炮组成的炮兵纵列。由于时间所迫，他不能铸造新的火炮，所以他设法在都灵找到了许多 6 磅炮和 24 磅榴弹炮 [15]。他决心利用这些火炮，且发现它们相当耐用，耐用到足以根据 1803

年（共和十一年）3月2日的命令将其纳入法军现役兵器之列。这表明共和十一年体系中的6磅炮起初是缴获的兵器，它并不是法国自产的武器。在与奥军和普军展开诸多会战之后，可以肯定法军的确缴获了数以百计的6磅炮。不过，所有的6磅炮最终实际上还是国产化了。

新的体系用6磅炮取代了8磅炮，而且在理论上废除了4磅炮。然而，4磅炮一直要用到帝国终结为止，而且共和十一年体系从未在野战炮兵或要塞炮兵中彻底取代格里博瓦尔体系。表10.8提供了有关共和十一年体系的统计数据，并将这些数据与格里博瓦尔的旧体系进行对比。

表 10.8 共和十一年体系与格里博瓦尔体系的统计数据比较

火炮	炮重（千克）	炮弹直径（毫米）
12 磅炮	880	117.7
8 磅炮	587	102.1
6 磅炮	400	93.1
4 磅炮	293	81.0

表 10.9 装药与炮口初速对比

火炮	装药（千克）	炮口初速（米/秒）
12 磅炮	1.958	419
8 磅炮	1.223	413
6 磅炮	0.97	416
4 磅炮	0.634	420

新的火炮据说比旧的火炮质地更结实、威力更大。此外，采用6磅炮导致团属火炮暂时销声匿迹。4磅炮据说太沉重了，无法轻易地跟随步兵行动，而且也有人认为4磅炮的投射重量不足以为它继续存在给出正当理由。这一点令人惊讶，因为团属火炮到了1809年就开始重新出现在法军中。

6磅炮要比4磅炮重，如果让它担当团属火炮的角色，只会进一步妨碍步兵的运动。6磅炮的另一个问题在于，用它替代8磅炮会削弱火力，虽然较轻的6磅炮带来了机动性上的优势，但也有人认为这一损失是优势无法弥补的。共和十一年体系包括了以下兵器：

表 10.10 共和十一年体系中的兵器

短管 24 磅炮	短管 6 磅炮
长管 12 磅炮	3 磅山炮
短管 12 磅炮	24 磅榴弹炮
长管 6 磅炮	24 磅臼炮

体系中后来还加入了一种 6 磅臼炮和一种人称"普鲁士式"（à la Prussienne）的 6 磅榴弹炮。[16] 关于火炮问题，虽然共和十一年体系是标准化的，但在西班牙战场的实践中，格里博瓦尔体系仍然继续得到运用，大军团也还在使用多种野战榴弹炮。

源于皮埃蒙特火炮的 3 磅炮不仅在推出新体系时就是法军的现役兵器，而且后来也是如此。可以发现装载 3 磅炮的轻型、中型和重型炮车。这些火炮通常会被归为山炮，但有时也会充当团属火炮。如果装药重量相当于实心弹重量的四分之一，3 磅炮就可以将实心弹发射到 472 码之外，火炮本身也要后坐 12 英尺。如果装药是弹重的三分之一，就可以打到 512 码之外，火炮后坐 15 英尺。在全装药情况下，3 磅炮可以快速连续射击 600—700 发炮弹，之后炮膛就会破裂。[17]

共和十一年体系也取消了舟桥连使用的铜浮桥，代之以木浮桥。

其他各个国家的炮兵装备与法军不乏相似之处。鉴于制造火炮代价高昂，许多小国都选择以购买代替自制，但所有大国——法国、普鲁士、奥地利、英国和俄国——都自行制造火炮。表 10.11 对目前搜集到的若干大国炮兵装备情况展开了比较。

表 10.11 各国火炮统计数据对比

	身管重量（磅）	炮车重量（磅）	装药重量（磅）	口径（英寸）	管长（英寸）	火炮和前车所需马匹
法国火炮						
4 磅炮 ①	645	860	1.61	3.23	57.5	8
8 磅炮	1270	1255	2.64	4.18	72.5	10
6 磅炮 ②	880	1130	3.19	3.78	65.5	8
12 磅炮	1936	—	4.29	4.78	117.7	12
12 磅炮	1950	1490	4.29	4.78	84.0	12
6.54 英寸榴弹炮	700	1365	2.69	6.54	30.0	10

①原注：格里博瓦尔体系。
②原注：共和十一年体系。

	身管重量（磅）	炮车重量（磅）	装药重量（磅）	口径（英寸）	管长（英寸）	火炮和前车所需马匹
英国火炮						
6 磅炮（骑炮）	672	1065	1.5	3.67	60.0	4
6 磅炮（步炮）	1372	1065	1.5	3.67	84.0	4
9 磅炮	1510	1760	3.0	4.2	72.0	6
5.5 英寸榴弹炮（骑炮）	532	1125	2.0	5.5	26.8	4
5.5 英寸榴弹炮（步炮）	1120	1125	2.0	5.5	33.0	4
萨克森火炮						
老式 12 磅炮	2410	1627	5.0	?	?	?
新式 12 磅炮	1700	1408	4.0	?	?	?
老式 8 磅炮	1600	1173	3.25	?	?	?
新式 8 磅炮	1120	1019	3.0	?	?	?
普鲁士火炮						
6 磅炮	962	1210	2.31	3.71	64.0	6
12 磅炮	2100	1675	4.12	4.66	80.5	8
5.8 英寸榴弹炮	792	1340	1.28	5.8	37.0	6
6.7 英寸榴弹炮	1145	1675	1.82	6.7	42.5	8
奥地利火炮						
3 磅炮	530	?	?	?	45.0	2
6 磅炮	911	?	?	?	58.3	4
6 磅炮（香肠座）	880	?	?	?	58.3	6
12 磅炮	1786	?	?	?	75.0	6
7 磅榴弹炮	502	?	?	?	?	3
7 磅榴弹炮（香肠座）	616	?	?	?	?	4
10 磅榴弹炮	1676	?	?	?	?	3
俄国火炮						
12 磅	806	2160	4	4579	7 7.5	?
6 磅	352	1280	2	3634	63.8	?
18 磅独角兽炮[1]	682	2160	?	5927	64.3	?
9 磅独角兽炮	357	1280	?	4668	53.0	?

法军弹药

　　火炮使用的炮弹种类颇多。炮弹可以分成三种基本类型：实心弹、霰弹和榴弹。榴弹是仅能由榴弹炮发射的爆炸物。实心弹是由野战炮发射的实心圆球，霰弹是一个装载小弹丸的容器，可以产生类似于猎枪铅砂弹的杀伤效果。此外，英军还拥有

①原注：独角兽炮基本上就是一种榴弹炮，但它身管更长，射击也更为精准。它实际上倾向于让身管长于榴弹炮。

榴霰弹，它是由加农炮发射，效果却类似榴弹的炮弹。除去仅有英军装备的榴霰弹，各国在其他方面并没有太大的不同。

在法军中，大部分实心弹都放在固定的弹药包中，包里是实心弹和连在火药包上的弹托。这种组合可以有效提高射击速率。只有 16 磅炮或口径更大的火炮才使用自由组合的实心弹和火药。这是因为重磅实心弹的体积大到让制成弹药包都变得不切实际。

法军霰弹有两种尺寸：大霰弹和小霰弹。它由包裹在金属罐里的大弹丸或小弹丸组成，罐体会在射击时破裂。霰弹具体类型如表 10.12 所示。

表 10.12 格里博瓦尔体系的霰弹具体状况

	12 磅炮	8 磅炮	4 磅炮	3 磅炮	榴弹炮
弹筒长度（厘米）					
大霰弹	27	19	15	13	19
小霰弹	20	18	17	—	—
霰弹重量（千克）					
大霰弹	10.3	6.9	3.4	2.5	1.4
小霰弹	9.3	6.3	4.2		
弹筒中的弹丸数量					
大霰弹	41[①]	41	41	—	—
小霰弹	112[②]	112	63[③]	—	—

法军为 4 磅加农炮的霰弹准备了包括炮弹和装药的弹药包，但口径更大的火炮不配备这种弹药包。这是因为如果为那些火炮制作弹药包，造出的成品太长、太脆弱，不可能成功地用于战场。

臼炮的爆炸弹和榴弹炮的榴弹中包括了多种炮弹，可以适当地将它们统称为"榴弹"（"grenades"）。这些榴弹得从要塞或其他障碍物上方飞过，在爆炸之前落到部队的隐藏地点。在战场上，榴弹炮和野战加农炮一样发射跳弹，不过当引信燃烧完毕后，榴弹就能以相同的杀伤效果炸开。

---

①原注：完全由 1 号弹[18] 组成。
②原注：由 80 颗 2 号弹和 32 颗 3 号弹[19] 组成。
③原注：由 4 颗 1 号弹和 39 颗 2 号弹[20] 组成。

其他国家军队的弹药

就霰弹而言，使用几种尺寸的弹丸似乎是种普遍现象。根据巴兹尔·佩罗内特·休斯（B.P. Hughes）的说法，英军只使用两种尺寸的霰弹弹丸——重 1.5 盎司的轻弹丸、重 5 盎司的重弹丸。9 磅炮的小霰弹包括 126 颗 1.5 盎司弹丸，大霰弹则包括 41 颗 5 盎司弹丸；6 磅炮的小霰弹包括 85 颗 1.5 盎司弹丸，大霰弹包括 41 颗 5 盎司弹丸。[21] 然而，在沙恩霍斯特的手册[22]中，我们可以找到下列数据：

表 10.13 英军霰弹

	弹丸数量	弹丸重量	弹筒全重
中型 12 磅炮	15	18 盎司	18 磅 8 盎司
	42	6.5 盎司	17 磅 11 盎司
轻型 12 磅炮	12	14 盎司	14 磅 14 盎司
	34	6.5 盎司	14 磅 11 盎司
中型 6 磅炮	15	8.5 盎司	9 磅
	42	3.5 盎司	8 磅 14 盎司
轻型 6 磅炮	13	8.5 盎司	7 磅 3 盎司
	34	3.5 盎司	7 磅 7 盎司
中型 3 磅炮	15	4.5 盎司	4 磅 10 盎司
	42	1.5 盎司	4 磅 16 盎司
轻型 3 磅炮	12	4.5 盎司	3 磅 10 盎司
	34	1.5 盎司	3 磅 11 盎司

从重达 13 盎司的 1 号弹到仅有 2 盎司的 9 号弹，[23] 俄军霰弹弹丸共有 9 种尺寸。

表 10.14 俄军霰弹

12 磅炮霰弹	41 颗 8 号弹与 151 颗 3 号弹[24]
6 磅炮霰弹	41 颗 8 号弹或 72 颗 2 号弹与 27 颗 1 号弹[25]
18 磅独角兽炮霰弹	48 颗 7 号弹或 94 颗 5 号弹
9 磅独角兽炮霰弹	55 颗 5 号弹与 5 颗 4 号弹或 141 颗 3 号弹[26]

俄军像法军一样事先准备好固定的弹药包。在所有的野战炮弹药中，实心弹、榴弹都和装药与木质弹托固定在一起组成弹药包。

关于奥军，笔者有多种混乱的数据可供参考。据说奥军使用两种霰弹：小霰弹和大霰弹。3 磅炮的大霰弹有 30 颗弹丸。6 磅炮的小霰弹有 60 颗 1.5 盎司弹丸，大霰弹有 28 颗 3 盎司弹丸。根据另一份资料，12 磅炮的小霰弹有 120 颗弹丸。可还有一份资料说它有 28 颗 6 盎司弹丸。后一份资料还说 12 磅炮的大霰弹有 12 颗 16 盎司弹丸。其中某些数据与沙恩霍斯特的手册相符，我个人认为沙恩霍斯特手册是最可靠的文献资料。然而，其他文献也可能反映了拿破仑战争后期奥军弹药发生的变化，鉴于沙恩霍斯特的手册出版于 1806 年，[27] 这样的变化不可能反映在他的著作当中。

表 10.15 奥军霰弹的组成部分（出自沙恩霍斯特手册）[28]

火炮	弹丸数量	弹丸重量
4 磅炮	41	2.4 盎司
6 磅炮	28	3 盎司
12 磅炮	28	6 盎司
7 磅榴弹炮	67	3 盎司 [29]

　　萨克森军队的老式 12 磅炮使用的霰弹包括 40 颗 4 盎司弹丸，新式 12 磅炮的霰弹则包括 48 颗 4 盎司弹丸。老式 8 磅炮的霰弹包括 28 颗 4 盎司弹丸，老式 4 磅炮的霰弹则包括 27 颗 2 盎司弹丸。新式 6 磅炮的霰弹包括 41 颗 3 盎司弹丸，它是在 1811 年被采用的。

　　丹麦军队在霰弹方面显得非常规整。事实上，由于弹丸数量众多且体积较小，它的杀伤效果必定十分类似鸟枪子弹。

表 10.16 丹麦军队的霰弹

12 磅炮	100 颗 4 罗特 [30]（约 64 克）弹丸
6 磅炮	100 颗 2 罗特（约 32 克）弹丸
3 磅炮	100 颗 1 罗特（约 16 克）弹丸

榴霰弹，或施雷普内尔弹

　　在尝试提升野战炮兵战斗力的过程中，王家炮兵中尉亨利·施雷普内尔（H. Shrapnel）于 1784 年设计出了榴霰弹。它由包含了 60 颗弹丸的中空铁球、一个炸裂铁球和一条引信组成。这种炮弹直到 1803—1804 年间才配发到部队中。它们立刻取得了成功，在战争中得到了广泛的应用。

　　榴霰弹极大地增强了英军轻型炮兵的火力。一发榴霰弹甚至可以杀死相距很远的一辆敌军前车上的所有挽马。法军讨厌榴霰弹，因为他们不能对此展开还击。

从 19 世纪 20 年代起，各类射程表说明榴霰弹的射程能够达到 2000 码。试验则表明它能够在距离目标 1000 码时取得 48% 这个级别的命中率。

射程与准度

炮弹的射程自然取决于放在炮弹之后的装药和火炮的仰角。装药一般而言相当于炮弹重量的三分之一。法军格里博瓦尔体系火炮的射程如表 10.17 所示。

表 10.17 格里博瓦尔体系火炮射程

仰角	火炮	射程（米）
45 度	24 磅炮	4200
	12 磅炮	4000
6 度	12 磅攻城炮	1900
	8 磅攻城炮	1800
	12 磅野战炮	1800
	8 磅野战炮	1250
	长管 4 磅炮	1600
	短管 4 磅炮	1500

这些数据都是在试验基础上得出的理论射程，它们并不是在实战中取得的。通常为人所接受的极限射程是 3000 英尺。迪尔蒂比证实了这一点，他在《炮手手册》中也表示 8 磅炮或 12 磅炮在战场上的最大射程应当是 500 法寻或 3000 英尺。格里博瓦尔体系火炮直射距离如下所示：

表 10.18 格里博瓦尔体系火炮直射距离

12 磅炮	470 米
8 磅炮	460 米
4 磅炮	440 米

霰弹的有效射程也因火炮口径而存在差异，而且，根据迪尔蒂比上校的说法，12 磅炮不应该朝 400 法寻（2400 英尺）以外射击霰弹，8 磅的霰弹有效射程不超过 350 法寻（2100 英尺），4 磅炮不超过 300 法寻（1800 英尺）。迪尔蒂比提供了关于实战中有效射程的下列表格：

表 10.19 格里博瓦尔体系火炮霰弹射程

	火炮	射程（米）	弹种
最大实用射程	4 磅炮	500	小霰弹
	12 磅炮	800	大霰弹
最佳射程	4 磅炮	400	小霰弹
	12 磅炮	600	大霰弹
最大射程	12 磅炮	880	大霰弹
	12 磅炮	600	小霰弹
	8 磅炮	700	大霰弹
	8 磅炮	600	小霰弹
	4 磅炮	600	大霰弹
	4 磅炮	400	小霰弹

　　榴弹炮的射程和炮火效果也存在颇多差异。榴弹可以产生 25—50 块破片，破片又能从爆炸点向外运动 165—220 码，但只有距离爆炸点不超过 22 码的破片才具备威胁。

　　法军共和十一年体系的 12 磅炮最远能够打出 2200 码，不过，它的实际射程仅有 1900 码。6 磅炮的最大射程是 1900 码，3 磅炮是 1600 码。尽管这些最大射程的确存在，但实战中的射程通常要短得多。霰弹射程与格里博瓦尔体系中列出的射程非常相似，但法军的战术学说要求在距敌 300—1200 码时使用霰弹。

表 10.20 射表对比

		实心弹最大射程（码）	实心弹有效射程（码）	霰弹有效射程（码）
法国	12 磅炮[1]	2200	1900	800
	6 磅炮	1900	—	600
	3 磅炮	1600	—	500
	4 磅炮	—	1600	550
	8 磅炮	—	1250	600
	12 磅炮[2]	—	1800	875
普鲁士	12 磅炮	—	1800	550
	6 磅炮	—	1600	550
	榴弹炮	—	2000	400

实心弹最大有效射程（步）	霰弹最大射程（步）

[1]原注：共和十一年体系。
[2]原注：格里博瓦尔体系。

萨克森	重型 12 磅炮	2000		700
	轻型 12 磅炮	2000		700
	重型 8 磅炮	2000		700
	轻型 8 磅炮	2000		700
	4 磅团属火炮	2000		500
	8 磅榴弹炮	2000		500

		实心弹 最大射程（码）	实心弹 有效射程（码）	霰弹 有效射程（码）
俄国	3 磅炮	1200		
	6 磅炮	1920	1000	450
	短管 12 磅炮	2800	1200	500
	中管 12 磅炮	3000	1200	500
	9 磅独角兽炮	2272	1000	600
	18 磅独角兽炮	2345	1000	700

		实心弹 最大射程（码）	实心弹 有效射程（码）	霰弹 有效射程（码）	榴霰弹 有效射程（码）[1]
英国	中管 12 磅炮	—	—	—	2340
	9 磅炮	—	1400	500	2215
	6 磅炮	—	1200	400	—
	12 磅榴弹炮	1400	1100	400	—
	24 磅榴弹炮	1700	1025	400	—

		实心弹或榴弹 最大射程（步）	实心弹或榴弹 有效射程（步）	霰弹 有效射程（步）
1792 年 的奥地利	3 磅炮	—	1500	400
	6 磅炮	—	2100	600
	12 磅炮	—	2400	1000
	6 磅骑炮	—	2100	600
	7 磅榴弹炮	—	1100	500
	7 磅榴弹骑炮	—	1100	500

---

①原注：射程数据出自 19 世纪 20 年代。

			初落点（步）	最终落点（步）
丹麦	10 磅榴弹炮 [①]	最小射程	338	2000
		最大射程	2304	2363
	10 磅榴弹炮	最小射程	280	1605
		最大射程	3500	3500
	5 磅榴弹炮	最小射程	216	1575
		最大射程	1949	1980

滑膛火炮的射速是每分钟 2 发实心弹或 3 发霰弹。之所以会出现射速差异，是因为发射实心弹比发射霰弹更须要架炮和瞄准。尽管它并非决定兵器准度时的必要因素，但也必定是计算某个炮群在一定时间内杀伤敌军数量的重要因素。

从米勒（Müller）的著作《野战炮兵的演进》（Die Entwicklung der Feld-Artillerie）中可以找到令人惊讶的准确的数据宝库。他指出了实心弹和霰弹的射击准度，给出了几次炮兵试验的结果，还列出了当时各类军事专家们认为可能存在的命中百分比。

表 10.21 列出了几次试验的结果和可以为人接受的实心弹射击准度。应当注意，所有目标的大小都基本上相当于一个普通步兵连的正面宽度。

表 10.21 实心弹高仰角射击时的准度

	标靶（米）	火炮	一定距离（米）上对标靶的命中率			
			600	750	900	1200
德克尔	31 × 1.9	12 磅炮	50%	40%	29%	—
		6 磅炮	42%	33%	27%	—
沙恩霍斯特 [32]	31 × 1.9	12 磅炮	—	—	35%	25%
		6 磅炮	36%	—	33%	—
厄尔策	31 × 1.9 [33]	12 磅炮	55%	—	36%	25%
		6 磅炮	50%	—	32%	16%
《炮兵军官手册》	31 × 1.9	12 磅炮	60%	48.3%	36%	25%
		6 磅炮	53.2%	43.5%	32%	16%
《论射击与投射（官方版）》	31 × 1.9	12 磅炮	55%	47%	36%	25%
		6 磅炮	50%	42%	32%	16%
	平均值	12 磅炮	55%	34.1%	35.2%	25%
	平均值	6 磅炮	46.2%	39.5%	31.2%	15.8%

---

①原注：利用 18 磅炮的炮膛钻成 10 磅榴弹炮 [32] 炮膛。

表 10.21 中的数据展示了可以预料到的结果：随着距离的增加，准度有所降低。它也表明 12 磅炮在长距离射击时比 6 磅炮更准确，这并非十分让人吃惊。图表 10.1 将这些百分比简化为一幅图解，它可以给出对应所有距离的命中效果。这是基于有限个数据点进行的回归分析。尽管如此，它应当还是适用于所有距离范畴的合理估算。在准备该图表及后续图表的过程中，为了得到较好的曲线形态，都要选取一个假设火炮可以百分百命中目标的距离。对于实心弹，笔者假设当受过训练的炮手操作滑膛火炮时，炮弹就一定能命中 50 码以外的 31×1.90 米标靶。

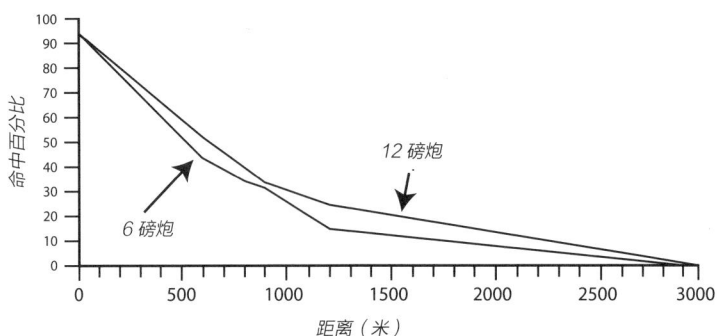

图表 10.1 实心弹射击准度。

表 10.19 中的数据也让我们能够推算滑膛火炮的准度。然而，为了做到这一点，我们还须要做出诸多假设。在后续分析中用到的假设如下：

1. 落弹地点是随机正态分布的；

2. 瞄准点是目标靶心；

3. 地面是平坦的，任何落弹在反射后都会沿同一射向飞行，且反射角与入射角相同；

4. 落在标靶之前的炮弹会跳起，其命中标靶的概率与并未落地的炮弹相同；

5. 落弹分布区域是半圆形，并在这一区域正态分布（忽略落弹跳起或穿入标靶下方的地面）；

6. 落弹的半圆形区域将包括所有落弹，半圆的半径与落弹偏离瞄准线的最大距离相同。

由于实心弹是从圆柱形炮膛中通过的圆球，有理由认为不论水平还是竖直，实心弹以任何角度离开炮口的概率都是相等的。所以它的散布面必定大致是个圆形，且鉴于实心弹偏离中央瞄准线的概率相同，炮弹必定也是正态分布的。炮手们知道火炮算不上精准，因此他们自然会倾向于瞄准目标中部。

实心弹通常会在撞击地面时跳起，所以落在目标前方的炮弹能够反弹起来，继续朝大体上的目标方向运动。认为地面是完美平面的假设不切实际，然而，在本次分析的背景下，地面若是凹凸不平，就会导致落弹不准，而这一点实质上已经被落弹地点呈正态分布的假设考虑在内了。如果仔细分析各个战场的不同地表类型，那么问题就会出现。这些试验可能是在大体平整的炮兵靶场上进行的。不可避免的是，战场的状况比任何一座靶场都糟糕。这会导致这一分析成为针对"理想"案例的研究。由于地面是坚实的，而且因为这些试验不大可能在能够吸收任何近弹的潮湿地面上进行，就有充分理由假定实心弹会反弹起来继续朝目标飞行，而且实心弹的散布面在不考虑地面状况的前提下必定还是个圆形。如果我们假设地面会把实心弹向上反射，那么实心弹就不会打到圆形散布面的下半部，它们必定会落入一个半圆形的散布面当中，且鉴于落弹地点是正态分布的，最不准的实心弹必定会位于半圆的外部边缘，因此，这个半圆的半径必定就是实心弹偏离瞄准线的距离。也就是说，半径是对火炮不精确性的线性测量，它在数学上可以简化为偏向角。

鉴于米勒已经提供了命中标靶的落弹百分比和对应距离，就可以通过若干计算确定半圆的半径。计算结果提供了下列数据：

表 10.22 滑膛加农炮的实心弹射击准度

	落弹半径（米）		偏向角（度）	
射程	12 磅炮	6 磅炮	12 磅炮	6 磅炮
600	6.7	7.17	0.0002	0.0002
750	7.25	7.55	0.0002	0.0002
900	7.75	7.93	0.0001	0.0002
1200	8.23	8.63	0.0001	0.0001

从表格中可见，当时的滑膛加农炮实心弹射击角度偏差并不算大。这清楚地表明了一点，加农炮发射出的实心弹如果直接命中目标而非在射击方向上出现反弹，那么射击准度就会相当高。

表 10.23 提供了使用跳弹技术时的射击准度，这种普遍使用的做法是让炮弹更贴近地面，从而增强炮兵的作战效力。须要知道的是，这种射击类型是同时瞄准多个目标，计划用实心弹把它们统统贯穿。

要实现这种跳弹，就得让火炮以非常小的仰角发射炮弹。炮弹随后以与地面不到 10 度的夹角落地反弹。当仰角小于 5 度时，它甚至可以在水面上反弹起来。

跳弹既用于反炮兵射击，也用于骚扰已经在隆起地面或障碍物后方列队（或正在列队）的敌军，攻击在林地里设立阵地的敌军，朝敌军侧翼开火。它能够打到直瞄火力由于中间地形影响而无法命中的目标。

表 10.23 中的数据列出了在特定距离上朝某一标靶射击时的命中百分率。鉴于这是跳弹射击，实心弹很可能在命中最终目标之前打到其他若干目标，所以，这种射击方式在面对密集队形时的杀伤效果比这些百分比所展示的还要高。

表 10.23 跳弹射击准度

标靶（米）	火炮	一定距离（米）上对标靶的命中率			
		980	1130	1200	1350
德克尔 25×1.9	6 磅炮	24%	23%	23%	—
	12 磅炮	26%	23.5%	20%	22%
厄尔策 25×1.9	6 磅炮	24%	—	20%	—
	12 磅炮	24%	—	22%	—
《炮兵军官手册》 25×1.9	6 磅炮	24.5%	24%	—	24%
	12 磅炮	25%	26.5%	—	24.6%
	7 磅炮	40.7%	33.0%	—	21%
平均值	6 磅炮	25%	24.8%	21%	23.3%
平均值	12 磅炮	24%	22.5%	21.5%	24%

值得注意的是，这种射击的准度似乎并不随距离变化发生太大改变。它表明任何跳弹射击都有大约 25% 的概率命中最终目标，然后应当考虑的就是给飞行途中的所有部队造成的附带杀伤了。

图表 10.2 的生成方式与图表 10.1 相同。它假设当火炮与目标相距 0 米时每一发炮弹都会命中，并由此得到了拟合所有数据点的指数曲线。这表明准度在距离约为 250 米时出现了急剧下降，此后的准度就趋于稳定，形成一条略有下降的曲线。

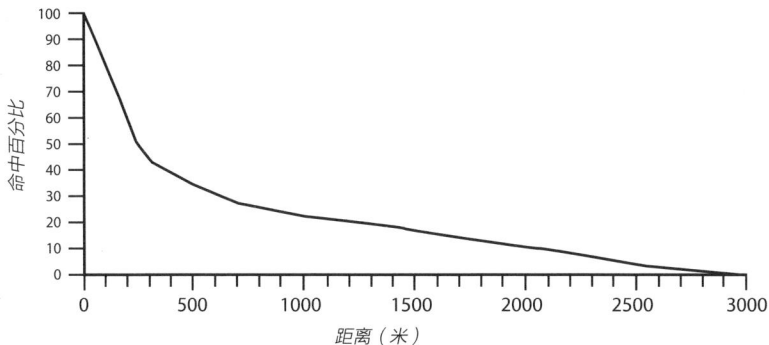

图表 10.2 跳弹射击准度。

　　表 10.24 提供了米勒列出的霰弹火力准度。这一数据会与表 10.25 并列，那是格里博瓦尔在斯特拉斯堡（Strasbourg）进行的著名试验的结果。

表 10.24　炮兵射击霰弹的准度 [34]

来源	标靶	火炮	一定距离（米）上对标靶的命中率					
			300	375	450	525	600	675
沙恩霍斯特	50×2.5	6 磅炮	16%	—	13%	—	7%	—
		12 磅炮	—	—	—	—	12.7%	13%
德克尔	30×1.9	6 磅炮	—	13%	10%	8%	6%	—
		12 磅炮	—	—	13%	11%	9%	—
		7 磅榴弹炮	30%	14%	12%	—	6.5%	—
格雷费尼茨	31.4×1.9	6 磅炮	—	9%	—	4%	—	—
		12 磅炮	—	—	—	7%	—	3%
《奥地利军事杂志》	未知	6 磅炮	7%	5%	—	—	—	—
		12 磅炮	5%	3%	2%	—	—	—
		7 磅榴弹炮	10%	6%	6%	—	—	—
厄尔策	30×1.9	6 磅炮	13%	—	10%	8%	—	—
		12 磅炮	15%	—	11%	9%	—	—
		7 磅榴弹炮	—	10%	5%	—	—	—
《炮兵军官手册》	30×1.9	6 磅炮	13%	12%	10%	7.5%	—	—
		12 磅炮	14.5%	14%	12%	10.5%	—	—
		7 磅榴弹炮	16%	13%	10%	7.5%	—	—
	平均值	12 磅炮	11.5%	8.3%	9.5%	10.1%	10.9%	8%
	平均值	6 磅炮	12.3%	9.5%	10.8%	6.9%	6.5%	—
	平均值	7 磅榴弹炮	18%	11%	9.5%	6.5%	6.5%	—

表 10.25 格里博瓦尔体系霰弹准度[35]

	弹丸数量	射程（米）	命中标靶的弹丸	命中百分比
12 磅炮	41（大霰弹）	800	7—8	18%
		700	10—11	25%
	112（小霰弹）	600	20—25	20%
		500	35	31%
		400	40	35.7%
8 磅炮	41	700	8—9	20.7%
		600	10—11	25.6%
	112	600	25	22.3%
		500	40	35.7%
		600	8—9	20%
4 磅炮	41	500	16—18	41.5%
		400	21	51.2%

这些数据在图表 10.3 和 10.4 中得到了概括，它们使用了与图表 10.1 相同的回归程序。图表 10.4 表明，法军的格里博瓦尔体系火炮比米勒列出的用于诸多试验的火炮（大部分是普、奥火炮）准度更高、射程更长。它也拥有偏离较小的拟合曲线。然而，要是根据这两幅图表就认为法军霰弹优于普军和奥军霰弹，那么这种观点的理由也不够充分。更为合理的假设是，数据点不足导致我们不能进行合理的比较。无论如何，这些曲线还是就霰弹在一定距离上的准度给出了有趣的见解。

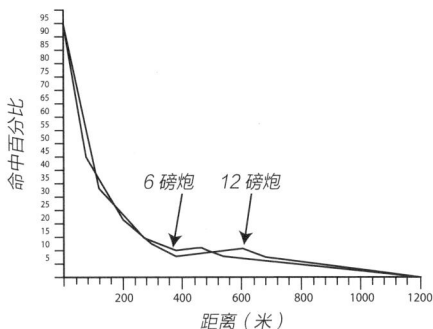

图表 10.3 基于米勒数据的霰弹准度。

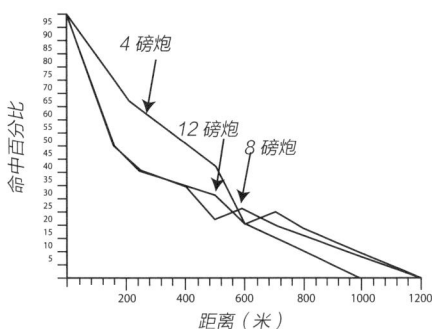

图表 10.4 格里博瓦尔体系的霰弹准度。

弹药车

法军的格里博瓦尔体系中有两种基本的弹药车：12 磅炮弹药车和 4 磅炮弹药车。12 磅炮弹药车旨在运输 12 磅炮、8 磅炮、6 磅炮（采用共和十一年体系后）、榴弹炮以及步枪所需弹药。4 磅炮弹药车则专门用于运输 4 磅炮和步枪所需弹药。

除了那两种弹药车之外，还存在由骑炮兵使用的香肠弹药车。香肠弹药车是效仿奥军骑炮兵体系的产物，在车顶加装了皮鞍座。炮手们坐在弹药车上投入战斗。这不仅给炮手提供了较强的机动能力，而且无须给他们提供单人坐骑。这种做法不仅节省开支，也能够防止炮兵在战斗太过激烈时自行逃离火炮。香肠弹药车是为 8 磅炮设计的，和 12 磅炮的弹药车只有些许区别。

表 10.26 格里博瓦尔体系中的弹药车负载

弹药车	弹径	实心弹数量	霰弹数量			总量
			大霰弹	小霰弹	霰弹总数	
12 磅炮	12 磅炮	48	12	8	20	68
	8 磅炮	62	10	20	30	92
	6.4 英寸榴弹炮	49	—	—	3	52
	步兵弹药	—	—	—	—	14000
4 磅炮	4 磅炮	100	26	24	50	150
	步兵弹药	—	—	—	—	12000
香肠车	8 磅炮	51	—	—	6	57
	6.4 英寸榴弹炮	27	—	—	3	30

尽管法军对弹药车进行了多次重新设计与修改，它们却依然遭到批评，有人认为车轴太低，也有人认为车辆太重，导致 4 匹马拉不动。弹药车上并没有弹簧减震支架，持续不断的颠簸会导致车载弹药迅速变质。此外，车上也没有足够的防湿措施。

法军在采用共和十一年体系时将榴弹炮改为 24 磅（5.5 寸）榴弹炮，这也造成了若干问题。在某些需要 6.4 英寸榴弹炮的场合，24 磅榴弹炮相对而言就太轻了。然而，弹药车此前只能携带 50 发 6.4 英寸炮弹，此时却可以携带 75 发炮弹。此外，24 磅榴弹炮只需要两种装药，6.4 英寸榴弹炮则需要三种。且 24 磅野战榴弹炮的装药是可以和 24 磅攻城榴弹炮[36]的装药互换的，这就节约了空间，缩短了存货清单并减少了火药消耗。

弹药配给

人们通常所能接受的野战炮射速是每分钟两发。这似乎可以让一门拿破仑时代火炮的常规射速达到每个小时稳定射击 100—120 发炮弹。由于这是一个相当高的射速，用于支援一门炮、一个炮兵连乃至一支军队的弹药配给情况就能很好地反映出炮兵的运用状况。要是考虑到当时的会战经常从日出持续到日落，少数会战甚至会持续两天或更长时间，那么弹药消耗量可能是惊人的。[37]

一个炮兵连能够动用的弹药有前车中携带的、炮车上备弹箱中的和弹药车里的。下列表格提供了法军在格里博瓦尔体系下的载弹量数据速览，此外也给出了与共和十一年体系相关的若干数据。

表 10.27 格里博瓦尔体系中的炮车备弹

12 磅炮	9 发实心弹
8 磅炮	15 发实心弹
4 磅炮	18 发实心弹
6.4 英寸榴弹炮	4 发霰弹

表 10.28 法军每门火炮配备的弹药车装弹和炮车备弹

	弹药车数量	弹药车中的实心弹总量	弹药车中的霰弹总量		每门火炮的炮弹总数
			大霰弹	小霰弹	
12 磅炮	3	153	36	24	222
8 磅炮（6 磅炮）	2	137	20	40	212
4 磅炮	1	118	26	24	186
6.4 英寸榴弹炮	3	147	13	—	164
5.5 寸榴弹炮[38]	3	210	20	—	234

在确立共和十一年体系时，5.5 寸榴弹炮取代了 6 寸榴弹炮。兵器的变化让弹药车能够装载 75 发榴弹，这就让每门炮配备的炮弹总量达到了 230 发，如果再加上前车弹药箱中的 4 发，那就是每门炮 234 发。12 磅炮在体系更替中并未发生变化，弹药储备也没有发生改变。

笔者未能找到 6 磅炮的弹药储备数据，但它不可能比分配给 8 磅炮的少。[39] 鉴于 6 磅炮此时是作为 4 磅炮和 8 磅炮的替代品，这里最好假设 6 磅炮的弹药储备与 8 磅炮相同或略多于 8 磅炮。在本次分析中，笔者将它的弹药储备量视为与 8 磅炮相同。

表 10.29 普军弹药储备量，1809—1815 年 [①]

	实心弹	霰弹	榴弹	燃烧弹	照明弹	总数
步炮兵						
6 磅炮前车	45	25	—	—	—	
6 磅炮弹药车	143	45	—	—	—	
炮弹总量 / 火炮	120	47	—	—	—	167
7 磅榴弹炮前车	—	6	14	—	—	
7 磅榴弹炮弹药车	—	20	60	3	2	
炮弹总量 / 火炮	—	26	74	3	2	105
12 磅炮前车	12	9	—	—	—	
12 磅炮弹药车	70	25	—	—	—	
炮弹总量 / 火炮	82	—	—	—	34	114
10 磅榴弹炮前车	—	1	4	—	—	
10 磅榴弹炮弹药车	—	8	36	2	2	
炮弹总量 / 火炮	—	9	40	2	2	53
骑炮兵						
6 磅炮前车	45	15	—	—	—	
6 磅炮弹药车	90	25	—	—	—	
炮弹总量 / 火炮	105	31	—	—	—	136
7 磅榴弹炮前车	—	6	14	—	—	
7 磅榴弹炮弹药车	—	16	49	3	2	
炮弹总量 / 火炮	—	22	53[40]	3	2	80

俄军炮兵为火炮提供的弹药与普军不无相似之处。每辆 12 磅炮弹药车都要装载 54 发炮弹，每门 12 磅炮又有 3 辆弹药车。此外，前车中还有 12 发炮弹。18 磅独角兽炮的弹药车携带 40 发炮弹，而且这种火炮的前车中没有备弹。

每门 6 磅炮有 2 辆弹药车，每辆车携带 77 发炮弹。6 磅炮前车中另有 20 发。9 磅独角兽炮弹药车载弹 54 发，前车中另有 12 发。3 磅炮弹药车载弹 90 发，前车还载弹 30 发。每一种火炮似乎都至少配备了 120 发炮弹，平均大致 80 发实心弹、20 发大霰弹、10 发小霰弹。18 磅独角兽炮和 9 磅独角兽炮配备了 20 发大霰弹、80 发榴弹、10 发燃烧弹。

---

①原注：一个普军 6 磅炮兵连有 2 辆 6 磅炮弹药车和 2 辆榴弹炮弹药车。骑炮连有 4 辆 6 磅炮弹药车和 2 辆榴弹炮弹药车。12 磅炮兵连有 6 辆 12 磅炮弹药车和 4 辆榴弹炮弹药车。

表 10.30 英军每门火炮分配到的弹药

	实心弹	霰弹	榴霰弹	榴弹	燃烧弹
6 磅炮（骑炮）	132	28	20	—	—
6 磅炮（步炮）	149	19	26	—	—
9 磅炮	88	16	12	—	—
12 磅榴弹炮	—	8	68	56	4
24 磅榴弹炮（汉诺威，1792 年）	—	89	42	32	2
6 磅炮	228	60	—	—	—
7 磅榴弹炮	110	290	16①	—	—

表 10.31 奥军炮兵连中每门火炮分配到的弹药量，1792 年②

	实心弹	霰弹	榴弹	燃烧弹
3 磅炮	132	44	—	—
6 磅炮	160	34	—	—
12 磅炮	70	20	—	—
6 磅骑炮	160	34	—	—
	108	24	—	—
7 磅榴弹炮	—	10	80	3
7 磅榴弹骑炮	—	10	80	3

表 10.32 奥军为一场战役准备的弹药量

		18 磅炮	12 磅炮	3 磅炮	7 磅榴弹炮
火炮携行弹药	实心弹	56	70	132	80
	霰弹	8	32	36	10
预备队或停炮场	实心弹	192	155	120	108
	霰弹	32	40	16	16
仓库	实心弹	248	255	252	188
	霰弹	40	72	52	26

　　丹麦军队的弹药分配状况是个有趣又含糊的比较对象。该国炮兵在拿破仑时代的弹药配给如下所示：

---

①原注：燃烧弹。
②原注：这些不同的弹药数据是在沙恩霍斯特的著作中找到的。[41]

表 10.33 丹麦军队的弹药分配

	弹药车中的实心弹	弹药车中的霰弹	备弹
12 磅炮	28	44	12
6 磅炮	166	53	24
3 磅炮	176	58	24
3 磅团属火炮	80	20	无

值得注意的是，丹麦军队认为 6 磅炮在战场上干的是脏活累活，分配给它大量的实心弹。12 磅炮则似乎是防御性的兵器，它配备了用于粉碎敌军攻击的霰弹，其数量可以说多到超载的地步。

萨克森军队每门火炮分到的弹药如下所述：

表 10.34 萨克森军队的弹药分配

	火炮携行弹药			弹药车预备载弹		
	实心弹	霰弹	葡萄弹	实心弹	霰弹	葡萄弹
重型 12 磅炮	140	40	20	200	60	40
轻型 12 磅炮	140	40	20	200	60	40
重型 8 磅炮	140	40	20	100	30	20
轻型 8 磅炮	140	40	20	100	30	20
4 磅团属火炮	90	60	—	100	30	20

	火炮携行弹药		弹药车预备载弹	
	榴弹	霰弹	榴弹	霰弹
4 磅榴弹投射器	99	49	99	49
8 磅榴弹炮	96	40	134	66

对各国炮兵的弹药配给情况进行的比较表明，这些国家在运用炮兵的态度上存在某些惊人的差异。法军认为 12 磅炮是战场上的主战火炮，给它配备了堪称奢侈的弹药量。普军似乎对 12 磅炮有着类似的欣赏态度，但在给所有火炮分配弹药时都显得十足小气。俄军对弹药量的态度位于法军和普军之间。

表 10.35　各国军队每门火炮分配到的弹药总量对比

	法军	普军	俄军	英军	奥军
12 磅炮	222	114	172	—	150—210
9 磅炮	—	—	—	106	—
8 磅炮	212	—	—	—	—
6 磅炮	212	167	154	194	210—230
6 磅炮（骑炮）	—	136	154	180	130
4 磅炮	186	—	—	—	—
3 磅炮	—	—	120	—	220
6.4 英寸榴弹炮	164	—	—	—	—
5.5 寸榴弹炮	234	—	—	—	—
7 磅榴弹炮	—	105	—	—	140—160
7 磅榴弹炮（骑炮）	—	80	—	—	—
10 磅榴弹炮	—	55	—	—	—
12 磅榴弹炮	—	—	—	136	—
24 磅榴弹炮	—	—	—	84	—
9 磅独角兽炮	—	—	130	—	—
18 磅独角兽炮	—	—	120	—	—

炮兵连战术

　　关于这个主题目前只找到很少的出版物。条令往往倾向于局限在规定炮兵连内部每一个人的职责上。一部名为《为帝国近卫军炮兵撰写的野战炮兵连机动》（ Manoeuvres des batteries de campagne pour l'artillerie de la garde impériale ）的法国著作提供了有关炮兵连作战行动的诸多见解。这部著作提到有 6 辆弹药车跟随炮兵连行军并随同它机动。余下的弹药车则在炮监（ garde d'artillerie ）或肩负这类职责的军士指导下作为预备队。统领辎重连的军官负责指挥辎重车队并指导其运动。

　　炮兵连分成 3 个排（ section ），每个排有 2 门炮和 2 辆弹药车。炮兵连也可以分成 2 个半连，每个半连有 3 门炮和 3 辆弹药车。

　　这 3 个排由 3 名军官指挥，在军官缺席的情况下则由 3 位资历最高的军士指挥。指挥第 1 排的是资历最老的军官，第 3 排的是资历居次的军官，第 2 排的是资历最浅的军官。每门火炮都由一位军士指挥。每辆弹药车都配备了一位火工（ artificier ）。

　　当炮兵连运动时，步炮兵中的炮手要在火炮两侧以二路纵队行进。而在骑炮兵中，炮手要在火炮后方以二列横队行进。当一个法军炮兵连开火时，它要面朝敌军，从右向左依次开火。

炮兵的运动速度是个有趣的问题，只有很少的现成数据与它有关。埃斯卡勒在他的著作《拿破仑军队的行军》中提供了骑炮兵运动的某些实际速度。他表示法军的骑炮连以下列速度运动：

表 10.36 马的运动速度

步速	运动速度	
慢步	86.4 米 / 分	280 英尺 / 分
快步	189.0 米 / 分	614 英尺 / 分
跑步	370.0 米 / 分 [42]	1202 英尺 / 分

有趣的是，埃斯卡勒还说要是行进路线上没有障碍，骑炮兵在 1 个小时内可以行进 13328 米（8.33 法定英里）[43]。

埃斯卡勒摘引了伽桑狄的文字，认为炮兵纵列在道路上 1 个小时内大约可以行进 1500 法寻（大约 3000 米或 1.94 英里）。长距离行进的速度当然因马匹的负载而存在差异。一匹驮载 180 法磅 [44]（75.6 千克或 166 英磅）或拖曳 750 法磅（315 千克或 690 英磅）的马一天之内可以行进 31—32 千米（大约 20 英里）。马匹在水平地面上可以拖动 1500 法磅（630 千克或 1380 英磅），可要是地形起伏不定，它的最大牵引重量大约就只有平地上的四分之一了。

埃斯卡勒随后提供了格里博瓦尔体系下的牵引重量和用于拖曳的挽马数量：

表 10.37 格里博瓦尔体系中每匹马的牵引重量

兵器	千克 / 匹	磅 / 匹
12 磅加农炮	700	1540
8 磅加农炮	825	1815
4 磅加农炮	525	1155
6 寸榴弹炮	725	1595
12 磅炮弹药车	900	1980
8 磅炮弹药车	850	1870
4 磅炮弹药车	750	1650
6 寸榴弹炮弹药车	800	1760

炮兵只有在面对敌军且常要放列射击时才使用钩索（prolong），当然，在并未看到交火时也可以不用。钩索全长 18 米（27 英尺）[45]，由 6 匹马拖曳。如果出于

某些特定原因当时并没有挽马，也可以让炮手用钩索拉炮。弹药车在前进放列时位于对应火炮之后大约 36 米（54 步或 117 英尺）处。骑炮的炮手和前车的挽马位于弹药车靠近火炮的一侧，弹药车的挽马则位于弹药车的近侧并朝向火炮。其间的距离要远到当火炮开火并后坐时，弹药车和挽马都离得足够远，火炮碰不到它们。

炮兵连长通常位于炮兵连中央，距离火炮挽马和弹药车挽马各 8 步。弹药车距离火炮为 18 米或 20 码（27 步）。

条令规定，当炮兵连放列投入战斗后，相邻两连之间的距离应为 36 米（54 步或 117 英尺）。

当一个炮兵连以纵队行进时，每门炮都位于它的弹药车前方。8 门火炮和对应弹药车组成的纵队长度为 105—110 米（113—120 码）。

炮兵运用理念

尽管当时存在为炮兵编写的诸多训练条令，笔者却很少见到有著作讨论炮兵运用理念。让人惊讶的是，最透彻的讨论来自一份出版于 1816 年的西班牙资料。德·莫拉 [46] 在他的《炮兵论》（Tratado de Artillerie）中提供了诸多让人醍醐灌顶的警句。尽管下文会列出大部分警句，但还是有些与特定情境有关、与炮兵常规运用方式关系不大的警句被删除了。[47]

他的第一条警句是："当炮兵位于敌军视野之内且正在机动时，机动应当以钩索或人力完成。"这一条与第二条关系密切，后者内容是："当炮兵位于敌方炮兵射程之内且将要行进的距离较短时，就应当用钩索完成机动，但在通过起伏、崎岖的地形或机动距离较长时则不必使用钩索。"他认为钩索是炮兵在短距离行进时最快捷的机动手段，而且它可以让炮手接近射击位置。他还认为让炮兵连在敌军炮火下冒险装车是不妥的——除非行进距离相当长。

第三条警句是："当炮兵短促行进时，应当用人力向前拖炮。"钩索在短促行进中并不如在火炮之前挂上一系列绳索让炮手人力拖曳来得快。

第四条警句是："当炮兵处于机动状态时，永远不要让弹药车和预备炮兵与旅属炮兵一起机动，这会让机动变得复杂。"

第五条警句是："炮兵应当根据步兵的运动展开机动。"如果不能与步兵纵队密切配合作战，步兵的机动就可能导致炮兵没有足够的展开空间。一门炮被认为会占据与一个步兵营中最小机动单位相当的空间。如果步兵在列队时不考虑炮兵，炮兵就会拥挤到无法展开。

第八条警句是："炮群应当努力占据能够侧射敌军或至少可以对其斜向射击的发射阵地。"侧射最大化了实心弹穿透敌军队形的深度，从而增强了每一发实心弹的杀伤力。历史上记载过不少一发实心弹在侧射中穿透一个连，杀死十多个人的案例。射入密集队形侧翼的实心弹会造成毁灭性的影响。

第九条警句是："永远不要把你的炮群放在你自己的部队前方，也不要放在位于部队后方且略微隆起的地面上。"他认为部署在步兵前方的炮兵会给敌军增加打击目标，同时还会妨碍、破坏部队的运动和队形。如果炮兵所在地高于步兵所在地，且炮弹就从步兵头顶上飞过，那么射击的噪声会折磨步兵，弹药里中途漏出的部分和近弹都会给步兵造成伤害。

第十条警句是："在开火时机到来之前不要让炮群就位。"其意图在于让敌军无法了解我方炮兵的位置，从而不能调整部署对付我方炮群。

第十一条警句是："随时都要将你的一部分炮兵隐藏起来不让敌军发觉。"这既意味着要保留一支预备队，又意味着要让敌军在并不知道还存在炮兵威胁的情况下展开机动，这样就可以轰击机动中的敌军。

第十三条警句是："随时都要把炮群部署在侧翼，这样，它们就可以朝推进中的敌军骑兵开火。"

第十四条警句是："如果指派炮兵去保护你的骑兵，那么火炮数量应当大到足以确保胜利，而且火炮应当尽可能位于敌方骑兵无法通行的地方。"

第十六条警句是："当炮兵被部署在主战列线前方时，有必要用掷弹兵连或完整的营去支援炮兵。"

第十七条警句是："炮群中的火炮应当相隔10步。如果敌军对炮群构成侧射威胁，就可以让一门火炮推进到其他火炮之前。"这条警句确立了西班牙军队的火炮间隔。各个国家的间隔存在差异，普军的《1812年条令》就规定间隔应当是20步。[48]让某门火炮前进是为了减少敌军炮兵侧射的杀伤力。

第十九到第二十二条警句紧密相关，这些警句如下所述：

19.在守卫阵地或战斗队形呈防御态势时，应当让重炮就位，这样就可以用火力覆盖敌军最可能推进的路径。小口径火炮应当留作预备队，在须要投入战斗时可以及时参战。

20. 在部署重炮时，应当让大部分重炮能够保护你暴露在敌军面前的部队。

21. 随时都在筑垒阵地上部署一个重炮群，使其火力覆盖敌军战线一翼或中央。

22. 伴随步骑兵进行攻击或快速机动的应当总是轻炮而非重炮。

这些警句基本是在阐述重炮最适于防御。它很难轻松机动，也会妨碍其他部队的机动，或者说，它就不可能快速前进支援步骑兵发动攻击或反击。

将重炮部署在能够轰击敌军最可能选择的行进路线的位置上，这种想法也就是最理性的重炮用法。因为重炮难于机动，所以要把它部署到能够有效发挥而且最不须要转移阵地的地方。

第二十三条警句是："由于炮兵可以取得决定性的战果，就有必要让炮群保持强大，让它们的炮火足以自卫，并让它们打出交叉火力。"

第二十四条警句是："炮兵永远不应当抛弃步兵，相应的，步兵也永远不应当抛弃炮兵。"双方中的任何一方都不可能在没有另一方支持的情况下挡住敌军，因此，它们保持紧密联系是合情合理的。

第二十五和第二十七条警句关系密切，其内容如下所述：

25. 保持弹药应当是炮兵军官的主要目标之一。

27. 炮兵所有准则里的第一条都是节约使用炮兵，将它留到必要的、决定性的时刻。

考虑到一个炮群携带的弹药储备量是有限的，取决于各国的不同情况，每门火炮的备弹量从100发到200多发不等，这样，一个炮群就可以在少则50分钟多则100分钟的持续射击中打光弹药。打完所有弹药的炮群是毫无价值的，它连自卫都做不到，更不用说支援步兵了。

第二十七到第二十九条警句与射程有关。第二十七条警句说："不要朝450法寻[49]（2700英尺）以外的敌军射击。长距离射击既不确定，也没什么效果。除非面前出现了极好的目标，不然长距离射击就不过是浪费弹药而已。"

第二十八条警句说："在450法寻（2700英尺）到250法寻（1500英尺）之间，要缓慢地发射实心弹。如果没有敌军纵队可供开火，那么发射速度就要进一步降低。"

第二十九条警句说："在250—130法寻（1500—780英尺）之间，发射大霰弹，如果能够侧射或轰击纵队，就速射实心弹。"

第三十条警句说："在130法寻（780英尺）以内，发射小霰弹。只有在的确能够做到侧射敌军战线或友军部队距离射向很近时，才要发射实心弹。此时应当采用速射。"

第三十一条警句是："如果你没有霰弹，就一直发射实心弹，到敌军距离炮群只有90法寻（540英尺）时再换成发射步枪子弹袋。"

第三十七条警句提到了榴弹炮的火力。它说："榴弹炮最大射程为600法寻（3600英尺），而且只有当敌军正在这么远的距离上机动时才能使用榴弹射击，等到敌军距离火炮不超过150法寻（900英尺）时才可以使用霰弹。"当然，最后这几条与射程有关的警句提到的都是火炮有效射程，应当怀着对待有效射程的想法看待相应数据。

最引人注目的警句是第三十二条，因为它提到了选择射击目标。它说："炮兵的主要目标应当是敌军部队而非敌方炮兵。"将炮群完全投入反炮兵射击当中就是一种"徒劳无功"的"浪费弹药"。"如果敌军已经打垮了你的部队，即便成功压制了敌方炮兵，又有何意义呢？"反炮兵射击遭到了强烈的反对，只在有必要支援、保护己方部队时才可以接受这种射击方式。在拿破仑时代诸多将领发布的教令和参与的作战行动中，可以经常找到这种观点。威灵顿明确禁止他的炮兵投入反炮兵射击中，法军一般也不会鼓励进行反炮兵作战。

德·莫拉在讨论会战中的炮兵用法时指出："炮兵在会战中的主要且唯一的目标就是保护己方部队，协助他们的机动与攻击，消灭阻挡他们的敌军。"他随后在论述中主张，应当在攻击时把炮兵部署在步兵纵队前，这样就可以利用炮兵火力削弱敌军防线，为步兵攻击做好准备。

在科希丘什科[50]将军于1800年撰写的骑炮兵条令中，有一节讨论了炮兵的运用理念。科希丘什科说："炮兵在战斗中的用途并不是对抗敌军炮兵，那不过是浪费力量，炮兵应当从对角线方向攻击敌军战线，这时的破坏力是最大的。"[51]尽管科希丘什科并未给出理由，但他已经清楚地表示不应当使用反炮兵火力。

科希丘什科就这一时期的战术提出了如下说法：

> （当代的战术）已经确立了一条法则：应当始终只有一部分炮兵投入交战，
> 而且停炮场要不断给这一部分提供支援，停炮场又要从位于其后一定距离的预
> 备队那里得到支援，这样，炮兵就可以保持充足的活力，直到作战结束时为止，
> 炮兵的所有部分都可以像开始时那样活力十足。这样，就总有三分之二的炮兵
> 处于危险区域之外，任何一门火炮因为任何缘故出现损坏，都可以立刻用一门
> 完好的火炮替代它，如果受损的火炮还可以维修，只要前线部队能够坚守阵地，
> 它就可以在后方完全不受敌军干扰地进行修复。
>
> 　　要是把炮兵部署在两翼，而不是（像过去的做法那样）把火炮混杂到（战列）
> 线中，它就永远不会妨碍战列线的运动，这两者之间是完全独立的。另一方面，
> 当炮兵被部署到战线中央时，鉴于战线运动和炮兵运动性质截然不同，它们是
> 永远无法协同作战的，那时，火炮始终在路上，而火炮的运动无论如何都会妨
> 碍到其他部队，而且其他部队的运动也会妨碍炮兵。[52]

关于滑膛火炮的战术运用，还可以在美国陆军于 1863 年颁布的《炮兵手册》
（Handbook of Artillery）中找到进一步的战术理念考量。其中有许多指导意见支持了
西班牙人的专题论述。

《手册》说炮兵至少要以 2 门火炮形成相互支持的炮兵排才能投入作战。像德·莫
拉的第三十二条警句那样，它表示反炮兵射击成效有限，只有在"（敌方）部队隐
蔽得很好而敌方火炮又暴露在外或敌军炮火极具破坏力的情况下才应该采用反炮
兵射击。炮火应当主要指向敌军的冲击纵队和密集纵队，或是指向意图攻击的敌
军阵地"。

《手册》中的说法与德·莫拉有关节约弹药的评论是一致的，它指出："无论如何，
任何时候都必须认真节约弹药，尤其在作战开始时要厉行节约，因为如果在作战结束
之际缺乏弹药，就可能会决定这一天的命运。在前哨战和小规模战斗中也要节省弹药，
要是和补给之间还有一定距离或者总预备队稍后才能抵达，那就要更加节俭了。"

预备炮兵应当以下列方式运用：

当战线上的某个特定点须要得到额外支援时，当计划占据某个有利阵地时，当我军战线已经注意到敌军时，当我军计划展开前进或退却运动时，或者当我军即将对敌军发起决定性攻击时，预备炮兵就应当上前投入战斗，最重要的是，它应当以尽可能快的速度投入战斗。

预备炮兵应当位于"第二条战线的后方，位于实心弹射程之外，在环境允许的前提下尽可能少地暴露在外，但总要处于能够随时赶往前线或后方的位置"。

当炮兵支援列成方阵的步兵时，《手册》表示：

当步兵列成方阵抵挡骑兵冲击时，火炮应当部署在方阵四角之外，前车挽马等位于方阵之内。要是炮兵分遣队被逐离火炮，他们就应当在发射完毕后退进方阵里，并带走海绵和其他装备，敌军一旦退却，炮兵就要恢复射击。假设步兵以团方阵列成梯队，而时间或方阵的较小内部空间不能让前车进入方阵之内，那么马车和前车就应当让车辆侧面朝着前方，尽可能地占据火炮之间的空间，不给骑兵留出突入的间隙。钩索或用于拖曳的绳索如果能够拉直固定，也可以给骑兵造成有效的临时障碍。

《炮兵手册》以及 1848 年颁布的《马德拉斯炮兵手册》（Madras Artillery Manual）[53] 提供了使用炮兵对付前进中的骑兵和步兵的情况。令人惊讶的是，这两个表格是完全相同的，鉴于炮兵世界当时缺乏显著的创新，它们很可能在拿破仑时代也极具代表性。以下表格展示了当炮兵连遭遇各类攻击时采用的射程和弹药。

表 10.38 遭遇骑兵攻击时的炮兵射程与弹药 [54]

弹种	遭遇骑兵攻击时发射的炮弹数量	射程（码）
榴霰弹	7	1500—650
实心弹	2	650—350
霰弹	2	350—0
榴霰弹	19	1500—650
实心弹	7	650—350
霰弹	8	350—100
霰弹	2	100—0

关于炮火给攻击中的敌军单位造成的实际伤亡，唯一可供使用的统计数据源自德意志历史学家米勒[55]。他曾在英王德意志军团中服役，在此期间接触到了1门6磅炮在这类攻击中造成的伤亡数字。此外，他在计算中还使用了较高的射速数据。常规射速是每分钟2发实心弹或3发霰弹，但米勒似乎认为炮手在遭遇冲击时可以达到每分钟8发的射速。不幸的是，他并未指明遭到射击的部队列成了什么队形。队形种类会给蒙受的伤亡数量造成极大的差异。由于骑兵通常以横队作战，就有充分理由假定骑兵的伤亡数据是根据炮击一个推进中的骑兵横队得出的。鉴于这一假设，还可以推断米勒前后态度一致，所以遭到炮击的步兵同样是以横队推进。

表 10.39 炮兵给一个攻击中的敌军单位造成的伤亡（米勒）[56]

射程（码）	击毙	击伤	伤亡总数
骑兵			
1600—800	4	2	6
800—400	6	4	10
400—0	9	23	32
总数	19	29	48
步兵			
1600—800	4	4	8
800—400	8	2	10
400—0	30	90	120
总数	42	96	138

约翰·基根（J. Keegan）在他的著作《战斗的面貌》（The Face of Battle）中表示一门滑膛加农炮可以凭借自身火力将位于它前方的攻方部队清理干净。巴兹尔·佩罗内特·休斯在他的著作《火力》（Firepower）中也认可这一说法。毫无疑问的是，如果一门火炮能够维持上文中指出的射速，它就可以将正面的任何攻方部队一扫而空。

法军炮兵的运用

在法国大革命期间，法军在需要炮兵的任何地方动用手头的任何炮兵。炮兵连被分配到步兵当中，承担支援步兵作战的角色，炮兵常以排为单位投入战斗。实际上，当时的炮兵连很可能会出现这样的情况：除了分配给该连的榴弹炮之外，连加农炮都有两种口径。

1800 年之后，炮兵连的装备得以标准化，法军当时的普遍做法是给每个步兵师至少配备一个炮兵连。这一般是个步炮连，但也时常有骑炮兵配属给步兵师。师属炮兵总是一个 8 磅炮连或 6 磅炮连。骑炮兵一般会被配属给骑兵部队，而且在法国大革命期间还有包括 8 磅炮的骑炮兵。4 磅的团属火炮会一直用到 1805 年。

12 磅炮连会被指定为军一级的预备炮兵。此外，取决于装备的供应情况，预备炮兵还包括诸多轻型步炮连或骑炮连。

尽管团属火炮在 1809 年之前已被废除，但拿破仑还是在 1809 年决定重建团属火炮，到 1812 年，大部分步兵团都再度配备了团属火炮。在 1812 年，常规做法是师属炮兵包括 1 个步炮连和 1 个骑炮连。装备和马匹的短缺导致这一做法在 1813年和 1814 年难以为继，可是，只要条件许可，这种做法就一直在持续。

作为一位炮兵军官，拿破仑最大的战术贡献就出现在炮兵战术运用方面。他发明了大炮群（grande batterie）的概念，也就是在战线的某一地段集结多达一百门火炮。这些火炮的目的在于粉碎敌军战线，打出一个缺口，让拿破仑能够将步骑兵投入其中。表 10.40 列出了一些拿破仑时代的大炮群战例。

表 10.40 法军和其他军队的大炮群

会战	火炮数量
卡斯蒂廖内	19（法军）
马伦戈	18（法军）
奥斯特利茨	24（法军）
耶拿	42（法军）
艾劳	60 和 70（俄军）
弗里德兰	32（法军）
德意志瓦格拉姆	112（法军）
博罗季诺	102（法军）
包岑	76（法军）
登讷维茨	34（普军 / 俄军）
莱比锡	137（法军）
莱比锡	220（俄军、普军、瑞典军）
哈瑙	50（法军）
利尼	60（法军）
滑铁卢	84（法军）

奥军炮兵的运用

1800—1805 年间，奥军在意大利的规模算不上特别庞大，炮兵也被分配到各个步兵师当中。然而，尽管奥军看起来似乎是以师属炮兵的形式组织炮兵，可它实际上还是零散地投入战斗。

炮兵连会分散到各个旅中，甚至会被分拆成炮兵排投入战列线里。在奥斯特利茨会战中，奥军仍以同样的方式分配炮兵。奥军并没有由 12 磅炮组成的军团级战术预备队。团属 4 磅炮在法国大革命中得到了运用，但似乎在 1800 年左右就消失了。[57]

在 1809 年战局中，奥军给每个战列步兵旅都分配了一个旅属 6 磅炮连。轻步兵旅则分到一个骑炮连或一个旅属 3 磅炮连。奥军还把自己的重型 12 磅炮连作为军一级的独立预备队，这表明他们已经学习了法军编组大规模预备炮兵的做法。在 1813 年，这类军属预备炮兵通常包括 1 个 12 磅阵列炮兵连和 2 个 6 磅阵列炮兵连，不过，1809 年的情况就相当复杂了。

普军炮兵的运用

1806 年之前，普军将炮兵分配到各个旅当中。对不伦瑞克 - 吕讷堡（Brunswick-Lüneburg）元帅和霍恩洛厄（Hohenlohe）侯爵麾下军队的研究表明，在将炮兵指派到各个旅的过程中并没有什么标准可言。有的旅分到了骑炮连，其他旅则分到了 3 磅、6 磅乃至 12 磅炮连。令人惊讶的是，作为预备队的师所拥有的火炮数量还要少于其他师。鉴于 1806 年战局相当短促，笔者几乎无法断定普军如何运用炮兵，可要是研究过普军在革命战争中的作战行动，就会发现炮兵扮演的是典型的支援步兵作战的角色。普军并没有什么炮兵独立行动的迹象。事实上，炮兵在机动中是和步兵紧密联系在一起的。在革命战争中，普军用过团属 4 磅炮，但它们在 1800 年之后就再没有出现过了。[58]

普军在 1809 年对炮兵进行了改组，此后，普军要到颁布《1812 年条令》才算确立了炮兵战术学说。普军的 1812 年系列条令都反复强调运用诸兵种合成作战的指导意见。普鲁士旅——相当于其他国家的师——是标准化的部队，它配备了 1 个 6 磅步炮连和 1 个骑炮连。步炮连以部署在旅两侧的 2 个半连投入作战，骑炮连则留在后方，不论哪一翼须要加强火力，它都准备好上前放列射击，它扮演了旅的炮兵预备队角色。然而，骑炮连在实战中很少会被指派到某个旅里。

12 磅炮连被分配到各个军当中充当军属预备炮兵，这与法军非常相似。根据手头的装备情况，军属预备炮兵中还会包括数量不一的 6 磅步炮连和骑炮连。

普军并不会将师属炮兵集结起来，而是选择在必要时用预备炮兵编组大炮群。然而，普军只打出了少数几个以这种方式集结炮兵的战例。这在很大程度上可能源于普军被迫以军为单位分散到联军的各个军团当中，直到 1815 年的利尼会战 [59] 才有机会组建一个纯粹的普鲁士大炮群。

英军炮兵的运用

在拿破仑战争中，英军对炮兵的运用实际上就是威灵顿对炮兵的运用。他并不信任自己的炮兵，也很少集中使用火炮。威灵顿偏爱将小队炮兵部署在精心挑选的地点，时常将炮兵隐藏起来，直到关键时刻才投入使用。英军炮兵更倾向于分散在阵地之前而非集结起来，在大部分场合下，英军炮兵都必须被视为步兵支援兵器，它并不是拥有自己意图与目标的独立武装力量。

这种情况或许在很大程度上须要归因于威灵顿在半岛只有很少的火炮，他连给自己的 8 个步兵师分别提供一个英军炮兵连都做不到，还得依靠葡萄牙军队提供炮火支援。

俄军炮兵的运用

1810 年年初，俄国陆军大臣巴克莱·德·托利（Barclay de Tolly/Барклай-де-Толли）给沙皇撰写了一份报告，并在报告中提出了他的炮兵分配理念。他说要在固定、均衡的基础上将炮兵分配到各个步兵师当中。巴克莱指出：

> 关于这个议题（炮兵分配）有两种意见：a）步兵师不应被过多的重炮拖累，重炮太多会导致运输困难，这与快速运动是相悖的；b）应当明智且审慎地在步兵师中分配重炮，剩余火炮则要分配到每个军团的预备队中。这些预备炮兵要置于（军团）司令的直接掌控之下，可以在会战的决定性时刻派上用场，带来极大的优势。根据这些意见，我有幸向（陛下）提出建议，每个军应当配备两个由重炮连和骑炮连组成的预备炮兵连。

到 1812 年战局开始时，这些指导意见已然生效，每个步兵师都配备了 1 个炮兵旅，炮兵旅由 2 个轻炮连（6 磅炮连）和 1 个重炮连或阵列炮兵连（12 磅炮连）组成。在军一级层面，通常还要配属 1 个炮兵旅，它一般包括 1 个阵列炮兵连、1 个骑炮连以及 1 或 2 个轻炮连。这种整体编制一直会持续到 1815 年。

俄军在 1810 年之前并未建立军级预备炮兵。炮兵要分配到各个师中去，师属炮兵可以包括多达 2 个阵列炮兵连（12 磅炮连）、3 个轻炮连（6 磅炮连）和 1 个骑炮连。俄军直到奥斯特利茨会战都在使用团属火炮，可从那以后就再没有在俄军作战序列中发现它们了。[60]

在巴克莱的这封信之前，俄军中并不存在军团级预备炮兵的概念，然而，俄军的确拥有庞大的军级预备炮兵。不过俄军似乎只在艾劳会战中使用了预备炮兵。巴克莱无疑意识到了艾劳之战中两个炮群的毁灭性打击作用，也无疑注意到了法军如何运用预备炮兵，从而选择效仿法军。

在博罗季诺会战中，俄军建立了庞大的预备炮兵，可由于库图佐夫的糟糕领导才能和预备炮兵指挥官不合时宜的死亡，只有很少一部分预备炮兵得到了运用。

俄军军事情报界似乎并没有牢记预备炮兵体系在博罗季诺的失利。他们越来越喜欢这种大规模的炮兵预备队，在运用时却碰上了问题。在吕岑和包岑这两场会战——特别是后一场——中，俄军虽然拥有庞大的预备炮兵，却没能加以利用。直到莱比锡会战，俄军才最终让他们的预备炮兵投入战斗。然而，在这个战例里，俄军之所以能够运用预备炮兵，乃是因为他们属于布吕歇尔（Blücher）麾下的西里西亚军团，而他当时正把手头的一切都投入前线。

译注

[1] 爱德华·辛克莱·梅（Edward Sinclair May），英国炮兵少将（1911 年晋升）、军事史学家，生于 1856 年，毕业于伍尔维奇（Woolwich）军事学院，1875 年以中尉身份进入炮兵，1885—1895 年任教于伍尔维奇军事学院，后曾参与布尔战争，1911 年晋升为少将，卒于 1936 年。其代表性战术著作包括《野战炮兵的成就》（Achievements in Field Artillery）、《火炮与骑兵》（Guns and Cavalry）、《野战炮兵与其他兵种》（Field Artillery with the Other Arms）。

[2] 泰奥多尔 - 贝尔纳 - 西蒙·迪尔蒂比（Théodore-Bernard-Simon Durtubie），法国将领、战术家，1741 年生于埃纳省拉费尔（La Fère），1755 年以少尉军衔加入法国炮兵，在法国大革命中于 1797 年晋升为师级将军，1801 年退役，1807 年卒于巴黎。迪尔蒂比代表作为《炮手手册》（Manuel de l'artilleur），在大革命与拿破仑战争中曾再版多次。参见 Six, 1934, vol. 2, p. 518-519。

[3] 法军 6 寸榴弹炮主要使用的弹种是榴弹和霰弹，其中霰弹内部装有 61 颗直径为 17 线（3.83 厘米）的弹丸，榴弹中则没有这类弹丸。参见 Durtubie T.-B.-S. Manuel de l'artilleur. Paris, 1793, p. 197。

[4] 海尔斯贝格（Heilsberg），即今波兰瓦尔米亚 - 马祖里省瓦尔米亚地区利兹巴克（Lidzbark Warmiński），本书原文误作海尔斯堡（Heilsburg），法军与俄普联军曾于 1807 年 6 月 10 日在此交战。

[5] 此事发生在 1811 年 5 月 5 日的丰特斯德奥尼奥罗（Fuentes de Oñoro）会战中。拉姆齐（Ramsay）上尉在此战中指挥英军骑炮兵 I 连的 2 门火炮，在发觉法军骑兵将其包围后，就指挥炮组人员上马冲击，在英军骑兵协助下得以携带火炮突围，后来的一些记载则将参战兵力扩大到整个 I 连。参见 Lipscombe N. Wellington's Guns. Oxford: Osprey, 2013, p. 170-172。

[6] 塞吕齐耶回忆录出版不久，就有人在普军总参谋部主编的《军事周刊》（Militair-Wochenblatt）上发表了批判性书评，称"根据从巴黎征集的意见，这部书在那里被当作一本小说"，并列举书中多处背离事实的描写。参见 Militair-Wochenblatt, 9 (1824), No. 409, p.3002。

[7] wurst，德语词，原意为香肠，此处意为香肠车或香肠座。香肠车指一种可以用于载人的轻便弹药车，因外形类似香肠而得名。奥军则加长了骑炮的炮车后部并配备了坐垫，以便贮藏弹药和运载人员，这个结构也被称作香肠座。参见 Bardin, 1851, vol. 4, p. 5274. Hollins D. Austrian Napoleonic Artillery 1792-1815. Oxford: Osprey, 2003, p. 20。

[8] 此处数据有误，据《1805 年德意志战局》（La Campagne de 1805 en Allemagne）一书附录，应为军官 1 人、军士 8 人、蹄铁匠 2 人、马具皮件工 2 人、士兵（驭手）84 人、号手 2 人，合计 99 人。表 10.2 中的炮兵辎重连数据亦应如此修改。参见 Alombert P.-C., Colin J. La Campagne de 1805 en Allemagne. Paris, 1902-1908, vol. 1, documents annexes et cartes, p. 133。

[9] 此处显然为笔误，应作共和十一年体系。

[10] 帮工（handlanger）是从奥军步兵中临时抽调到炮兵的人员，他们往往缺乏炮兵技能，因而主要从事体力工作。参见 Hollins, 2003, p. 4。

[11] 奥军用"石磅"命名榴弹炮，以 7 磅榴弹炮为例，"7 磅"意为与该火炮发射的榴弹直径相同的石弹重 7 磅，它实际发射的榴弹重约 7.5 千克。参见 Duffy, 2000, p. 284。

[12] 6.4 英寸榴弹炮即 6 寸榴弹炮，因 6 法寸约等于 6.4 英寸而被英美学者称作 6.4 英寸榴弹炮。在法国度量衡体系下，这种榴弹炮口径约为 6 寸 1 线 6 点，发射的榴弹直径为 6 寸，寸（pouce）、线（ligne）、点（point）间的换算关系为 1 寸 =12 线 =144 点 =2.707 厘米。除去 3 辆弹药车中携带的 9 发大霰弹外，炮车上的备用

匣子中还有 4 发大霰弹，所以一共是 13 发。参见 Durtubie, 1793, p. 197。

[13] 此处原文有误，应为 8 寸榴弹炮，指榴弹炮口径在 8 寸 3 线（223.3 厘米）左右。表格下方的臼炮也应为 12 寸、10 寸、8 寸。参见 Durtubie, 1793, p. 473。

[14] 射石炮（pierrier，原文误作 perrier），一种用于要塞攻防战的火炮，主要依靠石弹杀伤登上斜堤的敌军，延缓其越过壕沟的进程。法国大革命与拿破仑战争中的射石炮口径约为 15 法寸（40.6 厘米），发射的石弹重 40—50 千克（80—100 法磅），装药 1.25—1.5 千克（2.5—3 法磅），射程仅 200—300 米。参见 Pigeard, 2002, p. 458。

[15] 法军的 24 磅榴弹炮因口径与 24 磅加农炮大致相同而得名，其口径为 5 寸 7 线 2 点。参见 Gassendi J.-J.-B. Aide-mémoire à l'usage des officiers d'artillerie de France, attaches au service de terre. Paris, 1809, vol. 2, p. 548。

[16] 此处的 6 磅臼炮和 6 磅榴弹炮应作 6 寸臼炮和 6 寸榴弹炮，法军仿制的是普军 10 磅榴弹炮（口径 170.0 毫米，按照法国度量约为 6 寸 4 线，身管长 4.56 倍径，发射榴弹直径为 166.3 毫米，亦即表 10.11 中的 6.54 英寸榴弹炮），较之格里博瓦尔体系中的旧式 6 寸榴弹炮，"普鲁士式"榴弹炮口径仍为 165.8 毫米（6 寸 1 线 6 点），发射榴弹直径亦为 162.4 毫米（6 寸），但身管长度从 3 倍径增长到 4.33 倍径。参见 Gassendi, 1809, vol. 2, p. 495-498, 528-529, 548-549. Жмодиков, 2015, c. 816-820.

[17] 全装药意为装药重量相当于实心弹重量的三分之一，亦即装药为 1 法磅，在伽桑狄（Gassendi）引述的试验中，3 磅炮连续射击 574 次后出现开裂迹象，射击 624 次后无法正常使用，射击 640 次后炮膛破裂。参见 Gassendi, 1809, vol. 1, p. 310。

[18] 即 41 颗直径 1 寸 5 线的弹丸。参见 Gassendi, 1809, vol. 2, p. 540-541。

[19] 即 80 颗直径 1 寸的弹丸和 32 颗直径 11 线 10 分的弹丸。出处同前。

[20] 应为 4 颗直径 11 线 10 分的弹丸和 59 颗直径 10 线 9 分的弹丸。出处同前。

[21] 英军 6 磅野战炮使用 4 种霰弹，中型 6 磅炮使用的大霰弹由 15 颗 8.5 盎司弹丸组成，小霰弹 42 颗 3.5 盎司弹丸组成；轻型 6 磅炮使用的大霰弹由 12 颗 8.5 盎司弹丸组成，小霰弹由 34 颗 3.5 盎司弹丸组成。参见 Adye R. W. The Little Bombardier, and Pocket Gunner. London, 1801, p. 196。

[22] 即沙恩霍斯特著《炮兵手册》（Handbuch der Artillerie），第 2 卷附录第 113 页收录野战炮霰弹重量表格，该表格出自埃迪（Adye）前引书第 196 页。参见 Scharnhorst G. J. D. von Handbuch der Artillerie. Hannover, 1804-1814, vol 2, Tabellen, p. 113。

[23] 此处说法有误，俄军霰弹弹丸中 1 号弹最轻（37.3 克），9 号弹最重（451.3 克）。参见 Жмодиков, 2015, c. 832。

[24] 此处说法有误，1810 年之后的俄军中型 12 磅炮使用两种霰弹，远程霰弹（大霰弹）内含 41 颗 8 号弹，近程霰弹（小霰弹）内含 151 颗 3 号弹。俄军轻型 12 磅炮使用两种霰弹，远程霰弹（大霰弹）内含 34 颗 8 号弹，近程霰弹（小霰弹）内含 132 颗 3 号弹。出处同前。

[25] 此处说法有误，1810 年之后的俄军 6 磅炮使用两种霰弹，远程霰弹（大霰弹）内含 41 颗 5 号弹，近程霰弹（小霰弹）内含 72 颗 2 号弹与 27 颗 1 号弹。出处同前。

[26] 此处说法有误，1810 年之后的俄军轻型 1/4 普特（9 磅）独角兽炮使用两种霰弹，远程霰弹（大霰弹）内含 50 颗 5 号弹与 10 颗 4 号弹，近程霰弹（小霰弹）内含 151 颗 3 号弹。1/4 普特独角兽骑炮使用两种霰弹，

远程霰弹（大霰弹）内含 40 颗 5 号弹与 8 颗 4 号弹，近程霰弹（小霰弹）内含 132 颗 3 号弹。出处同前。

[27] 此处指的是沙恩霍斯特《炮兵手册》第 2 卷上的出版年份是 1806 年，但由于 1806—1807 年的战争影响，这一卷的出版被迫延迟。鉴于书中还提到了发生于 1807 年 2 月的艾劳会战，实际出版年份最早也只能是 1807 年，此书第 3 卷（最后一卷）在他死后于 1814 年整理出版。

[28] 沙恩霍斯特手册中的表格并未提及 4 磅炮，奥军也并无 4 磅炮作为制式装备，下表中的 4 磅炮疑为录入错误。此处的盎司并非英制单位，而是奥地利重量单位，1 盎司（Unze）约合 35.0 克。参见 Scharnhorst, 1804-1814, vol. 2, tabelle 27。

[29] 沙恩霍斯特表格原文为 7 磅榴弹炮使用的霰弹内含 57 颗重 6 盎司（210 克）的弹丸。出处同前。

[30] 罗特（Loth）系丹麦旧制重量单位，1 罗特约合 15.6 克。参见 Scharnhorst, 1804-1814, vol. 2, p. 558. Morla T. de Tables des principales dimensions et poids des bouches a feu de campagne. Leipsic, 1827, table 1。

[31] 丹麦军队的 10 磅榴弹炮口径相当于 20 磅加农炮。参见 Scharnhorst, 1804-1814, vol. 2, p.559。

[32] 米勒在表格中指出这两行数据源自格雷费尼茨（Grävenitz，一作 Grevenitz）所著《炮兵组织与战术》（Organisation und Taktik der Artillerie）一书第二卷第 150 页，格雷费尼茨又表示其数据系沙恩霍斯特"多次试验"归纳所得。参见 Grevenitz W. von Organisation und Taktik der Artillerie. Berlin, 1824, vol. 2, p. 150. Müller H. von Die Entwicklung der Feld-Artillerie. Berlin, 1873, p. 40。

[33] 米勒称厄尔策、《炮兵军官手册》、《论射击与投射（官方版）》摘引的试验数据均为标靶宽 96 尺（30 米），高 6 尺（1.9 米）。出处同前。

[34] 参见 Müller, 1873, p. 46。

[35] 射击标靶长 18 法寻（35 米）、高 8 法尺（2.6 米）。特龙松·迪·库德雷（Tronson du Coudray）最早刊布了本次试验数据，本书此处数据则选自迪尔蒂比著作，与前者存在些许出入。参见 Tronson du Coudray C. L'artillerie nouvelle, ou éxamen des changements faits dans l'artillerie française depuis 1765. Liege, 1772, p. 66. Durtubie, 1793, p. 254。

[36] 此处原文有误，法军中并未装备过 24 磅攻城榴弹炮，应为 24 磅攻城加农炮。

[37] 在明确记载了耗弹量的历次野战中，以 1809 年 7 月 5—6 日的瓦格拉姆会战耗炮弹量最多，法军共消耗炮弹 71129 发。1812 年 9 月 7 日的莫斯科河（博罗季诺）会战法军消耗炮弹 43578 发，1809 年 5 月 21—22 日的埃斯灵会战法军消耗炮弹 24300 发。一般而言，一场会战中每门火炮的平均耗弹量很少超过 150 发。参见 Marion "Notes pour server à l'histoire du général de division Drouot" // Journal des armes spéciales et de l'état-major, Serie 3, 1 (1847), p. 426. Correspondance inédite de l'empereur Napoléon avec le commandant en chef de l'artillerie de la grande armée. Paris, 1843, p. 68. Buat E. Étude critique d'histoire militaire 1809. Paris, 1909, vol. 1, p. 271。

[38] 5.5 寸榴弹炮即 5 寸 6 线榴弹炮或 5 寸 7 线 2 点榴弹炮，这种榴弹炮口径为 5 寸 7 线 2 点，发射的榴弹直径为 5 寸 6 线 2 点。参见 Gassendi, 1809, vol.2, p. 548。

[39] 法军共和十一年体系 6 磅弹药储备情况如下：炮车备弹为 18 发实心弹与 3 发霰弹，平均每 2 门火炮对应 3 辆弹药车，每辆弹药车装载 116 发实心弹与 24 发霰弹（1812 年战局）或 126 发实心弹与 14 发霰弹（1813 年以后），即每门炮总共配备 231 发炮弹。参见 Жмодиков, 2015, с. 822-823。

[40] 此处的 53 系原文笔误，骑炮连中每门 7 磅榴弹炮应分得榴弹 63 发，本行最右一列的 80 也要相应地改为

90。参见 Scherbening R. K. von. Die Reorganisation der preußischen Armee nach dem Tilsiter Frieden. Berlin, 1862-1866, vol. 2, p. 191-192.。

[41] 出处见 Scharnhorst, 1804-1814, vol. 2, tabelle 32。

[42] 埃斯卡勒原文跑步步速为每分钟 388.8 米。参见 Escalle, 1912, p. 35。

[43] 埃斯卡勒原文为骑炮兵在无障碍情况下 1 个小时内可以用跑步行进 23328 米，即 23.33 千米或 14.50 英里。出处同前。

[44] 法磅（livre），法国旧制重量单位，1 法磅 =489.51 克 =0.489 千克 =1.078 英磅。本文此段的换算全部有误。180 法磅应为 88.1 千克或 194 英磅，750 法磅应为 367 千克或 809 英磅，1500 法磅应为 734 千克或 1617 英磅。

[45] 此处换算有误，钩索一般长 18 米左右，约合 27 步或 59 英尺。

[46] 马斯·德·莫拉 - 帕切科（Tomás de Morla y Pacheco），通称托马斯·德·莫拉，本书原文误作 de Moria，西班牙将领，1747 年 7 月 9 日生于赫雷斯 - 德拉弗龙特拉（Jerez de la Frontera），1765 年以少尉身份加入西班牙炮兵，曾参与 1779—1783 年的英西战争，在围攻直布罗陀（Gibraltar）时身负重伤，伤愈后奉命周游欧洲研究各国炮兵，1784 年出版代表作《炮兵论》（第一版），后参与革命战争和半岛战争，1795 年晋升为陆军中将。他也是西班牙军队的主要改革者之一，后因主持马德里投降式和加入法国扶植的西班牙军队而被时人视为叛国者，1811 年 12 月 9 日卒于马德里。本文提到的《炮兵论》是 1816 年出版的修订版。参见 Martin-Lanuza A. Diccionario biográfico del Generalato español (Reinados de Carlos IV y Fernando VII, 1788-1833). Madrid, 2012, p. 607-608。

[47] 下文对应警句见 Morla T. de Tratado de Artillerie, Madrid, 1816, vol. 3, p. 81-101. Morla T. de Lehrbuch der Artilleriewissenschaft, Leipizg, 1824, vol. 2, p. 325-347。

[48] 有趣的是，在莫拉所著《炮兵论》的不同版本中，普军霍耶（Hoyer）少将的德译本将间隔写作 20 步，西班牙文原版则写作 10 步。在普鲁士度量系统中，1 步 =73.2 厘米；在西班牙采用的法式度量系统中，1 步 =65.0 厘米。参见 Molra, 1824, vol.2, p. 334. Morla, 1816, vol. 3, p. 89。

[49] 莫拉原文为 toesa，即法寻（toise）的西班牙文译名，西班牙当时使用西式和法式两种长度度量系统，其中法寻所在的法式系统与法国完全一致。本书原文在换算单位时出现笔误，将 2700 英尺误作 2700 码，鉴于这一节里笔误较多，为避免出现误解，此处直接改回英尺，下同。参见 Morla, 1827, table 1。

[50] 塔德乌什·科希丘什科（Tadeusz Kościuszko），波兰军事家，1746 年生于现位于白俄罗斯境内的梅雷佐什兹伊纳（Mereczowszczyzna），1766 年加入波兰军队，1769 年前往法国深造，1776 年前往北美参与美国独立战争，在军事工程和炮兵方面多有建树，1783 年获美军准将军衔，1784 年返回波兰，曾率部参与 1792 年波俄战争，因功晋升为中将，其后又领导了 1794 年大起义，1794 年 10 月在马切约维采（Maciejowice）会战中被俄军俘获，后获得赦免，先后流亡法国、瑞士，1817 年卒于瑞士索洛图恩（Solothurn）。科希丘什科是公认的炮兵专家，1800 年曾应美国驻法特命全权公使戴维（Davie）将军请求撰写了一部骑炮兵条令，美军的威廉斯（Williams）上校后来将其译成英文作为美军骑炮兵条令，这部条令名为《骑炮兵的机动》（Manoeuvres of Horse Artillery）。

[51] 这句话并不是科希丘什科的原话，而是英译者威廉斯在译序中发表的看法。参见 Kosciusko T. Manoeuvres of Horse Artillery. New York, 1808, p. 3。

[52] 这段话同样是威廉斯的看法。参见 Kosciusko, 1808, p. 3-4。

[53] 这本著作的书名应为《青年炮兵军官助手》（The Young Artillery Officer's Assistant），"马德拉斯炮兵手册"

是休斯给出的概括性称呼，本书则将其误认为书名。参见 Oakes A. F. The Young Artillery Officer's Assistant. Madras, 1847. Hughes B. P. Firepower Weapons Effectiveness On The Battlefield, 1630-1850. London: Arms and Armour Press, 1974, p. 43.

[54] 该表格数据与美军 1863 年发行的《炮兵手册》完全一致，而与《青年炮兵军官助手》存在细微差异。参见 Roberts J. Hand-book of artillery for the service of the United States. New York, 1863, p. 50-51. Oakes, 1847, appendix, p. 2-3。

[55] 威廉·米勒（Wilhelm Müller/William Müller），汉诺威军人，1783 年生于汉诺威施塔德（Stade），曾在哥廷根（Göttingen）大学担任军事科学讲师，进行过若干炮兵实验，1807 年法国占据汉诺威后流亡英国，1809 年以工兵少尉身份加入英王德意志军团，1812 年晋升为二等上尉，德意志军团解散后以工兵上尉身份重回汉诺威军队，1833 年晋升为少校，1846 年卒于汉诺威施塔德。米勒著述颇丰，其战术代表作为《军事科学要素》（The Elements of the Science of War）。参见 Lee S. Dictionary of National Biography. London, 1885-1900, vol. 39, p. 277-278. Poggendorff J. C. Biographisch-literarisches Handwörterbuch zur Geschichte der exacten Wissenschaften. Leipzig, 1863, vol. 2, p. 226。

[56] 本书此处引用数据有误，与米勒书中的原始表格数据存在颇多差异。原因在于休斯在其 1974 年出版的《火力》一书中摘引了米勒的数据并绘制图表，但其后包括本书在内的若干著作在引用休斯图表时将击伤对应部分误读为总伤亡部分，因而产生了诸多衍生错误。参见 Hughes, 1974, p. 42. Müller W. The Elements of the Science of War. London, 1811, vol. 2, p. 165。

米勒原始图表数据如下：

射程（步）	击毙	击伤	伤亡总数
骑兵			
1700—1200	1	2	3
1200—800	3	4	7
800—400	6	10	16
400—60	9	32	41
总数	19	48	67
步兵			
1700—1200	1	4	5
1200—800	7	8	15
800—400	15	26	41
400—60	30	121	151
总数	53	159	212

[57] 奥军团属火炮在德意志战场兼有 6 磅炮和 3 磅炮，在意大利战场以 3 磅炮为主，在蒂罗尔等山地则是 1 磅炮与 3 磅炮结合，奥军至迟在 1805 年战局中仍广泛使用团属火炮，直到 1808 年才全面取消。参见 Hollins, 2003, p. 4. Kraus A. 1805. Der Feldzug von Ulm. Wien, 1912, p. 88-89.

[58] 普军在法国大革命与拿破仑战争期间的团属（营属）火炮一般由 6 磅炮和 3 磅炮组成，普军在 1806—1807 年惨败后，因团属炮兵妨碍步兵机动而将其废除。参见 Malinowski L. von, Bonin K. von Geschichte der brandenburgisch-preußischen Artillerie. Berlin, 1840-1842, vol. 1, p. 280, 332-337。

[59] 利尼会战是普军在 1813—1815 年战争中投入炮兵规模第二大的会战（仅次于莱比锡会战），普军当天共有 192 门火炮参战，发射炮弹 8074 发。参见 Schöning K. W. von Historisch-biographische Nachrichten zur

Geschichte der brandenburgisch-preußischen Artillerie. Berlin, 1844-1845, vol. 3, p. 460-461。

[60] 俄军在 1803—1804 年即已废除团属炮兵，将原先属于各个团的炮兵编组成轻炮连。1805—1807 年战争结束后，俄军曾就团属火炮存废问题有过激烈争论，许多人提出了重建团属炮兵的主张，博罗季诺会战后，库图佐夫下令每个步兵营（猎兵除外）均需固定配备 2 门轻炮，团属炮兵因而得以短暂重现，其后在 1813 年战局中再度取消。参见 Zhmodikov, 2003, vol. 1, p. 62, 66. Жмодиков, 2015, c. 499, 726-729, 736。

诸兵种合成作战

第十一章

军队的战役战术架构、部队的种类与分配，以及组织化等级制度都是基于两个因素——其一是各个组成部分间的关系和互动，其二是国家的偏好与历史的优先选择——发展、运作的。

在 1792—1815 年间，军队各部分之间的关系是众所周知的，它们从 1757 年起就没有太大的变化，只是出现了若干技术创新。散兵的运用是一个渐进的发展过程，它在法国革命军中达到了巅峰。另一个创新就是骑炮兵的发展。

这两种新型战术手段都给作战方式带来了影响，但它们早在 1792 年之前就已出现了。1792—1815 年之间并没有出现过什么重大技术革新，在战术和大战术层面也只有很少的创新或变革。

军队战役、战术组织发展的另一个要素是国家与历史的偏好。由于邻邦的影响和被迫卷入的战争具体形式的限制，各支军队时常发展出独特的队形与组织。这催生了像营密集阵这样的队形，像拉瓦攻击这样的战术，也让某些军队拥有规模特别庞大的骑兵或步兵部队（以华沙大公国为例，它的骑兵团比步兵团多；以瑞士为例，它几乎没有骑兵）。

在武装力量的诸多分支和各种战术中，每个国家都有自己的优先考虑对象，它们把各个兵种编组成一支作战部队，让三大分支——步兵、炮兵和骑兵——发挥出最佳效果。这一进程最终演化为广为人知的"诸兵种合成作战"。

三个兵种的内在关系

从 17 世纪到 19 世纪初，这三个兵种之间的关系和儿童玩的"石头、纸片、剪刀"游戏不无相似之处，对每一个兵种而言，相对于其他两个兵种，它总是相对其中一个占据优势，相对另一个又处于下风。没有一个兵种能够独立挡住由另两个兵种组成的敌军部队，然而在任何给定的战术情境下，一个兵种还是能够击败另一个已被孤立的兵种。

一般而言，步兵只要列成适当的防御队形，就不会被骑兵突破。一旦列成方阵，它就能够把骑兵射倒，直到骑兵不堪忍受被迫离开为止。然而，要是步兵在方阵以外被骑兵缠住，它的生存概率就大大下降了。

如果骑兵从正面冲击列成横队的步兵，骑兵要想取胜就得具备以下两个条件之一：

1. 骑兵从必定要承受的火力中幸存下来；

2.步兵士气崩溃，继而选择逃跑。

后一种情况出现的原因是步兵丧失了勇气，拒绝再坚持下去。之所以会发生这种情况，是因为他们知道自己在迎击骑兵时身处错误队形，虽然正如七年战争所示，经受过训练且经验丰富的部队能够成功击退这样的正面攻击。如果参战部队训练不足，而且不愿意冒险信赖他们的军官，认为军官并不了解他们正在做什么，那么溃散也是有可能发生的。

在其他任何情况下，当步兵展开成散兵，或是遭遇来自侧翼、后方的攻击时，步兵队形都会面临迅速且确凿无疑的灭亡。

与之相似，炮兵无疑能够守住它的正面，可以重创敌军。然而，它的侧翼严重地暴露在外，步兵或骑兵都能够轻易从中突破。它也受制于散兵的冷枪，那些人能够以缓慢而稳定的节奏干掉炮手。事实上，这是一种十分常见的对付炮兵的手段，好几份有关散兵的现存记载都特别提到了反炮兵作战。

骑兵总是能够骑马脱离它无法击败的对象。它最强大的武器就是机动性。它必定能够粉碎一切被它突入侧翼或后方的敌军。然而，面对准备好的步兵或炮兵，骑兵的任何正面攻击都必定会失败。

为了解析这些优势与劣势，为了将它们铸成击败敌军、征服敌方领土的强力工具，拿破仑时代的各支军队努力设计出合适的队形，创造出恰当的部队类型组合，以便尽可能好地处理每一种情况。合成军队的概念虽在七年战争期间就已兴起，可要到拿破仑时代才迈出了演化过程中的重要一步。

什么是诸兵种合成作战？

诸兵种合成作战实际上就是三个兵种协同运作，希望以此击败敌军的作战。它须要充分利用每个兵种的优点，已被确立的合成作战方式如下所示：

1.取得士气优势，使敌军崩溃；

2.在某地牵制住敌军，不断打击敌军，直至其崩溃为止；

3.调动敌军，使其进入无望取胜的位置，致使敌方陷入崩溃。

合同进攻可以只用到三个兵种中的两个。如果使用得当，它可以迫使敌军陷入以上三种处境之一。

普军于1812年颁行的系列条令都提供了与标准化的合同进攻有关的示意图和

讨论，发动攻击的部队是普军的"旅"，事实上就是规模与师相当的合成军队。旅的整体行动如图 11.1 所示，该图根据上述条令绘制，绘制过程中也未加修改。

如你所见，这一队形中包括了列成两条战线的步兵主力。在作战主力部队中使用前后两条战线是非常经典的做法，它甚至可以追溯到西班牙王位继承战争（1700—1715 年）之前。这两条齐整的步兵战线之前还有一道散兵幕，炮兵和骑兵则部署在后方。

散兵要用于对付敌方散兵，此外也要对付敌方列成密集队形的步兵。步兵主力要将敌军步兵局限在某一地区，以便炮兵选择阵地，尽其所能地轰击敌军。从理论上讲，一旦给交战中的敌军造成足够的杀伤，骑兵就应当绕到外侧，攻击已被削弱的敌军，将其击溃并逐出战场。

那是师级规模的合同进攻。在规模较小的进攻中，合成作战以下列方式运作：攻方步兵与守方步兵交战。为了应付来自步兵的威胁，守方的一般做法是将自己的步兵展开成横队，以便投入尽可能多的步枪展开对抗。攻方骑兵的出现会迫使守方步兵变换队形，以此抵御更大的威胁——骑兵攻入侧翼或后方。这一举动会将守方用于对付攻方步兵的步枪数量减少到原先的四分之一。守方由横队变为方阵后就提供了密集得多的目标，这非常适合攻方用炮兵造成尽可能大的杀伤，可也只有它能够提供面对骑兵时的保护手段。骑兵将迫使守方步兵保持方阵，让攻方的炮兵或步兵朝方阵开火，直至使它陷入混乱为止，然后，攻方的骑兵或步兵就可以与守方展开近战，彻底将其打垮。方阵并不是一种适于抵御炮兵或步兵攻击的队形。

合同攻击的诀窍就在于迫使敌军在两种糟糕处境中做出选择。在小规模战斗中，若是攻方迫使守方部队进入绝望境地，那么攻方早在打出第一枪之前就已取得了胜利。

在只有骑兵与炮兵协同作战的情况下，炮兵就会不断炮击方阵，直至方阵崩溃，骑兵踏过幸存者为止。它与上文描述的情况并没有太大的不同。在步兵与炮兵协同作战的场合，这一进程就变得非常漫长了。缺乏骑兵导致守方步兵丝毫没有结成方阵的理由，它依然会列成横队，这是承受正面炮击的最佳队形。这会导致战斗陷入火力对抗中，如果交战双方士气相当，就不可能快速解决战斗。只有在投入庞大的炮兵集群或是进行距离极近的步兵交火——还可以给步枪对射加上霰弹——时，才有可能对整场战斗造成影响。但守方炮兵的数量和反炮兵射击的展开也会对后面这种努力造成限制。

a) 一个旅展开后的队形。

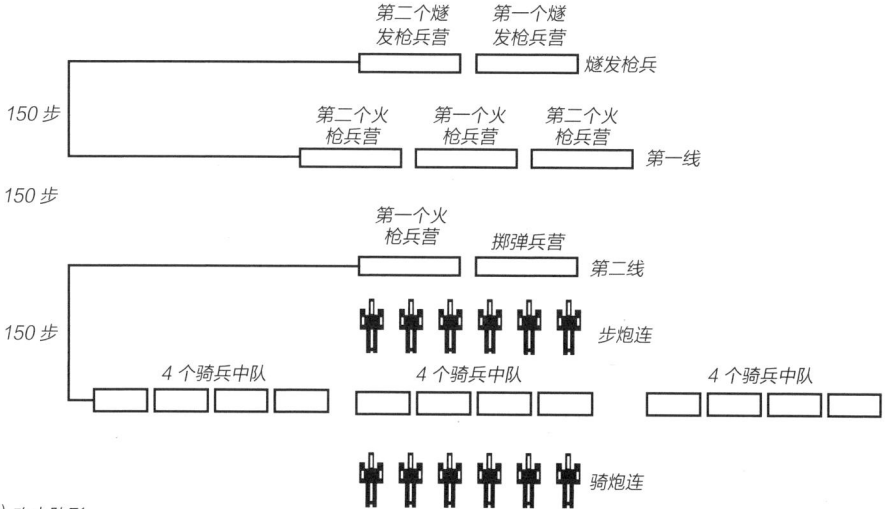

第二个燧发枪兵营　第一个燧发枪兵营

燧发枪兵

150 步

第二个火枪兵营　第一个火枪兵营　第二个火枪兵营

第一线

150 步

第一个火枪兵营　掷弹兵营

第二线

150 步

步炮连

4 个骑兵中队　　4 个骑兵中队　　4 个骑兵中队

骑炮连

b) 攻击队形。

50 步

第二个燧发枪兵营　　第一个燧发枪兵营

150 步

第二个火枪兵营　第一个火枪兵营　第二个火枪兵营

半个步炮连

150 步

第一个火枪兵营　掷弹兵营

150 步

4 个骑兵中队　　4 个骑兵中队　　4 个骑兵中队

骑炮连

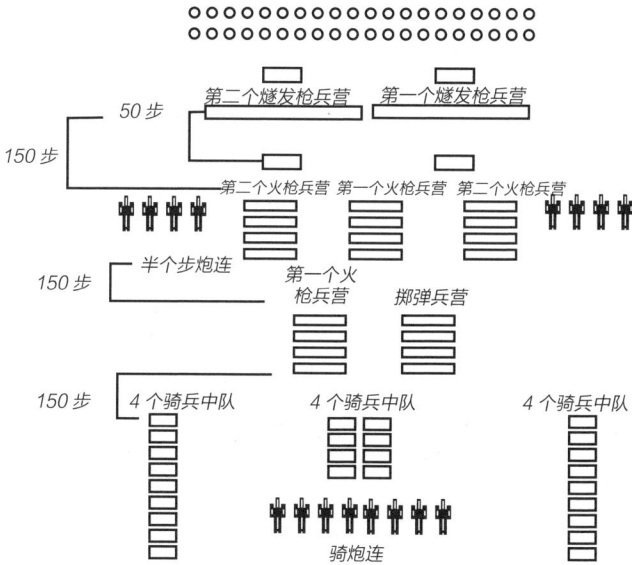

图 11.1(a)–(b) 普军的合同进攻。《普鲁士王家陆军骑兵训练条令》，柏林，1812 年。

c) 刺刀攻击。

第二个火
枪兵营

第一个火
枪兵营

第二个火
枪兵营

150 步

第一个燧
发枪兵营

第一个火
枪兵营

掷弹兵营

第一个燧
发枪兵营

4 个骑
兵中队

4 个骑
兵中队

4 个骑
兵中队

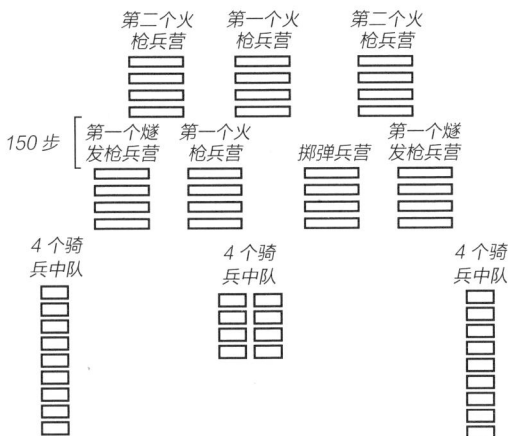

d) 在攻击中及在一般情况下列队对抗骑兵。

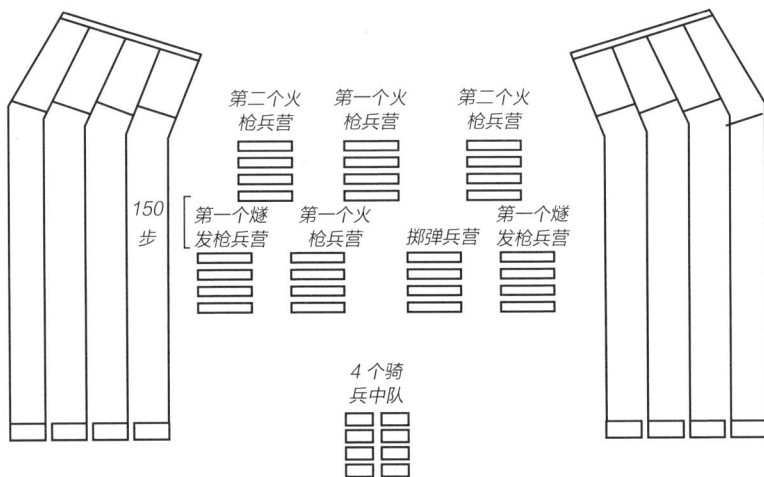

第二个火
枪兵营

第一个火
枪兵营

第二个火
枪兵营

*150
步*

第一个燧
发枪兵营

第一个火
枪兵营

掷弹兵营

第一个燧
发枪兵营

4 个骑
兵中队

图 11.1(c)–(d) 普军的合同进攻。《普鲁士王家陆军骑兵训练条令》，柏林，1812 年（续）。

　　当骑兵与炮兵联合起来攻击敌军骑兵时，其作战流程与此前步兵与炮兵联手攻击步兵十分相似，不过炮兵的目的变成了削弱、打乱敌方骑兵，将其弱化到足以让攻方骑兵确信自己可以赢得胜利的程度。图 11.2 和图 11.3 是根据奥军《1808 年骑兵条令》绘制的。它们清楚地展示了这种联合进攻所需的机动，其中还包括让炮兵变换阵地去侧射敌方战线，给敌军造成最大数目的伤亡。

这两幅图还展示了在骑炮兵附近部署小队骑兵，既保护骑炮免遭攻击，也能够伺机攻击敌军战线侧翼。

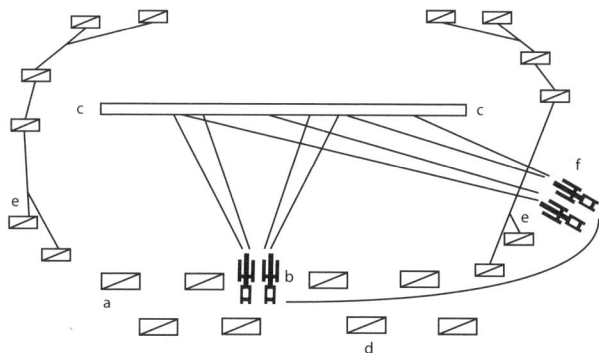

a = 骑兵团，前方 100 步处部署了骑炮连 b = 骑炮连 c = 敌军战线 d = 骑炮连运动到中央或侧翼
e = 前卫部队分遣队 f = 骑炮连分遣队，在侧翼分团的掩护下向敌军战线开火

图 11.2 在攻击中运用骑兵与骑炮兵。《皇家与王家骑兵勤务条令》，维也纳，1808 年，图版第 29。

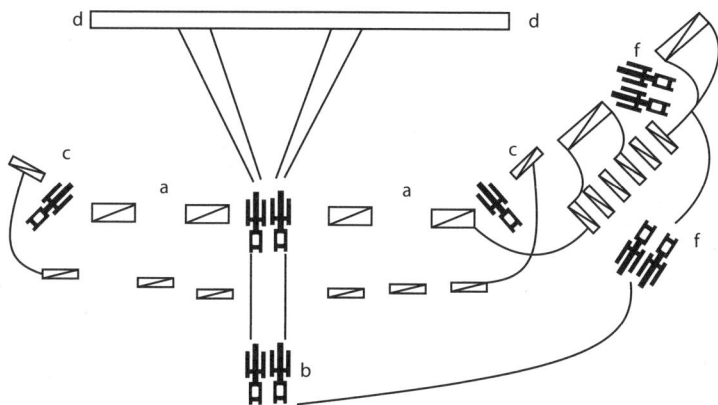

a = 以交错队形退却的骑兵团 b = 位于退却中的各个骑兵中队之间的骑炮连
c = 位于各个退却单位左右两翼的前卫部队 d = 推进中的敌军战线
f = 根据地形部署、攻击敌军侧翼的炮兵分遣队

图 11.3 在退却中运用骑兵与骑炮兵。《皇家与王家骑兵勤务条令》，维也纳，1808 年，图版第 29。

在步兵与骑兵协同作战的场合，可以发现与步炮协同作战相同的情况。在一场人数相当的战斗中，决定谁是胜利者的既有深思熟虑的协同机动和优越的战术，也有抓住战机击溃某个单位的决断力。

还有第三种基本情形，那就是对阵双方兵力大体相当，而且都投入了诸兵种合成军队。在那种交战中，关键就在于谁取得骑兵战的胜利。一旦骑兵交锋结局已定，拥有骑兵优势的一方主导了战场，拥有了不受阻碍地发动合同进攻的能力，它就会在战斗中取胜。

在面临这一情况时，对阵双方的指挥官应当竭尽全力确保己方骑兵取得胜利。取得胜利有两种方法：一是诱使敌方骑兵攻击步兵方阵——就像海浪拍击岩石一样，以此削弱其实力。一旦正在发起攻击的骑兵体力不支，就要趁它处于混乱、虚弱之际当即展开反击，这时就可以较为轻易地击败敌方骑兵。

第二种方法是挑出发起攻击的敌方骑兵，使其成为守方炮兵的主要目标，让炮兵尽可能地对其展开炮击。这种打法的目的是降低骑兵士气，减少骑兵人数，这样，当骑兵交战发生时，守方的骑兵就能拥有士气和数量的双重优势。尽管这或许不能确保胜利，但能提高守方骑兵的反击胜率。

历史上的合成军队

展开合同进攻的能力严重依赖于军一级的组织结构。任何一支军队的作战序列整体结构都表明了要展开诸兵种合成作战所需的结构与组织水平。在 1800 年之前，欧洲的所有军队都极为频繁地将骑兵分配到各个师当中。计划展开合同进攻的军队在师级层面会将师里的步兵集群作为枢轴，让师属炮兵和骑兵围绕步兵运转。这一流程在小规模层面会一直持续到 1815 年，奥军和俄军使用的各类前卫部队可以作为代表。尽管前卫部队是一种高度专业化的部队，但它在发起合同进攻时很大程度上仍然和 1800 年之前的师完全一致。

典型的师级规模前卫部队由轻骑兵、轻步兵和轻炮兵——通常是骑炮兵或其他机动性较高的炮兵——组成。之所以会发展出这种部队，是为了快速运动、侦察敌军，并且确保它即使陷入占据优势的敌军中，也能抵抗足够长的时间以便脱离战斗。它的快速机动能力表明它扮演的是侦察角色，但它又混合了全部三个兵种，这表明它还要能够对付规模相当或略大于自身的常规部队，夺取要地；在面对规模远大于自身的敌军且需守卫桥头堡或城市的情况下，也能展开必要的抵抗。

关于可能发生的前沿据点争夺战、前哨战和普通类型的大规模交战，各个兵种都接受了广泛的训练，前卫部队和常规部队的主要区别就在于前者主要接受了前两个领域的专门训练。

在 1800 年之前的师级规模诸兵种合成军队中，虽然部队的设计初衷与前卫部队的目标有所差异，但它在攻防中运用的战术理念仍与此前描述的前卫部队理念相同。

1800 年之后出现了将分配给各个师的骑兵拿走的趋势。这一改变始于拿破仑，他着手建立了骑兵军。他的目标不再是师级规模的合同进攻，而是军团规模的合同进攻。乍看起来，就骑兵军这个案例而言，"诸兵种合成"的概念似乎有些难以实现，理由便是集中起来的骑兵显然不大可能与另两个兵种协同作战。可要是有人研究过法军以及其他主要军队的作战序列，就会注意到这些骑兵大部队几乎总是将骑炮兵分配到各个骑兵师里。这是诸兵种合成作战的第一个迹象。第二个迹象则只能来自对战场上的战术运用进行的研究。

对骑兵师或骑兵军而言，诸兵种合成作战的一般流程始于运用师或军一级的步兵部队。这支步兵以步枪和火炮与敌军展开交战，直到将敌军削弱到一定程度为止，然后，庞大的骑兵集群如同惊雷般的推进就足以令敌军士气失控。一旦敌军陷入崩溃的士气和惨重的伤亡导致战线出现缺口，骑兵就可以涌入缺口，多米诺效应将会导致整条敌军战线集体崩溃。这种战法在耶拿和奥尔施泰特得到过运用，在其他若干会战中也取得了毁灭性的打击效果。法军在艾劳也尝试过这种打法，但并没有收到预期的效果，原因就在于俄军战线并没有遭到足够的磨损，并没有虚弱到因骑兵推进就陷入崩溃的地步。关于这种诸兵种合成作战，最著名的失利就发生在滑铁卢会战中，当时奈伊认为英军正在退却，便命令骑兵在没有步兵和炮兵支援的情况下发起攻击。这场进攻沦落到此前描述过的地步，坚固的步兵方阵愉快地朝攻击中的骑兵射击，直到不堪忍受的骑兵被迫离开战场为止——彼时它已不再是一支能够继续作战的部队了。

合同进攻是那个时代的终极武器。它结合了每个兵种的最佳方面，将它们混合在一起，相得益彰，产生出远比各兵种简单累加强大的战斗力。它也存在缺陷，如果时机把握不当，还可能遭遇失败，但是如果使用得当，它就一定会取得胜利。

大战术与战略行动

第十二章

指挥与控制

如果还有什么重要创新可以归于1792—1815年这个时间段的话，那一定要属军队参谋部门的发展。在法国大革命爆发时，各支军队都只有发育很不完善的参谋机构。将军有一小队须要负担各类任务的副官，也有一些重要职能须要指派给某些高级军官（比如说分配物资和粮秣、负责军法事务的军官，以及监督辎重队的马车总管）。第一个真正的现代化参谋机构是法军创造的，最可能的创造者就是拿破仑本人。当大军团入侵俄国时，它拥有1位参谋长，参谋长身边有9位副官；1位直接向参谋长负责的马车总管；1个拥有5位将军——其中包括承担编纂战史职责的若米尼（Jomini）男爵、11位参谋和50名辅助军官的总参谋部；地图测绘部门的军官和制图师共有14人；3位高级军官被指派到帝国宪兵中；19名军官被定义为"配属给总参谋部的将官、军官和其他人员"；帝国军务部门有19名军官，负责给工作人员及专员开支薪饷；1名巡视主管和3名巡视员；卫勤部门有10名外科医生、医院主管和物资管理人员；炮兵参谋部有4位将领和上校；舟桥纵列有6位高级军官；攻城纵列有6位高级军官；工兵参谋部有4位高级军官。除了上述个人——关于他们的最佳描述就是参谋及参谋以上级别军官和高级官员——之外，还有人数众多的士兵负责协助他们的工作。

拿破仑认为，要让他的军队在他们知之甚少的土地上长距离作战，就须要得到军政、补给和交通方面的帮助，提供上述帮助正是这个参谋机构的职责。

拿破仑的参谋机构——以及其后180年间出现的参谋机构——为指挥官提供了他们原本缺乏的眼睛、耳朵、加工分析数据的大脑和处理维持一支军队顺利运作所需的成千上万桩杂务的手。参谋机构变得极为重要，最终竟到了这样的地步：过去曾经是上千名战士才能对应一名隶属于参谋机构的军官或士兵，可现在，军队的行政"尾巴"人数已经超过了实际作战人数。

情报

地图测绘部门的职能是在赶在主力军之前通过某地，他们要么是在和平时期完成工作，要么是进行介于秘密与公开之间的侦察，要么是在战役中带着一队护卫人员完成任务。针对法军即将通过和作战的地区，他们会画出对应的地形图。这一信息将以地图的形式记录下来，地图复本还会被送到拿破仑的元帅、军长和师长手中，让他们对即将遭遇的地形拥有准确的认识。

军队用于侦察的其他兵力由轻型部队组成，其中大部分就是轻骑兵，他们会在大部队之前几英里处行进或驻扎。这些部队要负责观察任何一支大部队，并捕获敌军的掉队人员，从他们口中拷问出部队单位、行军方向、指挥官以及作战计划等信息。这听起来令人惊讶，但在准备此次研究时，笔者读到的每一份记载都表明普通士兵乃至军官几乎都会毫不迟疑地说出他们所知道的一切。俘虏只需要给出姓名、军衔、编号和出生日期的惯例此时尚未建立。所有欧洲军队都通过这种方式获取情报。

谍报和通过非军事手段获得数据就完全是另一回事了。关于这个话题，目前只有很少的资料，不过众所周知，拿破仑时常使用传统手段，让伪装身份的间谍从事秘密活动，他也利用商人和旅行者，让他们呈递有关敌军主力部队的观察结论，他还会利用驻外领事和外交官那类由来已久的活动。拿破仑通过这些人获得了稳定的信息流，信息汇入总部后，他就以非常独特的方式加以利用，在实时的大战术 态势下如何行事做出决断。正是这种信息让他在 1813 年 5 月前往吕岑战场，该战他之所以未能取得压倒性的胜利，并不是因为缺乏情报，只是由于运气不佳。

我并不是说其他国家就没有利用这些情报搜集工具。俄国的往来信函中存在若干文献，表明该国的驻外武官会定期报告其他欧洲同盟国家的兵力、组织、装备细节。俄国总参谋部 1912 年出版的《1812 年卫国战争》（La guerre nationale de 1812）中就充斥着这样的报告实例。马尔格龙的《俄国战局》（La Campagne de Russie）里甚至收录了法国谍报人员——其中既有间谍，也有武官——发来的更多报告。

拿破仑还会使用一些不那么显而易见的方法搜集信息。他时常阅读或评阅欧洲的各种报纸。当时对报纸出版内容并没有什么限制，法军时常能够从这类来源中获得惊人的信息量。报纸会习惯性地报道某位军官出现在城里或是城市举办大型社交活动欢迎行进中的联军。它们时常会列出驻扎在对应城市的各个团。不论是出于无意还是有意，18、19 世纪的报业人士就和今天一样，泄露出大量的军事机密。唯一的不同就在于那个时期的大部分军方人士似乎还不够精明，并没有意识到这一点，也可能他们既无法控制媒体，也无意加以控制。考虑到整体上他们对今天的自由世界极为珍视的"新闻自由"漠不关心甚至毫无渴望，更可能出现的情况是他们并没有意识到新闻报道带来的影响。

值得注意的是，拿破仑充分认识到了这一工具的双重作用，在 1813 年 3 月 2

日写给巴萨诺公爵（Duc de Bassano）的一封信中，他特地指出自己希望公爵致信莱茵邦联诸国的各个"管事人"（chargés d'affaires），要求他们对报纸的写作加以控制或审查。《法兰克福公报》（Gazette de Frankfurt）可能刊登了一份有关法军运动情况的全面记录。拿破仑表示："Cela a le plus grand inconvenient."（这会带来极大的不利影响。）

搜集到情报之后，就得进行分析了。在法军中，分析工作似乎是由拿破仑的参谋机构中的一小部分人员完成的，而且多数分析由拿破仑本人完成。拿破仑维持着一支书记员队伍，让他们负责搜集数据并加以分类，然后再呈递给他。拿破仑的做法与现代军队截然相反，他似乎是由自己进行分析。

搜集、分析情报之后，他便做出决定，而后将命令传达给各位军长。拿破仑会向书记员口述命令，这些命令随后要传给帝国总参谋长贝尔蒂埃元帅，由元帅负责复写和分发。帮助贝尔蒂埃的是另一队书记员和抄写员，他们誊写的命令随后发往各位将领手中。值得注意的是，这些命令时常是加密的，用意在于防止敌军截获命令后加以利用。

当命令准备完毕后，就得由诸多副官、勤务官和信使——这一时期的所有军队中都有这些人员——将命令带到目的地。信息处理完毕、命令传达到位后，作战流程的下一步就是战略机动了。

战略机动

所有机动都有同一个目标：让敌军陷入交战条件最有利于机动方指挥官的境地。它的实现方式可以是夺占领土、城市或补给物资，随后迫使敌军要么接受旨在保卫这类资源的会战，要么被迫快速退却以免遭到饥荒或其他灾难侵袭。它还可以用"最先投入最大兵力"的方式实现，这样就可以在数量上占据优势，从而在敌军获得增援之前将其歼灭。

在第一种状况下，机动方指挥官会利用两种关键因素：国家政治和食物。对一个国家而言，首都沦陷总会带来政治上的毁灭性影响，不过，这种影响的毁灭性在今天要比1860年之前大得多。拿破仑多次攻占维也纳，也曾占领过柏林和莫斯科，但在这些场合，政府机构似乎都能迅速自行重建并持续运转，机构效率也没有出现显著下降，只有联军在1814年攻占巴黎才产生了摧毁一个国家抵抗意志的效果。然而，在经历了长达 23 年的战争后，巴黎人愿意接受任何能够终止战争的理由，这并不令人吃惊。

在拿破仑时代和前拿破仑时代，丢失一座都城往往意味着丢失全国最大城市里的仓库和生产设施，这让夺占首都显得尤为重要。但是，这只是就长远影响而言，就短期层面来说，它基本上无法阻止一支军队继续展开会战。

相比之下，针对食料的战略机动影响就较为显著。军队须要持续输入食物，如果食物无法运输到位，军队就会陷入瓦解，随着食物补给短缺的时间越来越长，瓦解速度就会呈几何级数增长。

法军能够较好地应对这一困境，因为他们拥有高度发达的食物搜寻能力。其他国家的军队——也包括法军的盟友在内——尽管能够搜寻食物，却缺乏让粮秣征收人员将食物带回大部队供战友 食用的系统化组织。马塞纳之所以能够在托里什韦德拉什（Torres Vedras）防线之前生存数月之久——即便威灵顿认为他已经将当地的食物彻底清除干净——原因就在于此。

一旦面临己方补给被敌军截断的威胁，将领就有两种选择：

1. 强行突破；

2. 尽可能快地逃离不利位置。

如果他选择强行突破，敌军将领便实现了他所期望的目标——迫使对方在他选定的条件下展开会战。此外，通过迫使敌军发起攻击，他还可以挑选防御阵地，使自己占据能够找到的各类地形优势。

机动的第二个动机——最先投入最大兵力——就是要确定敌方规模较小的部队所在地，而后使其陷入孤立并加以歼灭。关于这种机动，最出色的案例可能就出现在 1814 年 2 月初，拿破仑那一度强大的军队当时只剩下遭受重创的残余兵力，而他恰好发现冯·布吕歇尔元帅愚蠢地让西里西亚军团下属各军分散在通往巴黎的道路上，各支部队的间距拉得太长，难以相互救援，这让拿破仑取得了四场令人惊叹的胜利：尚波贝尔（Champaubert）、蒙米赖（Montmirail）、蒂耶里堡（Château Thierry）和沃尚。沃尚之战几乎令布吕歇尔丧失了自由，甚至差点丢了性命。虽然逃过一劫，但这四场会战还是令他损失了大约 20000 人。

任何一位有能力完成上述机动的将领都依赖以下诸多因素：一是情报搜集工具。如果他能确认一支敌军部队真的相当孤立，就可以针对它展开机动。如果它还不够孤立，这位将领也可以让他的部队展开机动，长期隔离敌军，为他争取到解决这支敌军足够的时间，而后再着手对付任何一个正在行军的救援纵队。在这种状况下，他须要依靠侦察部队或间谍提供持续不断的准确情报。

搜集了情报、确认了目标、制订了计划之后，剩下的就是让军队就位执行计划。这需要拿破仑时代各类作战手段中最基础的一种——步兵。所有军队都是用步兵运动执行主官的命令，将战争带给敌人。

军队在行军状态下的速度与规模

行军在军事文献中并不是一个非常流行或普遍的主题。通常情况下，大部分评述局限于陈述某个师或军为了抵达某个战场参与某场会战行军多少英里。然而，在撰写这本书的准备过程中，我发现了两部致力于这一题材的著作，而且它们都是由法国作者撰写的。第一部是埃斯卡勒的《拿破仑军队的行军》，第二部是雅里将军的《关于军队行军和运动的论述》。以下文字都源于这两本著作。

不过，在讨论上述问题之前，研究军队运动时还必须考虑到另外几个因素。这些因素是：

1. 道路系统和地形；

2. 机动中的军队组织结构；

3. 仓库和其他辅助设施的位置；

4. 行进的大体样式（队形）。

即便把 19 世纪（初）的欧洲与 1900 年的欧洲相比，两者的道路系统仍然大不相同。在 19 世纪初，所有的往来车辆都是由马匹拖曳的。只有很少的路面铺有一些碎石。大城市之间有交通主干道。在西欧，哪怕农村地区也交错分布着蛛网般的支路和小路，在行军过程中，军队可以利用这些次要道路平行于任何主干道行进。这一支线网络让军队在大规模机动中有较大的灵活性，但道路地图的质量往往很差，与蛛网相差无几——这或许会超出人们的想象。糟糕的地图和曲折的道路会导致部队偏离目的地若干英里。为了消除这种混乱状况，侦察部队要记录道路状况，大部分军队也都在军团一级设有地图测绘机构，以便更新旧图，绘制新图。

由于地形因素的影响，这些支路也存在一定的限制。山地、密林、大河等都会产生若干狭窄隘口，导致车流只能经过其中少数几条宽阔的通道。显然，这些地形特征会对机动和机动效果造成限制。此外，即便是在西欧，大雨也会导致许多道路变成无法通行的泥泞地带。

组织结构也限制了军队的机动能力。要是有人研究过法国大革命与拿破仑战争这 23 年中法军那"闪电般的"机动，就会很好地意识到这一点。1805 年，法军以欧洲其他军队的指挥官难以想象的速度飞快地通过法国北部。1796 年，拿破仑如同从瑞士山间乌云里落下的雨滴，通过了人们认为大军难以通行的地段，对意大利境内的奥军发起攻击，并将其歼灭。为了击败奥俄联军，达武军不可思议地仅花了 3 天时间就抵达了奥斯特利茨，行军里程达到令人惊叹的 90 英里。

以下三个原因让法军实现了这一速度：主要原因是法军的组织结构，次要原因是法军的辎重队情况，最后则是法军士兵普遍年轻。

这里先解释最后一点（也只会简短陈述），法国人让大量年轻人涌入军队，他们更适合行军，更能够忍受行军中的艰苦条件。欧洲的其他军队——特别是（1806 年之前的）普鲁士军队——有许多成员年过六旬，因而其中充斥着不能跟上苛刻行军步伐的年长士兵。然而，随着其他国家也开始采用征兵制并把军队规模扩张到超过传统水平，这种差异就又发生了变化。

不过，军队年轻化的影响只是一个辅助性因素。主要因素则是行军中军队的组织结构，或者更确切地说，是军队选择带在身边拖着走的东西——它的补给车队。法军不允许使用大量车辆或驮畜运输军官的帐篷和财物。每个团也不会像其他军队那样动用大量客车、货车或驮畜运输帐篷和扎营装备，这在当时的欧洲军队中是绝无仅有的。

关于跟随军队行进的这些辎重车队，有两点值得探讨。鉴于车队在行进时须要军队护送，它们就像是磨石一样，成了军队在行军途中绕在脖子上的重担，将行军速度降到了补给车辆的速度，这比炮兵还要慢。

其次，这些庞大的尾巴让非战斗人员——这被当时的各支军队视为必要存在——充塞着道路。它堵塞了干道，延缓了整个机动过程。法军在行军客观所需、缺乏马匹车辆和革命平等主义的驱使下，废除了跟随法国王家陆军的辎重车队，在行军时不携带它们。在不受这种庞大车流妨碍的情况下，法军的行军速度绝对能够超过他们所遭遇的任何一支敌军。

影响机动的第四个因素是仓库和其他辅助设施的位置。跟随着军队的各式车队之所以存在，也和仓库有着密切的联系。由于当时的各支欧洲军队都无法就地取食，它们就依赖一套仓库体系提供所需的补给。尽管在法国大革命之后，仓库已不是战前的那种重要考虑因素，但任何一位将军在让自己的军队远离补给仓库时都会考虑再三。

最后一个因素也最为重要，它就是军队行进时的大体模式，包括队形在内。许多欧洲军队都选择一条主干道作为行进路线，而且就此局限在这条路上。因此，它们的所有交通工具都沿着一条道路连成一线，就像是串在绳子上的念珠一样。这种做法原因有二：一、劣质地图和对小路了解有限导致走小路风险过高；二、军官们渴望尽可能驻扎在大城镇。对法军而言，这两个要素都不算重要。法军的地图测绘部门是当时欧洲最发达的测绘机构，革命平等主义的遗留和原先的非特权阶层充当军官则使法军对物质上的享受关注较少。

这两个因素让法军能够较为自由地沿小道机动。用上了小道后，拿破仑发现他能够以比敌军更宽阔的正面展开推进。一旦与敌军发生接触，他就能够让更高比例的部队以更快的速度赶赴战场，而敌军的尾巴仍然距离战场有几英里的路程，拖在纵队先锋和主力后方。然而，辎重车队的具体规模要留到下文讨论。

战略行军的历史记录

在讨论法军向乌尔姆推进时，埃斯卡勒提到第6军马勒（Malher）将军的第3师通常在凌晨4—6时之间开始行军，上午10时到正午之间停止行军。他也表示尽管每天的行军里程从12千米到40千米不等，但通常情况下都在25—30千米左右。这表明平均下来每天要花6个小时行军大约27.5千米，或者说每小时行进4.58千米（2.86英里）。如果考虑到每个小时都要休息5分钟，走完四分之三的路程后还要休息半个小时，那么实际行军时间就缩短为5个小时，速度也提高到每小时5.5千米（3.43千米）。

在1812年战局期间，拿破仑估计他的军队每天要行进大约25千米。这与马勒在1805年的做法非常类似，这足以表明行军6个小时，余下时间宿营休整的流程极具代表性。

在奥斯特利茨会战之前的几天里，达武第3军的一部分部队完成了一场重要性足以载入史册的行军。不幸的是，关于行军路程究竟有多长还存在相当多的争议。

参考若干份资料后，笔者制作了以下表格。计算行军速度时使用了两种不同方式：第一列中计算的速度（最低速度）是用行军的总路程除以总时间；第二列（可能达到的最高速度）则假设法军使用了常见的行军方式：每小时休息 5 分钟，午餐休息 1 小时，每 24 小时睡眠 5 小时。根据这一估算，法军每 24 小时中有 16.5 小时可以用于行军。

表 12.1 达武的行军与速度

	英里	小时	最低速度（英里 / 小时）	可能达到的最高速度（英里 / 小时）
钱德勒	80	50	1.60	2.33
钱德勒	70	46	1.52	2.21
达菲	76	46	1.65	2.40
埃尔廷	70	36	1.94	2.82
海索恩思韦特	70	48	1.46	2.12
扬	80	50	1.60	2.04
维吉耶 [1]	99	36	2.75	4.00
标准差 1	9.60	5.63	0.48	0.63
标准差 2	4.53	4.76	0.15	0.25
平均值	74.3	46.0	1.65	2.50

维吉耶的数据显然超出了其他数据的范畴。计入维吉耶数据的标准差 1 和不计维吉耶数据的标准差 2 表明，就统计学意义而言，该数据是个离群值，应当在计算平均值时略去。根据这张表格所示，达武的军队能够在长时间行军中达到每小时 2.5 英里的稳定平均速度。值得注意的是，作为当时的一位将领，雅里曾指出部队能够在路况较好的情况下平均每小时行进 2.27 英里。因此，达武的速度略高于当时所知的部队所能维持的行军速度，但是仍处于合理范围之内。

关于联军部队的行军，笔者手头只有相当有限的记录，但这些行军无一例外地比法军慢。然而，从麦克莱伦 [2] 发给陆军部长的报告中还是可以发现一些端倪，他表示俄军以每小时 2.66 英里的速度行军。这超过了达武的行军数据，不过，值得注意的是，达武所部的夜间睡眠时间源自若干假设，而且麦克莱伦并没有说俄军能够在多长时间内维持这种行军速度。

1809 年 7 月底，在克劳弗德（ Craufurd ）的轻步兵旅从纳瓦尔莫拉尔（ Navalmoral ）

赶往塔拉韦拉的行军中，我们发现了又一场非凡的行军。这场行军的第一段是从纳瓦尔莫拉尔赶往卡尔萨达（Calzada），路程为14.5英里，轻型旅在西班牙的灼热阳光下行进了5个小时（平均速度为每小时2.9英里）。英军在短暂休整后继续朝奥罗佩萨（Oropesa）前进，在3个小时内又行进了7英里（每小时2.33英里）。休息5个小时后，轻步兵旅行军8个小时抵达塔拉韦拉战场，又走过了大约20英里（平均每小时2.5英里）。尽管克劳弗德这次行军的路程并没有达武赶赴奥斯特利茨的著名行军长，但也可勉强用作对比。此外，在7月的西班牙，英军顶着地中海的烈日，背着装满物品的背包行军，这或许也要比法军在12月的奥地利行军困难一些——不管法军是否背上了背包。

甚至在第二次世界大战中，也可以找到一个不容忽视的类似案例。事实上甚至可以认为它超过了达武的行军：1943年7月20—21日，（美军）第3步兵师第30步兵团3营在西西里岛上从阿拉戈纳（Aragona）赶往圣斯特凡诺（San Stefano）。它在33小时内行进了54英里，抵达圣斯特凡诺2小时后就投入到进攻当中。假设该部队不停地行军，他们的行军速度就是每小时1.6英里。假如这支美军运用了法军的战略行军方式，每天行军15小时，他们就在地中海的烈日下、在意大利的山峦间每小时行军大约2.5英里。

显然，当时的战略行军条令和文献准确地反映了士兵长距离战略行军的能力。

敌军出现时的运动

法国革命军将领雅里[3]的著述旨在探讨敌军出现时的最佳机动方式——也就是如何向战场进军。

他的第一原则就是最好尽可能多的纵队抵达战场。他表示行军中的所有估算和预警措施都要受到地形特征、与敌军相隔的距离以及两军之间发生的事件的约束。此外，雅里还表示，出于多种原因，军队可以拥有投入会战或不惜一切代价避免会战的意愿。

雅里认为行军中须要注意的第一个要估算的问题就是军队应当在何时抵达预定地点。这种估算要基于纵队数量、每个纵队中的人员数量、道路和必须通过的隘路宽度。

当步兵营和骑兵中队被分成分营或排行军时，一支以作战序列行进的军队会恰好反映出这样的营和中队展开成战斗队形时的占地宽度。

如果一个纵队的纵列长度超过组成它的步兵营和骑兵中队在列成战斗队形时的宽度，那么纵队以纵列行进方式抵达战场的时间就与其正面宽度成反比。也就是说，如果一个 4 人宽纵队的末尾部队得花一个小时抵达先头部队的出发点，那么 6 人宽纵队就需要三刻钟，8 人宽纵队则需要半个小时。

雅里表示：

经验已经告诉我们，在糟糕的道路上，步兵（可以）用 1 小时 3000 步的速度行军；中等道路是 3900 步；在良好的道路上（可以）达到 1 小时 4800 步，即大约每分钟 80 步，而且应当被视为步兵能够行进的最快速度。

雅里提到的步幅是 30 英寸。根据该数据，他得出如下计算结：

3000 步 =2500 码 =1.42 英里（2.3 千米）/ 小时

3900 步 =3250 码 =1.85 英里（3.0 千米）/ 小时

4800 步 =4000 码 =2.27 英里（3.6 千米）/ 小时

雅里认为，一名在纵队中负重前行的士兵能够以和常人不受阻碍空手行进时相同的速度行军。在非常糟糕的道路上，营属火炮会极大地拖累行军速度，它们拖延了步兵的脚步——如果没有营属火炮，步兵的行进速度就会快得多。

在描述骑兵时，雅里认为马的步幅是 35 英寸，它在各类道路上的慢步（不是快步）速度如下所示：

糟糕路况：3600 步 / 小时 1.88 英里 / 小时

中等路况：4800 步 / 小时 2.65 英里 / 小时

良好路况：5400 步 / 小时 2.98 英里 / 小时

他以类似的方式计算出炮兵的下列行进速度：

糟糕路况：2400 步 / 小时 1.32 英里 / 小时

中等路况：3000 步 / 小时　1.66 英里 / 小时

良好路况：3600 步 / 小时　1.99 英里 / 小时

　　埃斯卡勒在其著作《拿破仑军队的行军》中也就法军的行军速度进行了一些讨论。他表示骑兵能够以每小时 4800—5000 米（3—3.125 英里）的速度行进。步兵能够以每小时 3000—3500 米（1.9—2.2 英里）的速度行进。然而，条令规定的行进速度最高为每小时 4000 米（2.5 英里）。问题似乎出在炮兵和其他运输车辆的行动上，由于路况糟糕，它们的速度很少能超过每小时 3000 米（1.9 英里）。因此，若是假设法军进行常行军而非强行军，那么一支诸兵种合成的法军部队在战略机动中的行进速度就大约是每小时 3 千米（2 英里）。法军看起来会每行军 1 小时就停下来休息 5 分钟，而在完成当天四分之三的行程后，则要至少休整半个小时——具体时间取决于行程长短。当然，随着纵队越拉越长，它就可能继续休整以便让队尾人员及时赶上。当行军暂停时，团里的乐手会演奏乐曲。

　　雅里表示，当敌军出现后，各纵队在行军时必须留意地形，不要让障碍物导致它们相互隔绝——要是遭遇威胁，这种隔绝可能导致各个纵队无法通力合作。这就是侦察变得相当重要的场合，引领纵队前行的军官必须了解己方纵队能否在敌军可能赶来交战之前将障碍清理完毕。

　　为了提供一个说明案例，雅里详尽说明了一个营向前推进时的细节。在他给出的例证当中，一个 600 人的营排成三列，给每个人留出 2 英尺的空间，这样，三列横队全长就是 400 英尺或 200 行军步。如果它变成宽度为 12 人或更多的行军纵队，那就不必在计算中给军官留出空间。然而，要是行军纵队正面宽度少于 12 人，那么就必须给军官们留出空间。

　　如果正面宽度为 8 人，整个队形就有 75 行，每行前后占地 6 英尺，纵队就全长 450 英尺。20 名骑马的军官两两结对而行（他估计一对军官前后占地 12 英尺），导致纵队加长了 120 英尺。这样，纵队就全长 570 英尺。利用同样的计算方法可得，一个以正面宽度为 4 人的纵队行军的营全长为 1020 英尺。

　　几个纵队沿一条路线呈纵队行进时，还须要在各个纵队之间留出大约 20 英尺的间距。鉴于纵队中的每个营还要分到 2 门团属火炮（由 4 匹马牵引）和对应的 2 辆马车，每个营纵队还得加长 160 英尺。

这迫使纵队中的各个营拉长间距。它导致纵队这个整体不能采用与战斗队形完全相同的行军队列，不过，各个营倒是可以这么做。

埃斯卡勒也提供了一些特定事例：在 1805 年，包括 24 个步兵营、师属炮兵、辎重和工兵在内的 3 个师共 21500 人的行军纵队全长为 9767 米（6.1 英里）。这就给出了 0.28 英里／千人的战略行军纵队长度，或者说，法军的长度相当于奥军的75%、俄军的 64%。然而，法军还能用密集纵队行军——他们事实上也这么做过，这就可以将行军纵队的长度缩减为正常情况下的 40%，也就是 0.11 英里／千人。

如果在敌军视野内由右翼或左翼部队执行侧向行进，火炮就得沿着纵队一侧独自行进，这样纵队只用向右转或向左转，就可以列成各营之间留有恰当间隔的战斗队形。管制行军的人员要负责给纵队和火炮腾出必要的通道。

雅里随后的计算指出，一个由 20 个步兵营组成、正面宽度为 8 人的纵队，在携带火炮和其他装备后全长应当为 14600 英尺或 5840 行军步。这一距离长到最后 8个人须要行军 90 分钟才能抵达纵队先头部队所在位置。

雅里认为，"最完美的行军"得让第一线和第二线拥有同样多的纵队。也就是说，8 个纵队应当以下列方式行军：4 个纵队位于第一线，4 个位于第二线。这些纵队最好应当向左进入战场。根据上述部署，第一线和第二线的部队就可以一同抵达指定地点。

雅里注意到第二条战线各纵队的先头部队不会和第一线的同类部队等高或平行，而是位于后者之后 300 步或 400 步处。尽管通常认为纵队先头部队应当保持等高或平行，但有必要了解这只适用于组成同一条战线的各个纵队。

如果还存在预备队或第三条战线，且分成两个纵队行进，这两个纵队的先头部队就要位于第二线先头部队之后 300—400 步处。这是因为属于不同战线的纵队先头部队在行军中应当像在扎营时一样保持相同的距离。

尽管第一线和第二线各纵队分别行军被认为是军队同时列成战斗队形的最理想状态，但这也是一种在垂直行军中难以执行的安排，因为很难找到足够多的道路帮助各个纵队以大致平行的方向运动。

狭窄的通道和其他约束条件——隘路——要求纵队缩减其正面宽度，比如说将宽度从 12 个伍减少到 8 个或 4 个。这些约束也要求部队尽可能保持紧密队形。骑兵参谋的职责就是给步兵参谋（aides major-généraux）标出第一线和第二线纵队先头部队应当转弯以进入战场的地点,就将军的指示达成一致。旅里的步兵参谋(aides major-généraux de brigade)应当留在通道上,直到整个纵队通过为止。

只有当军队中的每个具体部门长官都充分了解自己的业务范围时,才能恰当地执行这种勤务。要是不能给每个纵队都配备一位旅里的参谋(aide major de brigade)的话,就得有助理军需官①出现在纵队先头部队的转向地点。当敌军沿着凹路或狭窄的深谷接近己方时,负责探清道路的骑兵参谋(aides maréchaux des logis)[4]就必须留心同时找到道路某一侧宽到足以让人乘马通过的通道。如果不能预先做到这一点,就会时常发生传令人被迫停下来,须要克服极大困难才能前行的情况,在某些情况下,因此遭遇延误的命令会造成很大的问题。

如果一支军队怀着发动会战的目的行军,而且由于地形条件所限,只能列成不超过三四个纵队的队形沿隘路行进,那么,如果它想让重炮兵的行军和各个团的行军很好地结合起来,不让后者受到影响,就会体验到极大的困难。

雅里认为,如果以3个或更多的纵队展开行军,就应当设立一支前卫部队。他继续表示,根据战场的地形,前卫部队之后相隔大约1小时行程处应当安排一支骑兵分遣队,其人员可多可少。一旦发现敌军,骑兵就要在一名骑兵参谋指导下,在每一支前卫部队后方停止前进并下马,进入道路左右两侧,给后续部队让出大路。

此外,在白天的行军中,路上应设置指导行军方向的路标,而且这些路标之间应该能够相互指引行军方向。这些路标要由参谋军官设置,其职责就是确保路标正确。

俄国的一个军

每个俄国团有41辆额定车辆。如果假设一辆车全长10英尺,一个二骈四马编组长20英尺,那么可以合理推断一套车马全长30英尺。如果让纵队中的每两辆车之间相隔5英尺,那么每一辆马车所占据的前后总长度就是35英尺。因此,一个团的马车辎重队全长是1435英尺。

团不会用正常的紧密队形行军。埃斯卡勒表示行军中前后两列之间的距离应当是正常距离的2倍。在1810年,一个营的正常横队全长是368英尺。②在双倍间距

---

①原注:在军队向战场行军时负责维持部队秩序,让军队前往指定区域的参谋军官。
②原注:尽管各个国家的营在理论上都拥有不同的组织结构,但在实践基础上,鉴于作战带来的伤亡、征兵时的不同情况等等因素,在本次讨论中,一个营不论属于哪个国家,都会被看成这样的一个营。

的情况下，再加上团里的第二个营，一个行军中的俄国步兵团纵队全长就是 1472 英尺。加上团辎重队的 1435 英尺后，整个团的行军全长是 2907 英尺。因此，由 6 个团组成的师纵队全长为 17442 英尺（3.3 英里）。由 2 个师组成的军就是 34884 英尺（6.6 英里）。

然而，在计算一个由 2 个师组成的俄国军时，还必须加上师之间通常会留出的 2000 英尺间距。此外，每个师还有 1 个炮兵旅，它由 1 个 12 磅炮连和 2 个 6 磅炮连（各有 12 门火炮和 24 辆前车[5]）。12 磅炮要用 6 匹马来拉，20 磅独角兽炮[6]得用到 10 匹马，6 磅炮需要 4 匹马，10 磅独角兽炮则是 6 匹马。这就得出了 4 门 20 磅独角兽炮（40 匹马）、16 门 12 磅炮和 10 磅独角兽炮（96 匹马）、16 门 6 磅炮（64 匹马）、36 门火炮与对应前车、72 辆弹药车，那就是 200 匹马、108 辆火炮、前车组合及弹药车。鉴于一对马长 10 英尺，一辆运输车长 10 英尺，108 辆车之间前后间距为 5 英尺，这个炮兵旅的全长是 2620 英尺。鉴于一个军有 2 个炮兵旅，这个军的炮兵纵队全长就是 5240 英尺。整个军全长为 42124 英尺（7.97 英里或 12.96 千米），这就给出了每千人 2300 英尺（0.44 英里）的战略行军长。

奥地利的一个军

在 1809 年的奥地利军队中，每个团有 13 辆配备 4 匹挽马的马车和 26 匹驮马。如果假设 3 匹驮马并排行进，并用上此前得出的 2 对挽马拖曳的马车全长，那么这个团的辎重尾巴就有 545 英尺长。如果将奥军上将希罗尼穆斯·科洛雷多伯爵[7]的军在 1813 年 8 月 10 日的情况作为奥地利军的典型，那么我们就得出一个军拥有 22 个步兵营、12 个骑兵中队、1 个骑炮连、4 个旅属炮兵连、1 个 6 磅阵列炮兵连、2 个 12 磅阵列炮兵连。由于奥军步兵因民族不同而存在差异，假设一个营横队的平均标准宽度为 723 英尺，行军时前后拉长到 1446 英尺。10 个团的辎重队全长为 5450 英尺。因此，22 个营的全长是 37262 英尺。由于各个师之间须要留出 2000 英尺，这又让纵队加长了 4000 英尺。

每个骑兵中队有 168 人，他们以三路纵队行进，每匹马要留出 10 英尺的空间，这样，12 个中队的全长就是 6720 英尺。炮兵有 14 门六马拖曳的火炮、32 门四马拖曳的火炮，或者说，炮兵全长相当于 60 对挽马加上 138 辆火炮、前车组合及弹药车，也就是 2670 英尺。

这个军纵队全长 50652 英尺（9.6 英里），共有 25928 人。因此，奥军的战略行军长度是每千人 1954 英尺（0.37 英里）。

交错的行军路线

有许多记载提到两个军或两个师偶然在同一条道路上相遇，或是行军路线出现交叉，由此导致会战出现延迟。当行军纵队相遇时，各个纵队都要沿道路右侧行军，就像世界上多数国家的现代车辆一样。[①]

如果道路没有宽到能让两个纵队同时相向而行，就要有一个纵队停下来，让另一个纵队先行通过。如果相遇的两个单位隶属于同一支部队，就要根据这两个单位在作战序列中的次序决定谁停下来。如果辎重部队与作战部队相遇，那么停下来让路的总是辎重部队。这么做有两个原因：一是因为作战部队优先级别较高，二是因为辎重部队行军速度较慢。在行军路线出现交叉时，除非有特定命令要求相遇的部队不做逗留，不然也会发生与前文类似的情况。

行军中的军队

法军的《1792 年条令》（Règlement de 1792）[8] 要求军队以 6 个纵队行军。每一翼的骑兵和每个步兵师都要让资格最老的旅排在最前头，第一线的其余部队紧随其后，第二线的部队此后也要根据第一线的队形行进。

但例外也是存在的，军队还可以分成 4 个纵队行军。这就意味着骑兵要分到 4 个纵队当中。每一翼第一线的骑兵须要随同第一、第四个步兵师行军，第二线的骑兵则要随同第二、第三个步兵师行军。掩护两翼的 2 个步兵旅和每一翼第一线的骑兵在同一纵队中行军，但要作为纵队的后卫部队。

法国革命军很快就取消了两翼的骑兵师，将骑兵部队分配给各个步兵师。只有一支实力较弱的骑兵部队依然作为预备队自成一体。最后，为了适应行军中须要通过的地形，法军中的作战序列也变得不再死板。此外，行军中的部署情况和驻扎位置也促使组织结构发生改变。

---

①原注：这与英国和日本沿道路左侧驾驶车辆的习惯相反，这种行军方式显然也是世界上其他国家会沿右侧驾驶的原因。

法军时常分成 3 个纵队行军，这 3 个纵队前方还会配备 1 个前卫师。这违背了《1792 年条令》，因为条令要求将军队根据各个兵种的部队质量分成若干个步兵师与骑兵师。

拿破仑的军队虽然有所发展，却也给法军的老经验造成了须要克服的新困难。在一个不甚完美的总参谋部的协助下，拿破仑几乎亲自解决了所有问题，他并没有委托参谋机构去解决问题。有人曾尝试将他的举措编纂为成文条令，然而，迪埃姆将军表示："所有条令都在相互抄袭，它们似乎是由那些并不理解我们如何实际指挥作战的人臆想出来的。"因此，拿破仑的理念直到第一帝国崩溃之前都没有正式成文。

《1809 年条令》（Règlement de 1809）[9] 依然会把一支军队分成 4 个纵队。两翼的骑兵要在步兵师左右两侧行军。1811 年，普雷瓦尔将军[10] 批评上述条令并没有基于帝国军队的组织架构，也没有反映出这一时代的战争艺术发展和"战争艺术大师无可辩驳的榜样"。

在帝国时期，当法军把部队列成行军队形时，他们会组织 4 个纵队，把骑兵分配到每个纵队当中，骑兵通常作为前卫部队。师属炮兵也跟随它所属的师行进。像骑兵一样，各个兵种并没有什么特别的行军方式，不过似乎是要按照该师预期的作战序列决定其行军序列。唯一的例外就是大炮场，它通常得沿着"最好的道路"行军。

法军的诸多条令并没有具体指定何种部队应当在纵队前方充当前卫部队。在法国大革命时期，前卫部队通常由每个师当中的掷弹兵营组成。按照惯例，师部人员会和位于右起第二个师最前方的掷弹兵一同行进。任何配属于前卫部队的炮兵都会跟在掷弹兵之后。

《1809 年条令》确立了常设前卫部队的概念，普雷瓦尔将军也在 1811 年反复重申这一点。前卫部队要在主力纵队前方大约 1 小时行程处。通常情况下，掷弹兵营前方也要部署一定数量的骑兵，两者间的距离为 450—700 法寻（3000—4500 英尺）。

为了在前卫部队与主力军之间维持必要的、持续的联系，就要有一批人像链条一样分布在这两支部队当中。

根据《军队野战勤务临时条令节选》的要求，当一支军队处于行军状态时，每一翼的骑兵和每一个步兵师都要编组成一个独立的纵队。资格较老的旅位于纵队前方，第一线其他旅紧随其后，之后，第二线的旅也要以与第一线相同的队形行进。

如果军队要分成 4 个纵队行军，右翼骑兵的第一线部队要随同第一个步兵师行进，第二线则要与第二个师同行。

左翼骑兵的第一线部队要随同第四个步兵师，第二线则随同第三个步兵师。掩护侧翼的 2 个步兵旅要和它们所在那一翼的第一线骑兵在同一纵队中行进，组成这个纵队的后卫部队。

步兵似乎是以紧密纵队行进的。每个旅之前都得有 50 名劳工或工兵开路，他们负责维护或打通道路，让这个旅能够通行。每个团前方 50 步处也总得安排一名军官，他的职责是侦察这个团将要通过地段的地形，确保它适合该团通过或在整修后能够让该团通过。

如果军队分成 6 个纵队行军，指定掩护两翼骑兵的步兵就要根据具体地形，在对应一翼的骑兵前方或后方行军。

师属停炮场总要在所属师的车队中行进。它们会被指派给师纵队里的某个特定旅。然而，炮兵主力总要沿着最适合车辆的道路运动。

通常状况下，军队在行军时应当让来自每个师的混合掷弹兵营开路，将它们部署到师纵队之前作为前卫部队。任何一支指派给前卫部队的炮兵部队都应当紧跟在掷弹兵后方。

在行军中，不论是军官还是士兵，没有人可以脱离队伍。法军禁止官兵成群结队地跑到溪边喝水，认为官兵水壶中的储水就足够饮用了。当部队通过村庄时，军官和军士要将队列收紧，以确保无人脱离队伍。

尽管行军纪律很严格，但在行军时并不会传递什么口头命令。后方人员似乎只用跟在前方人员之后行进就可以了。如果部队做不到这一点，就会有一名高级军官出来掌控局面，在部队能够恢复行军时引领它前进。行军途中不须要敬礼。不过，显然，如果拿破仑从队列旁边骑行通过，还是会得到一些关注。

在团里的某位尉官指挥下，每个连都要派出一名中士或下士在行军途中临时充当宪兵，搜捕任何一名试图躲藏起来离开该团的逃兵。每一位劫掠者也都会被送到帝国宪兵（gendarmerie impériale）的指挥官手上。

大战术行进

要是某人想对战术行进做出评论，他可以直接提到各种条令要求的特定行军速度，且这些速度一定是实际可行的。显然，要是某种步速难以实现或本来就不打算使用，而军方还要求某一部队以这一特定步速行军，那就会显得很奇怪了。

出于简练起见，虽然略去了相当多的解释性文字，但表格 12.2 还是总结了实际的步速、规定的步幅和行进速度。

表 12.2 行军步法比较

国家	步法	每分钟的步数	步幅（英寸）	每分钟行进的英尺数	每小时行进的英里数
奥地利	常步	90—95	25.0	188—198	2.14—2.25
	快步	105	—	217	2.47
	倍步	120	—	249	2.83
法国	常步	76	26.0	165	1.88
	行路步法	85—90	—	184—195	2.10—2.22
	加速步法	100	—	217	2.47
	机动步法	120	—	260	2.95
	冲锋步法	120	—	260	2.95
	跑步	250	—	542	6.16
普鲁士	常步	75	25.0	156	1.77
	快步	108	—	225	2.56
英国	常步	75	30.0	188	2.14
	快步	108	—	270	3.07
	常步	60—70	28.0	150—175	1.70—1.99
俄国	快步	100—110	—	250—275	2.84—3.13
	倍步	140—160	—	350—400	3.98—4.26

人们须要考虑到这些国家的行军风格。俄军使用的是正步行军方式，因此，如果他们以正步高速行进较长一段时间，就会迅速导致部队筋疲力尽。结果，倍步在俄军中并不会得到频繁使用，也不会使用很长时间。

与此相反，法军和普军在行军时采用保持膝盖稳定的方式，脚要向前直伸出去，像快要踢到前面一列人的腓部一样。这种踢腿高度相对较低，须要参与其中的所有人彼此都保持绝对信任才能同时进行。要是没能同时踢腿，由于队列极为紧凑，情况就会变得相当混乱。不过，如果法军采用跑步，行军方式就会从踢腿变成屈膝跑，踢腿问题于是便不复存在。然而，普军和其他国家的军队并没有这么快的步速，上文摘引的步速就反映了它们在大战术行进时的最快速度。

当然，在考虑大战术行进时，也须要考虑到机动通过的地形和士兵的负载。在凹凸不平的地形或山地维持高速行军是相当困难的，而且，要是部队以跑步或倍步通过那种地形，行进速度也必然会下降。每分钟 120 步以下的较慢步调就不大可能受到影响了。

第二个影响因素是士兵的负载。关于这个问题，只有《军队野战勤务临时条令节选》给出了确切的迹象。它明确要求法军士兵不能在准备作战时卸下背包。然而，它又指出携带背包的方式完全取决于士兵个人。另一方面，据说俄军的确在奥斯特利茨会战中卸下了背包。[11] 这个问题可能永远都不能彻底解决。

就战术舞台而言，不幸的是，历史记载缺乏特定运动细节（也就是时间和距离）。当将军和士兵位于敌军火力范围内时，他们通常有比计算行进时间和距离更紧迫的考虑。此外，当某人遭遇火力打击时，他是不愿意掉队的。实际上，那会刺激他迈开步子加快步伐，宁可多承受一些痛苦也不愿吃到子弹。一点儿恐惧和一些肾上腺素能够让一名士兵脚步轻盈，轻装上阵。

由于缺乏历史文献，关于大战术行进到底有多快这个问题，想找到答案就必须阅读相关条令，想要得出最终结论，也要事先假定条令中的各种内容都可能基于作战经验和实战运用。各类条令规定的战术行进速率从每小时 1.77 英里到 6.16 英里不等。必须承认，军方知道在战场上可以达到上述速率，它们也都可以用于实战。

队列和组织的问题也在考虑之列。如果持续不断地使用较快的步速——比如说英军的快步（每小时 3.07 英里）、俄军的倍步（每小时 3.98—4.26 英里）或法军的跑步（每小时 6.16 英里），就会导致组织陷入混乱，关于这一点已经存在诸多论述，不过，如果让部队迅速冲刺到某个重要地段，然后花几分钟时间稍作喘息重组队形的话，就有可能用上这些步调了。关于跑步在 1792—1815 年间的运用存在诸多记载，没有一份记载表明这种步法能够维持很长时间，但那些在行军中一再横穿欧洲的士兵足以坚持跑步 1 个小时之久。

若米尼论行军队形与战略

若米尼在他的著作《论大规模军事行动》（Traité des grandes opérations militaries）中研究了拿破仑与弗里德里希大王使用的会战体系。他讨论了行军序列，认为弗里德里希在科林、罗斯巴赫和洛伊滕的机动堪称理想范例。在这些机动中，普军将每条战线都列成一个纵队，以排为单位转向右侧或左侧，然后行军就位。

若米尼高度赞扬这种机动方式，将其视为理想做法。他表示采用这种行军序列的军队既能够完成所有机动，又可以持续连为一体。由于军队只会列成两个纵队（一个由第一线组成，另一个由第二线组成），它就不用冒着分散兵力遭遇攻击的危险。这两个纵队之间的距离能够让其中一个纵队在另一个纵队遭遇攻击时迅速提供支援，两个纵队都可以立刻投入战斗。由于纵队是紧密队形，敌军就不可能突入纵队中或将任何一部分切割出去，而且，因为军队列成了纵队，它就可以向选定地点行进并迅速展开成横队。若米尼表示，为了确保这种机动方式能够取得成功，完全有必要设置一支前卫部队保护大部队。

由于两个纵队在行军时只相隔 200 步或 300 步，这种机动的精确性是可以保证的。如果地形须要军队分出更多纵队的话，若米尼认为军队也可以将战线数量翻一番，列成 4 个纵队。

若米尼在研究中探讨了两种情形：

1. 对阵两军列成相互平行的战列线；

2. 一支军队列成行军纵队，而先头部队遭遇了攻击。

若米尼提到一支正在行进的军队会在展开之前就遭遇攻击，从而明确表达了有必要让两个相互支援的纵队距离足够近，近到能够让其中任何一个坚持到另一纵队前来增援为止。他指出，攻击一支正在行军的军队总是有利可图的，因为它能够让攻方军队集中兵力对付敌军战线的一端，取得像海战中"T 字战法"一样的优势。

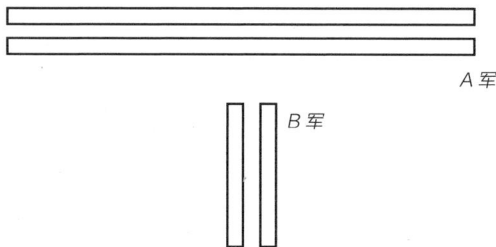

图 12.1 攻击一支行军中的军队。若米尼，《论大规模军事行动》，第一卷，第 122 页。

A 军的位置与罗斯巴赫会战中弗里德里希二世的军队位置一样，B 军则与此战中联军的位置一样。尽管联军在会战中实际上处于静态，但效果其实和处于行军中一样。这种局面让 A 军能够歼灭 B 军纵队的先头部队，也能够从两翼包抄 B 军。A 军能够立刻投入全部兵力，而 B 军只能渐次投入兵力。

两支同样列成行军纵队的军队发生遭遇战的情形如下图所示：

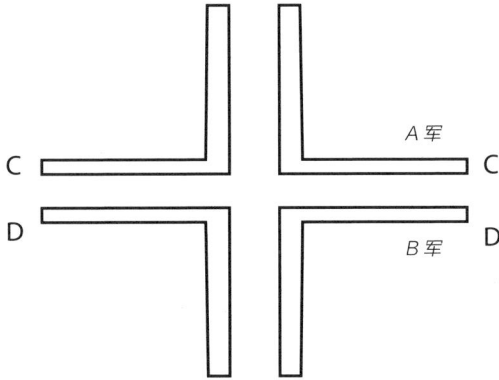

图 12.2 行军中的军队发生遭遇战。若米尼，《论大规模军事行动》，第一卷，第 123 页。

分成两个纵队行军的 A 军遭遇了同样分成两个行军纵队的 B 军。在这种情况下，哪支军队能够更快地展开成横队，就更有可能击败另一支军队。A 军沿 C—C 线展开，B 军沿 D—D 线展开。如果双方用在展开上的时间大体相当，结果就会是一场血战，最后将会由部队的韧性而非将领的指挥技艺决定结果。

为了缓和这种情况，若米尼建议军队使用前卫部队。不论敌军是展开成横队还是以纵队行进，前卫部队都会展开成横队面对敌军。若米尼非常清楚地指出这支规模较小的前卫部队可以牵制住敌军主力战线，让己方的毁灭性工具——主力军——针对已经被拖住的敌军展开机动，或攻入敌军侧翼，或在敌军太过强大时选择退却。

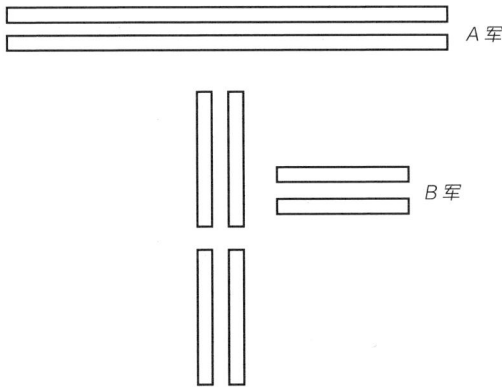

图 12.3 攻击一支行军中的军队。若米尼，《论大规模军事行动》，第一卷，第 125 页。

（A军的）前卫部队在B军纵队前头列队展开。如果遭遇敌军攻击，它就要根据攻击方向朝右或朝左展开，占据垂直于纵队方向的阵地。要想抵抗敌军的第一轮攻击，就有必要进行这种运动，为军队其余部分争取时间，使其在尽可能有利的态势下展开。

若米尼主张让B军的其他部队向敌军一翼或另一翼展开机动，从而尽可能提高胜利概率。依靠用前卫部队拖住敌军的方法，军队的剩余兵力就可以针对陷入停滞的敌军展开机动，或者至少可以让敌军针对己方的机动能力有所下降。

拿破仑的战略机动体系

若米尼的理论著作和拿破仑的实际做法之间的演变次序与本书此处所呈现的恰好相反。若米尼之所以撰写他的《论大规模军事行动》，既是在反驳吉贝尔，也是在比较拿破仑和弗里德里希大王这两人的指挥艺术。若米尼讨论了两支军队的小规模机动，并探讨了如何利用小部队——前卫部队——拖住敌军，同时让攻方的其余部队针对敌军侧翼展开机动。

这就是拿破仑利用他所说的作战方阵[12]做到的事情，只不过他的行动规模比若米尼描述的情况庞大得多。这种队形实际上是以军为单位组成的，在理想情况下，它让4个军列成大体类似钻石的队形向前推进。因为拿破仑的行动规模要大于若米尼称赞的情况，所以比较符合逻辑的做法是先研究若米尼的著作，再钻研拿破仑的战略机动体系。

作战方阵体系在运作时的原则与若米尼的前卫部队——主力军方式是一致的。一旦组成作战方阵的4支部队中有一支与敌军接触，法军就会利用他们优越的参谋机构改变其他3支部队的运动方向。他们的目的与若米尼相同——攻击敌军侧翼。唯一的区别就在于，若米尼讨论的是用几个团组成的前卫部队拖住敌军，拿破仑动

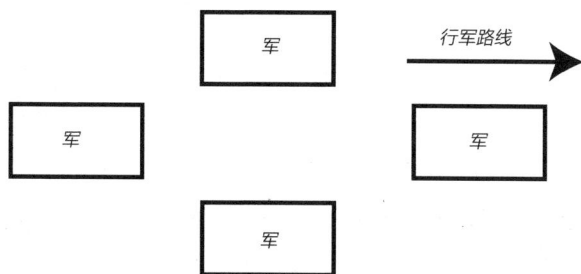

图12.4 拿破仑的作战方阵。

用的则是一个完整的军。

已经接敌的军将投入会战，迫使敌军留在原地。这支规模较小的部队就像个柏油娃娃一般，让规模较大的敌军无法动弹，与此同时，另外 3 个军或向敌军侧翼机动，或向前推进，在已经投入战斗的军后方作为预备队。关于这种机动，可以在 1813 年春季战局中找到最引人瞩目的战例，它导致了吕岑会战。在向莱比锡运动的钻石状队形中，欧仁位于前方，奈伊位于他的右翼，近卫军、乌迪诺和马尔蒙位于左翼，贝特朗则在后方朝前推进。奈伊军在莱比锡以南遭遇了联军主力。欧仁在赶往莱比锡途中转而南下，向联军右翼机动，与此同时，贝特朗和马尔蒙接近联军左翼。作为第四支部队的帝国近卫军紧跟在奈伊身后，在那里作为总预备队存在，最终也正是近卫军对联军中部发动了决定性的一击。要不是夜晚让联军逃离战场，人们在第二天早晨就会发觉联军在中部和两翼同时遭到攻击。事实是，第二天破晓之际，俄普联军已经消失在东面了。

历史上其他军队的做法是向战场行军，然后展开部队，一旦展开完毕就开始战斗。拿破仑的机动体系让他能够一边向战场开进一边准备好作战。从理论上讲，他可以集中主力部队打击敌军纵队先头部队，抢在敌军有时间完全展开之前将其击溃，而后穷追到纵队尾部为止。

有迹象表明，当双方主力军遭遇，前卫部队就会发生交锋。双方随后就会展开部队，不论是哪一方，只要另一个军进抵战场，就会用它填补战线缺口或让它攻入敌军侧翼。关于这一点，存在两个典型战例：一是在吕岑会战中当奈伊军开始出现崩溃时，马尔蒙及时抵达战场提供支援；二是德赛抵达马伦戈战场。我们在这里可以又一次摘引吕岑的战例，但我们也应当承认如下战例：奈伊在艾劳会战中进抵俄军北翼，朱诺在 1812 年 8 月机动到瓦卢季诺 - 卢比诺战场，达武在博罗季诺建议拿破仑迂回敌军侧翼。

对法军来说，沿着几条不同道路行进的做法有利于他们的后勤体系，因为每个军通过的地区都不必与其他军分享。基本上每个军都可以拥有收集粮秣的新区，这样就能尽可能多地征收可供部队消耗的食物，最大限度地降低对正式补给体系的需求。

尽管拿破仑麾下的法军比其他任何军队都更为频繁地多路推进，在如此行事时的配合情况也要远远优于其他军队，但反法同盟的诸多成员国偶尔也会在对抗法国时将他们的军队分成几个相互独立的军、军团级纵队，让它们沿着大体平行的道路推进。

法军之所以能够执行这类战略机动，并且在机动时占据优势，主要原因还是他们拥有高度发达的参谋机构。在 1813 年战局中，法军的这一优势开始减弱。这不仅是因为联军已经学会以更好的方式执行这种机动或者联军参谋机构组织有所改善，也是因为法军已经损失了他们的轻骑兵。当这种骑兵消失或数量上严重处于下风时，它掩护行军路线、保护信使的能力就会骤然下降。在 1813 年、1814 年战局中，法军信件在传递途中被截获的概率相当高，这让他们深受其害。随着法军丧失了联络能力，他们也就失去了让各部队协同机动、将兵力尽可能集中到战场上的能力。

译注：

[1] 维吉耶（Vigier），本书原文误作维热（Viger），两卷本达武传记《达武，帝国元帅，奥尔施泰特公爵，埃克米尔亲王》（Davout, maréchal d'Empire, duc d'Auerstaedt, prince d'Eckmühl）作者。该书第一卷第 176 页称达武在 36 小时内行进 36 法里，本书作者可能以地球里（1 地球里 =1/9000 地球周长 =4.4448 千米）折算，继而得出 99 英里的换算数据。36 小时内行进 36 法里的说法源自达武本人的报告，因当时习惯默认大部队 1 小时行进 1 法里，他便以 36 小时的行军时间得出 36 法里的行军里程，法军实际耗时约 44 小时（中间休息 8 小时），实际行军里程约为 130 千米。参见 Opérations du 3e corps 1806-1807. Paris, 1896, p. vi. Béraud S. La révolution militaire napoléonienne. Paris: Bernard Giovanangeli Éditeur, 2007-2013, vol. 1, p. 15-16。

[2] 乔治·布林顿·麦克莱伦（George Brinton McClellan），本书原文误作麦克莱兰（McCelland），美国陆军将领，在美国内战期间曾担任北军总司令。1855—1856 年间，麦克莱伦奉官方命令观摩克里木战争并考察欧洲各国军队，1857 年将报告以"报告陆军部长：乔治·B. 麦克莱伦上尉呈递的报告"（Report of the Secretary of War: Communicating the Report of Captain George B. McClellan）的书名结集出版。文中提到的俄军行军速度见该书第 156—157 页。

[3] 雅里只在 1792 年短暂获得法军少将军衔，同年便流亡国外，1793 年后始终为英军效力。

[4] 雅里作为保王党流亡者，其著作中使用的参谋名词多为旧制度时期的法军名词。aide major général 意为步兵参谋，aide maréchal des logis 意为骑兵参谋。

[5] 从常理和后文推断，此处的前车应为弹药车。

[6] 20 磅独角兽炮即 1/2 普特独角兽炮，亦即前文中的 18 磅独角兽炮。10 磅独角兽炮即 1/4 普特独角兽炮，亦即前文中的 9 磅独角兽炮。

[7] 希罗尼穆斯·卡尔·冯·科洛雷多 - 曼斯菲尔德伯爵（Hieronymus Karl Graf von Colloredo-Mannsfeld），即希罗尼穆斯·科洛雷多伯爵，奥地利将领，生于 1775 年，1805 年升为少将，1809 年升为中将，1813 年 9 月 2 日升为上将，卒于 1822 年。科洛雷多在文中所述时间段仍为中将，并非上将。参见 Schmidt-Brentano, A. Kaiserliche und k.k. Generale:(1618-1815). Österreichisches Staatsarchiv, 2006, p. 21。

[8] 本书 2017 年版本原文误作《1791 年条令》（Règlement de 1791），此处据纳夫齐格先生确认，应根据 1996 年版本修正为《1792 年条令》。法军规定行军方式的条令实际上是《1792 年 4 月 5 日步兵野战勤务临时条令》（Règlement provisoire sur le service de l'infanterie en campagne du 5 avril 1792），简称《1792 年条令》（Règlement de 1792）。

[9] 即 1809 年颁布的《军队野战勤务临时条令节选》（Extrait du réglement provisoire pour le service des troupes en campagne），简称《1809 年条令》（Réglement de 1809）。

[10] 克洛德 - 安托万 - 伊波利特·德·普雷瓦尔子爵（Claude-Antoine-Hippolyte, vicomte de Préval），法国将领，1776 年生于今茹拉省萨兰（Salins），1789 年以少尉身份入伍，后长期从事参谋工作，1814 年 5 月 10 日升为中将，1853 年卒于巴黎。本书中提到的普雷瓦尔批评意见源自其著作《关于法军勤务条令的设想》（Projet de réglement de service pour les armées françaises）。参见 Six, 1934, vol. 2, p. 331-332。

[11] 俄军 1796 年条令规定步兵应当在作战之前卸下背包。在奥斯特利茨会战中有许多俄军步兵团将背包留在宿营地或投入战斗前的位置。以近卫猎兵营为例，该营在投入战斗前命令全体士兵卸下背包，并留下 16 名猎兵看守背包。参见 Zhmodikov, 2003, vol. 1, p. 48. История Лейб-гвардии Егерского полка за сто лет. 1796-1896. СПб., 1896, т. 1, с. 33。

[12] 作战方阵（Bataillon carré），该词一般指单个步兵营组成的方阵，亦称营方阵，但也可指更大规模的类似队形。此处的含义源自拿破仑于 1806 年 10 月 5 日发给苏尔特的书信，信中希望法军"在此地（德累斯顿）周围组成 20 万人的作战方阵"。参见 Correspondance de Napoléon Ier. 1858-1870, vol. 13, p. 380. Bardin, 1851, vol. 1, p. 675-676, 1031-1033。

译后记

作为一位毫无军事背景却又爱好拿破仑时代军事史的门外汉，能够成为乔治·纳夫齐格上校《皇帝的刺刀》一书译者，于我而言实在是莫大的荣幸。

我与纳夫齐格先生的最初接触发生在 2014 年 7 月的 "napoleon-series" 论坛上，当时，这位凭借 "条令汇总"《皇帝的刺刀》成为拿战研究领域大拿的学者正打算将积累多年的大批复印件赠予他人——用先生自己的俏皮话说便是免费大甩卖（fire sale of free stuff）。看到目录中闻名已久的《革命战争中的法军野战炮兵》（L'artillerie de campagne française pendant les guerres de la Révolution）——由芬兰历史学者马蒂·劳埃尔马（Matti Lauerma）撰写，出版于赫尔辛基的罕见著作，我不禁心中一动，随即通过站内信发去了邮件。其后不久，一封热情洋溢的邮件便来到我的电子邮箱中。两周后，当我结束充满收获的斯拉夫科夫（旧称奥斯特利茨）之旅，返回杭州时，我便兴奋异常地接到邮局通知，拿回了这份沉甸甸的复印件，从中大有收获。纳夫齐格先生这种不计利益造福他人的惠赠之举至今仍令我铭感五内。

其后的邮件往来大抵是爱好者间的日常讨论，无非某一记载是否成立、某一材料是否新出等等，当时，我绝没有想到日后指文图书竟然会引进纳夫齐格先生最负盛名的著作。

2017 年年底，编辑联系我商谈翻译《皇帝的刺刀》，这自然令我喜出望外，通过试译后，我便与纳夫齐格先生频繁通信，请他就书中某一术语或引文赐教观点。不幸的是，或许正是由于那次 "大甩卖"，书中摘引的许多资料已经无从查考，我们只能在来往邮件基础上尽量根据书中记载和手中的相关材料为译稿补充了大约两百条相关注释。网络时代的诸多资源使现今的爱好者无须像纳夫齐格先生那样奔波于欧陆图书馆和旧书店就可得到主要史料，也大大便利了考证与核对，节约了不少的金钱与体力，然而，读者们切不可因此鄙薄前辈们筚路蓝缕的努力，今天的任何新成果都建立在他们的研究基础之上。尽管书中有一部分注释涉及原书笔误和编辑失误，绝大部分注释却恰好为纳夫齐格先生的若干结论、推论和猜想提供了旁证，这不禁让人对他在拿破仑时代战术领域的开创性贡献产生更深的敬佩之情。

在翻译过程中，除去纳夫齐格先生的慷慨赐教外，我还得到以下诸位的大力帮助：

王宸女士作为第一校对者不辞辛苦地核对了我的全部初版译文，并提出了诸多宝贵意见。

俄国研究者亚历山大·列昂尼多维奇·日莫季科夫（Александр Леонидович Жмодиков），德国研究者奥利弗·施密特（Oliver Schmidt）、汉斯 - 卡尔·魏斯（Hans-Karl Weiß），西班牙研究者豪尔赫·普拉纳斯·坎波斯（Jorge Planas Campos），美国研究者约翰·吉尔（John Gill）、史蒂文·史密斯（Steven Smith）以及我国研究者霍安治以他们的热忱和博学及时、准确地解决了我对各国条令的诸多不解之处。

高守业先生在翻译试译稿过程中提供了相当大的帮助，《奈伊传》《缪拉传》译者卡佩和陈辰女士解答了法语翻译中的若干疑难问题。

《皇帝的刺刀》一书此前在中文网络和书刊中出现过诸多节译片段，我在翻译时参考了卡佩译著《军事研究》，中国拿破仑论坛网友"h__l"、网友"qaz88880666"，以及百度贴吧网友"马尔伯勒伯爵""可汗怯薛歹"的相关段落译文。

中国拿破仑论坛网友"蓝色拿破仑""zhangyiyanyu"、张希平、石小磊、蒙创波、苏然、周执中、陈建兆、枫丹等人慷慨提供了翻译相关参考资料。

中国拿破仑论坛站长"tntxhy"创建并维护了中文世界最优秀的拿破仑历史论坛，"朔风""iron duke""carabinier""austerlitz""蓝色拿破仑"等前辈的开创性工作为国内的拿破仑时代军事研究提供了极好的起步平台，与他们讨论的日子至今想来仍满是美好回忆。

本书在翻译时尽量采用"名从主人"原则，如德意志南部邦国"Bayern"便根据其德文名译作拜恩而非巴伐利亚（Bavaria），意大利南部邦国"Napoli"也根据其意文名译作那波利而非那不勒斯（Naples）。本书在翻译时采用的军事术语主要源自《军语》《中国人民解放军队列条令》《战争艺术概论》（解放军出版社 2005 年版）《战争论》（商务印书馆 1978 年版）等书，由于拿破仑时代的许多军语用词现已变得十分冷僻，推敲译名时也曾大量参考 1881 年于日本出版的《五国对照兵语字书》。然而，鉴于本书涉及各国军队，译者又能力有限，翻译中难免出现错漏之处，恳请读者届时不吝斧正，将您的反馈投书本人邮箱：wutian9011@gmail.com。

吴畋

2018 年 10 月 16 日于杭州

参考文献选目

Barber, Captain, Instructions for the Formation and Exercise of Volunteer Sharpshooters (London: T. Egerton, 1804).

Belhomme, Lieutenant Colonel, Histoire de l'Infanterie en France (Paris: H. Charles-Lavauzelle, date unknown).

B'eskrovnij, L.G., Ot'ecestv'ennaja Vojna 1812 Goda (Patriotic War of 1812) (Moscow: 1962). Bonie, General T., Tactique française, cavalerie au combat (Paris: Baudoin, 1887).

Bujac, E., L'Armée Russe, son histoire, son organization actuelle (Paris: H. Charles-Lavauzelle, 1894). Carnot, L., De la défense des places fortes (Paris: Courcier, 1810).

Chandler, D., The Campaigns of Napoleon (New York: Macmillan Publishing Co., 1966).

Colin, J., La tactique et la discipline dans les armées de la révolution; correspondance du général Schauenbourg du 4 avril au 2 août 1793 (Paris: Librairie Militaire R. Chapelot et Cie., 1902).

Cooper, T.H., A Practical Guide for the Light Infantry Officer (London: Robert Wilks, 1806).

Dedon Sr, Chef de brigade, Précis Historique des Campagnes de l'Armée de Rhin et Moselle, Pendant l'An IV et l'An V Contenant le récit de tout les opérations de cette armée, sous le commande- ment du général Moreau, depuis la rupture de l'armistice conclu à la fin de l'An III, jusqu'a la signature des prémliminaires de la paix à Léoben (Paris: Chez Magimel, 1803; which contains: Dissertation sur l'Ordonnace de l'Infanterie).

Duffy, C., Austerlitz (Hamden, CT: Archon Books, 1977).

Duhesme, G.P., Essai historique sur l'infanterie légère (Paris: J. Dumaine, 1864).

Dundas, D., Principles of Military Movements Chiefly Applied to Infantry Illustrated by Manoeuvres of the Prussian Troops and an Outline of the British Campaigns in Germany during the War of 1757 (London: T. Cadell, 1795).

Durova, N., The Cavalry Maiden, Journals of a Female Russian Officer in the Napoleonic Wars(London: Angel Books, 1988).

Escalle, C.P., Des marches dans les armées de Napoléon (Paris: Librairie Chapelot, 1812).

Favé, Captain, Emperor Napoleon's New System of Field Artillery (London: Parker, Furnivall & Parker, 1854).

Fletcher, I., Craufurd's Light Division, The Life of Robert Craufurd and His Command of the Light Division (Tunbridge Wells: Spellmount Ltd., 1991).

Foucart, P.J., Bautzen (une bataille de deux jours) 20-21 mai 1813 (Paris: Berger-Levrault, 1897).

German Grosser Generalstab (Jany), Urkundliche Beiträge und Forsuchungen zur Geschichte des Preussischen Herres, Heft 14/15: Die Preussische Artillerie von ihrer neuformation 1809 bis zum Jahre 1816, Heft 21-25: Das Preussische Heer im Jahre 1812 (Berlin: Mittler, 1909).

—— Kriegsgeschichtliche Abteilung II Deutschland, 1806, Das Preussische Offizierkorps und die Untersuchung der Kriegsereignisse (Berlin: Königlich Hanbuchhandlung, 1906).

von der Goltz, C., Von Rossbach bis Jena (Berlin: Mittler, 1906).

Hughes, Major General B.P., La puissance de feu (Edinburgh: T & A Constable Ltd., 1996).

—— British Smooth-Bore Artillery, The Muzzle Loading Artillery of the 18th and 19th Centuries(Harrisburg, PA: Stackpole Books, 1969).

Jarry, General, Treatise on the Marches and Movements of Armies; Translated by R. Rochfort (London: James Ridgeway, 1807).

Jomini, Baron, Traité des grand opérations militaires contenant l' histoire critique des campagnes de Fréderic II comparées à celles de l' empereur Napoléon avec un recueil des principes généraux de l' art de la guerre (Paris: Chez Magimel, 1811).

Keegan, J., The Face of Battle (New York: Viking Press, 1976). Kosciusko, General, Maneuvers of Horse Artillery (New York: 1808).

Lauerma, M., L' Artillerie de campagne française pendant les guerres de la revolution (Helsinki: 1956). Lünsmann, F.O., Die westfälische Armee (Hanover: 1934).

Lynn, J.A., The Bayonets of the Republic (Chicago IL: University of Illinois Press, 1984).

McCelland, Captain G.B., Report of the Secretary of War (Washington: A.O.P. Nicholson, 1957).

Margueron, Commandant, Campagne de Russie (Paris: Charles-Lavauzelle, 1897-1906).

Meunier, Baron, Évolutions par brigade ou instruction servant de developement aux manueovres de ligne indiques par les règlements (Paris: Magimel, 1814).

de Moria, T., Tratado de Artillerie Para el Uso de la Academia de Caballeros Cadetes del Real Cuerpo de Artilleria, Dividido en Tres Tomos y Otro de Laminas, Que tratan de las Principales funciones de los Oficiales de este Cuerpo en pas y en Guerra (Segovia: 1816).

Müller, H., Die Entwicklung der Feld-Artillerie in Bezug auf Material, Organization und Taktik, von 1815 bis 1870 (Berlin: Mittlcr, 1873).

Nafziger, G.F., Napoleon at Dresden, The Battles of August 1813 (Chicago IL: Emperor' s Press, 1994).

—— Lützen and Bautzen (Chicago IL: Emperor' s Press, 1992).

—— Napoleon' s 1812 Invasion of Russia (Novato, CA: Presidio Press, 1988).

—— The French Army, 1788-1815 (Leeds: Raider Games, 1988).

—— The Russian Army, 1800-1815 (Cambridge, Ontario: RAFM, 1983).

—— The Bavarian and Westphalian Armies, 1799-1815 (Cambridge, Ontario: RAFM, 1981).

Nafziger G.F. & Park S.J., The British Military; Its System and Organization, 1803-1815 (Cambridge,Ontario: RAFM, 1983).

Ney, Maré chal, Memoirs of Marshal Ney (London: Bull and Churton, 1833).

Oman, Sir C.W.C., A History of the Peninsular War (Oxford: Clarendon Press, 1980).

— Wellington' s Army 1809-1814 (London: Arnold, 1912).

von Quistorp, B., Geschichte der Nord Armee im Jahre 1813 (Berlin: Mittler, 1894).

Roberts, J., The Hand-Book of Artillery for the Service of the United States, (Army and Militia) with the Manual of Heavy Artillery, Including that of the New Iron Carriage (New York: Van Nostrand, 1863).

de Rogniat, Baron, Considerations sur l' art de la guerre (Paris: Magimel, 1816).

Rottemberg, Regulations for the Exercise and Conduct of Rifles and Light Infantry on Parade and in the Field (Whitehall: 1798).

Rouquerol, G., L' artillerie au début des guerres de la revolution (Paris: Berger-Levrault, 1898).

Russian Army General Staff, La Guerre nationale de 1812 (Paris: 1912).

Scott, Major General W., Infantry Tactics; or, Rules for the Exercise and Manuevers of the United States' Infantry (New York: 1861).

du Seruzier, Baron, Memoires militaires du Baron Seruzier, colonel d' artillerie légère (Paris: date unknown).

Smirke, R., Review of a Battalion of Infantry including the 18 Manoeuvres (London: Bowyer, Egerton et al, 1810).

Tanski, J., Tableau statistique, politique, et moral du système militaire de la Russie (Paris: Heideloff & Campé, 1833).

d' Urtubie, Manuel de l' artilleur, contenant tous les objects dont la conaissance est nécessaire aux offi- ciers et sous officiers d' artillerie suivant l' approbation de Gribeauval (Paris: 1795).

von Valentini, G.W., Abhandlung über den Kleinen Krieg und über den Gebrauch der leichten Truppen (Leipzig: Liebeskind, 1820).

Zweguintzov, W., L' Armee russe, 4th Part, 1801-1825 (Paris: privately published,

1969).

训练条令

奥地利

Auszug aus dem Abrichtungs-Reglement der K.K. Infanterie Zum Begrachte für die Landwehre in den K. öst Provinzen (Brunn: 1808).

Exercir-Reglement für die Kaiserlich-königlich Kavallerie (Vienna: 1808).

Exercir-Reglement für die Kaiserlich-königlich Infanterie (Vienna: 1807).

拜恩

Allegemine Verordungen über das Aufgeboten der mobilen Legionen und die Errichtung eines National- Chevauxlegers-Regiments (Munich: 1813).

Exerzierreglement für das Bürger-Militair im Königreich Baiern (Bergen: Joseph Brentano, 1809).

英国

Instructions and Regulations for the Formations and Movements of the Cavalry (Whitehall: 1813).

Rules and Regulations for the Manual and Platoon Exercises, Formations, Field Exercise and Movements of His Majesty's Forces (London: 1808).

Rules and Regulations for the Manual and Platoon Exercise and Formations and Field Exercise for His Majesty's Forces for use of the Non-Commissioned Officers of the British Army (London: 1807).

Manual and Platoon Exercises, etc., etc. (London: 1804).

Regulations for the Exercise and Control of Rifles and Light Infantry on Parade and in the Field(London: 1798).

Regulations for the Prussian Infantry (London: 1759).

法国

Instruction theoretique d' apres l' ordonnance de 1788 (S. Leono: Year IX).

Instruction concernant les manoeuvres de la cavalerie légère (Paris: Year VII).

Project de règlement sur les manoeuvres de l' artillerie (Paris: 1825).

Manuel du garde nationale, ou recueil de tout ce qu' il est indispensable à tout officier, sous-officier et garde national de savoir (Paris: 1814).

Extrait du règlement provisoire pour le service des troupes en campagne (Paris: 1813).

Manoeuvres des batteries de campagne pour l' artillerie de la garde impériale (Paris:

1812).

Règlement concernant la manoeuvre de l'Infanterie de 1er Août 1791 (Paris: 1811).

Ordonnance provisoire sur l'exercice et les manoeuvres de la cavallerie rédigée par order du ministre de la guerre du 1er Vendémiaire an XIII (Paris: 1810).

Petit manual du cannoiner (Paris: 1810).

Instruction concernant les manoeuvres de l'infanterie donné par l'Inspecteur général de l'infanterie de l'armée du Rhin (Strasbourg: 1809).

Instruction destinee au troupes légère et aux officiers (Date and publication unknown – probably 1805–1808).

Instruction pour le service et les Manoeuvres de l'Infanterie légère (Paris: date unknown – probably 1805–1808).

École du cavalier à pied par demands et par réponses (Paris: 1803).

Aide memoire à l'usage des officiers d'artillerie de France (Paris: 1801).

Instruction pour les gardes nationales arrétée par le comité militaire (Paris: 1791).

Instruction destinée aux troupes légères et aux officiers qui servant dans les avant-postes, redigée sur un instruction de Frederic II a ses officiers de cavalerie, 4th edition (Paris: date unknown).

法国陆军部下发给圣西尔军校生的教令

Manuel d'Infanterie ou resumé de tous les règlements, décrets, usages, et renseignements propres aux sous-officiers de cette armée (Paris: 1813).

黑森－达姆施塔特

Exerzier-Reglement für die Landgräflich Hessische Leichte Infanterie (Darmstadt: 1805).

黑森－卡塞尔

Exerzier-Reglement für die Infanterie der Kurhessischen Armee (Kassel: 1814).

Instructions für samtliche Infanterie-Regimenter und das Fusilier-Bataillon (Kassel: handwritten document, 1797).

Exerzir-Reglement für Cürassiers, Dragoners und Husaren (Kassel: 1796).

汉诺威

Haushalts Reglement für die Chur-Braunschweig-Lüneburgische Infanterie in Friedens auch Krieges- Zeiten (Hanover: 1786).

梅克伦堡 - 西波美拉尼亚

Exercitite-Reglemente för Cavalleriet (Greifswald: 1806).

普鲁士

Exerzir Reglement für die Artillerie der Königlich Preussischen Armee (Berlin: 1812).

Exerzir Reglement für die Kavallerie der Königlich Preussischen Armee (Berlin: 1812).

Exerzir Reglement für die Infanterie der Königlich Preussischen Armee (Berlin: 1812).

Reglement für die Husaren-Regimenter und für das Regiment Bosniacken der Königlich-Preussischen Armee (Berlin: 1796).

Reglement für die Königl. Preuss. leichte Infanterie (Berlin: 1788).

俄罗斯

Voinse Ostav' o P' khotnoe Sdozh' b, Kniga I, Stroevoe Sdozh' b, Chassh' III (St Petersburg: 1837).

Règlement de sa majesté impériale concernant le service de l' infanterie (St Petersburg: Academie Imperial des Sciences, 1798).

萨克森

Auszug aus dem Reglement für die Königlich Sächsische Infanterie zu den Ubungen in geschlossener Ordnung (Dresden: 1826).

Reglement zu den Ubungen für die Königlich Sächsische leichte Infanterie (Dresden: 1822).

Manual des sous-officiers de cavalerie extrait des règlements militaires (Hamburg: 1812).

Exercir-Reglement für die Königlich Sächsische Cavalerie (Dresden: 1810).

Fragen über Stellung und Bewegung einen Compagnie und eines Bataillon nach dem Königlich Sachsischen Exercir-Reglement für Junge Personen entworfen, welche sich zu Officieren bilden wollen (Dresden: 1809).

瑞典

Kongl. Maj:ts Nadiga Förordning Och Reglement för Regementerne til Fot. Dat. den I0 Feb. 1813(Stockholm: 1813).

Tillagg Utgi Infanterie Exercitie Reglementet; Af Kongl. Maj:t til iakttagande i Nader anbefalt(Stockholm: 1812).

Reglemente för Akande Artilleriets Tjenstgöring Och Exercice (Stockholm: 1808).

Sammandrag af Exercitie-Reglemente för Cavalerie (Stockholm: 1807).

Kongl. Maj:ts Nadiga Förängdringar Och Tilläggningar Uti Infanterie–Exercitie–Regle-mentet 1806(Stockholm: 1807).

Reglemente för Kongl. Maj:ts Tunga och Lätta Cavalerie (Stockholm: 1795).

Kongl. Maj:ts Förnyade Nadiga Förordning Och Reglement för Regementerne til Fot. Dat. den 29 April 1794 (Stockholm: 1794).

Reglemente för Kongl. Maj:ts Tunga och Latta Cavalerie (Stockholm: 1793).

Stycke–Reglemente för Kongl. Maj:ts Artillerie Regemente (Stockholm: 1788).

НАУКА ПОБЕЖДАТЬ

ТАКТИКА РУССКОЙ АРМИИ В ЭПОХУ НАПОЛЕОНОВСКИХ ВОЙН

涵盖 1792—1815 年间俄军作战体系的各个层面

与《皇帝的刺刀》
相互补益，各有侧重

指文 战争艺术文库 / 012

制胜的科学
拿破仑战争中的俄军战术

[俄]亚历山大·列昂尼多维奇·日莫季科夫 [俄]尤里·列昂尼多维奇·日莫季科夫 著 吴敏 译

江苏凤凰文艺出版社

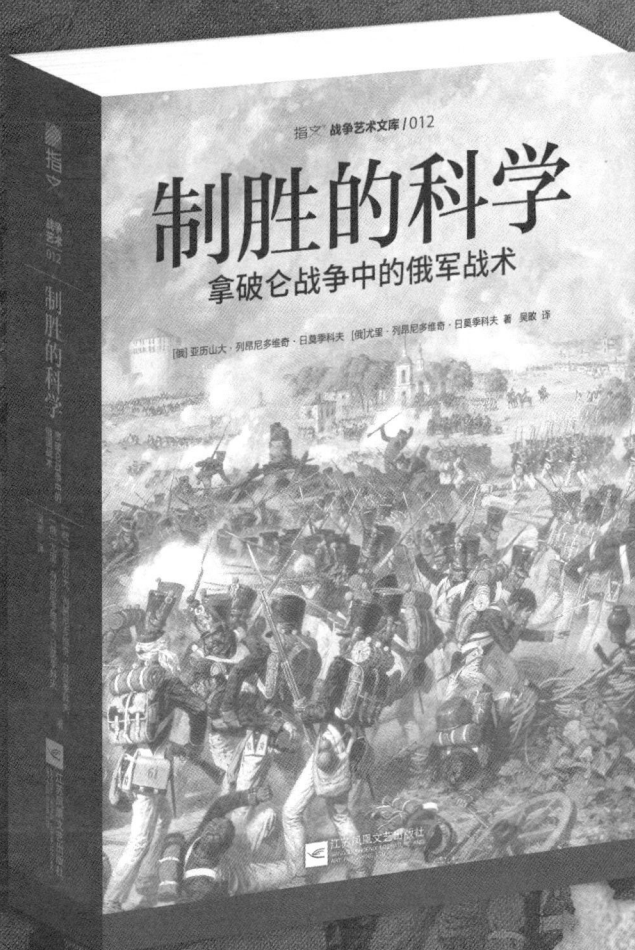

拿破仑黄金时代的战争智慧与指挥艺术

20万文字、200余张油画及高清精美地图
以拿破仑战争实例为切入点，系统介绍拿破仑时期的
战略战术、兵种特色、武器装备、训练后勤

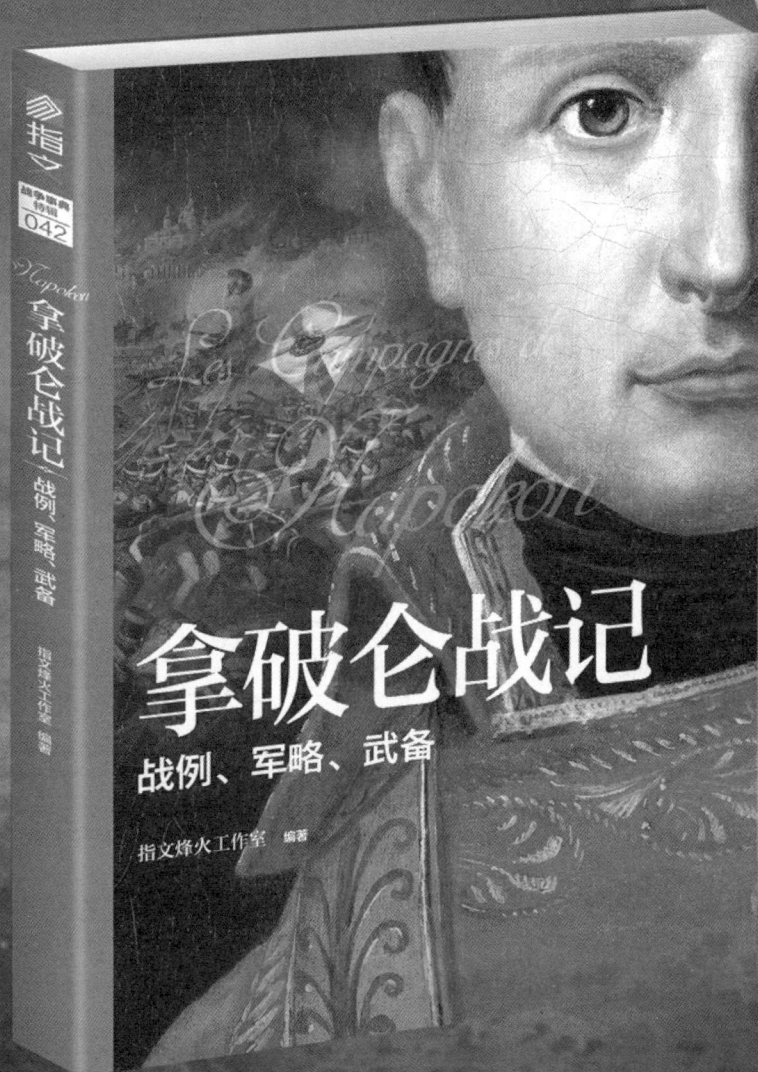

指

战争事典
别册
042

Napoleon

拿破仑战记
战例、军略、武备

Les Campagnes de Napoléon

指文烽火工作室 编著

拿破仑战记
战例、军略、武备

指文烽火工作室 编著

指文图书®
ZVEN BOOKS

战争艺术

—— 国外古战研究名家名著 ——

战争是一种令人恐怖、充满激情的艺术，
战争艺术诞生于少数伟大统帅头脑中
谁掌握了战争艺术，谁就掌握了胜利！

骑兵论

战略

战斗研究

1870年普法战争

皇帝的利刃

战术

汉尼拔

古斯塔夫大战史

恺撒战史

亚历山大战

亚历山大战史

战
Τακτική

战争艺术文库/007

战争艺术文库/005

中世纪
战争艺术史
（第一卷）
A HISTORY OF THE
ART OF WAR IN THE
MIDDLE AGES

从罗马帝国衰落
至十字军东征

[英] 查尔斯·威廉·奥曼 著
王子午 译

中世纪战争艺术史（第一卷）

我们只做军事